A Frequency Dictionary of Dutch

A Frequency Dictionary of Dutch is a valuable tool for all learners of Dutch, providing a list of the 5,000 most frequently used words in the language. Based on a 290-million-word corpus which includes both written and spoken material from a wide range of sources, this dictionary presents Dutch core vocabulary in a detailed and clearly arranged manner: each of the 5,000 entries includes English equivalents and a sample sentence showing language in use.

Users can access the top 5,000 words through either the main frequency listings or an alphabetical index. Throughout the frequency listings there are thematically organized lists featuring the top words from a variety of key topics such as animals, food and other areas of daily and cultural life. Words specific to Dutch in Belgium (Belgian Dutch) are also included.

An engaging and efficient resource, *A Frequency Dictionary of Dutch* will enable students of all levels to get the most out of their study.

This book was prepared in association with the Instituut voor Nederlandse Lexicologie (INL, Institute of Dutch Lexicology).

A CD version is available to purchase separately. Designed for use by corpus and computational linguists, it provides the full text in a format that researchers can process and turn into suitable lists for their own research purposes.

Carole Tiberius is a computational linguist at the INL (Institute of Dutch Lexicology).

Tanneke Schoonheim is a linguist and lexicographer at the INL (Institute of Dutch Lexicology).

Routledge Frequency Dictionaries

General Editors

Paul Rayson, *Lancaster University, UK*
Mark Davies, *Brigham Young University, USA*

Editorial Board

Michael Barlow, *University of Auckland, New Zealand*
Geoffrey Leech, *Lancaster University, UK*
Barbara Lewandowska-Tomaszczyk, *University of Lodz, Poland*
Josef Schmied, *Chemnitz University of Technology, Germany*
Andrew Wilson, *Lancaster University, UK*
Adam Kilgarriff, *Lexicography MasterClass Ltd and University of Sussex, UK*
Hongying Tao, *University of California at Los Angeles*
Chris Tribble, *King's College London, UK*

Other books in the series

A Frequency Dictionary of Arabic
A Frequency Dictionary of Contemporary American English
A Frequency Dictionary of Czech
A Frequency Dictionary of French
A Frequency Dictionary of German
A Frequency Dictionary of Japanese
A Frequency Dictionary of Mandarin Chinese
A Frequency Dictionary of Portuguese
A Frequency Dictionary of Russian
A Frequency Dictionary of Spanish

A Frequency Dictionary
of Dutch

Core vocabulary for learners

Carole Tiberius and Tanneke Schoonheim

Routledge
Taylor & Francis Group

LONDON AND NEW YORK

First published 2014
by Routledge
2 Park Square, Milton Park, Abingdon, Oxon OX14 4RN

and by Routledge
711 Third Avenue, New York, NY 10017

Routledge is an imprint of the Taylor & Francis Group, an informa business

British Library Cataloguing in Publication Data
A catalogue record for this book is available from the British Library

Library of Congress Cataloging in Publication Data
Tiberius, Carole.
   A frequency dictionary of Dutch : core vocabulary for learners / Carole Tiberius and Tanneke Schoonheim.
     pages cm.
   Includes bibliographical references and index.
   1. English language–Dictionaries–Dutch. 2. Dutch language–Dictionaries–English. 3. Dutch language–Spoken Dutch. I. Schoonheim, Tanneke. II. Title.
   PF640.T53 2014
   439.313′21–dc23

                                          2013024187

ISBN: 978-0-415-52379-0 (hbk)
ISBN: 978-0-415-52380-6 (pbk)
ISBN: 978-1-315-85748-0 (ebk)
ISBN: 978-0-415-82051-6 (CD)

Typeset in Parisine
by Graphicraft Limited, Hong Kong

Printed and bound in the United States of America
by Edwards Brothers Malloy, Inc.

Contents

Thematic vocabulary lists

Series preface

Frequency information has a central role to play in learning a language. Nation (1990) showed that the 4,000–5,000 most frequent words account for up to 95% of a written text and the 1,000 most frequent words account for 85% of speech. Although Nation's results were only for English, they do provide clear evidence that, when employing frequency as a general guide for vocabulary learning, it is possible to acquire a lexicon which will serve a learner well most of the time. There are two caveats to bear in mind here. First, counting words is not as straightforward as it might seem. Gardner (2007) highlights the problems that multiple word meanings, the presence of multiword items, and grouping words into families or lemmas, have on counting and analysing words. Second, frequency data contained in frequency dictionaries should never act as the only information source to guide a learner. Frequency information is nonetheless a very good starting point, and one which may produce rapid benefits. It therefore seems rational to prioritize learning the words that you are likely to hear and read most often. That is the philosophy behind this series of dictionaries.

Lists of words and their frequencies have long been available for teachers and learners of language. For example, Thorndike (1921, 1932) and Thorndike and Lorge (1944) produced word-frequency books with counts of word occurrences in texts used in the education of American children. Michael West's *General Service List of English Words* (1953) was primarily aimed at foreign learners of English. More recently, with the aid of efficient computer software and very large bodies of language data (called corpora), researchers have been able to provide more sophisticated frequency counts from both written text and transcribed speech. One important feature of the resulting frequencies presented in this series is that they are derived from recently collected language data. The earlier lists for English included samples from, for example, Austen's *Pride and Prejudice* and Defoe's *Robinson Crusoe*, thus they could no longer represent present-day language in any sense.

Frequency data derived from a large representative corpus of a language brings students closer to language as it is used in real life as opposed to textbook language (which often distorts the frequencies of features in a language, see Ljung, 1990). The information in these dictionaries is presented in a number of formats to allow users to access the data in different ways. So, for example, if you would prefer not to simply drill down through the word frequency list, but would rather focus on verbs for example, the part of speech index will allow you to focus on just the most frequent verbs. Given that verbs typically account for 20% of all words in a language, this may be a good strategy. Also, a focus on function words may be equally rewarding – 60% of speech in English is composed of a mere 50 function words. The series also provides information of use to the language teacher. The idea that frequency information may have a role to play in syllabus design is not new (see, for example, Sinclair and Renouf, 1988). However, to date it has been difficult for those teaching languages other than English to use frequency information in syllabus design because of a lack of data.

Frequency information should not be studied to the exclusion of other contextual and situational knowledge about language use and we may even doubt the validity of frequency information derived from large corpora. It is interesting to note that Alderson (2007) found that corpus frequencies may not match a native speaker's intuition about estimates of word frequency and that a set of estimates of word frequencies collected from language experts varied widely. Thus corpus-derived frequencies are still the best current estimate of a word's importance that a learner will come across. Around the time of the construction of the first machine-readable corpora, Halliday (1971: 344) stated that 'a rough indication of frequencies is often just what is needed'. Our aim in this series is to provide as accurate as possible estimates of word frequencies.

Paul Rayson and Mark Davies
Lancaster and Provo, 2008

References

Alderson, J. C. (2008). 'Judging the frequency of English words.' *Applied Linguistics*, 28 (3): 383–409.

Gardner, D. (2007). 'Validating the construct of Word in applied corpus-based vocabulary research: a critical survey.' *Applied Linguistics*, 28: 241–65.

Halliday, M. A. K. (1971). 'Linguistic functions and literary style.' In S. Chatman (ed.) *Style: A Symposium*. Oxford University Press, pp. 330–65.

Ljung, M. (1990). *A Study of TEFL Vocabulary*. Almqvist & Wiksell International, Stockholm.

Nation, I. S. P. (1990). *Teaching and Learning Vocabulary*. Heinle & Heinle, Boston.

Sinclair, J. M. and Renouf, A. (1988). 'A lexical syllabus for language learning.' In R. Carter and M. McCarthy (eds.) *Vocabulary and Language Teaching*. Longman, London, pp. 140–58.

Thorndike, E. (1921). *Teacher's Word Book*. Columbia Teachers College, New York.

Thorndike, E. (1932). *A Teacher's Word Book of 20,000 Words*. Columbia University Press, New York.

Thorndike, E. and Lorge, I. (1944). *The Teacher's Word Book of 30,000 Words*. Columbia University Press, New York.

West, M. (1953). *A General Service List of English Words*. Longman, London.

Acknowledgements

The authors wish to express their gratitude to the Instituut voor Nederlandse Lexicologie (INL) in Leiden for its generous support in the preparation of this book. We are also extremely grateful to Adam Kilgarriff and his Sketch Engine team for their help with the project.

Abbreviations

The following abbreviations are used in this dictionary:

adj	Adjective
adv	Adverb
art	Article
conj	Conjunction
f	Feminine
interj	Interjection
m	Masculine
num	Number
pl	Plural
poss	Possessive
prep	Preposition
pron	Pronoun

~	Translation not a complete equivalent

Introduction

The value of this dictionary

Language students want to know the exact meaning and use of the words they encounter. It is frustrating not to know the right words or to misuse words in conversation. This is something every language user wants to avoid.

This frequency dictionary of Dutch aims to help anyone who wants to know more about the most frequent words in the Dutch language: what they are, what they mean and how they are used. Both the words and the example sentences are taken from a large corpus of contemporary Dutch, and the user can be sure that the dictionary provides current information to be used in today's Dutch society without problems.

A central question for a project like this is 'what kinds of material, or "genres", do we include in the corpus?' With a high proportion of newspapers, there will be many words from politics and economics; with a high proportion of personal blogs, there will be many informal words. Which is better? It all depends: if the reader wants to read Dutch newspapers, then newspapers, but if they want to chat with Dutch friends, then the blogs. With this in mind, we have counted words in four genres and the dictionary contains not one, but six lists:

- **Core:** words occurring with high frequency in all four genres
- **Fiction:** high-frequency fiction words
- **Newspaper:** high-frequency newspaper words
- **Spoken:** high-frequency words in spoken Dutch
- **Web:** high-frequency words on the Dutch web
- **General:** the next band of words that have high frequencies across at least three of the genres.

Throughout the dictionary, the language is contemporary, spanning the past 40 years and concentrating on the last 20.

Contents of the dictionary

The dictionary contains the 5,000 top words of Dutch, across the six lists, as follows:

Table 1 Number of words in the different lists and subcorpora

List	Core	Fiction	Newspaper	Spoken	Web	General
Words	943	1084	1129	155	523	2004
Corpus size (millions of words)		23	167	9	91	

(Some words occur in more than one of the four genre lists, so the sum is higher than 5,000.)

Each entry contains: the headword, its part of speech, an English translation of the commonest sense, and an example sentence showing how the word is used.

In the main lists the words are sorted by frequency. In the core list and the general list this sorting is done on the basis of the overall frequency in all four genres. In the genre-specific lists, the ordering is based on the frequency within that genre, rather than the overall frequency. All words in the dictionary, regardless of in which list they occur, specify the overall frequency at the end of their entry. In addition to the main frequency lists, the dictionary also contains:

- an alphabetically sorted index. This lets the user look up a word to see if it is indeed in the dictionary and how common it is.
- an index of the commonest words by part of speech. The parts of speech are

  nouns, verbs, adjectives, adverbs, prepositions, conjunctions and interjections

In the case of nouns, verbs, adjectives and adverbs, these lists contain words from the core vocabulary list only. For the other parts of speech the lists are exhaustive. The words in the lists are ordered by frequency.

- lists of related words. Throughout the book there are boxes which contain smaller lists of thematically related words, e.g. body, food and drink, family, weather, professions, nationalities, colours, emotions and several other semantic domains. There are also boxes containing grammatical information, e.g. paradigms of auxiliary verbs. The words in these lists are ordered by frequency.

Word forms, lemmas and parts of speech
Like other dictionaries, entries are for lemmas like *hond* 'dog', not word forms like *honden* 'dogs'. Where a lemma could be of more than one part of speech, for example a noun or a verb, and both are in the top 5,000, each gets a separate entry. Every entry is for a lemma and part of speech combination. In this dictionary we refer simply to 'words' rather than 'lemma and part of speech combinations', wherever it does not give rise to ambiguity.

The corpus

The basis of the dictionary is a corpus of 290 million words of Dutch, divided between the four genres as in Table 1. It is the result of a combination of existing Dutch corpus material. Our genres include three of the four used by Biber and colleagues in their ground-breaking work for English (Biber et al., 1999). Their fourth is 'academic': this is particularly salient for English since so much of academic discourse proceeds in English, but not so salient for Dutch. Our fourth is 'web', in response to the growing importance of the web, and also because of its heterogeneity. It is less likely that we shall miss common words that mainly occur in genres other than conversation, fiction and newspapers.

Fiction comprises a total amount of around 900 books, that is to say more or less 20 books per year, from Flemish and Dutch authors, published between 1970 and 2009. No more than 40,000 words were taken from any one book.

Newspaper is taken from the SoNaR (*Stevin Nederlandstalig Referentiecorpus*) reference corpus for contemporary written Dutch and comprises material from Belgian and Dutch newspapers in the period

from 1993 to 2005. It makes up the largest part of our corpus.

Spoken is from the Spoken Dutch Corpus (CGN – *Corpus Gesproken Nederlands)*. The corpus contains 900 hours (ca. 9 million words) of Standard Dutch spoken by Flemish and Dutch adults in the period from 1998 to 2004. It includes spontaneous face-to-face conversations, interviews, telephone dialogues, business negotiations, discussions, lectures, speeches and read texts.

Web is again from the SoNaR corpus and includes blogs, discussion lists, e-magazines, newsletters, press releases and Wikipedia entries.

How we counted
A central problem in preparing frequency lists is the 'whelks' problem: if there is a text about whelks (a variety of mollusc) then the word 'whelk' will probably occur many times. We would rather not give all of those occurrences equal weight in our word frequency list.[1] One simple and appealing strategy is not to count the number of occurrences of each word, but the number of samples the word occurs in. Then, however many times whelks are mentioned in a sample, it will just count as one sample. If samples are different sizes – particularly if, as often happens in corpus-building, some are hundreds or thousands of times as long as others – this is problematic and figures are hard to interpret. But if all samples are the same length, there are no such complications and we have a straightforward response to the whelks problem.

This is what we have done. All of the text has been cut into 2,000-word samples, and then we count the number of samples that each word occurs in. We then ask, for each genre, for each word, what proportion of samples does it occur in. Since there are different quantities of text, so different numbers of samples in each genre, we normalize these figures to give percentages.

For our dictionary, 'frequencies' will always be percentages of documents that a word occurs in.

Processing the corpus data

After the corpus had been assembled, it had to be processed before a frequency list could be produced. The words were first lemmatized and part-of-speech tagged. Lemmatizing is the process of identifying, for each word, the lemma, or dictionary headword, it is associated with. Thus, for the word *speelden* 'played' the lemmatizer identifies that the headword is *spelen* 'play'. Part-of-speech tagging is the process of identifying whether the word is a noun, verb, adjective, etc. For a word like *kind* 'child' this is straightforward, since there is only one option, but for many words it involves a choice, for example *arm* can be a noun 'arm' or an adjective 'poor', which can be disambiguated by looking at the context.

All lemmatization and part-of-speech tagging was done using the Frog software (Van den Bosch et al., 2007). While Frog is good, it does produce errors. We have corrected the most frequent and evident ones manually.

The six lists
For each word, in each genre, the frequency was identified. Where the average of these figures was over 1.125 the word would be included. This was the threshold that gave the 'top 5,000'.

Core vocabulary
The core vocabulary of a language comprises those words that are used across all kinds of uses of the language. This was implemented as those words that occurred with a frequency of at least x in each of the four genres. Table 2 gives the number of words that this method delivers, for various values of x.

Table 2 No. of words with a frequency of x in each of the four genres

x	90	50	30	10	5	4.5	4	3
No.	36	112	190	477	856	943	1039	1345

We used the 4.5 mark to identify core vocab, giving us 943 core-vocab words. These words were then set aside and do not feature in any other lists.

The 'genre' lists
The base method is, for each genre:

- list the words according to frequency
- include the top items.

The complication is that some words will occur in two, three or four of the lists generated in this way,

and for such cases we have to decide whether they go in:

- just one list
- more than one list
- the general list.

Our strategy is to say there should be some cases of each, as follows:

- if highest frequency is at least double the next highest, list in that genre only
- if two are high and two are low, that is, the first- and second-highest, and both more than double the other two, list the top two in both
- otherwise list in general.

We acknowledge that this is more complex than one might have hoped.

Applying this algorithm gives the following counts (Table 3):

Table 3 Words to go in each of the genre lists

	This genre only	This genre and one other	Total
Fiction	822	262	1084
Newspaper	562	567	1129
Spoken	63	92	155
Web	102	421	523

We note the familiar finding that written texts use more different words than spoken (so a larger proportion of tokens in spoken material will comprise core words) and that the web is a mixture, sharing some characteristics of conversation but also sharing vocabulary with newspaper and fiction.

The general list
This leaves 2004 words for the general list.

Other Dutch frequency lists
Frequency lists for Dutch are not new. The best-known reference is *Woordfrequenties in geschreven en gesproken Nederlands* by P.C. Uit den Boogaart, from 1975. It is based on a count of 720,000 words from spoken and written languages.

Another is part of CELEX, a trilingual lexical database of Dutch, English and German, first released in 1990 with a second release in 1996 (Baayen, Piepenbrock and Gulikers). This used a corpus of 42 million words of language which is now over 20 years old, from a time before the internet.

There are also frequency lists from a range of corpora available through TST-Centrale.[2] However these lists are 'raw'. They are not planned, checked and corrected to make a resource that is useful for language learners.

This dictionary differs from the previous lists in that it describes the commonest words of current-day Dutch and is targeted at the language learner who will benefit from the example sentences illustrating the words. In addition, the thematic lists can be used for self-study, teaching, assessment, materials development and research purposes.

The main frequency lists

The main part of the book is formed by the six frequency lists: core, fiction, newspapers, spoken, web and general. The structure of each entry in these lists is as follows:

> **rank, headword**, *part of speech*, **English equivalent**
> - sample sentence
>   occurrences per 100 documents

A concrete example is the entry for

> **509 televisie** *noun de(f)* television
> - Hij zette de televisie aan om naar het nieuws te kijken.
>   16.55

This entry shows that word number 509 in our rank order list for the core vocabulary is the noun *televisie* 'television'. It is a feminine noun with a frequency of 16.55 per 100 documents.

The example sentences show the words as much as possible in a representative natural context. The sentences were supplied semi-automatically using the GDEX tool (Kilgarriff et al., 2008) from the Sketch Engine. GDEX automatically provided six candidate sentences from the corpus for each headword. From these six examples, the best one was chosen manually. In many cases this still involved shortening and simplifying the original corpus sentences to make

them suitable for the language learner. For instance, referential pronouns were replaced by personal pronouns. If none of the automatically selected example sentences was good, an example was prepared after examining more corpus examples.

Grammatical detail and difficult cases

As noted above, the parts of speech in the dictionary are: adjectives, adverbs, articles, conjunctions, interjections, nouns, numbers, prepositions, pronouns, verbs.

Adjective

Inflected adjectives have been lemmatized in the base form, which means that words such as *mooie*, *mooier* and *mooist* are all included in the entry *mooi* 'beautiful'. Many Dutch adjectives can also be used as adverbs, as is for instance the case in *hij schrijft mooi* 'he writes beautifully'. In such cases the adverbial use of the word is considered secondary to the adjectival use and these words are labelled as adjectives (*adj*).

Adverb

Adverbs are not inflected in Dutch. Adverbial use of adjectives is not listed separately. Examples of adverbs are *altijd* 'always', *samen* 'together'.

Article

Dutch has two definite articles and one indefinite article. The definite articles are *de* and *het*. The article *de* is used for plural nouns and masculine and feminine singular nouns, whereas *het* is used for singular neuter nouns. The indefinite article is *een*. This article can also function as a number ('one') or as a pronoun ('a certain').

Conjunction

Dutch distinguishes coordinating and subordinating conjunctions. Examples of coordinating conjunctions are *en* 'and', *of* 'or', *maar* 'but' and *want* 'because'. Subordinating conjunctions include *omdat* 'because', *terwijl* 'while' and *zodat* 'so that'. The distinction between subordinating and coordinating conjunctions is not marked in the dictionary.

Noun

Dutch nouns can be sorted into common and neuter gender, shown by giving the articles *de* and *het*. The common gender groups together masculine and feminine nouns. However, the historical masculine–feminine distinction seems to be disappearing in particular in the Netherlands but less so in Belgium. Where the gender has not been lost, this is marked in the entry by either an f (for feminine) or m (for masculine) after the article de. Thus the following types occur in the dictionary:

noun, het, e.g. kind 'child'
noun, de, e.g. plaats 'location, place'
noun, de(m), e.g. man 'man'
noun, de(f), e.g. vrouw 'woman'
noun, de/het, e.g. figuur 'figure'

Nouns that occur exclusively or almost always in the plural, e.g. hersenen 'brain', are given the part of speech noun pl.

Number
Both ordinal and cardinal numbers are included in the lists. There is also a separate table grouping the ordinal and cardinal numbers together.

Interjection
Examples of interjections are ja 'yes', nee 'no' and oh 'ah'. They occur mainly in spoken language, or in texts that represent spoken language. Although many dictionaries leave them out, they do have meanings, and are important for language learners if they are to sound like a native speaker.

Preposition
Dutch prepositions generally have a variety of meanings which cannot easily be represented in a simple entry. Examples are in 'in', van 'of', op 'on', voor 'for' and met 'with'. The most common meaning is given.

Pronoun
Dutch pronouns can be divided into several subclasses, but for the purpose of the frequency dictionary this has not been done. Their translation in combination with the example sentences makes their meaning and subclass clear. In addition a separate table has been included for personal and possessive pronouns.

Verb
Only the infinitive form of verbs is listed. All inflected forms have been lemmatized with the infinitive form. In some cases the past or present participle in Dutch is lexicalized and has become an adjective, e.g. beslist 'certainly' (< beslissen 'to decide'), geregeld 'regularly' (< regelen 'to arrange'). These words are considered adjectives and labelled as such.

Abbreviations and names

Abbreviations are counted together with the corresponding full forms, e.g. bijvoorbeeld, bv. 'for example, e.g.', kilometer, km. 'kilometre'. If the abbreviation is the most commonly used form, as for btw 'VAT', it becomes the headword followed by the full form if it is not obvious. Acronyms (EU) are also included as headwords in the frequency lists.

In general, names, including names of countries, are not included in the dictionary. However, nouns used to refer to a person from a particular country are included (Duitser 'German', Fransman 'Frenchman'), as are adjectival forms of proper nouns (Duits 'German', Engels 'English', Frans 'French').

Final caveat

Frequency is form-based (lemma), not semantically based. However, if a word has two meanings which are both quite common, two example sentences are given so that both meanings can be illustrated.

Notes

1 Gries (2008) presents a review of methods used to address the issue, and the Routledge dictionaries use a range of mathematical devices.
2 http://tst-centrale.org/

References

Corpora
The CELEX Lexical Database (1995), R.H. Baayen, R. Piepenbrock and L. Gulikers, Linguistic Data Consortium, University of Pennsylvania, Philadelphia, PA.
Corpus Gesproken Nederlands (CGN), (2004), Nederlandse Taalunie, Den Haag.
SoNaR (2010), Nederlandse Taalunie, Den Haag.
Frequency lists, TST Centrale (2010), Nederlandse Taalunie, Den Haag.

Other references

Biber, D., Johansson, S., Leech, G., Conrad, S. and Finegan, E. (1999). *Longman Grammar of Spoken and Written English*. Pearson Education, Harlow.

Gries, S. Th. (2008). 'Dispersions and adjusted frequencies in corpora.' *International Journal of Corpus Linguistics*, 13(4): 403–37.

Kilgarriff, A., Husák, M., McAdam, K., Rundell, M. and Rychlý, P. (2008). 'GDEX: Automatically finding good dictionary examples in a corpus.' In Elisenda Berndal and Janet De Cesaris (eds), *Proceedings of the XIII EURALEX International Congress*, Barcelona, Spain.

Uit den Boogaart, P. C. (1975). *Woordfrequenties in geschreven en gesproken Nederlands*. Oosthoek, Scheltema & Holkema, Utrecht.

Van den Bosch, A., Busser, G. J., Daelemans, W. and Canisius, S. (2007). 'An efficient memory-based morphosyntactic tagger and parser for Dutch.' In F. van Eynde, P. Dirix, I. Schuurman and V. Vandeghinste (eds), *Selected Papers of the 17th Computational Linguistics in the Netherlands Meeting*, Leuven, Belgium, pp. 99–114.

Frequency index

rank, **headword**, *part of speech*, English equivalent
- sample sentence

occurrences per 100 documents

Core

1 de *art* the
- De meisjes komen op de man en de vrouw afhollen.

99.92

2 en *conj* and
- Mijn vader en moeder gaan uit eten in het restaurant.

99.80

3 in *prep* in
- Het was koud in de slaapkamer.

99.79

4 van *prep* of
- Zijn ogen zijn sluw als die van een roofdier.

99.78

5 op *prep* on
- Ze ziet hem op het terras zitten.

99.73

6 zijn *verb* to be
- Honden zijn aanhankelijke en trouwe dieren.

99.70

7 het, 't *1) art 2) pron* 1) the 2) it
- 1) Het kind was ziek. 2) Het is niet anders.

99.68

8 een *art* a
- Een man en een vrouw kunnen samen een kind adopteren.

99.66

9 voor *prep* a) for b) in front of
- a) Ik vind het leuk om voor hem te koken.
- b) We staan voor de deur van het hotel.

99.61

10 die *pron* a) that, those b) that, who
- a) Die vraag bracht iets teweeg wat me niet meer met rust laat.
- b) Hij ging op de lakens liggen die haar geur vasthielden.

99.55

11 met *prep* with
- De vrouw reed met haar vriend mee naar de winkel.

99.55

12 te *prep* to
- Ze begon te huilen van blijdschap.

99.53

13 hebben *verb* to have
- Je hebt een bleke huid.

99.47

14 niet *adv* not
- Met de zaklamp was ze niet meer bang.

99.30

15 aan *prep* to
- Hij geeft de bloemen aan Lena.

99.22

16 ook *adv* also
- Toch hadden ze er vertrouwen in dat alles ook vandaag zou lukken.

99.22

17 er *adv* there
- De volgende ochtend werd er een lange wandeling gemaakt.

99.17

18 als *conj* when
- Ik krijg dorst als ik die fles zie staan.

99.01

19 veel *num* much
- We keken beiden uit over de rivier en zeiden niet veel.

98.95

20 kunnen *verb* to be able
- Misschien kunnen we samen naar de markt gaan.

98.93

21 dat *conj* that
- Hij vertelde dat hij zich beter voelde.

98.85

22 om *prep* (a)round
- Ik wandelde om het plantsoen.

98.81

23 worden *verb* to be
- Deze pasfoto werd door de politie verspreid.

98.60

24 dat *pron* that
- Als de beschuldiging klopt, werpt dat een ander licht op de zaak.

98.02

25 nog *adv* still
- Ze is nog jong.

97.91

26 maar *conj* but
- Het team speelde goed, maar slaagde er niet in te winnen.
97.88

27 bij *prep* near (to)
- Op het pleintje bij de kerk waren kinderen aan het spelen.
97.86

28 zij, ze *pron* a) she b) they
- a) Ik was niet verliefd op haar, maar zij wel op mij.
- Men verwachtte dat ze binnenkort het ziekenhuis kon verlaten.
- b) Zij vormen 85 procent van de bevolking.
- Toen Schliemann in 1875 de skeletten aanraakte, verpulverden ze meteen tot stof.
97.39

29 naar *prep* to
- Hij volgt haar naar de keuken.
97.32

30 uit *prep* from
- Ik kom uit Amsterdam.
97.19

31 gaan *verb* to go
- De jongens gingen op de fiets naar het strand.
96.79

32 komen *verb* to come
- Misschien komt hij met de wagen.
96.67

33 zullen *verb* will
- De filmpjes zullen te zien zijn via het internet.
96.20

34 of *conj* or
- Er reden allang geen trams of auto's meer.
96.01

35 over *prep* a) over b) about
- a) Zij klom over het hek.
- b) Alle informatie over de camping vind je op de website.
95.76

36 moeten *verb* to have to, must
- Je moet beneden aan de trap je schoenen aan- en uitdoen.
95.47

37 door *prep* through
- Ik liep door het dorp.
95.39

38 al *adv* already
- Ze is al bijna aan het eind van het pad.
94.98

39 geen *pron* no
- Er zat geen knop aan de deur.
93.48

40 dan *adv* then
- Zwemmen, fietsen en dan nog eens lopen.
93.08

41 goed *adj* good
- Wij sporen onze leden aan om goede burgers te zijn.
92.84

42 wel *adv* ~ rather
- Ik vind het wel fijn te horen dat er meer mensen zijn die zich zorgen maken.
92.83

43 maken *verb* a) to make b) to repair
- a) Hij maakte een snelle beweging.
- b) Hij maakte haar kapotte fiets.
92.66

44 tot *prep* to
- Het festival gaat begin juli van start en loopt tot eind september.
91.86

45 hij *pron* he
- Hij vraagt zich af of hij wel genoeg contant geld bij zich heeft.
91.75

46 wat *pron* what
- We hebben gedaan wat we moesten doen.
91.68

47 zo *adv* so
- Hij schreeuwde zo luid dat het leek of de deur open stond.
90.88

48 nu *adv* now
- Ik ga nu eerst met vakantie.
90.05

49 zijn, z'n *pron* his
- Hij nam zijn zoon mee.
- Hij ging op zoek naar z'n dochter.
89.88

50 jaar *noun, het* year
- Elk jaar bellen één miljoen mensen de servicelijn.
89.77

51 ander *adj* other
- Ze bereikten de top van de andere heuvel.
89.65

52 doen *verb* to do
- Zou ik dat ook hebben gedaan?
89.62

53 **dit** *pron* this
- Hij was naar dit kantoor gegaan.
89.27

54 **willen** *verb* to want
- Wie zou mij willen tegenhouden?
89.04

55 **zich** *pron* herself, himself, itself, themselves
- Ze kon mijn trap niet op en liet zich dragen.
- Zij lieten zich graag trakteren.
88.38

56 **staan** *verb* to stand
- De drie kinderen staan naast haar.
88.27

57 **zien** *verb* to see
- In de verte zag zij het huis.
87.06

58 **zeggen** *verb* to say
- U mag 'stop' zeggen wanneer u wilt.
86.92

59 **krijgen** *verb* to get
- Hij hoopte van de frisse lucht een helder hoofd te krijgen.
85.65

60 **wij, we** *pron* we
- Ik deed de lichten uit en wij verlieten de bijkeuken.
- Ik stel voor dat we het werk eerst afmaken.
85.63

61 **groot** *adj* a) big b) great
- a) In de deur stond een grote vrouw.
- b) U doet me een groot plezier als u iets met mij wilt gaan drinken.
85.32

62 **na** *prep* after
- Meteen na het eten ging hij weg.
84.77

63 **hun** *pron* a) their b) (to) them
- a) Ze kochten hun vlees bij de slager.
- b) Hij geeft hun een snoepje.
84.13

64 **ik** *pron* I
- Je vader zei dat ik me met mijn eigen zaken moest bemoeien.
83.58

65 **deze** *pron* this, these
- Uiteraard houden wij deze zaak nauwlettend in het oog.
83.14

66 **daar** *adv* there
- Ik rijd maar door tot op de markt, parkeer daar en stap uit.
81.94

67 **jij, je** *pron* you
- Heb jij nog zin om boodschappen te doen?
- Wat bedoel je?
80.86

68 **vinden** *verb* to find
- Elisabeth vindt het nummer van de politie.
83.26

69 **laten** *verb* to let
- Ik heb door een timmerman een houten stoel laten maken.
80.14

70 **al** *pron* all
- Door alle publiciteit werd het een vervelende zaak.
80.08

71 **tegen** *prep* against, towards
- Al die tijd bleef hij tegen mij zwijgen.
79.77

72 **twee** *num* two
- De twee vrouwen staan in elkaars armen te huilen.
79.73

73 **een, één** *num* one
- Een van de jongens liep naar de deur.
- Slechts één woning liep schade op.
79.69

74 **heel** *adj* whole
- Sommige mensen fluiten de hele dag.
79.11

75 **geven** *verb* to give
- Oma geeft haar een glas water.
78.66

76 **blijven** *verb* to remain
- Dergelijk gedrag kon niet onbestraft blijven.
78.38

77 **waar** *adv* where
- Ze herkende het huis waar ze geboren was.
78.34

78 **toch** *adv* yet
- Ze schold hem uit en toch troostte hij haar.
77.81

79 **ons** *pron* a) us b) our
- a) Ze kwam naar ons toe.
- b) Een van onze vrienden logeert ergens anders.
77.64

80 **onder** *prep* under
- Hans kroop onder de dekens.
76.23

81 **weten** *verb* to know
- De rechter wilde weten wat er gebeurd was.
76.11

82 zitten *verb* to sit
- Ik zit op de sofa en kijk naar de bergen.
74.93

83 dan *conj* than
- Daarmee was ze een seconde sneller dan haar oude toptijd.
73.82

84 maar *adv* but, only, just
- Zijn gezicht durfde ze maar nauwelijks aan te raken.
73.64

85 mens *noun, de(m)* human
- Dieren kunnen een innige band met mensen hebben.
73.56

86 omdat *conj* because
- Hij kreeg een boete omdat zijn brommer niet in orde was.
73.41

87 alleen *adv* alone
- Hij heeft besloten om alleen te gaan.
72.97

88 nemen *verb* to take
- Ze nam de jas van de kapstok en hield hem voor me op.
72.42

89 houden *verb* to hold
- In zijn linkerhand hield hij een plastic tasje.
72.05

90 nieuw *adj* new
- Hij wordt de nieuwe burgemeester.
71.52

91 mogen *verb* to be allowed
- Zij mag doen wat ze wil.
71.06

92 weer *adv* again
- Hij ging zitten en hij stond weer op.
70.76

93 tijd *noun, de(m)* time
- Het doen van strategisch onderzoek kost tijd.
70.73

94 lang *adj* long, tall
- Het lange meisje kon bij de bovenste plank.
- (adv) Het klonk als een beslissing waarover lang was nagedacht.
69.61

95 af *adv* off
- Hij was me te vlug af.
af en toe: Af en toe zit ik te klappertanden van de kou.
69.25

96 liggen *verb* to lie
- We lagen dezelfde nacht nog in bed.
68.49

97 dus *adv* so
- Natuurlijk heeft onze advocaat deze deal bekeken, maar alles is legaal, dus we kregen er een concurrent bij.
68.46

98 haar *pron* a) her b) her (poss)
- a) Hij wilde er niet van horen en verbood het haar.
- b) De gouden ring was een erfstuk van haar oma.
67.70

99 drie *num* three
- Na drie jaar kon ze zich deze tocht nog van dag tot dag herinneren.
67.67

100 tussen *prep* between
- Hij dringt tussen zijn kinderen door naar voren en gaat de trap af.
67.50

101 mij, me *pron* me
- Waarom heb je mij niet opgebeld?
- Ik voel me fit.
67.36

102 eens *adv* once, (not) even
- Enkele maanden geleden wist ik niet eens van haar bestaan af.
67.01

103 volgen *verb* to follow
- Enkele seconden later volgt een explosie niet ver van mij vandaan.
66.19

104 dag *noun, de(m)* day
- De volgende dag zat mijn grootvader weer in zijn stoel.
66.05

105 zelf *pron* self
- Ik had zelf geen oordeel.
- Zij hebben zelf bedacht dat het zo moest kunnen.
65.98

106 mijn, m'n *pron* my
- Hij zat achter zijn bureau en scheen mijn aanwezigheid niet op te merken.
- Ik deed m'n werk.
65.72

107 zoals *conj* as
- Het scenario liep aanvankelijk zoals gewenst.
65.70

108 hem, 'm *pron* him
- Ze liep weg en liet hem staan.
- Heb je 'm gisteren nog zien lopen?
64.67

109 mee *adv* with
- Ik heb er ervaring mee.
64.48

110 iets *pron* something
- Hij riep iets in mij op dat ik vergeten was.
64.35

111 hoe *adv* how
- Ze vraagt de man of hij weet hoe het vuur is ontstaan.
64.12

112 denken *verb* to think
- Ik denk dat hij gedroomd heeft.
63.17

113 zonder *prep* without
- Er werden in enkele gevallen etenswaren zonder vergunning verkocht.
62.26

114 want *conj* because
- De groente is niet groen, maar wit, want het is bloemkool.
62.18

115 hier *adv* here
- De weg gaat hier naar links.
62.06

116 altijd *adv* always
- Het water was er altijd in beweging door de botsing met de rotsen.
61.60

117 te *adv* too
- Met maximum 8 graden is het te koud voor de tijd van het jaar.
61.60

118 plaats *noun, de* place
- Het duurde nog een halfuur voor alle passagiers op hun plaats zaten.
60.70

119 enkel *pron* a few, a single
- Na enkele seconden hoorde ik de auto ook.
60.19

120 beginnen *verb* to start
- Uiteraard weet hij te ontsnappen en de jacht begint opnieuw.
60.02

121 man *noun, de(m)* man
- Tegenover hem zat een forse man met een reusachtige zwarte baard.
59.77

122 week *noun, de* week
- Die mensen werden binnen een paar weken schatrijk.
59.44

123 toe *adv* towards
- Laura deed spontaan een stap naar hem toe.
59.02

124 echt *adj* real
- Voor een echte dief had hij nogal wat fouten gemaakt.
58.80

125 keer *noun, de(m)* time, occasion
- Ik zag niet in waarom ik dit keer anders zou moeten handelen.
58.80

126 wie *pron* who
- Weet je wie dat was die je hoorde spelen?
58.61

127 werken *verb* to work
- Misschien ken je iemand die bij het bedrijf werkt of heeft gewerkt.
58.31

128 volgens *prep* according to
- Het examen aardrijkskunde was volgens de leerlingen te moeilijk.
58.24

129 eigen *adj* own
- Even zag hij in de boodschap de projectie van zijn eigen gevoelens.
57.93

130 vooral *adv* especially
- Ze toonden ons angst en verslagenheid en vooral uitzinnige woede.
57.30

131 zelfs *adv* even
- Zelfs papa zong uit volle borst mee.
56.66

132 stellen *verb* to put
- Hij stelt dat het belangrijk is om samen te werken
een vraag stellen: Hij hield niet op met vragen stellen.
56.43

133 brengen *verb* to bring
- We worden naar een tent gebracht.
54.93

134 zeker *adj* certain
- Ze had een zekere charme.
54.86

135 elk *pron* each
- In elk café hangen een heleboel affiches.
54.19

136 net *adv* just
- Toen ik op het station aankwam was de trein net weg.
53.97

137 lopen *verb* to walk
- Hij liep naar de bar.
53.96

138 klein *adj* little
- Het kleine mannetje kon er net niet bij.
53.64

139 nooit *adv* never
- Deze monniken zien nooit een vrouw.
53.62

140 vragen *verb* to ask
- Zij vroeg aan de man wie hij was.
53.58

141 vallen *verb* to fall
- De jongen viel van een tien meter hoge steiger op een bouwwerf.
53.56

142 alles *pron* everything
- Bij ons in het dorp was alles donker en stil.
52.57

143 terug *adv* back
- Afgelopen week was hij even terug op zijn vroegere werkplek.
52.56

144 horen *verb* to hear
- Ik hoorde zijn stem boven alles uit.
52.08

145 spelen *verb* to play
- De kinderen speelden in het zwembad.
51.52

146 uur *noun, het* hour
- Zo kon hij soms uren doorgaan.
51.25

147 oud *adj* old
- Een oude man schuifelt door de donkere straat.
51.14

148 hoog *adj* high
- Zij wonen in een hoge flat.
50.80

149 even *adv* just
- Hij ging even een biertje drinken in het café.
50.60

150 tijdens *prep* during
- Tijdens het bezoekuur hoorde ik haar vrolijk praten met haar vader en moeder.
50.13

151 steeds *adv* always
- Je ontdekt steeds meer als je eenmaal onderweg bent.
49.90

152 toen *conj* when
- Ineke zette thee en bakte eieren voor ons toen we thuiskwamen.
49.69

153 vorig *adj* previous
- Het winkelpand stond na het faillissement van de vorige bezitter al geruime tijd leeg.
49.15

154 binnen *prep* within
- Binnen Gent is één grote hogeschool gecreëerd.
48.46

155 gewoon *adj* usual, normal
- In het gewone leven gaat dat anders.
- (adv) Een parkje waar ze allebei gewoon vanuit hun huis naartoe kunnen fietsen.
48.35

156 niets *pron* nothing
- Ze had niets bij zich dan haar handtas.
48.03

157 snel *adj* fast
- In een snelle spurt reed hij naar voren.
48.01

158 kijken *verb* to look
- Verbaasd kijkt ze om zich heen.
47.83

159 maand *noun, de* month
- Hij vond gedurende enkele maanden een baantje in een fabriek.
47.68

160 jong *adj* young
- Het jonge meisje speelde moeiteloos mee.
47.51

161 halen *verb* to get
- Ze weten niet waar ze de formulieren moeten halen.
47.28

162 lijken *verb* to seem
- Het lijkt me erg gezellig om elkaar te zien.
47.23

163 zetten *verb* to put
- Zij zette de bloemen in een vaas.
47.08

164 blijken *verb* to prove
- Dit blijkt uit een eerste rapportage van het onderzoeksbureau.
46.67

165 toen *adv* then
- We zaten met de leden van het comité bij elkaar en kwamen toen op dit idee.
46.64

166 weinig *num* little, few
- Ik heb op dit moment weinig tijd.
46.62

167 eerst *adv* first
- De directie ging voor dit jaar eerst uit van een groei van 3 procent.
46.42

168 elkaar *pron* each other
- We losten elkaar af bij haar bed.
46.23

169 mogelijk *adj* possible
- De politie onderzoekt de mogelijke omkoping van scheidsrechters.
46.22

170 samen *adv* together
- Samen deden ze de afwas.
46.08

171 kind *noun, het* child
- De kinderen maakten een maquette van hun school.
46.06

172 werk *noun, het* work
- Zij vindt haar werk erg leuk.
45.72

173 land *noun, het* country
- De oostelijke helft van het land blijft gevoelig voor buien.
45.43

174 vrouw *noun, de(f)* woman
- Vroeger werden vrouwen en mannen gescheiden in de kerk.
45.42

175 hand *noun, de* hand
- Ze balde een enkele keer haar handen tot kleine vuisten.
44.98

176 leven *noun, het* life
- Er zijn veel kleine conflicten die het dagelijks leven verstoren.
44.97

177 zo'n *pron* such a
- Ik ben niet zo'n strenge leraar.
44.84

178 eind, einde *noun, het* end
- We hebben het eind van onze reis nog niet bereikt.
- De film had een onverwacht einde.
44.58

179 bestaan *verb* to exist
- De kloof tussen burgers en politiek zal blijven bestaan.
44.33

180 rond *prep* around
- Hij heeft de spieren rond zijn schouderblad verrekt of gescheurd.
44.21

181 vaak *adv* often
- Deze dieren liggen overdag vaak te rusten in de zon.
44.07

182 trekken *verb* to draw
- Dit evenement trekt ieder jaar veel bezoekers.
43.75

183 aantal *noun, het* number
- Het aantal werkloze leerkrachten daalt.
43.65

184 achter *prep* behind
- Hij gaat weer achter zijn bureau zitten.
43.14

185 natuurlijk *adj* natural
- Volgens de afspraken mogen ze nieuwe bossen opvoeren als natuurlijke CO_2-eters.
43.11

186 naam *noun, de(m)* name
- Er stond geen naam op het stukje karton.
43.09

187 laatst *adj* last
- Zij was de laatste jaren onze steun op het secretariaat.
44.76

188 deel *noun, het* part
- Er was niemand in dit deel van de stad.
42.63

189 belangrijk *adj* important
- Volgens hem biedt het programma belangrijke voordelen.
42.56

190 misschien *adv* maybe
- Ik zei dat ik een vergadering had en misschien laat thuiskwam.
42.52

191 gebeuren *verb* to happen
- Vele sprekers schilderden uitvoerig wat er kon gebeuren.
42.51

192 iedereen *pron* everyone
- Volgend jaar krijgt iedereen een bonus van 2 procent.
42.43

193 bijna *adv* almost
- Het huis is bijna klaar.
42.40

194 probleem *noun, het* problem
- Het land heeft echter nog tal van problemen op te lossen.
42.21

195 vier *num* four
- De totale tijd tussen bestellen en leveren is drie tot vier maanden.
42.18

196 sinds *prep* since
- Haar cliënt had geen gemakkelijke tijd gehad sinds haar behandeling begon.
41.94

197 erg *adv* very
- Het is erg warm hier.
41.68

198 per *prep* by, per
- De partijvoorzitter wordt per referendum gekozen.
41.63

199 geleden *adj* ago
- Dat is ruim 10 procent minder dan twee weken geleden.
41.49

200 nodig *adj* necessary
- Ze namen de nodige maatregelen.
- (adv) Voor dit gerecht heeft u ook geroosterde rijst nodig.
40.91

201 noemen *verb* to name
- Hij wordt genoemd als staatssecretaris van onderwijs.
40.82

202 vraag *noun, de* question
- Wijsbegeerte gaat over de grote vragen van het bestaan.
40.80

203 proberen *verb* to try
- Hij probeert hun gedrag te begrijpen.
40.78

204 zaak *noun, de* a) case b) business
- a) Zij bracht de zaak voor de rechter.
- b) De slager stond trots voor zijn zaak.
40.68

205 spreken *verb* to speak
- We hebben iemand nodig die Nederlands spreekt.
40.59

206 allemaal *adv* all
- Deze mensen kregen allemaal een ander vaccin toegediend.
40.34

207 pas *adv* only
- Leiderschap komt meestal pas tot zijn recht op momenten van crisis.
40.20

208 helemaal *adv* completely
- Betty voelde zich niet helemaal op haar gemak.
40.01

209 men *pron* one, you
- Men zou wat meer reclame moeten maken.
39.91

210 kennen *verb* to know
- Vroeger dacht ik dat ik mezelf steeds beter zou leren kennen als ik ouder werd.
39.89

211 bekend *adj* (well-)known
- Hij is een bekend zakenman.
39.83

212 terwijl *conj* while
- Zij bleef naar mij kijken terwijl ik dronk.
39.52

213 huis *noun, het* house
- Er wordt een nieuw huis gebouwd in de straat.
39.21

214 geval *noun, het* case
- In dat geval moet je het later nog maar eens proberen.
in elk geval: In elk geval is het niet jouw schuld.
39.15

215 duidelijk *adj* clear
- Hij gaf ze duidelijke aanwijzingen.
- De scheidingslijn was niet altijd duidelijk.
39.07

216 gebruiken *verb* to use
- Een prettig neveneffect is dat de computer minder energie gebruikt.
38.26

217 vertellen *verb* to tell
- De juffrouw vertelde tijdens de les een verhaal.
38.21

218 kort *adj* short
- Hij wilde een T-shirt met korte mouwen aan.
38.10

1 Animals

Note that several of these animal names can also have a different meaning (e.g. *pad* ('path'), *muis* ('computer mouse'), *slang* ('hose')), which increases their overall frequency.

hond 7.70 dog	**schaap** 2.03 sheep	**rat** 1.35 rat
vis 5.39 fish	**muis** 1.93 mouse	**eend** 1.34 duck
pad 5.06 toad	**leeuw** 1.88 lion	**beer** 1.33 bear
vogel 4.96 bird	**aap** 1.69 monkey	**vlinder** 1.18 butterfly
paard 4.77 horse	**varken** 1.59 pig	**wolf** 1.14 wolf
kat 4.21 cat	**insect** 1.50 insect	**duif** 1.13 pigeon
kip 3.05 chicken	**konijn** 1.49 rabbit	**poes** 1.05 cat
koe 2.64 cow	**slang** 1.40 snake	**kater** 1.02 tomcat

219 **vroeg** *adj* early
- Buiten is het koud, zoals het alleen in de vroege lente kan zijn.
  38.09

220 **vanaf** *prep* from
- Burgers met vragen kunnen vanaf vandaag ook terecht bij Postbus 51.
  37.99

221 **weg** *adv* gone
- Acht spelers wilden de coach weg hebben.
  37.99

222 **eigenlijk** *adv* actually
- Els twijfelt, want ze wil eigenlijk niet verhuizen.
  37.98

223 **via** *prep* through
- De daders zijn via het plat dak binnengeklommen.
  37.92

224 **iemand** *pron* someone
- Hij werd iemand die nog maar zelden zei wat hij dacht.
  37.87

225 **eerder** *adv* sooner
- Jongeren moeten eerder leren samenwerken dan met elkaar te wedijveren.
  37.83

226 **mooi** *adj* nice
- Papa heeft zijn mooie pak aan en een wit sjaaltje om zijn hals.
  37.63

227 **schrijven** *verb* to write
- De gerechten waren met krijt op een bord aan de muur geschreven.
  37.34

228 **vijf** *num* five
- Hij werkt vijf dagen per week.
  37.16

229 **gisteren** *adv* yesterday
- De voetballer tekende gisteren een contract voor drie jaar.
  37.13

230 **sterk** *adj* strong
- De sterke jongen tilde drie kratten tegelijk.
  36.97

231 **paar** *noun, het* couple
- Op het nachtkastje staan een paar vergeelde wenskaarten.
  36.69

232 **u** *pron* you
- Ziet u hier soms iets wat u herkent?
  36.54

233 **hen** *pron* them
- Misschien zou het ooit weer beter tussen hen kunnen worden.
  36.45

234 **vandaag** *adv* today
- Vandaag hangt er een aankondiging op de deur.
  35.99

235 **waarom** *adv* why
- De vraag is waarom men niet samenwerkt.
  35.97

236 **moment** *noun, het* time, moment
- Op andere momenten kon ze ook niet trainen.
  35.91

237 **manier** *noun, de* way
- Ik vond een andere manier om je te helpen.
  35.76

238 moeilijk *adj* difficult
- Ik wens je veel sterkte toe in deze moeilijke periode.
  35.44

239 wereld *noun, de* world
- De wereld ziet er nu heel anders uit.
  35.28

240 opnieuw *adv* again
- Hij probeerde opnieuw zijn zoon te spreken.
  35.27

241 daarom *adv* therefore
- Ik was moe en ging daarom vroeg naar bed.
  35.17

242 geld *noun, het* money
- Hij gaf het geld aan de bakker.
  34.91

243 zeer *adv* very
- Ze was zeer verzwakt en woog nog 46 kilo.
  34.70

244 soms *adv* sometimes
- Soms gaat het niet zoals je wilt.
  34.13

245 groep *noun, de* group
- De groep wachtte tot de gids was uitgesproken.
  34.00

246 stad *noun, de* town, city
- Het museum staat in het oudste gedeelte van de stad.
  33.91

247 enig *pron* only
- Ik was zijn enige optie.
  33.90

248 ver *adj* far
- Zij maakten een verre reis.
  33.78

249 genoeg *adv* enough
- 'Zo, en nu hebben we lang genoeg zitten praten,' zei ze.
  jammer genoeg: Jammer genoeg kon ze niet deelnemen aan de wedstrijd.
  33.77

250 stuk *noun, het* piece
- Zij breekt het brood in stukken.
  33.77

251 zwaar *adj* heavy
- Samen tillen ze de zware steen op.
  33.72

252 zoeken *verb* to search
- Hij zoekt naar zijn bril.
  33.69

253 kans *noun, de* chance
- We hebben nog een kans om te winnen.
  33.67

254 ja *interj* yes
- Ik zei ja op elke uitdaging.
  33.48

255 leggen *verb* to put
- Hij legde het boek op de tafel.
  33.43

256 waarin *adv* wherein
- Hij zag vlekken waarin geen vorm te onderscheiden viel.
  33.30

257 tien *num* ten
- Ze woonden tien huizen verder in onze straat.
  33.23

258 voelen *verb* to feel
- Ik voelde of hij niets gebroken had.
  33.09

259 winnen *verb* to win
- Nooit eerder wonnen ze een wedstrijd op een groot toernooi.
  33.08

260 begin *noun, het* start
- Er werd een begin gemaakt met hervormingen.
  32.85

261 vast *adj* fixed, certain
- Hij heeft wel degelijk een vast inkomen.
- (adv) Zij vindt de maatregelen vast niet streng genoeg.
  32.80

262 naast *prep* next to
- Het boekje stelt theorie en praktijk netjes naast elkaar.
  32.76

263 bijvoorbeeld, bv. *adv* for example
- Een andere term voor drive-inshow is bijvoorbeeld: mobiele discotheek.
- Zo kun je er bv. zwemmen.
  32.37

264 slecht *adj* bad
- Het was een slechte zomer.
  31.80

265 verliezen *verb* to lose
- Hij verliest hierdoor persoonlijke papieren en 5 euro.
  31.77

266 buiten *prep* outside
- In de dorpen buiten de randstad is weinig werk.
  31.65

267 zorgen *verb* to provide
- Een baan zorgt voor status en sociale contacten.
31.64

268 Nederlands *adj* Dutch
- Vorig jaar kregen zesenveertigduizend mensen de Nederlandse nationaliteit.
31.57

269 oog *noun, het* eye
- Wie goed keek, zag dat ik tranen in mijn ogen had.
31.50

270 beetje *noun, het* bit
- We zaten een beetje loom voor ons uit te staren.
31.41

271 zoveel *num* so much
- Hij had alleen niet verwacht dat het zoveel tijd zou kosten.
31.33

272 zes *num* six
- Door zijn toedoen ontsnappen zes mijnwerkers aan de dood.
31.24

273 meteen *adv* immediately
- Het is niet noodzakelijk om meteen een nieuw toestel te plaatsen.
31.19

274 bovendien *adv* also
- Melk is lekker en bovendien gezond.
31.05

275 woord *noun, het* word
- Bedoelt iedereen hetzelfde als er een bepaald woord wordt gebruikt?
30.90

276 graag *adv* gladly, with pleasure
- We leerden bij en dat zagen onze ouders en leraren graag.
30.68

277 beide *num* both
- Zondag staan beide ploegen tegenover elkaar.
30.59

278 kiezen *verb* to choose
- Uit de consumpties die ik voorradig had koos ze bier.
30.56

279 hopen *verb* to hope
- Het bedrijf hoopt nog vóór de zomer de eerste interactieve diensten te lanceren.
30.46

280 laat *adj* late
- Ondanks het late tijdstip, net na middernacht, moest een welkomstdrankje gedronken worden.
30.43

281 vol *adj* full
- Hij was de enige die in dat volle huis voor orde zorgde.
30.31

282 daarna *adv* afterwards
- Het licht winterse weer lijkt zich komend weekend en waarschijnlijk ook daarna te handhaven.
30.18

283 lezen *verb* to read
- Rustig op de bank een boekje lezen is er niet bij.
30.15

284 verschillend *adj* different
- In verschillende steden werden geldautomaten in brand gestoken.
29.91

285 betalen *verb* to pay
- Bovendien betaalt de stad de energiefactuur.
29.82

286 miljoen *num* million
- Het aantal kijkers wordt geschat op 400 miljoen.
29.70

287 partij *noun, de(f)* party
- Beide partijen gaan weer samenwerken op het gebied van veiligheid.
29.54

288 soort *noun, de/het* kind of
- Ze stond die eerste nacht met haar tentje op een soort dorpsplein.
29.49

289 ooit *adv* one day
- Ze hopen ooit kampioen te mogen worden.
29.29

290 ding *noun, het* thing
- Voor welke dingen maken we eigenlijk keuzes?
29.20

291 weg *noun, de(m)* road
- De brede weg lag verlaten in het maanlicht.
29.10

292 sommige *pron* some
- De prijzen van sommige artikelen zijn gehalveerd.
29.08

293 ieder *pron* each
- Zij krijgt provisie voor iedere klant die zij binnenhaalt.
  28.79

294 leiden *verb* to lead
- Zij leidde het elftal.
  28.72

295 slechts *adv* only
- De raad krijgt slechts een adviserende functie.
  28.54

296 niemand *pron* nobody
- In tegenstelling tot werknemers heb ik niemand die me op het matje roept.
  28.52

297 wachten *verb* to wait
- Op de gang wachtte de rechercheur die mij al enkele verhoren had afgenomen.
  28.39

298 welk *pron* which
- Ik weet onder welke omstandigheden hij van huis is gegaan.
  28.37

299 sluiten *verb* to close
- Het hotel was gesloten van augustus tot april.
  28.24

300 boven *prep* above
- Zij scoorden vorig jaar boven het landelijk gemiddelde.
  28.23

301 verwachten *verb* to expect
- Analisten hadden een lichte daling verwacht.
  28.21

302 nee *interj* no
- Nee, nee, zo bedoel ik het niet.
  28.07

303 foto *noun, de* photo
- Een politiehelikopter maakte in de vroege ochtend foto's en videobeelden van de omgeving.
  28.06

304 wonen *verb* to live
- Bovendien hebben we toffe buren en dat maakt het des te leuker om hier te wonen.
  27.89

305 helpen *verb* to help
- In de winter hielp hij de kinderen met het maken van een sneeuwpop.
  27.69

306 punt *noun, de(m)* a) full stop b) item c) point
- a) De zin wordt afgesloten met een punt.
- b) Het derde punt op de agenda is het feest.
- c) Hij eindigde twee punten achter de leider.
  27.64

307 raken *verb* to touch, to hit
- In bed zorgde ze ervoor dat haar voeten zijn lichaam niet raakten.
  27.59

308 leren *verb* to learn
- De jongeren leren in de praktijk voor bijvoorbeeld timmerman of metselaar.
  27.40

309 dezelfde *pron* same
- In dezelfde periode vorig jaar was er een stijging te zien.
  27.36

310 hard *adj* hard
- Ze gooide met een harde klap de deur achter zich dicht.
  27.36

311 feit *noun, het* fact
- De feiten speelden zich af tussen maart en december.
  27.30

312 leven *verb* to live
- Zij is er de vrouw niet naar om in het verleden te leven.
  27.23

313 titel *noun, de(m)* title
- De titel van het boek is wat dat betreft goed gekozen.
  27.05

314 reden *noun, de* reason
- Een reden voor de scheiding werd niet gegeven.
  27.02

315 slaan *verb* to hit
- Frank sloeg met zijn vuist op tafel.
  27.01

316 afgelopen *adj* last
- Afgelopen jaar had hij een grote hit.
  26.93

317 volledig *adj* full
- Bovendien heerst in ons team volledige openheid.
  26.80

318 inderdaad *adv* indeed
- Hij kijkt naar de klok. Die staat inderdaad goed.
  26.75

319 thuis *adv* at home
- Als het risico voor je bevalling niet verhoogd is, heb je de keuze tussen een bevalling thuis of in het ziekenhuis.
26.67

320 half *adj* half
- Binnen een half jaar wordt de scheiding aangevraagd.
26.65

321 open *adj* open
- De deur was voor iedereen open.
26.65

322 vriend *noun, de(m)* friend
- Het huis stroomt zo langzamerhand vol met vrienden en familieleden.
26.38

323 langs *prep* past
- Ik liep langs de meubels.
26.19

324 hoofd *noun, het* head
- De man schudde zijn al wat kalende hoofd.
26.15

325 uiteindelijk *adj* final
- Wie de uiteindelijke beslissing heeft genomen weet ik niet.
26.10

326 bedrijf *noun, het* business
- In de horeca gingen in 2003 272 bedrijven failliet.
25.96

327 kant *noun, de(m)* side
- De inzittenden kropen tijdig uit de auto en zwommen naar de kant.
25.95

328 voorbij *adj* past
- Ze raakte niet uitgepraat over de voorbije week.
25.90

329 rijden *verb* to drive
- Hij rijdt de auto de garage uit en het tuinhek door.
25.63

330 gemakkelijk, makkelijk *adj* easy
- Al met al is dit geen gemakkelijke beslissing om te nemen.
- Het wordt geen makkelijke klus.
25.52

331 zodat *conj* so that
- Wij willen die bootjes registreren zodat we de eigenaars kunnen opsporen.
25.42

332 vrij *adj* free
- In een vrij land mag je zeggen wat je vindt.
36.36

333 politie *noun, de(f)* police
- De politie onderzoekt de zaak.
25.22

334 verhaal *noun, het* story
- Welk verhaal wordt hier verteld?
25.22

335 artikel *noun, het* a) article b) product, object
- a) De rechtbank vond het in strijd met artikel 8 van de mensenrechten.
- b) In de winkel verkopen ze huishoudelijke artikelen als potten en pannen.
25.19

336 boek *noun, het* book
- Boeken schrijven is makkelijk, interviews geven is moeilijk.
25.17

337 onderzoek *noun, het* research
- De hypothesen moeten nog door archeologisch onderzoek worden gestaafd.
25.14

338 kopen *verb* to buy
- Ik heb vorige week nog een nieuwe fiets gekocht.
24.94

339 zowel *adv* both
- De rechter acht zowel diefstal als bedreiging bewezen.
24.93

340 betekenen *verb* to mean
- Maar groter betekent ook duurder.
24.91

341 bezig *adj* busy
- We zijn allemaal bezig met de band.
24.86

342 gevolg *noun, het* result
- Hij overleed aan de gevolgen van een overdosis heroïne.
24.67

343 school *noun, de* school
- Op school is hij de beste leerling van de klas.
24.66

344 hangen *verb* to hang
- Ik bleef nog even uit het raam hangen.
24.64

345 plan *noun, het* plan
- Voor dat plan moet het parlement met twee derde meerderheid toestemming geven.
24.49

346 wanneer *conj* when
- Het was het klokje waar hij als kind al naar luisterde wanneer hij in bed lag.
29.34

347 daarmee *adv* with it
- Hun bedrijf is in rook opgegaan en daarmee hun inkomen.
24.25

348 extra *adj* additional
- De extra manschappen moeten voorkomen dat de zaak uit de hand loopt.
24.24

349 pakken *verb* to take
- Hij pakte het koffertje en klikte het slot open.
24.12

350 nadat *conj* after
- De fontein werd in 1781 gebouwd, nadat een brand het centrum verwoest had.
24.08

351 ruim *adj* spacious
- Ze heeft een ruime kamer met een mooi uitzicht.
- (adv) Ze kregen ruim 300 reacties.
23.98

352 voeren *verb* to have, to carry out
- Maar wat een dom gesprek voeren ze.
23.93

353 ongeveer *adv* about
- Het bellen van vast naar mobiel wordt ongeveer drie cent goedkoper.
23.89

354 idee *noun, de(f)/het* idea
- Vincent kwam met een leuk idee.
23.88

355 zin *noun, de(m)* a) sentence b) sense
- a) Korte zinnen zijn gemakkelijker te begrijpen.
- b) Iedereen vraagt zich wel eens af wat de zin van het leven is.
23.74

356 zondag *noun, de(m)* Sunday
- Op zaterdag en zondag is de voorstelling om halftien afgelopen.
23.72

357 geloven *verb* to believe
- Hij gelooft ten onrechte dat tactiek belangrijker is dan talent.
23.63

358 zaterdag *noun, de(m)* Saturday
- In de nacht van zaterdag op zondag was er een feest.
23.41

359 hoeven *verb* to need (to)
- Zij hoeven hun medicijnen niet te betalen.
23.39

360 staat *noun, de(m)* state
- De gevel werd zorgvuldig in de oorspronkelijke staat hersteld.
23.30

361 veranderen *verb* to change
- De wereld is enorm veranderd.
23.29

362 leuk *adj* nice
- Zij heeft een leuke baan, een leuk huis en twee kinderen.
23.14

363 bieden *verb* to offer
- Ze bieden een mooi bedrag voor de woning.
23.13

364 auto *noun, de(m)* car
- Hij had in zijn auto op haar gewacht.
23.11

365 rest *noun, de* rest
- De rest van de familie komt ook nog aan de beurt.
23.10

366 vader *noun, de(m)* father
- Je vader en moeder hoeven minder belasting te betalen.
22.88

367 familie *noun, de(f)* family
- Op de foto stond de hele familie.
22.87

368 precies *adj* exact
- De precieze afmetingen zijn nog niet bekend.
22.82

369 steken *verb* a) to stab b) to put
- a) Zij stak hem met het mes.
- b) Hij steekt de sleutel in het slot.
22.78

370 trouwens *adv* anyway
- Ook vorig seizoen presteerde hij trouwens niet al te best.
22.76

371 begrijpen *verb* to understand
- Ik begrijp niet naar wie jij altijd zit te bellen.
22.70

372 moeder *noun, de(f)* mother
- Haar moeder kreeg juist in deze maanden het diepste respect voor haar eigen kind.
22.70

373 stoppen *verb* to stop
- Hij stopte enkele keren om haar te laten genieten van het uitzicht.
22.64

374 lid *noun, het* member
- Twintig jaar is het echtpaar lid van de carnavalsvereniging.
22.57

375 leveren *verb* to supply
- De goederen werden nooit geleverd maar de klanten waren wel hun geld kwijt.
22.43

376 laag *adj* low
- Je kunt hoge of lage salarissen betalen.
22.42

377 tonen *verb* to show
- Het huis toonde de sporen van hun abrupte vertrek.
22.37

378 waarbij *adv* in which
- Een vierkant is ook een bijzondere ruit: het is een ruit waarbij alle hoeken gelijk zijn.
22.36

379 praten *verb* to talk
- We hebben met uw vrouw gepraat over het huis.
22.26

380 vorm *noun, de(m)* form
- Het project heeft bestuurlijk de vorm van een stichting.
22.26

381 zichzelf *pron* herself, himself, itself, yourself, themselves
- Hoe schat u zichzelf in in politiek opzicht?
- Ze vonden zichzelf best goed.
22.26

382 hetzelfde *pron* the same
- Het is hetzelfde behang als mijn oma had.
22.19

383 juist *adv* really; on the contrary
- Het is juist leuk als je komt.
22.10

384 meter *noun, de(m)* metre
- De put was zeker vijf meter diep en bijna 30 meter lang.
22.08

385 rol *noun, de* role
- Ze hebben hun rol gespeeld en hun doel bereikt.
21.98

386 prijs *noun, de(m)* price
- De gemiddelde prijs ligt tussen de 150 en 300 euro.
21.90

387 tellen *verb* to count
- Onderzoekers vonden een manier om alle insecten te vangen, te benoemen en te tellen.
21.86

388 reageren *verb* to react
- Op afgunst en schijnheiligheid reageer ik kordaat.
21.85

389 waarvan *adv* whose
- Dat is informatie waarvan de betrouwbaarheid niet altijd kan worden geverifieerd.
21.82

390 jongen *noun, de(m)* boy
- De jongens gingen op de fiets naar het strand.
21.81

391 waarop *adv* on which
- Waarop baseer je die veronderstelling?
21.72

392 dienst *noun, de(m)* service
- Ik zou graag willen dat je me een dienst bewees.
21.71

393 ervan *adv* of it
- Dat ziet er lekker uit; mag ik ook een stukje ervan?
21.70

394 draaien *verb* to turn
- Heel langzaam draaiden haar ogen omlaag en keken naar mij.
21.54

395 roepen *verb* to call
- 'Hallo!' riep ik en zwaaide ook nog met allebei mijn handen.
21.53

396 daarvoor *adv* therefore, for that
- Hij wilde een nieuwe baan en had daarvoor de voorzitter nodig.
21.49

397 gelukkig *adj* happy
- Zolang we winnen, is iedereen gelukkig.
21.48

398 sturen *verb* to send
- Hij stuurt mij elke dag een sms'je.
21.45

399 dragen *verb* to carry
- Daarna droeg hij zijn zeven vuilniszakken naar de stoeprand.
21.44

400 verkopen *verb* to sell
- Op de markt staat een kraam waar ze snoep verkopen.
21.42

401 resultaat *noun, het* result
- Het resultaat van het onderzoek bevestigt alle verhalen over wanpraktijken en gesjoemel.
21.41

402 minuut *noun, de* minute
- Vijf minuten later werd me verzekerd dat de zaak geregeld zou worden.
21.34

403 niks *pron* nothing
- Ik geloof er niks van dat je dit zelf wilde.
21.32

404 verdwijnen *verb* to disappear
- Een voor een verdwenen mijn vrienden naar huis.
21.20

405 daarbij *adv* with it, besides
- Ik heb daar nu geen tijd voor en daarbij heb ik er ook niet zoveel zin in.
21.17

406 totaal *adj* total
- Het totale aantal afgelegde kilometers was vorig jaar groter dan 9 miljard.
21.12

407 meestal *adv* mostly
- Vanmiddag blijft het op een bui na meestal droog.
21.01

408 succes *noun, het* success
- De kansen op een mislukking zijn groter dan die op een succes.
20.99

409 besluiten *verb* to decide
- We besloten brood te smeren en op pad te gaan.
20.96

410 kosten *verb* to cost
- Die maatregelen kosten geld.
20.86

411 straat *noun, de* street
- De meeste huizen in deze straat zijn goed onderhouden.
20.81

412 ouder *noun, de(m)* parent
- Alle kinderen hadden hun ouders meegenomen naar school.
20.75

413 organiseren *verb* to organize
- Zij organiseert een benefietconcert om geld in te zamelen voor voedsel.
20.72

414 bijzonder *adj* special
- De bijzondere tentoonstelling trok veel aandacht.
  in het bijzonder, in het bijz.: Maaltijden zijn van prima kwaliteit in het bijz. de visschotels.
20.68

415 acht *num* eight
- Ik moet acht uur slaap per dag hebben.
20.66

416 duren *verb* to last
- De werkzaamheden starten op 6 februari en duren vermoedelijk tot in de zomervakantie.
20.65

417 water *noun, het* water
- Enkele brandweerlieden drongen het gebouw binnen en spoten het onder water.
20.64

418 wijzen *verb* to point
- Op het eerste gezicht wijst niets op kwade opzet.
20.59

419 terecht *adj* correct, deserved
- Hij was de terechte winaar.
20.53

420 vormen *verb* to form
- De gekozen artiesten vormen een hechte eenheid.
20.53

421 persoon *noun, de(m)* person
- Hij reserveerde een tafel voor drie personen.
20.49

422 waarschijnlijk *adv* probably
- Waarschijnlijk is het werk volgende week klaar.
20.47

423 zeven *num* seven
- Zij scoorde vorige week zeven keer voor de provinciale ploeg.
20.47

424 waardoor *adv* as a result of which
- Er worden geen knopen doorgehakt waardoor zaken blijven liggen.
20.42

425 klinken *verb* to sound
- In de weilanden klonk het loeien van vee.
20.27

426 **periode** *noun, de(f)* period
- Vandaag is het zwaar bewolkt en er zijn perioden met motregen.
20.23

427 **merken** *verb* to notice
- Ik merkte dat ik het leuk vond om mee te doen.
20.21

428 **helft** *noun, de* half
- De helft van uw loon gaat naar belastingen.
20.20

429 **recht** *noun, het* right
- Maar de rechten van het kind gaan gepaard met de rechten van het individu.
20.16

430 **opzetten** *verb* to set up
- De tentoonstelling werd speels opgezet om het ook voor kinderen leuk te maken.
20.15

431 **gebruik** *noun, het* use
- Het gebruik van biobrandstof voor auto's wordt gestimuleerd.
20.09

432 **gevoel** *noun, het* feeling
- Het boek heeft een slot dat de lezer een gevoel van opluchting geeft.
20.09

433 **beeld** *noun, het* statue
- Er stond een stenen beeld in de tuin.
19.96

434 **grond** *noun, de(m)* ground
- Ze bouwen een huis op de grond van zijn vader.
19.94

435 **normaal** *adj* normal
- Op een normale dag gebeurt zoiets niet.
19.84

436 **bouwen** *verb* to build
- Binnenkort kunnen er woningen worden gebouwd.
19.83

437 **zoon** *noun, de(m)* son
- Het koppel kreeg een zoon en twee dochters.
19.80

438 **deur** *noun, de* door
- Wij gingen weg en trokken de deur van het huis achter ons dicht.
19.79

439 **rood** *adj* red
- Het knipperlicht vervangt het rode licht op de toren.
19.79

440 **ontstaan** *verb* to start
- De brand is vermoedelijk ontstaan door kortsluiting.
19.76

441 **meisje** *noun, het* girl
- Het gaat om meisjes van 7 en 8 en een jongetje van nog geen jaar oud.
19.71

442 **enorm** *adj* enormous
- Deze sector kende vorig jaar een enorme groei.
19.62

443 **nacht** *noun, de(m)* night
- Het was al diep in de nacht toen hij eindelijk thuiskwam.
19.55

444 **hoewel** *conj* although
- Het bedrijf presteerde aardig in ons land, hoewel de omzet op hetzelfde niveau bleef.
19.45

445 **uw** *pron* your
- Graag zien we uw sollicitatiebrief en cv in het Nederlands tegemoet.
19.45

446 **gelijk** *adj* equal
- Zij verdeelde de appel in twee gelijke helften.
20.23

447 **vergeten** *verb* to forget
- Na een week was iedereen vergeten wat er gebeurd was.
19.39

448 **bereiken** *verb* to reach
- Ze sloegen linksaf en bereikten drie kilometer verderop de top van een andere heuvel.
19.26

449 **algemeen** *adj* general
- Achter dit algemene beeld gaan toch enkele verschillen schuil.
19.18

450 **passen** *verb* to suit
- Zij passen uitstekend bij elkaar en vullen elkaar op belangrijke punten aan.
19.09

451 **richten (zich)** *verb* to focus
- Hij richt zich vanaf nu op zijn carrière.
18.92

452 **verschil** *noun, het* difference
- Er zijn enkele kleine verschillen tussen de merken.
18.90

453 programma *noun, het* programme, program
- Zij presenteerde programma's op radio en televisie.
- De Zwitser neemt de Tour in zijn programma op.
18.64

454 lachen *verb* to laugh
- Hij gedroeg zich aardig en hij lachte vriendelijk.
18.63

455 groeien *verb* to grow
- Ik heb nog nooit gehoord dat een kind groeit van suiker.
18.62

456 verdienen *verb* to earn
- Denk je met dit idee geld te kunnen verdienen?
18.55

457 verschijnen *verb* to appear
- Ze verscheen sinds 1988 niet meer in het openbaar.
18.53

458 krant *noun, de* newspaper
- Ik schrijf tegenwoordig berichten voor een krant alsook voor enige tijdschriften.
18.42

459 eten *verb* to eat
- De kinderen eten braaf hun groente en fruit.
18.34

460 nummer *noun, het* number
- Mijn moeder woonde ook in deze straat op nummer 10.
18.32

461 belang *noun, het* importance
- Het belang van het team gaat boven het belang van het individu.
- **in het belang van**: Ze handelen in het belang van hun dochter.
18.25

462 jullie *pron* you
- Welke film hebben jullie gisteren bekeken?
18.23

463 situatie *noun, de(f)* situation
- Hij zit in een moeilijke situatie en is daardoor verdrietig.
18.13

464 kilometer *noun, de(m)* kilometre
- Alle wagens rijden met een gemiddelde snelheid van 30 kilometer per uur.
18.12

465 toekomst *noun, de(f)* future
- Zij sparen voor de toekomst.
18.11

466 zwart *adj* black
- Ze had een zwart lint om haar haar gebonden.
18.11

467 verklaren *verb* to explain
- Hoe verklaar je het dat hij wel op tijd thuis was en jij niet?
18.08

468 honderd *num* hundred
- Minder dan drie op de honderd kiezers zijn nog lid van een politieke partij.
18.07

469 bepaald *adj* certain
- Op bepaalde momenten weet je gewoon niet meer waar je bent.
18.00

470 aandacht *noun, de* attention
- De bedoeling was om zo wat meer aandacht te vestigen op de taalkunde.
17.99

471 waarmee *adv* with which
- De dief had een apparaatje bij zich waarmee hij het winkelalarm kon uitschakelen.
17.91

472 daardoor *adv* therefore
- De boiler raakte oververhit en daardoor ontstond brand in de keuken.
17.88

473 speciaal *adj* special
- Zij moet speciaal voedsel eten in verband met haar allergie.
17.81

474 beslissen *verb* to decide
- Uiteindelijk beslist de top van elke partij wie waar op de lijst komt te staan.
17.80

475 bepalen *verb* to determine
- De smaak van bier wordt bepaald door het gebruikte water.
17.74

476 dochter *noun, de(f)* daughter
- Bij de deur kijkt hij nog een keer om naar zijn vrouw en dochter.
17.66

477 plaatsen *verb* to place
- In ons huis worden nieuwe ramen geplaatst.
17.66

2 Body

Note that some of the most frequent terms for body parts also have extensive use in more general meanings, e.g. *hoofd, kop, mond*, etc.

hand 44.98 hand	**huid** 4.17 skin	**long** 1.54 lung
oog 31.50 eye	**lip** 3.63 lip	**wenkbrauw** 1.51 eyebrow
hoofd 26.15 head	**keel** 3.36 throat	**pols** 1.50 wrist
voet 16.41 foot	**pink** 3.01 little finger	**kaak** 1.49 jaw
kop 16.20 head	**teen** 2.80 toe	**rechterhand** 1.35 right
gezicht 15.52 face	**tong** 2.59 tongue	hand
rug 14.30 back	**hersenen, hersens** 2.50	**baard** 1.24 beard
hart 14.07 heart	brain	**zij** 1.23 side
been 12.55 leg	**duim** 2.36 thumb	**kin** 1.18 chin
arm 11.91 arm	**enkel** 2.34 ankle	**kont** 1.18 bottom
mond 10.40 mouth	**wang** 2.30 cheek	**achterhoofd** 1.18 back of
vinger 8.30 finger	**vuist** 2.29 fist	the head
oor 8.04 ear	**hals** 2.24 neck	**dij** 1.10 thigh
neus 7.90 nose	**bil** 2.15 buttock	**schedel** 1.06 skull
schouder 7.32 shoulder	**maag** 2.14 stomach	**elleboog** 1.01 elbow
haar 7.14 hair	**orgaan** 1.74 organ	**snor** 1.00 moustache
knie 5.89 knee	**schoot** 1.73 lap	**gelaat** 0.79 face
tand 5.35 tooth	**voorhoofd** 1.69 forehead	**wijsvinger** 0.77 index finger
borst 5.23 chest	**spier** 1.60 muscle	**linkerhand** 0.66 left hand
buik 5.05 belly	**heup** 1.57 hip	**vingertop** 0.48 fingertip
nek 4.31 neck	**nagel** 1.56 nail	

478 stem *noun, de* a) voice b) vote
- a) Ik hoor mijn eigen stem op het antwoordapparaat.
- b) De huidige president kreeg de meeste stemmen en werd dus herkozen.
  17.63

479 Frans *adj* French
- Bastide is een Franse benaming voor een nieuw aangelegde en versterkte nederzetting.
  17.56

480 dienen *verb* to serve (as)
- Deze strepen dienen als camouflage in de bossen.
  17.51

481 gebied *noun, het* area
- Het systeem biedt vooral een goede dekking in stedelijke gebieden.
  17.49

482 richting *noun, de(f)* direction
- Je probeert deze discussie in een andere richting te duwen.
  17.49

483 vertrekken *verb* to leave
- Maar liefst zeven uur moesten we wachten om te kunnen vertrekken.
  17.48

484 openen *verb* to open
- Hij opende de deur en sloot die geluidloos achter zich.
  17.47

485 voorkomen *verb* a) to occur b) to prevent
- a) De luisteraars bedenken drie trefwoorden die in het gedicht moeten voorkomen.
- b) We moeten voorkomen dat hij zich buitengesloten voelt.
  17.39

486 dood *noun, de* death
- De dood komt altijd onverwacht.
  17.38

487 missen *verb* to miss, to lack
- Het team zelf miste creativiteit om het spel open te breken.
  17.31

488 morgen *adv* tomorrow
- Vandaag is het niet gelukt, maar morgen gaan we het opnieuw proberen.
17.24

489 antwoord *noun, het* answer
- De informatie op het bord geeft op deze vragen antwoord.
17.23

490 heten *verb* to be called
- Het bedrijf bestaat al sinds 1984, maar heette destijds anders.
17.11

491 persoonlijk *adj* personal
- De drummer verliet de band om persoonlijke redenen.
17.07

492 voorbeeld *noun, het* example
- In het voorbeeld ziet u een zak met tien knikkers.
17.06

493 weekend *noun, het* weekend
- Wij eten altijd aan tafel, doordeweeks en in het weekend.
17.06

494 slagen *verb* to succeed
- Als hij slaagt in zijn opdracht krijgt hij 300 miljoen dollar.
17.05

495 doel *noun, het* goal
- Het doel van spyware is meestal om geld te verdienen.
17.03

496 gelden *verb* to apply
- Die maatregel geldt voor 21 dagen.
17.01

497 stappen *verb* to step
- Ze stapte in de richting van het centrum.
17.00

498 licht *noun, het* light
- Er scheen licht door het raam.
16.98

499 klaar *adj* ready
- Toen hij klaar was, nam een andere jongen zijn plaats in.
16.95

500 muziek *noun, de(f)* music
- De Nederlandse koren die Russische muziek, zang of dans brengen, zijn razend populair.
16.95

501 ondanks *prep* in spite of
- Het tweede doelpunt bleef ondanks een handvol kansen uit.
16.95

502 liever *adv* rather
- Ik zou liever zelf met hem meegaan.
16.91

503 twintig *num* twenty
- Het is twintig minuten fietsen naar jouw huis.
16.73

504 buurt *noun, de* neighbourhood
- Er wonen veel jonge mensen in onze buurt.
16.70

505 slachtoffer *noun, het* victim
- Het slachtoffer kreeg als compensatie een mooie bos bloemen.
16.66

506 reactie *noun, de(f)* reaction
- Zij kreeg leuke reacties op haar artikel.
16.65

507 bekijken *verb* to look at
- Hij gaat bekijken of ze morgen mee naar de film kunnen.
16.59

508 contact *noun, het* contact
- Wie zijn fiets herkent kan contact opnemen met de politie.
16.57

509 televisie *noun, de(f)* television
- Hij zette de televisie aan om naar het nieuws te kijken.
16.55

510 tegenover *prep* opposite, against
- Ze stonden tegenover elkaar te schreeuwen.
16.54

511 kaart *noun, de* map
- De nieuwe weg stond nog niet op de kaart.
16.50

512 voorlopig *adj* provisional
- Het is een voorlopige oplossing waar ze later nog naar gaan kijken.
16.45

513 avond *noun, de(m)* evening
- De avond valt en de zon gaat in volle pracht onder.
16.44

514 voet *noun, de(m)* foot
- Haar voeten waren opgezwollen door de lange wandeling.
16.41

515 rekening *noun, de(f)* bill
- Hij vroeg de rekening van het drankje.
rekening houden met: Je moet wel rekening houden met zijn beperkingen.
16.40

516 breken *verb* to break
- De stengels van deze plant breken gemakkelijk.
  16.39

517 eeuw *noun, de* century
- In de vorige eeuw was het leven toch wat rustiger.
  16.36

518 betreffen *verb* to concern
- Het betreft een vrouw die haar sleutel vergeten is.
  wat betreft: Mijn moeder is niet gemakkelijk wat betreft uitgaan.
  16.27

519 kop *noun, de(m)* a) head b) cup
- a) Met een punt van zijn overhemd droogde hij zijn zwetende kop.
- b) Om mijzelf te kalmeren zette ik thuis een kop koffie.
  16.20

520 dicht *adj* closed
- Er was niemand thuis zodat ze voor een dichte deur stonden.
  18.91

521 direct *adj* immediate
- De gids zocht met de lantaarn de directe omgeving af.
- (adv) Hij wilde direct met zijn nieuwe auto rijden.
  16.19

522 druk *adj* busy
- Langs het hotel liep een drukke verkeersweg.
  16.19

523 melden *verb* to report
- Dit bedrijf meldde maandag dat de winst daalt.
  16.17

524 daarvan *adv* thereof, from that
- Het was koud maar dankzij zijn jas had hij daarvan weinig last.
  16.08

525 inmiddels *adv* meanwhile
- Inmiddels is zij twintig jaar oud en nog steeds aan het zwemmen.
  16.05

526 lukken *verb* to succeed
- Wij wilden winnen en dat lukte ook.
  16.02

527 film *noun, de(m)* film
- Er is een groot verschil tussen het boek en de film.
  16.01

528 mogelijkheid *noun, de(f)* possibility
- De financiële mogelijkheden van de club waren gering.
  15.95

529 markt *noun, de* market
- Hij ging naar de markt en kocht daar groente en fruit.
  15.93

530 publiek *noun, het* public
- Met zijn duidelijke taal dicht hij de kloof tussen het publiek en de politiek.
  15.93

531 informatie, info *noun, de(f)* information
- De informatie op deze site is voor iedereen toegankelijk.
- Voor mij is het de enige site die goede info geeft.
  15.92

532 geraken *verb* to get
- Ik was verdwaald en wist niet meer thuis te geraken.
  15.91

533 alsof *conj* as if
- Ze liep alsof ze wist dat ik achter haar liep.
  15.87

534 overigens *adv* anyway
- De oorzaak is overigens nooit aan het licht gekomen.
  15.85

535 Duits *adj* German
- Ik houd wel van die Duitse degelijkheid.
  15.84

536 keuze *noun, de* choice
- De keuze voor een nieuwe partner kwam als een verrassing.
  15.80

537 rekenen *verb* to count
- De supporters rekenden op een grote overwinning.
  15.75

538 oh *interj* oh
- 'Oh, wat een schatje,' zei de nieuwe tante.
  15.74

539 blij *adj* happy
- Het blije kind huppelde weg.
  15.66

540 nauwelijks *adv* hardly
- De afgelopen jaren hebben we nauwelijks nog wat van je gehoord.
  15.62

541 opnemen *verb* to record
- In de studio namen ze hun nieuwe cd op.
  15.61

542 lijst *noun, de* list
- De molen staat op de lijst van de beschermde monumenten.
15.60

543 wit *adj* white
- In de vijver zwommen twee witte zwanen.
15.59

544 officieel *adj* official
- De officiële opening is op zaterdag 16 september.
15.55

545 diep *adj* deep
- Op sommige plaatsen ontstonden door de overstroming diepe putten.
15.54

546 hoogte *noun, de(f)* height
- De toren heeft een hoogte van dertig meter.
15.53

547 gezicht *noun, het* face
- Wim hield zijn handen voor zijn gezicht.
15.52

548 stijgen *verb* to rise
- De temperatuur steeg tot zesentwintig graden.
15.42

549 gesprek *noun, het* conversation
- Het gesprek ging over de vakantie.
15.36

550 rust *noun, de* rest
- Een gevoel van rust komt over haar.
15.34

551 kloppen *verb* to knock, to beat
- Zij klopte zachtjes op de deur.
15.33

552 stap *noun, de(m)* step
- Hij liep stap voor stap naar de keuken.
15.33

553 blijkbaar *adv* apparently
- Blijkbaar hebben jullie mijn redenering toch niet helemaal begrepen.
15.29

554 verlaten *verb* to leave
- De journalisten wordt verzocht de zaal te verlaten.
15.29

555 ervaring *noun, de(f)* experience
- Als ploeg hebben we er een leerrijke ervaring aan overgehouden.
15.26

556 dood *adj* dead
- Een dode bultrugwalvis is aangespoeld op het strand van de Maasvlakte.
15.22

557 geschiedenis *noun, de(f)* history
- De geschiedenis van deze stad is interessant.
15.15

558 namelijk *adv* namely
- Je moet hard werken, het gaat namelijk niet allemaal vanzelf.
15.13

559 duur *adj* expensive
- Hij heeft een duur boek gekocht.
15.11

560 ergens *adv* somewhere
- Je zal me dus niet gauw ergens zien binnenstappen.
15.09

561 bewijzen *verb* to prove
- Camerabeelden bewijzen dat zij wel in de bar geweest is.
15.07

562 vervolgens *adv* then
- We verzamelden bij de kerk en gingen vervolgens naar de tentoonstelling.
15.06

563 plek *noun, de* place, spot
- Ze zochten een plek om wat te drinken.
14.99

564 centrum *noun, het* centre
- We wandelden naar het centrum van de stad.
14.86

565 geboren *adj* born
- De baby is in april geboren.
14.85

566 groen *adj* green
- Nu zie je nog steeds eiken met groen blad.
14.84

567 oorlog *noun, de(m)* war
- De Romeinen hebben een oorlog uitgevochten met Carthago.
14.83

568 politiek *noun, de(f)* politics
- Hij combineerde een zware job met de lokale politiek.
14.81

569 ondertussen *adv* meanwhile
- De barman was ondertussen aan ons tafeltje komen staan.
14.80

570 ruimte *noun, de(f)* space
- Ze hebben behoefte aan een eigen ruimte om te kunnen musiceren.
14.75

571 durven *verb* to dare
- Hij durfde niet te vertellen dat hij een slecht rapport had.
14.64

572 nieuws *noun, het* news
- Het nieuws over de brand verspreidde zich snel.
14.64

573 band *noun, de(m)* bond
- Met mijn moeder heb ik een prima band.
14.60

574 overlijden *verb* to die
- Mijn tante is vorige week in haar slaap overleden.
14.58

575 directeur *noun, de(m)* director
- De directeur gaf alle medewerkers de rest van de dag vrij.
14.56

576 schieten *verb* to shoot
- Hij schoot de bal in het doel.
14.55

577 zomer *noun, de(m)* summer
- Na een schitterende winter volgde een dito zomer.
14.55

578 kracht *noun, de* strength
- Hij heeft veel kracht in zijn armen voor zo'n kleine jongen.
14.51

579 wellicht *adv* possibly, perhaps
- De grootste tegenstand komt wellicht uit de buurt.
14.50

580 genieten *verb* to enjoy
- Wij genoten van de prachtige natuur.
14.49

581 bedoeling *noun, de(f)* intention
- Het is de bedoeling dat iedereen iets lekkers meeneemt.
14.48

582 voorstellen *verb* to propose
- Ik stel voor dat we nu teruggaan.
zich voorstellen: Je kan je niet voorstellen hoe blij ik ben dat je weer terug bent.
14.45

583 erop *adv* on it
- Een hart met een naam erop en een pijl erdoor.
14.43

584 leeftijd *noun, de(m)* age
- Op achtjarige leeftijd speelde hij al prachtig viool.
14.39

585 ontvangen *verb* to receive
- De startende ondernemer ontvangt drie jaar lang financiële ondersteuning.
14.39

586 rug *noun, de(m)* back
- Het is onaardig om met je rug naar iemand toe te gaan zitten.
14.30

587 behalve *conj* except
- Iedereen was blij, behalve Johan, want die bleef met de rommel zitten.
14.28

588 bank *noun, de* a) bank b) bench, sofa
- a) De banken verhogen de rentetarieven.
- b) Ik zat op de bank met een mooi boek.
14.20

589 absoluut *adj* absolute
- Twintig juni is de absolute deadline.
- (adv) Ik was het absoluut niet met haar eens.
14.19

590 nogal *adv* rather
- Gisteren was ik op bezoek bij een vriend die nogal slecht ter been is.
14.18

591 lekker *adj* tasty
- Hij maakte een lekkere maaltijd klaar.
14.17

592 negen *num* nine
- De schepen zijn ongeveer negen weken op zee.
14.15

593 hart *noun, het* heart
- Zijn hart klopte zo hard dat hij het voelde.
14.07

594 bellen *verb* to ring, to call
- Er wordt gebeld.
14.06

595 waar *adj* true
- Het lijkt een vreemd verhaal, maar het is echt waar.
14.06

596 vreemd *adj* strange, foreign
- Het is een vreemde jongen, maar hij is wel aardig.
14.05

597 waarde *noun, de(f)* value
- De waarde van het huis is flink gestegen.
14.04

598 ziekenhuis *noun, het* hospital
- Alle gewonden werden overgebracht naar ziekenhuizen.
14.01

599 betrekken *verb* to involve
- Tegen mijn zin werd ik betrokken in het gesprek.
13.91

600 oplossing *noun, de(f)* solution
- Er bestaat eigenlijk geen echte oplossing voor deze klacht.
13.90

601 verkeerd *adj* wrong
- Heb je nu alweer het verkeerde huiswerk gemaakt?
13.87

602 slag *noun, de(m)* blow
- Dat zijn vrouw overleed was voor hem een zware slag.
aan de slag: Snel gingen ze aan de slag om alles op te ruimen.
13.86

603 bericht *noun, het* message
- Ze stuurde een bericht toen ze geslaagd was voor haar diploma.
13.85

604 dergelijk *adj* such
- Ik heb nooit eerder van dergelijke zaken gehoord.
13.83

605 duizend *num* thousand
- Een vergunning kost jaarlijks tot duizend euro.
13.80

606 collega *noun, de(m)* colleague
- Overdag het werk, na afloop met collega's napraten in het café, dan terug naar huis.
13.77

607 vrezen *verb* to fear
- Er is door de verbouwing veel minder verknoeid dan ik vreesde.
13.77

608 overtuigen *verb* to convince
- Piet probeerde me te overtuigen om ook een gokje te wagen.
13.76

609 moeite *noun, de(f)* difficulty
- Met moeite kon hij de letters nog ontcijferen.
13.75

610 baan *noun, de* job
- Als je bent afgestudeerd, moet je op zoek naar een baan.
13.66

611 last *noun, de(m)* load
- Het was alsof een zware last van mijn schouders viel.
last hebben van: De plant heeft weinig last van ruwe weersomstandigheden.
13.66

612 rustig *adj* quiet
- Het is een stille, rustige jongen.
13.66

613 tekst *noun, de(m)* text
- Je hebt blijkbaar de tekst niet gelezen.
13.64

614 bezoek *noun, het* visit
- Morgen komen mijn leukste oom en tante op bezoek.
13.60

615 hoop *noun, de* a) hope b) pile
- a) Er was nog hoop op een goede afloop.
- b) Er lag een hoop stenen naast de weg.
13.58

616 kamer *noun, de* room
- Ze besluiten in een hotel een kamer te nemen voor de nacht.
13.56

617 treffen *verb* to hit, to strike
- De bal trof doel en het was 1-0.
13.54

618 uiteraard *adv* of course, naturally
- Uiteraard hebben we in sportief opzicht veel aan hem te danken.
13.54

619 orde *noun, de* order
- Zijn werken getuigen van een gevoel voor orde, ritme en regelmaat.
in orde zijn: We checken ook of het papierwerk en de vergunning in orde zijn.
13.53

620 lijn *noun, de* line
- Op de vloer liep een zwarte lijn waarachter je moest blijven wachten.
13.51

621 aanwezig *adj* present
- Alle aanwezige klanten schoten in de lach.
13.50

622 gang *noun, de(m)* corridor
- In de gangen van het schoolgebouw hangen de jassen van de kinderen.
13.50

623 voorzien *verb* to provide
- De nieuwe regeling voorziet in subsidie voor de laagste inkomens.
13.49

624 overal *adv* everywhere
- In de loop van de dag krijgen we perioden met zon en het blijft vrijwel overal droog.
13.48

625 keren *verb* to turn
- De auto keerde aan het einde van de straat.
13.46

626 tafel *noun, de* table
- Bij ons ligt de hond vaak onder de bank of onder de tafel.
13.43

627 middel *noun, het* means
- Ze voerden actie voor meer werk en meer middelen voor de sociale zekerheid.
13.41

628 gezin *noun, het* family
- Het gezin bestond uit vader, moeder en drie kinderen.
13.40

629 licht *adj* light
- Ze zat in een lichte kamer met uitzicht op de tuin.
13.40

630 dik *adj* thick
- Zijn schoenen zakten weg in de dikke laag modder.
13.39

631 dagelijks *adj* daily
- Het dagelijks leven gaat gewoon door.
- (adv) Het gebeurt dagelijks dat hij te laat komt.
13.38

632 mening *noun, de(f)* opinion
- Ik deel haar mening over het drinken van alcohol niet.
13.34

633 eindelijk *adv* finally
- Na lang wachten kwam eindelijk toch antwoord.
13.29

634 grens *noun, de* border
- Wij zijn zojuist de grens tussen Nederland en België gepasseerd.
13.29

635 menen *verb* to believe, to think
- Statistici menen dat een kleine afwijking niet uitzonderlijk is.
13.29

636 beslissing *noun, de(f)* decision
- Iedereen is tegen de beslissing van de rechter.
13.15

637 telkens *adv* each time
- De tijdsduur van de huurovereenkomst is telkens één jaar.
13.15

638 ontdekken *verb* to discover
- Ik ontdekte dat ik nog tien euro in mijn portemonnee had.
13.12

639 gooien *verb* to throw
- Ze mochten zoveel confetti gooien als ze wilden.
13.08

640 zoiets *pron* something
- Het was onvoorstelbaar dat vader zoiets deed.
13.08

641 wet *noun, de* law
- Dat staat nu eenmaal in de wet.
13.06

642 drinken *verb* to drink
- De kinderen drinken limonade.
13.03

643 gebouw *noun, het* building
- Het gebouw biedt ruimte aan drie bedrijven.
13.00

644 luisteren *verb* to listen
- Zijn vader luisterde geamuseerd.
12.90

645 opdracht *noun, de* task
- De kandidaten moesten verschillende opdrachten uitvoeren.
12.88

646 twaalf *num* twelve
- De achtertuin was zes bij twaalf meter.
12.84

647 stil *adj* silent
- De telefoon rinkelde in het stille huis.
12.76

648 verleden *noun, het* past
- Het museum geeft een kijkje in het verleden van de club.
12.74

649 hoeveel *num* how many, how much
- Hier staat precies hoeveel calorieën je per dag mag hebben.
12.73

650 voldoende *adj* sufficient
- Verderop is er voldoende parkeerruimte.
12.70

651 dreigen *verb* to threaten
- De directie dreigde met het ontslag van 75 werknemers.
12.67

652 spel *noun, het* game
- Is de mahjong in orde, dan is het spel klaar en worden de punten geteld.
  12.67

653 eenmaal *adv* a) just b) once
- a) Het hoort nu eenmaal bij het leven dat mensen ziek worden of dood gaan.
- b) De club wist slechts eenmaal te winnen.
  12.65

654 wijze *noun, de* way
- Het was een wijze van praten die me wel beviel.
  12.63

655 zorg *noun, de* a) care b) worry
- a) Patiënten liggen langer in het ziekenhuis of hebben thuis extra zorg nodig.
- b) Die mannen hebben echt wel andere zorgen aan hun hoofd.
  12.63

656 los *adj* loose
- Hij struikelde over zijn losse veters.
  12.60

657 tevreden *adj* satisfied
- Wat een heerlijk rustig en tevreden jongetje.
  12.59

658 brief *noun, de(m)* letter
- Ze stuurde elke week een lange brief.
  12.57

659 sterven *verb* to die
- Mijn oma is op 96-jarige leeftijd gestorven.
  12.57

660 been *noun, het* leg
- Ze was moe en haar benen voelden zwaar aan.
  12.55

661 omgeving *noun, de(f)* environment, surroundings
- Er was in de omgeving niemand meer te zien.
  12.55

662 broer *noun, de(m)* brother
- Ze ging met haar broer naar de kermis.
  12.54

663 daarin *adv* therein
- Zij kreeg een doosje met daarin een ketting.
  12.52

664 onmiddellijk *adj* immediate
- De voetballer beëindigt met onmiddellijke ingang zijn carrière.
- (adv) We zijn het paard onmiddellijk gaan ophalen.
  12.52

665 indruk *noun, de(m)* impression
- Zijn levensverhaal maakte veel indruk.
  12.48

666 onderzoeken *verb* to investigate
- Alle kaartjes moeten op vingerafdrukken onderzocht worden.
  12.44

667 beschouwen *verb* to consider
- Ik beschouw alles wat ik krijg als mooi meegenomen.
  12.43

668 straks *adv* later
- Kom je straks nog even langs?
  12.43

669 taal *noun, de* language
- De taal van de liefde is universeel.
  12.35

670 winkel *noun, de(m)* shop
- De winkel stond vol klanten.
  12.32

671 ervoor *adv* for it
- De daarop volgende publiciteit zorgde ervoor dat deze regels werden veranderd.
  12.27

672 breed *adj* wide
- Televisiebeelden toonden een 30 meter brede krater.
  12.23

673 regel *noun, de(m)* rule
- De overheid is gebonden aan regels.
  12.23

674 lucht *noun, de* air
- Ik ging naar buiten, want ik had behoefte aan frisse lucht.
  12.22

675 hulp *noun, de* help
- Door hulp in te schakelen sta je er niet meer alleen voor.
  12.20

676 daarop *adv* on it
- Hij liep naar de kast en zette de envelop daarop.
  12.18

677 warm *adj* hot
- Hij zat lekker in het warme zonnetje.
  12.15

678 tegenwoordig *adv* nowadays
- Tegenwoordig koop je niet veel meer voor een euro.
  12.10

679 tekenen *verb* to draw
- Het kind tekende een huis en kleurde het daarna in.
12.06

680 volk *noun, het* people
- Het volk juichte de koning toe.
12.01

681 voordeel *noun, het* advantage
- Het voordeel van deze winkel is dat alles er goedkoper is.
12.01

682 lief *adj* nice
- Hij is een lieve vader voor zijn kinderen.
11.95

683 serieus *adj* serious
- Hans is een serieuze werker die altijd goed zijn best doet.
11.94

684 ernstig *adj* serious
- De aangereden fietser had ernstige verwondingen.
11.93

685 arm *noun, de(m)* arm
- Ze nam het kind in haar armen en knuffelde het.
11.91

686 vanwege *prep* because of
- Vanwege de overstroming moesten we iets eerder naar huis.
11.89

687 regelmatig *adj* regular
- Hij is een regelmatige gast.
- (adv) De groepsleden kwamen de voorbije twintig jaar regelmatig samen.
11.88

688 vriendin *noun, de(f)* a) (female) friend
b) girlfriend
- a) Haar moeder zwaaide haar na tot ze met een sliert vriendinnen uit het zicht was verdwenen.
- b) Hij en zijn vriendin zijn 21 jaar als ze gaan trouwen.
11.87

689 bed *noun, het* bed
- Er gaat toch niets boven slapen in je eigen bed!
11.86

690 top *noun, de(m)* top
- De toppen van de dennen steken roerloos als bezems in de lucht.
11.82

691 kennis *noun, de(f)* a) knowledge
b) acquantaince
- a) Hij heeft weinig kennis op het gebied van techniek.
- b) Vrienden en kennissen kwamen op bezoek.
11.74

692 flink *adj* significant
- Het duurde nog een flinke tijd voor we de eindstreep zagen.
11.72

693 stand *noun, de(m)* a) position b) score
- a) Het bed staat in de laagste stand.
- b) Na dertig minuten was de stand al 4-0.
11.71

694 mama *noun, de(f)* mummy
- Kleine kinderen kunnen hun papa en mama echt niet missen.
11.69

695 eindigen *verb* to end
- De tweede dag eindigde in een hoogtepunt toen we opnieuw wonnen.
11.67

696 relatie *noun, de(f)* relation
- De relatie met zijn vader kon beter.
11.65

697 bang *adj* afraid, frightened
- De bange kinderen kropen bij elkaar.
11.63

698 slapen *verb* to sleep
- Ik sliep heerlijk in het grote bed.
11.63

699 macht *noun, de* power
- Zij heeft de macht om dat te doen.
11.62

700 kerk *noun, de* church
- Deze kerk is gebouwd in de Gotische stijl.
11.61

701 beroep *noun, het* profession
- De opleiding leidt op voor beroepen als ontwerper, tekenaar, uitvoerder of opzichter.
11.46

702 lichaam *noun, het* body
- Vol bewondering keek zij naar zijn prachtige lichaam.
11.40

703 rijk *adj* rich
- De rijke generatie heeft veel te besteden.
11.40

704 ontwikkelen *verb* to develop
- Kinderen ontwikkelen zich in een enorm tempo.
11.39

705 regelen *verb* to regulate, to arrange
- Heb je al opvang voor die dagen kunnen regelen?
11.37

706 kwijt *adj* lost
- Hij is zijn horloge kwijt.
11.34

707 beseffen *verb* to realize
- Gaandeweg beseft hij dat hij minder gemeen heeft met bepaalde vrienden dan hij dacht.
11.33

708 allerlei *pron* all kinds of
- Ik voel me vrij om allerlei leuke dingen te doen.
11.29

709 dorp *noun, het* village
- Veel mensen gaan van het dorp naar de stad om werk te vinden.
11.28

710 gedachte *noun, de(f)* thought
- Hij uitte zijn gedachten over de wetenschap en het geloof.
11.26

711 invloed *noun, de(m)* influence
- Deze discussie heeft geen invloed op de huidige onderhandelingen.
11.26

712 delen *verb* to share
- Het komt voor dat vossen zelfs hun hol delen met konijnen en dassen.
11.25

713 vliegen *verb* to fly
- Vogels vliegen niet als het donker is.
11.24

714 jammer *adj* a pity
- Het is jammer dat je je zo beroerd voelt.
11.19

715 Nederlands *noun, het* Dutch
- Hij weigert Nederlands te spreken of te bewijzen dat hij die taal kent.
11.14

716 herinneren *verb* to remember
- Ik kan mij herinneren dat er bij mij in de klas een landkaart hing op het bord.
11.09

717 beloven *verb* to promise
- Mijn moeder heeft me een dvd-speler beloofd als ik een goed rapport heb.
11.08

718 afstand *noun, de(m)* distance
- De afstand varieert van twintig tot vijftig kilometer.
11.06

719 prachtig *adj* wonderful
- Het landschap is omgeven door een prachtige, heldere zee.
11.04

720 bezoeken *verb* to visit
- Soms bezoeken we een museum.
10.98

721 eerlijk *adj* honest, fair
- Van een eerlijke herverdeling van het geld is geen sprake.
10.96

722 voorstel *noun, het* proposal
- De voorstellen van de commissie werden in de vergadering besproken.
10.94

723 veilig *adj* safe
- Ik woon gelijkvloers en ik geloof dat mijn huis vrij veilig is.
10.90

724 Engels *adj* English
- Het Engelse elftal heeft gisteravond verloren.
10.86

725 vlak *adv* right
- Ze hoort ons niet aankomen tot we vlak voor haar staan.
10.86

726 bewust *adj* conscious, aware
- Het is een bewuste keus: we gaan met elkaar om of we doen dat niet.
10.82

727 optreden *verb* to appear
- Door urenlang door te gaan kan er hoofdpijn optreden.
10.80

728 feest *noun, het* party
- Het feest barstte los en zou tot in de late uurtjes duren.
10.73

729 geel *adj* yellow
- Het pad voert door een gele bloemenzee.
10.68

730 kwestie *noun, de(f)* question, issue
- Het is een kwestie van oefenen.
10.67

731 perfect *adj* perfect
- Ze maakte een eenvoudige maar perfecte dressing van olie, azijn, knoflook, zout en peper.
10.66

3 Clothing

General terms and parts of clothing	**jas** 3.28 coat	**kostuum** 1.18 suit
kleren 3.33 clothes	**trui** 2.80 sweater	**sok** 1.15 sock
kleding 3.31 clothing	**hoed** 2.33 hat	**handschoen** 1.03 glove
knoop 2.47 button	**jurk** 1.96 dress	**sjaal** 0.82 scarf
mouw 2.40 sleeve	**pet** 1.88 cap, hat	**kous** 0.81 stocking
kledij 1.61 clothing	**T-shirt** 1.67 T-shirt	**onderbroek** 0.80 underpants
kraag 0.99 collar	**uniform** 1.64 uniform	**mantel** 0.78 overcoat
	laars 1.59 boot	**muts** 0.72 hat
	rok 1.49 skirt	**overhemd** 0.70 shirt
Items of clothing	**hoofddoek** 1.46 headscarf	
schoen 6.34 shoe	**riem** 1.38 belt	
broek 4.72 trousers	**hemd** 1.22 vest, shirt	

732 links *adj* a) left b) left-wing
- a) De linkse auto is van mij.
- b) De linkse partijen hebben een grote winst behaald.
10.60

733 god *noun, de(m)* god
- Sommige mensen geloven in een god in de hemel.
10.56

734 springen *verb* to jump
- Ze sprongen door de kamer van blijdschap.
10.55

735 dier *noun, het* animal
- Op de kinderboerderij lopen dieren zoals schapen en geiten vrij rond.
10.54

736 hoek *noun, de(m)* corner
- In de hoek van de kamer stond een stoel.
10.53

737 enig *adj* only
- De bestuurder van de vrachtwagen was de enige gewonde.
10.52

738 bal *noun, de(m)* ball
- Hij schoot de bal in het doel.
10.51

739 eenvoudig *adj* simple
- Deze kunstenaar heeft een voorkeur voor eenvoudige en abstracte composities.
10.49

740 vergelijken *verb* to compare
- De meisjes vergeleken de inhoud van hun broodtrommel.
10.46

741 verplichten *verb* to oblige
- De school verplicht de ouders om de dure boeken te kopen.
10.42

742 mond *noun, de(m)* mouth
- Zij opende haar mond om iets te zeggen.
10.40

743 vullen *verb* to fill
- Hij vulde zijn flesje met water voor onderweg.
10.38

744 tiental *noun, het* ten
- In de eetzaal zat al een tiental gasten.
10.37

745 redden *verb* to save
- De agenten waren snel ter plaatse en redden haar leven.
10.33

746 studie *noun, de(f)* study
- Er bestaan talrijke studies en onderzoekingen naar de taal van het fascisme.
10.33

747 afsluiten *verb* to close
- De Stationsstraat wordt zaterdag en zondag volledig afgesloten.
10.32

748 gat *noun, het* hole
- Het licht valt binnen door gaten in het beton.
10.32

749 kleur *noun, de* colour
- De kleur van hun vacht is volledig roodbruin.
10.31

750 goedkoop *adj* cheap
- In Australië woonde ik in goedkope pensions en jeugdherbergen.
- 10.29

751 liefde *noun, de(f)* love
- Van bij de eerste aanblik was het liefde op het eerste gezicht.
- 10.26

752 modern *adj* modern
- De premier heeft de mogelijkheid een modern systeem te creëren.
- 10.25

753 positie *noun, de(f)* position
- Beide instellingen hebben een zelfstandige positie binnen het geheel van de publieke omroep.
- 10.25

754 gast *noun, de(m)* guest
- De gasten waren tevreden over de bediening en het eten.
- 10.24

755 grijpen *verb* to grab
- Hij greep onmiddellijk zijn telefoon en maakte waarschijnlijk de eerste foto van de brand.
- 10.22

756 aanleiding *noun, de(f)* reason, occasion
- De verloren wedstrijd was aanleiding om het team flink te veranderen.
- 10.21

757 terrein *noun, het* ground
- Het terrein is bereikbaar voor rolstoelgebruikers.
- 10.06

758 interessant *adj* interesting
- Het is een heel interessante discussie.
- 10.05

759 rij *noun, de* row
- Ik stond lang in de rij voor kaartjes voor het concert.
- 10.03

760 universiteit *noun, de(f)* university
- Het aantal studenten dat de universiteit met een diploma verlaat, moet omhoog.
- 10.01

761 zulk *pron* such
- Ik ben benieuwd of er een markt is voor zulke dingen!
- 9.98

762 les *noun, de* lesson
- De lessen op school en de training van de sportclub moeten beter op elkaar aansluiten.
- 9.95

763 degelijk *adj* sound
- Voor een degelijke journalistiek zijn middelen nodig.
- 9.94

764 erin *adv* in it
- Hij kreeg een andere kijk op het leven en zijn eigen plaats erin.
- 9.91

765 zingen *verb* to sing
- Ze zingt dit liedje de hele dag.
- 9.91

766 aanbieden *verb* to offer
- De vrouw bood een goedkope armband aan die van echt goud zou zijn.
- 9.86

767 onderwerp *noun, het* topic
- Deze onderwerpen worden behandeld tijdens de les.
- 9.84

768 vanavond *adv* tonight
- Vergeet niet dat we vanavond om acht uur te eten gevraagd zijn bij de buren.
- 9.83

769 gevaarlijk *adj* dangerous
- Ze reden over een steile weg met gevaarlijke haarspeldbochten.
- 9.78

770 danken *verb* to thank, to owe
- Halle staat momenteel op de tweede plaats en dankt die klassering vooral aan een sterke maand november.
- **dank je wel**: Wat lief zeg, dank je wel.
- 9.77

771 trouwen *verb* to marry
- Zij trouwde met de liefde van haar leven.
- 9.77

772 erbij *adv* there
- Zij die erbij waren, hebben het er nog steeds over.
- 9.75

773 afspraak *noun, de* appointment
- Ik maakte een afspraak om met haar te gaan lunchen.
- 9.74

774 wensen *verb* to wish
- Ik wil jullie alvast fijne kerstdagen wensen.
- 9.73

775 kwaad *adj* a) angry b) evil
- a) De kwade man dreigde te vertrekken.
- b) Ze zei dat er kwade geesten waren.
- 9.71

776 **verlopen** *verb* to go
- De school groeide en het onderwijs verliep voorspoedig.
  9.71

777 **mijzelf, mezelf** *pron* myself
- Heb je nog plek voor mijn dochtertje van 6 jaar en mijzelf?
- Ik ben voor mezelf toch tevreden over het optreden van vanavond.
  9.70

778 **muur** *noun, de(m)* wall
- Op de muur stonden allerlei kreten geschreven.
  9.69

779 **stemmen** *verb* to vote
- Ik stem op een partij die er hetzelfde over denkt als ik.
  9.69

780 **boodschap** *1) noun, de(f) 2) noun, pl*
  1) message 2) purchase, shopping
- 1) Zij kreeg de boodschap dat ze volgende week al kon beginnen.
- 2) Wij gaan naar de winkel om boodschappen te doen.
  9.68

781 **gek** *adj* crazy
- Hij moet zich geen gekke dingen in zijn hoofd halen.
  9.65

782 **zak** *noun, de(m)* bag
- Stop de oude kleren maar in zakken, dan brengen we ze straks weg.
  9.65

783 **dak** *noun, het* roof
- De met mos begroeide pannen liggen scheef op het dak.
  9.62

784 **zee** *noun, de* sea
- Ze hoorden het ruisen van de zee.
  9.55

785 **vakantie** *noun, de(f)* holiday
- Ze gingen op vakantie naar Spanje.
  9.53

786 **alweer** *adv* again
- Hoewel hij ongewoon lang en diep geslapen had, kreeg hij alweer zin om naar bed te gaan.
  9.51

787 **ziek** *adj* ill
- Het zieke kind lag in bed.
  9.51

788 **verhuizen** *verb* to move (house)
- Hij droeg dure maatpakken en was verhuisd naar een peperdure flat.
  9.50

789 **schuiven** *verb* to push, to pull
- Paul schuift zijn stoel naar achteren en staat op.
  9.49

790 **bureau** *noun, het* desk
- Hij zat achter zijn bureau te schrijven en keek op.
  9.48

791 **stevig** *adj* firm
- Deze kever heeft stevige kaken.
  9.46

792 **zomaar** *adv* just
- Anne legde zich niet zomaar neer bij wat de dokters haar hadden verteld.
  9.45

793 **bedenken** *verb* to think (up)
- Zij bedacht een manier om ongezien binnen te komen.
  9.44

794 **doordat** *conj* because
- De arbeidsproductiviteit is toegenomen doordat er meer mensen zijn gaan werken.
  9.44

795 **controleren** *verb* to check
- De conducteur controleerde of iedereen een treinkaartje had.
  9.41

796 **helaas** *adv* unfortunately
- Helaas voor hen werden ze ontdekt en verjaagd.
  9.41

797 **boom** *noun, de(m)* tree
- Het zonlicht viel in stralen tussen de bomen van het bos.
  9.40

798 **drukken** *verb* to print
- Het boek werd in een grote oplage gedrukt.
  9.40

799 **dubbel** *adj* double
- De dubbele plaatjes ruilde hij op school met andere verzamelaars.
  9.38

800 **vieren** *verb* to celebrate
- De verjaardag wordt gevierd op zaterdag 6 mei.
  9.36

801 beweging *noun, de(f)* movement
- De kleine hersenen coördineren de bewegingen en bewaren het evenwicht.
9.35

802 tegelijk *adv* at the same time
- We kunnen helaas niet alles tegelijk doen.
9.33

803 verbinden *verb* a) to link b) to bandage
- a) Als je alle punten met een potloodlijn verbindt, krijg je een rechthoek.
- b) De wond in zijn zij was deskundig verbonden met repen stof die verbazend wit waren.
9.32

804 schuld *noun, de* a) debt b) blame
- a) Ze kunnen moeilijk krediet krijgen vanwege hun oude schuld.
- b) Het is te gemakkelijk daarvan alleen de scheidsrechter de schuld te geven.
9.30

805 bus *noun, de* bus
- Veel leerlingen pendelen dagelijks met de bus van en naar school.
9.24

806 leeg *adj* empty
- 's Morgens stonden er veel lege glazen op de tafel.
9.24

807 sfeer *noun, de* atmosphere
- De trainer zorgt ervoor dat er een leuke sfeer heerst op het oefenveld.
9.24

808 taak *noun, de* task
- Het is zijn taak om ervoor te zorgen dat iedereen het naar zijn zin heeft.
9.23

809 pijn *noun, de* pain
- Hij brak zijn been en had veel pijn.
9.22

810 verband *noun, het* a) link b) bandage
- a) Er is zeker een verband tussen goed je best doen en hoge cijfers halen.
- b) Na vier weken gips zit haar been nu alleen nog maar in het verband.
9.22

811 geluk *noun, het* happiness, luck
- Volgens de brandweer heeft de man veel geluk gehad.
9.20

812 voordat *conj* before
- De mensen praatten nog wat na voordat ze naar binnen gingen.
9.19

813 onmogelijk *adj* impossible
- Op papier staan wij dus voor een bijna onmogelijke opdracht.
9.17

814 zon *noun, de* sun
- De zon schijnt, het is hoogzomer.
9.13

815 nergens *adv* nowhere
- Jij hoeft je nergens schuldig over te voelen.
9.08

816 fijn *adj* nice
- Alvast een heel fijne vakantie gewenst.
9.07

817 slot *noun, het* lock
- Met een klap viel de deur in het slot.
9.06

818 gezond *adj* healthy
- Gezonde voeding is belangrijk.
9.05

819 verdelen *verb* to divide
- Vorig jaar hebben de ploegen de punten verdeeld.
9.04

820 leerling *noun, de(m)* pupil
- De leerlingen zitten in de klas.
9.03

821 tenminste *adv* at least
- Dat klinkt mij tenminste heel bekend in de oren.
- **ten minste**: Je moet ten minste tien punten hebben om verder te mogen.
9.00

822 midden *noun, het* middle
- In het midden van deze bladeren zit een lichte vlek.
8.97

823 behandelen *verb* to treat
- Hij verwachtte nog altijd dat hij overal correct behandeld werd.
8.95

824 rechts *adj* a) right b) right-wing
- a) Het rechtse huis is blauw geverfd.
- b) De rechtse partijen stemden daartegen.
8.89

825 loop *noun, de(m)* course
- In de loop van de week moet duidelijk worden wat er verder gaat gebeuren.
8.75

826 fout *adj* wrong
- Opnieuw gaf ze het foute antwoord.
8.71

827 redelijk *adj* reasonable
- De winkel verkoopt radio's tegen redelijke prijzen.
8.66

828 studeren *verb* to study
- Hij studeerde rechten in Leuven.
8.63

829 donker *adj* dark
- Hij draagt een donkere bril en tikt met zijn witte stok tegen de muur.
8.59

830 lied *noun, het* song
- Welk lied stond hij daar te zingen?
8.54

831 zacht *adj* soft
- Zij legde haar hoofd op het zachte kussen.
8.47

832 behoorlijk *adj* decent, considerable
- Deze oogst is van een behoorlijke omvang.
8.39

833 reis *noun, de* trip, journey
- De reis werd per boot gemaakt.
8.39

834 beurt *noun, de* turn
- De leerlingen voeren om de beurt een opdracht uit.
8.38

835 simpel *adj* simple
- Gelukkig is dit een simpele ingreep.
8.31

836 beneden *prep* under, down
- Kinderen beneden de tien jaar moeten nu naar bed.
8.30

837 vinger *noun, de(m)* finger
- Frank legde twee vingers op haar lippen.
8.30

838 blauw *adj* blue
- De blauwe oceaan ligt er rustig bij.
8.24

839 werkelijk *adj* real
- Niemand kende de werkelijke toedracht van de zaak.
8.18

840 opstellen *verb* to draw up
- De erfenis wordt verdeeld volgens een testament dat de overledene heeft opgesteld.
8.10

841 student *noun, de(m)* student
- Een aantal hogescholen heeft geld ontvangen voor studenten aan wie nooit onderwijs is gegeven.
8.10

842 waard *adj* worth
- Het aandeel is nu meer dan 30 euro waard.
8.09

843 raar *adj* strange
- Brenda vond dit maar een rare vraag.
8.08

844 apart *adj* separate
- Er is een aparte weg aangelegd naar het pretpark toe.
8.05

845 oor *noun, het* ear
- Hij spitste zijn oren en hoorde het tieren van de noordenwind.
8.04

846 pak *1) noun, het 2) noun, de(m)* 1) suit 2) bunch
- 1) Zij laten hun belangen behartigen door juristen met dure pakken en dassen in keurige kantoren.
- 2) Met een pak enthousiasme drongen ze zelfs door tot in de finale.
8.04

847 begrip *noun, het* understanding
- Uiteindelijk gaat het gebrek aan werkelijk begrip en inzicht zich wreken.
8.03

848 lastig *adj* difficult
- Op hun tocht raken ze verzeild in lastige situaties.
8.02

849 wakker *adj* awake
- Ik ben bang dat ze wakker wordt en niet meer verder slaapt.
8.02

850 tuin *noun, de(m)* garden
- Er is een grote tuin met een tuinhuis en een garage.
7.99

851 verzamelen *verb* to collect
- Het is niet meer gebruikelijk dat kinderen postzegels gaan verzamelen.
7.94

852 eraan *adv* with it
- Ze zullen wel twee keer nadenken voor ze eraan beginnen.
7.93

853 angst *noun, de(m)* fear
- De brandweer stopte hierna onmiddellijk met blussen uit angst te worden geëlektrocuteerd.
  7.92

854 realiseren *verb* to realize
- Hij realiseerde zich dat hij te laat zou komen.
  7.91

855 gelegenheid *noun, de(f)* opportunity
- Kom je ook langs als je daartoe in de gelegenheid bent?
  7.90

856 neus *noun, de(m)* nose
- Ik deed mijn ogen open en bleek ongeveer met mijn neus tegen een geparkeerde autobus te staan.
  7.90

857 schoon *adj* clean
- Vlekken van jam verwijdert u in het algemeen met schoon warm water.
  7.89

858 antwoorden *verb* to answer
- Waarom antwoord je niet op die drie vragen?
  7.83

859 ineens *adv* suddenly
- Ik ben niet verder gekomen dan de vooropleiding, want ineens vond ik het toch maar niets meer.
  7.82

860 lijden *verb* to suffer
- Als ik dat liedje hoor, herinnert me dat aan het verlies dat ik heb geleden.
  7.82

861 langzaam *adj* slow
- Met langzame bewegingen vouwt hij de krant dicht.
  7.78

862 beschrijven *verb* to describe
- De gedichten beschrijven de gevoelens van de dichter.
  7.75

863 herkennen *verb* to recognize
- Hij is zo veranderd dat ik hem eerst niet herkende.
  7.75

864 besteden *verb* to spend
- Dagelijks besteed ik minstens twee uur aan het opzoeken van al die weetjes.
  7.74

865 fiets *noun, de* bicycle
- Ga jij met de fiets naar je werk?
  7.74

866 koud *adj* cold
- Het koude water zag er onaantrekkelijk uit.
  7.74

867 hond *noun, de(m)* dog
- Onze hond rent graag achter een tennisbal aan.
  7.70

868 dame *noun, de(f)* lady
- Bij het kampioenschap voor dames eindigde ze op de vierde plaats.
  7.66

869 meemaken *verb* to experience
- Oudere bewoners hebben nog meegemaakt dat de eerste auto door het dorp reed.
  7.64

870 uitkomen *verb* to come out
- De diefstal kwam al snel uit en de daders werden opgepakt door de politie.
  7.64

871 aardig *adj* nice
- Het is een aardige vrouw die altijd voor een ander klaarstaat.
  7.60

872 mis *adv* wrong
- Ik snap niet wat daar mis mee is.
  7.58

873 ermee *adv* with it
- Ze zullen ermee moeten leren leven.
  7.57

874 verandering *noun, de(f)* change
- Inwoners moeten niet meteen drastische veranderingen verwachten.
  7.54

875 waarvoor *adv* what for
- Waarvoor heb je die boetes gekregen?
  7.53

876 radio *noun, de(m)* radio
- Televisie trok de aandacht weg van het oude medium radio.
  7.51

877 zover *adv* so far
- Ik lees het wel als het zover is!
  7.51

878 daarover *adv* about it
- Mijn ouders nemen mijn mededeling daarover laconiek in ontvangst.
  7.48

879 **opzicht** *noun, het* regard
- De timing van die aankondiging is in twee opzichten zeer interessant.
7.47

880 **plezier** *noun, het* pleasure
- Voor het plezier van de kijker maakte ik het verhaal een beetje mooier.
7.47

881 **aankomen** *verb* to arrive
- We zijn gisteren in Parijs aangekomen.
7.40

882 **toestand** *noun, de(m)* state
- De man werd in kritieke toestand overgebracht naar het ziekenhuis.
7.40

883 **station** *noun, het* station
- De reis tussen beide stations duurt ongeveer tien minuten.
7.33

884 **bloed** *noun, het* blood
- Zijn hart maakte overuren om het nog overgebleven bloed door zijn lichaam te pompen.
7.31

885 **toevallig** *adj* accidental
- Een toevallige voorbijganger merkte de brand tijdig op.
7.29

886 **heer** *noun, de(m)* gentleman
- Dames en heren, hartelijk welkom.
7.28

887 **uitnodigen** *verb* to invite
- Ze nodigen elke kunstenaar uit om te exposeren.
7.27

888 **teken** *noun, het* sign
- In de rand van de tekst schreef hij vreemde tekens.
7.25

889 **baas** *noun, de(m)* boss
- Veel werknemers denken dat hun baas daar anders over denkt.
7.24

890 **maat** *1) noun, de 2) noun, de 3) noun, de(m)* 1) size 2) rhythm 3) mate
- 1) Ik heb maat vijfenveertig van schoenen.
- 2) Hij zong mee en hij sloeg de maat met zijn kwast.
- 3) Mijn maat en ik gaan graag een biertje drinken.

in hoge mate: Het antwoord bevreemdde mij in hoge mate.
7.19

891 **bewegen** *verb* to move
- Elke dag een half uur bewegen is goed voor je.
7.18

892 **oplossen** *verb* to solve
- Leo houdt van kruiswoordraadsels oplossen.
7.18

893 **haar** *noun, de/het* hair
- Mijn ouders kregen rond hun 45ste jaar grijze haren.
7.14

894 **vandaar** *adv* hence
- Het was nat en koud, vandaar dat we besloten niet te gaan.
7.14

895 **dokter** *noun, de(m)* doctor, GP
- Hij is op advies van zijn dokter weer gaan zwemmen.
7.12

896 **ontmoeten** *verb* to meet
- Heb jij de koningin weleens ontmoet?
7.07

897 **stof** *noun, het* dust
- Na maanden niet in het huis te zijn geweest, lag overal een dikke laag stof.
7.07

898 **achteraf** *adv* afterwards
- Uit metingen bleek achteraf dat er geen gevaar was voor de omstanders.
7.05

899 **vooruit** *adv* forward
- Ondanks heel veel vergaderen kwamen we geen stap vooruit.
7.02

900 **geluid** *noun, het* sound
- Hij hoorde alleen het geluid van krekels.
7.00

901 **blad** *noun, het* a) journal, magazine b) leaf
- a) Het blad bevat informatie over de universiteit.
- b) De plant heeft wat dikkere bladeren.
6.96

902 **boos** *adj* angry
- Zij stuurden een boze brief naar het stadsbestuur.
6.96

903 **bos** *1) noun, het 2) noun, de(m)* 1) forest 2) bunch
- 1) Elk verkocht exemplaar is goed voor één extra boom in een van de nieuwe bossen.
- 2) We hebben haar een grote bos bloemen gegeven.
6.96

904 knap *adj* a) good-looking b) smart, clever, able
- a) Het is een knap meisje met prachtige krullen.
- b) Vooral zijn vrije trap was een knap staaltje traptechniek.
6.95

905 zus *noun, de(f)* sister
- Zij en haar zussen hebben hun vader altijd op handen gedragen.
6.92

906 trein *noun, de(m)* train
- Ik moest vroeger een trein en twee bussen nemen om op school te geraken.
6.91

907 prima *adj* excellent
- Volgens de website van de Onderwijsinspectie is dit een prima school.
- (adv) Zij vermaakte zich prima en had veel plezier.
6.86

908 doorgaan *verb* to continue
- De vele grote en kleine acties blijven ook de komende dagen en weken doorgaan.
6.84

909 type *noun, het* type
- Ik ben ook niet het type dat veel bezig is met haar uiterlijk of met mode.
6.84

910 nadenken *verb* to think
- Je moet bij elke beslissing heel goed nadenken.
6.75

911 natuur *noun, de(f)* nature
- Een deel van de opbrengsten zal geïnvesteerd worden in het behoud van de natuur.
6.73

912 aannemen *verb* to assume
- Ik heb ten onrechte aangenomen dat jij ook honger had.
6.72

913 geweldig *adj* great
- Wat een geweldig nieuws.
6.69

914 recht *adj* straight
- Maria hurkte met rechte rug en legde beheerst de boeken terug.
6.69

915 eruit *adv* out
- Ze pikt de macaroni eruit en laat de groenten liggen.
6.65

916 gezellig *adj* enjoyable, cosy
- Omdat onze school maar klein is, hangt er een gezellige sfeer.
6.61

917 bloem *noun, de* flower
- De bloemen stonden in de vaas.
6.55

918 herhalen *verb* to repeat
- Deze procedure moet tweemaal daags twee weken achtereen worden herhaald.
6.52

919 twijfelen *verb* to doubt
- Hebben jullie als groep nooit getwijfeld of jullie wel zouden gaan?
6.43

920 droog *adj* dry
- Het droge weer zorgt voor problemen.
6.41

921 inhoud *noun, de(m)* content
- Vraag is altijd wat de inhoud is van bepaalde termen.
6.38

922 ochtend *noun, de(m)* morning
- Vandaag is het in de ochtend eerst overal flink zonnig.
6.33

923 verjaardag *noun, de(m)* birthday
- Bij deze een grote schaal gebak ter ere van mijn 25ste verjaardag.
6.29

924 plaat *noun, de* a) record b) plate
- a) Een programma met evenveel presentatoren als platen.
- b) De gebarsten betonnen platen moeten vervangen worden.
6.24

925 kost, kosten *noun, de(m)* cost(s)
- Hij wil graag werken, de kost verdienen.
- Wij betalen de trein en ook alle andere kosten.
ten koste van: Als overheden al bezuinigen gaat dat ten koste van service en het personeel.
6.23

926 behoefte *noun, de(f)* need
- Ons lichaam heeft meer behoefte aan calcium dan aan fosfor.
6.22

927 allebei *num* both
- Gisteren stonden de twee voetballers gewoon allebei in de ploeg.
6.21

928 bewaren *verb* to keep
- Vaste kazen kun je beter en langer bewaren dan zachte kazen.
  6.21

929 uitleggen *verb* to explain
- Hij wilde het probleem uitleggen en zocht woorden.
  6.20

930 rand *noun, de(m)* edge
- Uitgebreid ontbijten kan bij mooi weer aan de rand van het zwembad.
  6.14

931 achtergrond *noun, de(m)* background
- Op die achtergrond wilden ze haar foto nemen.
  6.07

932 min *adv* minus
- Acht min vijf is nog altijd drie en geen vier.
  zo min mogelijk: Je zou meer eiwitten moeten eten en zo min mogelijk koolhydraten.
  min of meer: Ze gaf me min of meer gelijk.
  6.07

933 opmerking *noun, de(f)* remark
- An negeert de opmerking van haar zus.
  6.07

934 figuur *noun, de/het* figure
- Plotseling zie ik in de krabbels die ik gemaakt heb een figuur verschijnen.
- Hij is een invloedrijk figuur in de wetenschapsfilosofie.
  6.03

935 opvallen *verb* to strike, to catch the eye
- Ze trokken onopvallende kleren aan, zodat ze niet zouden opvallen.
  6.03

936 ruzie *noun, de(f)* quarrel, row
- De vrouw zou ruzie hebben gehad met haar man over het kopen van een ander huis.
  6.02

937 winter *noun, de(m)* winter
- Het heeft deze winter bijna niet gesneeuwd.
  5.94

938 overkomen *verb* to happen to
- Het overkomt mij niet elke dag dat ik kan ontbijten en tegelijk mag luisteren naar poëzie.
  5.83

939 heerlijk *adj* lovely
- De geur van het heerlijke gerecht doordrong het hele huis.
  5.82

940 bespreken *verb* to discuss
- Tijdens de vergadering werd het voorstel uitvoerig besproken.
  5.67

941 tegelijkertijd *adv* at the same time
- Jonge kinderen zijn heel goed in staat twee of zelfs drie talen tegelijkertijd te verwerven.
  5.67

942 uitgaan *verb* to go out
- Regelmatig verzucht mijn man dat hij mee wil als we een dagje uitgaan.
  5.42

943 slim *adj* smart, clever
- Ze heeft zelf een slimme manier bedacht om zich voort te bewegen.
  5.13

Fiction

1 blik *noun, de(m)* look
- Ze wendde haar blik af en roerde in het lege kopje.
  8.45

2 schouder *noun, de(m)* shoulder
- Ik sloeg mijn armen om haar schouders en drukte haar hoofd tegen mijn borst.
  7.32

3 raam *noun, het* window
- Hij keek uit het raam naar de lege straat.
  8.26

4 zwijgen *verb* to keep silent about
- We zwegen omdat het voor niemand zin had het rond te vertellen.
  7.31

5 stoel *noun, de(m)* chair
- In de huiskamer waren de stoelen tegen de muur gezet.
  7.27

6 glas *noun, het* glass
- Viktor schonk een glas bronwater in.
  7.93

7 knikken *verb* to nod
- Ik knik tevreden en ga op de rand van het bed zitten.
  3.72

8 plotseling *adj* sudden
- Henk leed onder het plotselinge verlies van zijn enige broer.
  5.59

9 schudden *verb* to shake
- De boom schudde in de wind.
  5.12

10 verder *adv* further
- Na die aankoop ging ik verder de stad in om ergens een kop koffie te drinken.
  5.52

11 buigen (zich) *verb* to bend
- Hij boog zich en keek onder de tafel.
  5.72

12 meneer *noun, de(m)* Mr
- Meneer De Bruin liep rustig over straat.
  6.58

13 glimlachen *verb* to smile
- Frederick wachtte een tel en glimlachte naar zijn fans.
  3.25

14 trap *noun, de(m)* stairs
- Hij klimt de trap op en loopt door de kamer boven.
  7.03

15 lip *noun, de* lip
- Hij bijt op zijn lip en gaat met zijn hand door zijn haar.
  3.63

16 ogenblik *noun, het* moment
- Op dat ogenblik werd de keukendeur geopend.
  6.66

17 middag *noun, de(m)* afternoon
- Aan het eind van de middag werd hij wakker.
  6.41

18 keuken *noun, de* kitchen
- De keukens van de huizen hebben een deur naar de woonkamer met de twee ramen.
  6.39

19 schrikken *verb* to be frightened
- Ik schrok toen ik zag hoe hij eraan toe was.
  6.67

20 koffie *noun, de(m)* coffee
- Enno beloofde dat hij koffie zou zetten.
  6.03

21 borst *noun, de* chest
- Grootvader droeg een groot kruis op zijn borst.
  5.23

22 omhoog *adv* up
- Ze kijkt omhoog naar de lucht alsof ze die voor het eerst ziet.
  6.58

23 stilte *noun, de(f)* silence
- Er heerste een volkomen stilte.
  4.62

24 staren *verb* to stare
- Jonas staarde naar de palm.
  2.81

25 huilen *verb* to cry
- Tijdens de begrafenis huilde mijn moeder aan een stuk door.
  5.06

26 duwen *verb* to push
- Iemand duwde haar vingers tegen een massa vettige inkt.
  6.51

27 voorzichtig *adj* careful
- Ik naderde de boerderij met voorzichtige stappen en angst in het hart.
  6.15

28 fluisteren *verb* to whisper
- Wat ben je mooi, fluistert hij.
  2.62

4 Colours

rood 19.79 **red**	**geel** 10.68 **yellow**	**roze** 2.56 **pink**
zwart 18.11 **black**	**blauw** 8.24 **blue**	**paars** 2.52 **purple**
wit 15.59 **white**	**grijs** 5.02 **grey**	**oranje** 2.34 **orange**
groen 14.84 **green**	**bruin** 4.64 **brown**	

29 **knie** *noun, de* knee
- Binnen de kortste keren zaten we tot halfweg onze knieën in de modder.
  5.89

30 **gauw** *adv* soon, quickly
- Ik kon het al heel gauw met iedereen goed vinden.
  5.40

31 **ach** *interj* oh
- Ach, het doet er niet toe.
  6.80

32 **grijs** *adj* grey
- Ze ontdekte een twintigtal grijze haren.
  5.02

33 **glijden** *verb* to slide
- Ama laat zand door haar vingers glijden.
  2.92

34 **jas** *noun, de* coat
- De jas bood in elk geval bescherming tegen de kou.
  3.28

35 **schreeuwen** *verb* to shout
- Toen werd ze woest en ze schreeuwde dat er belangrijker dingen in het leven waren.
  4.49

36 **werpen** *verb* to throw
- Twee lampjes wierpen licht op het donkerbruine blad.
  5.62

37 **mevrouw** *noun, de(f)* madam
- Uw man heeft volkomen gelijk, mevrouw.
  5.10

38 **haast** *adv* almost
- Ze kijkt me haast verontschuldigend aan.
  6.42

39 **slaap** *noun, de(m)* sleep
- De jongen draaide zich om in zijn slaap.
  4.55

40 **adem** *noun, de(m)* breath
- Op straat was het ijskoud en mijn adem wolkte door de lucht.
  3.92

41 **wind** *noun, de(m)* wind
- De wind waait uit het westen.
  7.64

42 **vriendelijk** *adj* friendly
- Ik keek in het vriendelijke gezicht van mijn lerares.
  5.77

43 **traan** *noun, de* tear
- Ze droogde de opgekomen tranen met de punt van haar schort.
  4.18

44 **wang** *noun, de* cheek
- Ik voelde mijn wangen gloeien.
  2.30

45 **buik** *noun, de(m)* belly
- Ze lachen dat hun buik ervan schudt.
  5.05

46 **fles** *noun, de* bottle
- Hij pakte een fles cola uit de koelkast.
  5.70

47 **broek** *noun, de* trousers
- Ik droeg een wijde witte broek.
  4.72

48 **telefoon** *noun, de(m)* telephone
- Ze voelde de telefoon overgaan in de zak van haar kimono.
  7.07

49 **schoen** *noun, de(m)* shoe
- Ze schopt haar schoenen uit en gaat op mijn bed zitten.
  6.34

50 **dringen** *verb* to push
- De honden stonden kwijlend om hun gevulde bakken te dringen.
- **de tijd dringt**: Ik ga me haasten, de tijd dringt.
  8.75

51 **herinnering** *noun, de(f)* memory
- Een herinnering van meer dan tien jaar geleden kwam omhoog.
  5.96

52 bruin *adj* brown
- Een bruine kever liep tussen de gouden haartjes op mijn arm.
  4.64

53 kruipen *verb* to crawl
- De spin kroop over de muur.
  5.69

54 gebaar *noun, het* gesture
- Ze maakte met haar hand het gebaar dat hij een beetje op moest schieten.
  2.77

55 hemel *noun, de(m)* sky
- De hemel boven me was blauw.
  4.54

56 steen *noun, de(m)* stone
- Moeder zat op haar knieën op de blauwe stenen van het plaatsje.
  5.69

57 vloer *noun, de(m)* floor
- Ze zag hem in de hoek van de kamer bezig de plank uit de vloer te trekken.
  5.67

58 lijf *noun, het* body
- Ik rukte het kledingstuk van haar lijf.
  6.26

59 rennen *verb* to run
- Hij draaide zich om en rende het park uit.
  3.51

60 lach *noun, de(m)* laugh, smile
- Weer die geruststellende lach op zijn gezicht.
  2.74

61 sigaret *noun, de* cigarette
- Hij stak een sigaret op.
  3.78

62 huid *noun, de* skin
- Hij had een bruine huid en stevige bovenarmen en dijen.
  4.17

63 verbergen *verb* to hide
- Ze verborg haar gezicht in haar handen.
  5.28

64 toon *noun, de(m)* tone
- De toon van zijn stem maakte me bang.
  5.23

65 geur *noun, de(m)* odour
- Ik herinner me alleen nog de geur van de kruiden.
  3.12

66 tand *noun, de(m)* tooth
- Ik zette mijn tanden in een lekkere appel.
  5.35

67 aarzelen *verb* to hesitate
- De knapen aarzelden om de snoepjes op te rapen.
  3.25

68 kleden *verb* to dress
- Ik houd er niet van slordig gekleed te gaan.
  3.80

69 aarde *noun, de* earth
- Zelfs de aarde in de bloempotten was bedekt met witte korsten.
  6.82

70 geest *noun, de(m)* mind, spirit
- De dromen hadden vluchtige beelden nagelaten in haar geest.
  5.95

71 branden *verb* to burn
- In de kamer brandden kaarsen.
  5.69

72 glimlach *noun, de(m)* smile
- Hij forceerde een glimlach en volgde haar de kamer in.
  2.80

73 overeind *adv* up
- Ariane kwam overeind uit haar stoel en streek haar kleren glad.
  3.33

74 smal *adj* narrow
- Het huis waarin wij woonden lag aan een smalle straat.
  3.7

75 brood *noun, het* bread
- Om drie uur at hij een stuk brood met tonijn.
  5.21

76 zodra *conj* once, as soon as
- Zodra het begon te schemeren legden ze zich te slapen.
  6.11

77 schenken *verb* to donate
- De smidse schenk ik aan jou.
  6.00

78 vrolijk *adj* cheerful, merry
- Ze zongen samen een vrolijk liedje.
  5.09

79 kast *noun, de* cupboard
- Haar kast stond vol pakken beschuit en potten honing.
  4.54

80 mompelen *verb* to mumble
- Hij mompelde iets en liep snel door.
  1.49

81 **nek** *noun, de(m)* neck
- Ik zie haar aders kloppen in haar nek.
 4.31

82 **keel** *noun, de* throat
- Zijn keel werd er niet beter op.
 3.36

83 **zuchten** *verb* to sigh
- Ze zuchtte diep om de stroom gedachten te doorbreken.
 3.35

84 **trillen** *verb* to tremble, to shake
- Mijn benen trilden nog toen ik naar de badkamer liep.
 1.88

85 **he** *interj* hey
- Het is nogal belangrijk voor je he?
 0.98

86 **voortdurend** *adj* continuous
- Veel van onze luisteraars klagen over voortdurende hoofdpijn.
- (adv) Ze houden elkaar voortdurend in de gaten.
 7.34

87 **voorhoofd** *noun, het* forehead
- Het zweet staat op zijn voorhoofd.
 1.69

88 **roken** *verb* to smoke
- Een paar jaar geleden is ze gestopt met roken.
 4.81

89 **dansen** *verb* to dance
- Men kon in verschillende zalen dansen op muziek van alle stijlen.
 5.09

90 **bloot** *adj* bare
- Ze voelt iets aan haar blote voeten.
 4.31

91 **spiegel** *noun, de(m)* mirror
- Ik kroop naar de badkamer en bekeek mezelf in de spiegel.
 3.00

92 **houten** *adj* wooden
- Ik wandelde tot bij de houten schutting.
 4.24

93 **vuur** *noun, het* fire
- Dus staat hij op en begint hij het vuur aan te wakkeren.
 8.89

94 **zwaaien** *verb* to wave
- De ziener zwaaide met zijn mantel over zijn uitgestoken arm.
 3.39

95 **opzij** *adv* aside
- Ze ging opzij om hem door te laten.
 3.06

96 **verte** *noun, de(f)* distance
- Ik staar naar de boerderijen in de verte.
 1.96

97 **hals** *noun, de(m)* neck
- Ik vond hem leuk met zijn blonde kuif en het gouden kettinkje om zijn hals.
 2.24

98 **dun** *adj* thin
- Saskia stond in haar dunne kimono te huiveren in de deuropening.
 3.96

99 **tas** *noun, de* bag
- Op een middag stopte ik wat kleren in een tas en liep naar zijn huis.
 2.54

100 **spoor** *noun, het* a) trace b) track
- a) Tot mijn verwondering toonde ze geen spoor van verwarring.
- b) Je zag er alleen de sporen van dieren.
 9.80

101 **gezelschap** *noun, het* company
- Hij blijft haar deze middag gezelschap houden.
 5.60

102 **geloof** *noun, het* faith, religion
- Mijn geloof staat haaks op de natuur.
 5.42

103 **klap** *noun, de(m)* blow
- Woedend had hij haar een klap om de oren gegeven.
 7.60

104 **rook** *noun, de(m)* smoke
- De rook zit nog in zijn haren.
 3.30

105 **binnenkomen** *verb* to enter
- Guy zat aan het bed toen we binnenkwamen.
 3.75

106 **leunen** *verb* to lean
- Hij leunde tegen de bar en voelde zich in zijn element.
 1.91

107 **vogel** *noun, de(m)* bird
- Nu en dan vloog nog een vogel van de ene tak naar de andere.
 4.96

108 **café** *noun, het* café, pub
- De deur van het café ging open.
 9.36

109 ophouden *verb* to stop
- Hij hoorde dat ik opgehouden was met tekenen.
  3.85

110 verschrikkelijk *adj* terrible
- In de werkhallen was het een verschrikkelijke herrie.
  4.95

111 schaduw *noun, de* shadow
- Toen draaide hij zich om en verdween in de schaduw van het bos.
  3.46

112 luid *adj* loud
- Hij luistert op zijn kamer naar luide muziek.
  3.35

113 verlangen *noun, het* desire
- Hij leeft zonder enige ambitie en zonder verlangen.
  2.87

114 tong *noun, de* tongue
- Zijn tong glijdt heen en weer over de buitenkant van zijn tanden.
  2.59

115 wagen *noun, de(m)* car
- De wagen was bijna twee jaar oud en al lang aan vervanging toe.
  14.00

116 wijn *noun, de(m)* wine
- Ze dronk haar wijn veel te snel.
  4.91

117 verbaasd *adj* surprised, amazed
- Haar verbaasde gezicht sprak boekdelen.
  3.10

118 wassen *verb* to wash
- Zodra ze binnen was waste ze haar gezicht en handen.
  4.25

119 drukte *noun, de(f)* bustle, commotion
- In de drukte durf ik met anderen erbij haar niet te zoenen.
  2.71

120 vlees *noun, het* meat
- Ze stond bij het fornuis het vlees te braden.
  4.52

121 zuster *noun, de(f)* sister
- Eén ding hadden de broer en zuster gemeen.
  2.87

122 tikken *verb* to tap
- Er werd krachtig tegen het raam getikt.
  3.40

123 strak *adj* tight
- Ik draag een zwarte strakke broek.
  4.13

124 opstaan *verb* to stand up
- Toen hij opstond verbaasde ik mij weer over zijn lengte.
  3.60

125 traag *adj* slow
- Hij klaagde over het trage tempo en het tijdverlies.
  4.53

126 vaag *adj* vague
- Tenslotte waren het vage gedachten gebleven.
  3.20

127 snijden *verb* to cut, to slice
- Ze sneed dikke sneden zwart brood.
  5.18

128 blond *adj* blond
- De blonde vrouw keek naar het water.
  2.74

129 gordijn *noun, het* curtain
- Door de scheuren in de gordijnen dringt licht binnen.
  2.03

130 vegen *verb* to sweep
- Hij veegde het zweet en de tranen van zijn gezicht.
  3.05

131 dromen *verb* to dream
- Deze nacht heeft hij van de zee gedroomd.
  5.30

132 terugkomen *verb* to return
- Toen hij terugkwam was hij gekalmeerd.
  3.99

133 rollen *verb* to roll
- Tranen rolden over haar wangen.
  3.82

134 grap *noun, de* joke
- Mijn vrouw kon om de grap lachen.
  4.35

135 knijpen *verb* to pinch
- Ze kneep in zijn hand.
  1.76

136 afscheid *noun, het* farewell, goodbye
- Bij het afscheid kusten ze elkaar.
  6.09

137 dronken *adj* drunk
- Er zit één dronken man aan de bar.
  3.42

138 wolk *noun, de* cloud
- Een strakblauwe lucht waar heldere wolken doorheen zeilen.
3.00

139 slaapkamer *noun, de* bedroom
- Hij liep de slaapkamer in om de tv aan te zetten.
2.86

140 wrijven *verb* to rub
- Hij wreef over zijn gezicht.
1.68

141 jurk *noun, de* dress
- Ze trok haar jurk naar beneden en kruiste haar benen.
1.96

142 tante *noun, de(f)* aunt
- Je tante en een paar buurvrouwen komen zo.
2.75

143 vertrek *noun, het* a) room b) departure
- a) De jongen deed de deur open van een vertrek dat aan de straatkant lag.
- b) Na hun vertrek bleef een leeg huis achter.
6.29

144 uitzien *verb* to look
- Het viel me op dat hij er gespannen uitzag.
4.45

145 gras *noun, het* grass
- Ik zit rechtop in het gras en draag een wit shirt.
3.36

146 dichtbij *adv* close
- Ze komt nu heel dichtbij en laat zich vallen op een stoel.
3.74

147 paard *noun, het* horse
- Het paard bleef staan en hinnikte.
4.77

148 stapel *noun, de(m)* pile
- Op het werk liggen stapels post te wachten.
2.79

149 nat *adj* wet
- Voor de spiegel kamde ik mijn natte haar.
3.61

150 verdriet *noun, het* sadness
- Zijn berouw en verdriet om de breuk met zijn vrouw lijken oprecht.
3.17

151 doos *noun, de* box
- Ik tilde voorzichtig de deksel van de doos.
3.46

152 kennelijk *adv* obviously
- De jonge heelmeester was kennelijk over iets teleurgesteld.
4.40

153 naderen *verb* to approach
- Er naderde een zwarte auto.
3.06

154 ziel *noun, de* soul
- Daar ging een tot in het diepst van zijn ziel gekrenkte man.
4.1

155 berg *noun, de(m)* mountain
- Ik ben een aantal keren die berg op geweest.
4.92

156 stoten *verb* to bump, to knock
- Mijn elleboog stootte tegen het ijzeren hoofdeinde van mijn bed.
3.51

157 kerel *noun, de(m)* guy
- Ik ben een normale gezonde kerel.
4.35

158 heffen *verb* to lift
- Met zijn laatste krachten hief hij het kind de lucht in.
2.87

159 ruiken *verb* to smell
- Haar handen ruiken naar wasmiddel met lavendel.
2.78

160 wekken *verb* to wake up
- Hij tracht te vermijden zijn vrouw te wekken.
5.10

161 spijt *noun, de* regret
- De hele dag had ik spijt van mijn woorden en gedrag.
4.49

162 thee *noun, de(m)* tea
- Hij zet het blad met thee en beschuit op tafel.
2.35

163 bier *noun, het* beer
- Ik bestelde een tweetal worstjes en een derde glas bier.
4.27

164 strelen *verb* to caress, to stroke
- Hij troostte haar en streelde haar over het haar.
1.21

165 bezitten *verb* to possess
- Ze bezat een uitstekend verstand.
4.26

166 zucht *noun, de(m)* sigh
- Henk draaide zich met een zucht om.
3.40

167 morgen *noun, de(m)* morning
- Toen wij de volgende morgen wakker werden, waren de mannen weg.
2.07

168 aankijken *verb* to look at
- Al die tijd bleef hij me aankijken.
1.77

169 enigszins *adv* somewhat
- Hij ging enigszins overeind zitten.
4.77

170 helder *adj* clear
- Het is nog steeds prachtig helder weer.
4.31

171 oom *noun, de(m)* uncle
- Mijn vader ging met mijn oom op stap.
2.40

172 glanzen *verb* to shine
- Op de grond glanzen haar voetstappen als olie.
1.33

173 verliefd *adj* in love
- Misschien was zij wel verliefd op mij geweest.
3.58

174 woede *noun, de* rage
- Zijn woede gaf hem moed.
3.36

175 poot *noun, de(m)* leg, paw
- Hij had een hond die stokstijf kon staan op drie poten.
4.11

176 verbazing *noun, de(f)* amazement
- Haar mond viel open van verbazing.
3.15

177 stel *noun, het* set, couple
- We zaten als een stel dorpsbewoners in de grote stad.
2.92

178 volkomen *adv* completely
- De broertjes negeerden hem volkomen.
3.02

179 verlangen *verb* to long
- Ik verlangde naar iemand om alles mee te delen.
2.31

180 kussen *noun, het* pillow
- Hij drukt zich dieper in de kussens van de bank.
1.61

181 onverwacht *adj* unexpected
- De onverwachte mist stuurde zijn plannen in de war.
5.07

182 duiken *verb* to dive
- We duiken in het zwembad.
6.28

183 tillen *verb* to lift
- Mijn vader tilde me over de kuilen in de weg.
2.51

184 mager *adj* lean
- Ze was slank en vrij mager.
2.90

185 waarschuwen *verb* to warn
- Ik ben gekomen om u te waarschuwen.
8.13

186 vent *noun, de(m)* fellow, bloke
- Ik kan je zelfs nog vertellen welke kleren die vent droeg.
2.72

187 overkant *noun, de(m)* other side
- Aan de overkant van de gracht is meer te beleven.
2.62

188 wenkbrauw *noun, de* eyebrow
- Paul keek hen met gefronste wenkbrauwen aan.
1.51

189 strekken *verb* to straighten
- Hij schuift onderuit op zijn stoel en strekt zijn lange benen.
1.95

190 spul *noun, het* stuff, things
- Ik ging zelf de spullen in zijn villa ophalen.
4.34

191 vertrouwd *adj* familiar
- Het duurt even voordat ze de vertrouwde stem hoort.
3.56

192 wand *noun, de(m)* wall
- Hij wees naar de grote klok aan de wand.
2.20

193 zweet *noun, het* sweat
- Harry voelde het zweet op zijn voorhoofd staan.
1.59

194 thuiskomen *verb* to come home
- Het was wel weinig waarmee ik thuiskwam.
2.06

195 plastic *adj* plastic
- Heeft u misschien een leeg plastic tasje
  liggen?
  2.66

196 opwinden (zich) *verb* to get excited, to get
worked up
- Heel de dag had hij zich door die gedachten
  laten opwinden.
  1.63

197 barsten *verb* to crack
- De voorruit van zijn voertuig was
  gebarsten.
  2.83

198 spraak *noun, de* speech
- Hij verstond de spraak van deze streek
  niet.
  1.04

199 bril *noun, de(m)* (pair of) glasses
- In de jaren vijftig droegen de intellectuelen
  dit soort bril.
  2.38

200 sleutel *noun, de(m)* key
- Een sleutel wordt in het slot omgedraaid.
  2.99

201 kin *noun, de* chin
- Mijn kin steunde op mijn vuisten.
  1.18

202 hout *noun, het* wood
- Hij steekt het stuk hout verder in het vuur.
  3.59

203 honger *noun, de(m)* hunger
- Ze kon niet slapen van de honger.
  3.16

204 rusten *verb* to rest
- Ik laat mijn warme voorhoofd rusten tegen
  de koele steen.
  3.12

205 schat *noun, de(m)* treasure, dear
- Het is een schat van een vrouw.
  3.57

206 wonder *noun, het* miracle
- Het was een wonder dat er geen vogeltje in
  zijn mond vloog.
  4.09

207 weggaan *verb* to leave
- Waarom ben je weggegaan zonder ook maar
  enig bericht.
  2.35

208 teen *noun, de(m)* toe
- De tenen leken net stukjes worst.
  2.80

209 verrassen *verb* to surprise
- Ze was verrast over de gezelligheid van haar
  kamer.
  9.03

210 allang *adv* a long time ago
- Je moest allang slapen.
  2.74

211 stralen *verb* to shine
- Haar ogen straalden en haar mond lachte.
  2.93

212 koel *adj* cool
- De man geeft een beetje koel water te drinken.
  2.67

213 wenden (zich) *verb* to turn
- Hij wendt zich weer tot het publiek om zijn
  verhaal voort te zetten.
  1.79

214 klok *noun, de* clock
- De wijzers van de klok ontbraken.
  3.21

215 koffer *noun, de(m)* suitcase
- Mijn koffer had ik al beneden in de gang
  klaargezet.
  2.31

216 lamp *noun, de* lamp
- Alle lampen in het huis zijn al uit als hij
  aankomt.
  2.93

217 hoed *noun, de(m)* hat
- Ze bond hem een sjaal om en zette een
  hoed op zijn hoofd.
  2.33

218 dwars *adj* diagonal
- Zijn gezicht werd ontsierd door diepe
  dwarse denkrimpels.
- (adv) Er ligt een omgevallen boomstam
  dwars over de stroom.
  dwars zitten: Ik wist wat haar zo dwars zat.
  dubbel en dwars: Dat heb je dubbel en dwars
  verdiend.
  3.16

219 deken *noun, de* blanket
- Het meisje kleedde zich onder de dekens aan.
  1.94

220 voordeur *noun, de* front door
- Adriaan rent door de gang en door de
  voordeur naar buiten.
  1.95

221 achterlaten *verb* to leave behind
- Ik had die doos op mijn kamer
  achtergelaten.
  3.55

222 blind *adj* blind
- Op het afgesproken tijdstip verscheen de blinde man.
3.86

223 lijk *noun, het* corpse
- Deze jongen ligt zo stil als een lijk.
2.74

224 optrekken *verb* a) to accelerate b) to put up
- a) De auto trekt op.
- b) Het gebouw is opgetrokken uit gele baksteen.
3.94

225 moed *noun, de(m)* courage
- Deze gedachte gaf haar nieuwe moed.
4.08

226 kalm *adj* calm
- Het zijn kalme, rustige mensen.
- (adv) Kalm en bedaard begint ze te vertellen over de kostschool.
2.25

227 zorgvuldig *adj* careful
- Zijn zorgvuldige overpeinzingen leidden steevast tot niets.
2.61

228 vervolgen *verb* to continue
- Hij vervolgde zijn weg naar beneden.
6.51

229 terugkeren *verb* to return
- De dokter is bij hem geweest, maar niet meer teruggekeerd.
6.58

230 vel *noun, het* sheet
- Ze legde een vel papier voor mij neer.
2.84

231 rukken *verb* to snatch, to tear
- Hij rukt de verpakking van de cassette.
2.59

232 kussen *verb* to kiss
- Ik kuste haar teder en ze zoende terug.
1.50

233 gulden *noun, de(m)* guilder
- Een redelijke kleine auto kostte toen minder dan duizend gulden.
3.33

234 verdieping *noun, de(f)* floor
- Ik logeerde op de bovenste verdieping in een kamer die uitgaf op een dakterras.
4.52

235 heilig *adj* holy
- De heilige witte os wordt geslacht.
3.45

236 zand *noun, het* sand
- Dag en nacht versterkten de boeren de dijk met stenen en zand.
3.22

237 warmte *noun, de(f)* heat
- De zon gaf nog maar weinig warmte.
2.67

238 schuin *adj* oblique
- De rups is groen met witte en paarse schuine strepen op zijn zijkant.
1.55

239 slepen *verb* to drag
- In de muur zitten krassen van grote voorwerpen die naar boven zijn gesleept.
5.06

240 schilderen *verb* to paint
- Ik kon door de ramen de zee schilderen.
3.88

241 vuist *noun, de* fist
- Evelien knijpt haar handen tot vuisten.
2.29

242 vouwen *verb* to fold
- Hazel vouwde haar armen over elkaar.
1.06

243 tak *noun, de(m)* branch
- Boven lag nog zijn nest van takken en veren.
3.47

244 laken *noun, het* sheet
- Ik verstopte me onmiddellijk onder de lakens.
1.84

245 rok *noun, de(m)* skirt
- Hij verstopte zijn gezicht in haar rok.
1.49

246 ontsnappen *verb* to escape
- Misschien zou er straks een gaatje zijn waardoor ik kon ontsnappen.
5.42

247 nieuwsgierig *adj* curious
- Links en rechts keken nieuwsgierige hoofden om de hoek.
2.34

248 hijgen *verb* to gasp, to pant
- Ik hijgde een beetje.
0.87

249 vuil *adj* dirt
- Dit keer heb ik geen vuile handen gekregen.
3.53

250 hal *noun, de* hall
- In de hoge hal was het doodstil.
2.11

251 bar *noun, de* bar
- Een beetje onrustig dronken ze aan de bar van hun whisky.
2.61

252 gewoonte *noun, de(f)* habit
- Het was zijn gewoonte niet om iets te vragen.
3.82

253 naakt *adj* nude, naked
- Hij voelt de warmte van haar naakte lichaam.
2.43

254 hevig *adj* violent, fierce
- Een hevige onrust grijpt hem aan.
5.11

255 keurig *adj* neat
- Ze liep in een keurig mantelpak, op hoge hakken.
2.63

256 roze *adj* pink
- Ze vulde enkele cijfers in op een roze formulier.
2.56

257 stinken *verb* to smell
- De lucht stinkt naar kelders en onweer.
2.08

258 haastig *adj* hasty
- Er reden een enkele auto en wat haastige fietsers die naar hun werk gingen.
1.02

259 mes *noun, het* knife
- Netjes eten doe je met mes en vork.
4.31

260 liegen *verb* to lie
- Als je één keer gelogen hebt, denkt ze dat alles wat je zegt een leugen is.
3.18

261 kraken *verb* to crunch, to crack
- Een geweldige dreun deed het houtwerk kraken.
2.52

262 eeuwig *adj* eternal
- Het eiland is het symbool van de eeuwige strijd van Nederland tegen het water.
3.90

263 tevoren *adv* before
- Ik was hier tevoren over ingelicht.
3.07

264 gemak *noun, het* ease
- Hij benijdt haar ook om het gemak waarmee ze zich beweegt.
  op zijn gemak: Hij voelde zich niet op zijn gemak.
3.13

265 reiken *verb* to reach
- Het geluid reikt hier niet verder dan drie meter.
2.90

266 schamen (zich) *verb* to be ashamed
- Ik schaam mij diep dat ik u dit vertellen moet.
2.32

267 wijd *adj* wide
- In de wijde omtrek is geen huis te zien.
1.53

268 kaal *adj* bald
- Een lok haar lag dwars over zijn kale hoofd.
2.19

269 lot *noun, het* fate
- Na een paar keer is het lot ons goed gezind.
5.36

270 glimmen *verb* to glow, to shine
- Haar gezicht was nat en glom in de zon.
1.11

271 knippen *verb* to cut
- De kapper heeft mijn haar geknipt.
2.58

272 eenzaam *adj* lonely
- Ik ging het grote eenzame huis binnen.
2.57

273 onderbreken *verb* to interrupt
- Een storing onderbrak de nieuwsuitzending.
2.24

274 bedekken *verb* to cover
- Een doek bedekt steeds het gedeelte waaraan hij werkt.
2.35

275 slok *noun, de(m)* sip
- Martha kijkt na elke slok koffie op haar horloge.
1.08

276 vlek *noun, het/de* stain
- Zij had rode vlekken op de wangen.
2.16

277 scheuren *verb* to tear
- Hij scheurde het boek in stukken.
2.68

278 wijs *adj* wise
- Ze had van haar moeder wijze raad gekregen.
2.71

279 achterover *adv* backwards
- Ze liet zich achterover in de bank zakken.
1.21

280 merkwaardig *adj* curious
- Ze neemt me met een merkwaardige blik op.
2.97

281 horloge *noun, het* watch
- Ik keek op mijn horloge.
1.22

282 ongetwijfeld *adv* undoubtedly
- Het is ongetwijfeld het mooiste dat ik tot nu toe onder ogen heb gehad.
5.21

283 gillen *verb* to scream
- Hier mag je gillen als je daar zin in hebt.
1.65

284 plank *noun, de* plank, board
- Hier moest hij voorzichtig lopen want de kurkdroge planken kraakten.
2.62

285 net *adj* neat, tidy
- Een nette jongeman met een keurige regenmantel sprak me aan.
1.70

286 verlegen *adj* shy
- Hij was een verlegen jongen.
1.65

287 mouw *noun, de* sleeve
- Françoise trok aan de mouw van mijn jas.
2.40

288 steek *noun, de(m)* stitch, twinge
- Een steek trok door mijn hoofd.
in de steek laten: Ik schaamde me omdat ik haar zo in de steek had gelaten.
2.98

289 golf *noun, de* wave
- En een halfuur later lag ze alweer op haar rug te deinen op de golven.
3.26

290 plafond *noun, het* ceiling
- Via de kier boven de gordijnen werd het plafond verlicht door de straatlantaarns.
2.28

291 touw *noun, het* rope
- Ik laat mij met behulp van een touw van het dak zakken.
2.07

292 stromen *verb* to flow
- Mijn bloed stroomt door mijn lijf.
3.63

293 nerveus *adj* nervous
- Hij maakte een wat gespannen nerveuze indruk.
1.78

294 schoonheid *noun, de(f)* beauty
- De schoonheid van het vroege voorjaar ontgaat me niet.
2.77

295 maag *noun, de* stomach
- Ondertussen bedacht hij dat het wel plezierig zou zijn als zijn maag iets te eten had.
2.14

296 stijf *adj* stiff
- Charlie kwam overeind en wreef over z'n stijve knieën.
1.75

297 kruis *noun, het* cross
- Er stond een groot kruis op de plattegrond.
2.82

298 staart *noun, de(m)* tail
- Op een weiland staat een pony met een heen en weer zwaaiende staart.
2.47

299 duim *noun, de(m)* thumb
- Tussen mijn duim en wijsvinger hield ik haar kin geklemd.
2.36

300 strijken *verb* to brush, to stroke
- Ze streek langs haar neus en trok haar mondhoeken minachtend omlaag.
2.10

301 ademen *verb* to breathe
- Ze ademde diep en hield de adem in.
1.85

302 voorover *adv* face forward
- Friedrich ligt voorover in de sneeuw.
0.76

303 ergeren (zich) *verb* to annoy
- Ik las over zijn schouder mee en daar ergerde hij zich aan.
3.04

304 uitdrukking *noun, de(f)* expression
- Zijn gezicht was zonder enige uitdrukking.
2.35

305 rechtop *adv* upright
- Janet ging rechtop zitten op bed en trok haar benen over de rand.
1.09

306 bil *noun, de* buttock
- Hij ging met zijn billen op de kille grond zitten.
2.15

307 gespannen *adj* tense
- Voorzichtig legde hij een hand op haar gespannen buik.
1.96

5 Emotions

gelukkig 21.48 happy
blij 15.66 happy
tevreden 12.59 satisfied
ernstig 11.93 serious
bang 11.63 afraid, frightened
kwaad 9.71 a) angry b) evil
gek 9.65 crazy
aardig 7.60 nice
boos 6.96 angry
fel 6.96 fierce
gerust 6.86 calm
geweldig 6.69 great
gezellig 6.61 enjoyable
trots 6.61 proud
vriendelijk 5.77 friendly
enthousiast 5.21 enthusiastic
gevoelig 5.16 sensitive
vrolijk 5.09 cheerful, merry
pijnlijk 5.00 painful
vervelend 4.61 annoying
prettig 4.53 nice
spijtig 4.53 regrettable
onzeker 4.01 uncertain
emotioneel 3.91 emotional
agressief 3.72 aggressive
verliefd 3.58 in love
tof 3.52 great
saai 3.23 boring
verbaasd 3.10 surprised

ongelukkig 3.07 unhappy
bezorgd 2.94 concerned
geliefd 2.87 beloved
kwetsbaar 2.63 vulnerable
beu 2.59 tired
eenzaam 2.57 lonely
gemeen 2.44 mean
gewelddadig 2.44 violent
somber 2.30 gloomy
woedend 2.29 furious
fier 2.09 proud
nuchter 2.08 sober
optimistisch 2.07 optimistic
eng 2.05 scary
jaloers 2.04 jealous
plezant 2.04 amusing
mild 1.97 mild
opgelucht 1.87 relieved
wanhopig 1.86 desperate
nerveus 1.78 nervous
triest 1.76 sad
zenuwachtig 1.76 nervous
verlegen 1.65 shy
ontevreden 1.64 dissatisfied
wreed 1.60 cruel
ongerust 1.59 anxious
hartelijk 1.58 warm
moedig 1.48 brave
razend 1.41 furious

cynisch 1.40 cynical
opgewekt 1.36 cheerful
angstig 1.35 anxious
uitbundig 1.31 exuberant
afschuwelijk 1.29 horrible
beroerd 1.28 miserable
content 1.21 content
irritant 1.20 irritating
woest 1.14 fierce
ongelovig 1.12 disbelieving
dapper 1.07 brave
treurig 1.06 sad
naar 1.05 nasty
verdrietig 1.05 sad
onaangenaam 1.01 unpleasant
koppig 0.95 stubborn
ongemakkelijk 0.92 uncomfortable
dwaas 0.90 foolish
ongeduldig 0.89 impatient
akelig 0.88 nasty
plezierig 0.81 pleasant
driftig 0.76 angry, short-tempered
onverschillig 0.72 indifferent
triomfantelijk 0.68 triumphant
hulpeloos 0.59 helpless

---

308 nagel *noun, de(m)* nail
- Ze keek naar haar donkerrood gelakte nagels.
1.56

309 hardop *adv* aloud
- Hans las hardop de namen van steden en dorpen waarlangs onze reis zou gaan.
1.48

310 rivier *noun, de* river
- Aan de overkant hing het lover van donkere bomen tot in de rivier.
4.42

311 dij *noun, de* thigh
- Ze zette een tasje tussen haar dijen en begon erin te rommelen.
1.10

312 bewonderen *verb* to admire
- Ik bewonderde hem omdat het hem gelukt leek te zijn van de lucht te leven.
2.95

313 woedend *adj* furious
- Buiten stond een woedende menigte te wachten.
2.29

314 wijsvinger *noun, de(m)* index finger
- Met duim en wijsvinger trok hij een biljet van duizend los uit de stapel.
0.77

315 stok *noun, de(m)* stick
- De hond liep vrolijk blaffend achter de stok aan.
2.59

316 eindeloos *adj* endless
- Een eindeloze dag lag voor hem.
  2.69

317 smeken *verb* to beg
- Mijn grootvader smeekt haar om beneden te komen.
  1.51

318 evenmin *adv* as little as
- Die mensen begrijpen me evenmin als jij.
  4.64

319 doorbrengen *verb* to spend
- Waar zou ze de volgende nacht doorbrengen?
  2.94

320 tasten *verb* to grope
- Hij stak een hand in de zak en tastte naar zijn pijp.
  1.71

321 zweven *verb* to float
- Hier en daar zweven lichte nevels in de zachte zonneschijn.
  1.89

322 dadelijk *adv* immediately
- Had hij er dadelijk naar moeten kijken?
  1.41

323 ellende *noun, de* misery
- Veel mensen vrezen dat er nog meer ellende in het verschiet ligt.
  3.17

324 achteruit *adv* backwards
- Ik duw hem achteruit.
  3.17

325 knoop *noun, de(m)* knot, button
- Hij schoof de knoop van zijn stropdas aan.
  2.47

326 poos *noun, de* while
- Het duurt nog een hele poos voor de oude vrouw terug is.
  1.16

327 klemmen *verb* to stick, to jam
- De buitendeur van het huisje klemde.
  0.91

328 uitzicht *noun, het* view
- Buiten onze kamer is een klein terrasje met uitzicht op een hoge muur.
  3.52

329 ruit *noun, de* window
- De regen slaat tegen de ruiten.
  1.75

330 kist *noun, de* chest
- Een mooie kist van het fijnste hout.
  1.55

331 bezorgd *adj* concerned
- Gisteren kwamen bezorgde landgenoten langs met bloemen.
  2.94

332 opgewekt *adj* cheerful
- Een opgewekte vrouwenstem kondigt het nieuws van vier uur aan.
  1.36

333 achteren *adv* back
- Ze schudde het blonde haar naar achteren.
  1.18

334 badkamer *noun, de* bathroom
- De deur van de badkamer bleek op slot.
  1.99

335 vloeken *verb* to curse, to swear
- Je mag niet vloeken in het bijzijn van kinderen.
  1.27

336 dankbaar *adj* grateful
- Ze was dankbaar dat de maan voor het nodige licht zorgde.
  2.65

337 hap *noun, de(m)* bite
- Hij neemt een flinke hap.
  2.09

338 halverwege *adv* halfway
- Haar dijen waren maar halverwege bedekt.
  1.87

339 jongeman *noun, de(m)* young man
- De jongeman met de koffer draait nu al een kwartier met het ijs in zijn glas.
  3.77

340 schokken *verb* a) to shake, b) to shock
- a) Ik voelde haar buik heen en weer schokken.
- b) Ze kreeg een rood hoofd en was duidelijk geschokt.
  2.66

341 omlaag *adv* down
- Hij voelde haar hand even tegen zijn been en keek omlaag.
  2.09

342 hek *noun, het* fence
- Dwars door het bos liep een hek.
  2.01

343 genoegen *noun, het* pleasure
- Het is een genoegen kennis met u te maken.
  tot mijn genoegen: Ik zie tot mijn genoegen dat ik precies op tijd ben.
  2.41

344 wanhopig *adj* desperate
- Ze speelt een wanhopige moeder.
  1.86

345 **verwonderen** *verb* to surprise
- Ik was zeer verwonderd moeder thuis te treffen.
1.90

346 **betrappen** *verb* to catch
- Hij betrapte me toen ik naar hem keek.
5.54

347 **stuur** *noun, het* steering wheel, handlebars
- Reeds van ver zagen we hem over het stuur van zijn fiets hangen.
3.26

348 **ijzeren** *adj* iron
- Ik kon me nog net vastgrijpen aan een ijzeren stang van het portier.
0.67

349 **voorgoed** *adv* permanently
- De lege plaats zou voorgoed leeg blijven.
1.75

350 **druppel** *noun, de(m)* drop
- Een stille motregen spreidde een waaier vocht en fijne druppels in de takken.
1.92

351 **haten** *verb* to hate
- Ik haatte al die jongens.
2.39

352 **aanraken** *verb* to touch
- Ik wilde gewoon het papier even aanraken.
1.42

353 **gestalte** *noun, de(f)* shape
- Haar kamer leek ineens kleiner door zijn robuuste gestalte.
1.64

354 **chauffeur** *noun, de(m)* driver
- De chauffeur sluit de deuren en wil vertrekken.
5.95

355 **plakken** *verb* to stick
- Hij plakte het gedicht tegen de gevel.
3.07

356 **heuvel** *noun, de(m)* hill
- De zon was al achter de heuvel en het begon kil te worden.
2.03

357 **zoet** *adj* sweet
- De bloemen verspreiden een zoete geur.
2.83

358 **verlichten** *verb* to light, to illuminate
- Een vuurpijl verlichtte de zee.
2.13

359 **ouderwets** *adj* old-fashioned
- Voor later lag er een stapel ouderwetse platen klaar.
2.82

360 **schok** *noun, de(m)* shock
- De jongen veert met een schok rechtop.
1.65

361 **tegemoet** *adv* towards
- Haar stem zweefde me van ver tegemoet.
3.52

362 **hersenen, hersens** *noun, pl* brain
- Zijn hersens werken op topsnelheid.
2.50

363 **medelijden** *noun, het* pity
- Hij had nu een beetje medelijden met haar.
1.43

364 **bevrijden** *verb* to free
- Hij bevrijdt zijn linkerarm en draait zich op zijn zij.
3.78

365 **somber** *adj* gloomy
- Hesiodus was een ernstig, wat somber man.
2.30

366 **zuigen** *verb* to suck
- Onwillekeurig moest ik aan die vinger zuigen.
1.72

367 **ontbijt** *noun, het* breakfast
- De volgende dag verlieten ze direct na het ontbijt het huis.
2.21

368 **woonkamer** *noun, de* living room
- In de woonkamer brandt een schemerlamp.
1.85

369 **grijnzen** *verb* to grin
- Hij grijnsde tegen zijn vader en liep het doel in.
1.25

370 **waaien** *verb* to blow
- Over het kerkhof waaide een koude wind.
2.17

371 **juffrouw** *noun, de(f)* a) lady b) teacher
- a) Er kwam een juffrouw binnen om koffie te brengen.
- b) Hij maakte het zijn juffrouw onmogelijk om te vertellen.
0.99

372 **doordringen** *verb* to penetrate
- Naarmate men dieper in het gewelf doordrong werd de atmosfeer heter en benauwder.
doordringen tot: Het duurt even voordat de boodschap in volle hevigheid tot me doordringt.
2.19

373 kreet *noun, de(m)* cry
- Er stijgt een kreet vanaf het terrasje op.
  1.25

374 heftig *adj* violent
- Ze renden en maakten allerhande heftige gebaren.
  2.60

375 maan *noun, de* moon
- Aan de hemel verschijnt de maan.
  1.98

376 bukken (zich) *verb* to bend
- Ze bukt zich en tekent lijnen door de sneeuw aan haar voeten.
  1.10

377 slap *adj* weak
- Ze legt wat onwennig een slap handje in de mijne.
  2.07

378 kwalijk *adj* evil, bad
- Zijn kwalijke karaktereigenschappen hadden de overhand genomen.
  2.35

379 logeren *verb* to stay
- We logeerden in een hotelletje.
  1.84

380 angstig *adj* anxious
- Hij zag haar angstige blik.
  1.35

381 sneeuw *noun, de* snow
- De sneeuw smolt niet en de beelden bleven onveranderd.
  2.41

382 omdraaien (zich) *verb* to turn (round)
- Hij had zich omgedraaid en gezien dat zij het was.
  1.81

383 stoep *noun, de* pavement
- Met een hand aan de muur schuifelde hij over de stoep.
  1.52

384 bezorgen *verb* to give
- Het was niet mijn bedoeling om jou onnodig werk te bezorgen.
  4.64

385 onzeker *adj* uncertain
- De onzekere toekomst heeft haar nog niet tot solliciteren gebracht.
  4.01

386 pijp *noun, de* pipe
- Op zekere dag werd zijn pijp gestolen.
  1.26

387 glad *adj* smooth
- Haar natte gladde haar raakt net haar schouders.
  2.11

388 kus *noun, de(m)* kiss
- Sophie geeft haar een kus op haar mond.
  1.96

389 koesteren *verb* to cherish
- Mijn tong koesterde de wond boven mijn tanden.
  3.15

390 spreiden *verb* to spread
- Ze spreidde haar armen om de sneeuwvlokken te vangen.
  uitspreiden: Ze spreidde haar beide handen voor hem uit.
  1.98

391 vatten *verb* to catch, to grasp
- Voorzichtig vatte hij haar bij de arm.
  5.17

392 ontmoeting *noun, de(f)* meeting
- Urenlang vertelden zij elkaar over hun levens tot het moment van hun ontmoeting.
  3.60

393 moeizaam *adj* laborious
- Ze wist dat het een moeizaam onderhoud zou worden.
  2.77

394 koe *noun, de(f)* cow
- Tussen de koeien stond ze in de verte te turen.
  2.64

395 besef *noun, het* understanding
- Je staat stil om tot het besef te komen dat je verdwaald bent.
  2.69

396 ijs *noun, het* ice
- De wilde eenden vriezen in groepen op het ijs van de ringvaart vast.
  2.73

397 maaltijd *noun, de(m)* meal
- Het werd tijd voor de maaltijd.
  2.70

398 geheugen *noun, het* memory
- U hebt een uitstekend geheugen.
  2.62

399 begeven *verb* to break down
- Het slot had het begeven onder de druk van de nijptang.
  zich begeven: Zwaar leunend op een stok begeeft ze zich al krakend en kreunend naar het huisje.
  2.47

400 klank *noun, de(m)* sound
- Geluid komt in golven en losse klanken op me af.
2.07

401 knop *noun, de(m)* button
- Hij drukte op een knopje.
2.50

402 ontspannen *verb* to relax
- Ze ontspande toen ze aan mijn gezicht zag dat het een grapje was.
2.22

403 hol *adj* hollow
- De klarinet bestaat uit een cilindrische holle pijp met gaten.
1.72

404 opgelucht *adj* relieved
- De kapitein haalde opgelucht adem.
1.87

405 hollen *verb* to run
- Hij holt naar het station.
1.14

406 grootvader *noun, de(m)* grandfather
- Misschien hadden wij dit geërfd van moeders grootvader.
1.84

407 opwinding *noun, de(f)* excitement
- Zijn stem klonk schor van opwinding.
1.25

408 verdomme *interj* damn
- Hoe wisten ze dit verdomme allemaal?
0.89

409 scheef *adj* crooked, oblique
- Met een scheef hoofd bekijkt hij het werk van zijn moeder.
1.86

410 verontschuldigen (zich) *verb* to excuse (oneself)
- Hij verontschuldigde zich toen hij in de auto stapte.
1.48

411 gewoonlijk *adv* usually
- De bus bleef er gewoonlijk een paar minuten wachten.
2.26

412 verraden *verb* to betray
- Het gezicht van de verpleegster verraadde niets.
1.84

413 zenuwachtig *adj* nervous
- Ik ben een zenuwachtig mens, ik moet bewegen.
1.76

414 heup *noun, de* hip
- Ze liep de keuken in terwijl ze overdreven met haar heupen wiegde.
1.57

415 ernaar *adv* to it, at it, after it
- De rechter keek ernaar met gefronst voorhoofd.
2.31

416 onzichtbaar *adj* invisible
- Hij tokkelde op een onzichtbaar snaarinstrument.
1.86

417 bekennen *verb* to confess
- Ik moet je bekennen dat het me een geweldige voldoening gaf.
2.93

418 hitte *noun, de(f)* heat
- De hitte sloeg hem in het gezicht.
2.15

419 moeilijkheid *noun, de(f)* difficulty
- Iedereen in dit gezin heeft moeilijkheden genoeg.
2.67

420 zakdoek *noun, de(m)* handkerchief
- Met een zakdoek veegde hij zijn vingers schoon.
0.86

421 vanmiddag *adv* this afternoon
- Omdat de lucht er helder uitziet gaan de vrouwen vanmiddag mee op uitstap.
2.74

422 fluiten *verb* to whistle
- Ik heb me moeten inhouden om geen melodie te fluiten.
2.10

423 hemd *noun, het* vest, shirt
- Hij morste opzettelijk saus en rode wijn op zijn hemd.
1.22

424 spoedig *adv* soon
- Frank verwacht dat hij spoedig wordt vrijgelaten.
1.80

425 aandachtig *adj* attentive
- Het aandachtige publiek was muisstil.
1.14

426 alstublieft, alsjeblieft, a.u.b. please
- Een ogenblikje alstublieft.
- Bel me alsjeblieft snel.
- Zou mevrouw deze dames en heren a.u.b. al binnen willen laten.
1.53

427 peinzen *verb* to ponder
- Pas na moeizaam peinzen schoot me een antwoord te binnen.
0.80

428 diepte *noun, de(f)* depth
- In de diepte schittert een riviertje.
1.94

429 sluipen *verb* to sneak
- Met zijn schoenen in de hand sluipt hij uit de zaal.
1.74

430 spotten *verb* to joke, to mock
- Hij durfde het niet aan met de man van de belasting te spotten.
1.27

431 kreunen *verb* to groan
- Hij kreunt van de pijn.
0.90

432 grinniken *verb* to chuckle
- Ik moest grinniken om deze vraag.
0.82

433 troosten *verb* to comfort
- Hij kon niets verzinnen om haar te troosten.
1.38

434 overhemd *noun, het* shirt
- Hij droeg een overhemd zonder boord en zijn broek hing aan bretels.
0.70

435 vaart *noun, de* speed
- Hij minderde vaart, stopte midden op de weg en kwam uit zijn auto.
2.55

436 fantasie *noun, de(f)* fantasy
- In menig opwindend detail overtrof de realiteit zelfs de fantasie.
2.15

437 wond *noun, de* wound
- De wond was dicht bij de hartstreek.
1.61

438 duisternis *noun, de(f)* darkness
- Buiten trad de duisternis in.
1.08

439 kou *noun, de(f)* cold
- Vanwege de kou mochten de kinderen tussen de middag niet naar huis.
1.95

440 roerloos *adj* motionless
- Ik bleef roerloos zitten.
0.59

441 afloop *noun, de(m)* end
- Na afloop van de toespraak is er gelegenheid om vragen te stellen.
6.16

442 lui *noun, pl* people
- Dat zouden die lui wel gauw merken!
1.56

443 hoorn *noun, de(m)* receiver, horn
- Hij legde de hoorn neer en dacht na.
0.94

444 vriendschap *noun, de(f)* friendship
- Soms is het moeilijk voor de kinderen om vriendschap te sluiten.
2.66

445 haak *noun, de(m)* hook
- De jongen heeft de lamp aan de haak gehangen.
1.80

446 parkeren *verb* to park
- Hij parkeerde de auto aan de overkant.
5.14

447 portier *1) noun, het 2) noun, de(m)*
1) door 2) doorkeeper
- 1) Hij deed het portier open en zette resoluut een been buiten het wagentje.
- 2) De portier vraagt me om mijn uitnodiging.
1.19

448 taxi *noun, de(m)* taxi
- Ik riep een taxi en ging naar huis.
1.64

449 beven *verb* to tremble
- Hij beefde van spanning en onzekerheid.
0.80

450 vreugde *noun, de(f)* joy
- Een intense vreugde laait in haar op.
2.00

451 uniform *noun, de/het* uniform
- Oorlog was een zaak van mannen in uniform.
1.64

452 pols *noun, de(m)* wrist
- Later ziet ze op het horloge aan haar pols dat het acht voor vijf is.
1.50

453 rechterhand *noun, de* right hand
- Zij pakte met twee handen mijn rechterhand vast.
1.35

454 struik *noun, de(m)* bush
- Snel sprong ze op en verborg zich achter een paar dorre struiken.
1.54

455 **eenzaamheid** *noun, de(f)* loneliness
- De eenzaamheid leek niet te doorbreken.
1.24

456 **ruk** *noun, de(m)* jerk
- Met een ruk draait hij zijn hoofd af.
0.91

457 **pan** *noun, de* pan
- Haar moeder zette de pannen op het vuur in de keuken.
2.35

458 **graf** *noun, het* grave
- Stil en onbewogen staart de vrouw naar het graf.
2.13

459 **vannacht** *adv* tonight, last night
- Waarschijnlijk komt ze vannacht terug.
1.94

460 **wuiven** *verb* to wave
- Ik wuifde en ze wuifde terug.
1.07

461 **dol** *adj* crazy
- Onze dolle spelletjes en wilde tochten lagen haar niet.
2.38

462 **opsteken** *verb* to light up
- Ik had een sigaretje opgestoken.
1.78

463 **emotie** *noun, de(f)* emotion
- Ik begreep dat ze het met opzet deed om haar emotie niet te verraden.
3.70

464 **slingeren** *verb* to swing
- De vrouw slingert hem voor mijn neus heen en weer.
2.06

465 **hartelijk** *adj* warm
- Ze was een lieve hartelijke vrouw en ze deed veel voor ons allemaal.
1.58

466 **klappen** *verb* to clap
- Mensen om hem heen klapten braaf.
1.87

467 **laars** *noun, de* boot
- Hij maakte laarzen en sandalen.
1.59

468 **elleboog** *noun, de(m)* elbow
- Hij plantte zijn elleboog op zijn dij en liet zijn hoofd op zijn gebalde vuist rusten.
1.01

469 **vlam** *noun, de* flame
- Hij blies de vlam uit.
2.71

470 **gemeen** *adj* mean
- Niemand begreep waarom de studente zoveel gemene mails naar haar familieleden stuurde.
gemeen hebben: Zij hadden niets met mij gemeen.
2.44

471 **sissen** *verb* to hiss
- 'Stil,' siste ze zacht.
0.65

472 **verwarring** *noun, de(f)* confusion
- De aanblik had hem in verwarring gebracht.
2.41

473 **zojuist** *adv* just (now)
- Ze is zojuist uit de trein gestapt.
1.42

474 **vanmorgen** *adv* this morning
- Hij belde me vanmorgen op.
2.83

475 **pet** *noun, de* cap, hat
- Hij legt zijn pet en handschoenen op het bureau en gaat zitten.
1.88

476 **praatje** *noun, het* talk, chat
- Mijn vrouw maakt een praatje met een oude man in een boot.
1.69

477 **zwellen** *verb* to swell
- De oogleden waren gezwollen en droog.
0.98

478 **ongeduldig** *adj* impatient
- Bij de halte staat een rij ongeduldige passagiers op een verlate buschauffeur te wachten.
0.89

479 **turen** *verb* to stare
- Weber tuurde naar de rook van zijn sigaar.
0.72

480 **geslacht** *noun, het* sex
- De leden van het vrouwelijke geslacht waren ernstig ondervertegenwoordigd.
3.86

481 **zoenen** *verb* to kiss
- Hij sloeg gulzig zijn armen om haar heen en zoende haar in haar hals.
0.82

482 **boterham** *noun, de* sandwich
- Brenda belegde verse witte boterhammen met een dikke laag roomboter en brokken paté.
1.90

483 doch *conj* but
- Het was nog warm buiten, doch uit de rivier waaide een verfrissende wind.
  1.80

484 blozen *verb* to blush
- De vraag deed haar blozen.
  1.00

485 bidden *verb* to pray
- Ik herinner me plotseling dat ik als jongetje altijd naar de wc moest als ik zat te bidden.
  1.84

486 wonderlijk *adj* wonderful
- De moeder had haar zondagse blouse aan en een wonderlijke chique hoed op.
  1.36

487 lift *noun, de(m)* lift
- Hij liep naar de lift.
  2.39

488 betreden *verb* to enter
- Een derde gast betrad de eetzaal.
  1.78

489 drogen *verb* to dry
- Ik zag hoe de vrouw haar tranen droogde.
  1.63

490 teleurstellen *verb* to disappoint
- Hoe kan je nu teleurgesteld zijn?
  3.61

491 arriveren *verb* to arrive
- Vervolgens duurde het nog een tijd voor de taxi eindelijk arriveerde.
  2.91

492 zilveren *adj* silver
- Om haar linker pols droeg ze een zilveren armband.
  1.92

493 scheren *verb* to shave
- Iedere morgen scheer ik opnieuw de stoppels van mijn gezicht.
  1.82

494 brullen *verb* to roar
- We hoorden haar een of ander liedje brullen.
  1.26

495 vochtig *adj* moist
- De vochtige kleding wordt in een trommel gedaan.
  1.63

496 opkijken *verb* to look up
- Net als ik wou opkijken, gaf ze me een stomp.
  1.06

497 dwalen *verb* to wander
- De volgende dag dwaalden we samen door ons beider geboortestad.
  0.94

498 gloeien *verb* to glow
- Ze leken door de stralen van de zon te gloeien.
  0.65

499 smijten *verb* to throw, to fling
- Hij smijt de peer tegen de muur.
  1.77

500 bescheiden *adj* modest
- Ik heb ervaren dat werkelijk geleerde mensen uiterst bescheiden zijn.
  4.21

501 weglopen *verb* to walk away, to run away
- Als ik dienst gehad had was dat meisje niet weggelopen.
  1.59

502 roos *noun, de* rose
- Ze nam er drie rode rozen uit.
  2.35

503 bemoeien (zich) *verb* to interfere
- Waar bemoeide hij zich eigenlijk wel mee?
  2.20

504 schoot *noun, de(m)* lap
- Dan had je ook niet met je handen in je schoot kunnen gaan zitten.
  1.73

505 zeuren *verb* to whine, to nag
- Daarom begon hij te zeuren over de brug.
  1.74

506 snuiven *verb* to sniff
- Hij snoof aan me maar ik had niets gedronken.
  0.88

507 overvallen *verb* to surprise, to overtake
- Het gevoel overviel hem nu hij op zijn vaste plaats aan de tafel ging zitten.
  2.68

508 langzamerhand *adv* gradually
- Het werd zo langzamerhand tijd om tot actie over te gaan.
  1.45

509 schedel *noun, de(m)* skull
- Ik staar naar de ouderling die met een witte zakdoek zijn schedel droog wrijft.
  1.06

510 deuropening *noun, de(f)* doorway
- Ik bleef een paar minuten in de deuropening staan.
  0.54

511 onderdrukken *verb* to suppress
- Ik onderdrukte de neiging om een vurige rede te houden.
1.95

512 likken *verb* to lick
- Hij likte met zijn tong langs zijn droge lippen.
0.97

513 afwezig *adj* absent
- Soms bleef ze twee weken afwezig.
2.29

514 krul *noun, de* curl
- Fleur herkent de jongen met de rossige krullen uit de bioscoop.
0.78

515 giechelen *verb* to giggle
- Ze giechelde als een van de schoolmeisjes in de autobus.
0.63

516 dekken *verb* to cover
- De verzekering dekt de schade.
de tafel dekken: Ik dekte de tafel en hij kwam bij ons zitten toen we gingen eten.
2.36

517 kont *noun, de* bottom
- De blondine rechtte haar schouders en draaide met haar kont.
1.18

518 verbeelding *noun, de(f)* imagination
- Er zou weinig aan de verbeelding worden overgelaten.
2.10

519 versleten *adj* worn
- Op de versleten handdoek lag haar zonnebril.
1.75

520 grootmoeder *noun, de(f)* grandmother
- Ik kreeg dat geld van mijn grootmoeder.
1.52

521 ontroeren *verb* to move
- Deze woorden zouden haar pas later ontroeren.
1.37

522 amuseren (zich) *verb* to amuse
- Mijn vrouw scheen zich kostelijk te amuseren.
2.11

523 bek *noun, de(m)* mouth
- De bek ging wijd open maar sloot direct daarna weer.
1.55

524 schaamte *noun, de(f)* shame
- Ik kon wel in de grond kruipen van schaamte.
1.24

525 portret *noun, het* portrait
- Misschien gaat hij mijn portret wel schilderen.
3.14

526 aardappel *noun, de(m)* potato
- Soms aten we alleen aardappelen.
1.83

527 plas *noun, de(m)* puddle
- Buiten rijdt een auto door de plassen.
1.46

528 ruw *adj* rough
- Als kind hield hij al van ruwe spelletjes.
2.02

529 spoelen *verb* to wash
- Soms spoelen de golven over mijn schoenen.
1.39

530 hel *noun, de* hell
- Het was als een tafereel uit de hel.
2.26

531 haasten (zich) *verb* to hurry
- Het verkeer haastte zich langs ons.
1.09

532 lichten *verb* to lift
- Bep deed de deur open en hij lichtte zijn hoed.
2.64

533 begrafenis *noun, de(f)* funeral
- Enige weken na de begrafenis ging ik er heen en zocht een steen uit.
2.15

534 engel *noun, de(m)* angel
- De engel draait zich om en zweeft de kleedkamer in.
2.06

535 irriteren *verb* to irritate
- De stemmen die mij ergeren en irriteren kan ik meteen tot zwijgen brengen.
1.49

536 onrustig *adj* restless
- Ze sloot haar ogen en sliep onrustig in.
1.32

537 huiskamer *noun, de* living room
- De huiskamer was groter en de keuken was apart ernaast.
1.27

538 sok *noun, de* sock
- Hij ging zitten en trok zijn schoenen en sokken uit.
1.15

539 verrassing *noun, de(f)* surprise
- Haar antwoord kwam wel als een verrassing.
5.03

540 uitgeput *adj* exhausted
- Ik voelde me misselijk en uitgeput.
  1.49

541 groeten *verb* to greet
- Zij groette mij met de grootste achting.
  0.81

542 rinkelen *verb* to ring
- In het huisje rinkelde de telefoon.
  1.08

543 struikelen *verb* to stumble
- Bij het eerste warenhuis struikelt mijn vader over een plank die op het pad ligt.
  1.22

544 bewondering *noun, de(f)* admiration
- Ze kijkt me diep in de ogen met een blik vol bewondering en liefde.
  1.69

545 ontwijken *verb* to avoid
- Daniël stond naast haar moeder en ontweek haar blik.
  1.49

546 prikken *verb* to prick
- De stekels van een kastanje prikten in mijn nek.
  1.66

547 wanhoop *noun, de* despair
- Op maandagavond was hij de wanhoop ten prooi.
  1.38

548 lusten *verb* to like
- Ik zou wel een glas wijn lusten.
  1.74

549 zonlicht *noun, het* sunlight
- Het zonlicht door de overkapping zette alles in een roze gloed.
  0.91

550 hak *noun, de* heel
- Schoenen met hakken worden uit de productie genomen.
  1.39

551 ontwaken *verb* to wake up
- Toen ik ontwaakte zag ik dat het pas half acht was.
  1.03

552 wijf *noun, het* woman, broad
- Die vrouw is geen dame, maar een wijf, een viswijf.
  0.97

553 bladeren *verb* to glance through
- Hij heeft een fotoalbum op zijn schoot waar hij in bladert.
  0.74

554 halfuur *noun, het* half (an) hour
- Ik zit hier al een goed halfuur en al die tijd heeft ze gedanst.
  2.75

555 kaars *noun, de* candle
- Bij elke kaars maakt hij een diepe buiging en blaast ze uit.
  1.86

556 opluchting *noun, de(f)* relief
- Tot mijn opluchting waren we nu blijkbaar voorbij de gevaarlijke klippen.
  1.61

557 zolder *noun, de(m)* loft
- Ik heb een kamertje op zolder.
  1.72

558 verdomd *adj* damn(ed)
- Wat verdomde leuk dat je er weer bent!
  0.82

559 loslaten *verb* to let go, to release
- Geen van beiden wilden we loslaten.
  1.99

560 begroeten *verb* to greet
- Ik stond onmiddellijk op van mijn stoel en begroette hem eerbiedig.
  1.16

561 piepen *verb* to squeak
- De deur piepte een beetje.
  1.04

562 sigaar *noun, de* cigar
- Hij haalde zijn lucifers uit zijn zak en stak zijn sigaar aan.
  0.89

563 kraan *noun, de* tap, crane
- In de keuken draai ik de kraan wijdopen.
  1.81

564 verheffen (zich) *verb* to rise
- Een rotswand verhief zich op enige afstand.
  1.75

565 venster *noun, het* window
- Ik begrijp waarom de huizen hier zulke kleine vensters hebben.
  1.44

566 lap *noun, de(m)* rag
- Voor de ruiten hingen vieze lappen.
  1.34

567 voetstap *noun, de(m)* footstep
- Eindelijk horen we voetstappen naderen.
  0.56

6 Family and kinship

man 59.77 man	**zus** 6.92 sister	**echtpaar** 2.56 couple
kind 46.06 child	**baby** 5.28 baby	**kleinkind** 2.44 grandchild
vrouw 45.42 woman	**papa** 5.27 daddy	**oom** 2.40 uncle
vader 22.88 father	**echtgenote** 4.20 wife	**nicht** 2.04 niece, cousin
moeder 22.70 mother	**familielid** 3.71 relative	**grootvader** 1.84 grandfather
ouder 20.75 parent	**echtgenoot** 3.22 husband	**opa** 1.80 grandpa
zoon 19.80 son	**neef** 2.93 nephew, cousin	**grootmoeder** 1.52 grandmother
dochter 17.66 daughter	**zuster** 2.87 sister	
broer 12.54 brother	**tante** 2.75 aunt	**tweeling** 1.49 twins
mama 11.69 mummy	**oma** 2.57 grandma	

568 **uitsteken** *verb* a) to hold out b) to stick/
stand out
- a) Ze stelde hem voor aan de blonde atleet
die de hand uitstak.
- b) Ze kon de bovenzijde van de mast zien
uitsteken boven de hoge oever.
1.41

569 **driftig** *adj* angry, short-tempered
- Het is een uitermate driftige man.
0.76

570 **hoer** *noun, de(f)* whore
- Dit was de buurt van dronkenlappen,
matrozen en hoeren.
1.32

571 **verbijsteren** *verb* to bewilder
- Wat die mensen mij allemaal toevertrouwen,
verbijstert me soms.
1.19

572 **eigenaardig** *adj* peculiar
- Wel merkte ik een eigenaardige lucht op.
1.30

573 **douche** *noun, de* shower
- De volgende morgen stond ik zingend onder
de douche.
2.09

574 **spier** *noun, de* muscle
- Ze boog nog verder naar voren en spande
haar spieren maar ze kwam niet omhoog.
1.60

575 **opbellen** *verb* to call (up)
- Ze zou opbellen en vertellen wat er was
gebeurd.
1.15

576 **handdoek** *noun, de(m)* towel
- Colette keek hem met de handdoek in de
hand beduusd na.
1.31

577 **gevel** *noun, de(m)* façade
- De ramen tekenden zich als oranje vakken
af tegen de zwarte gevels.
2.27

578 **schelden** *verb* to curse
- Ik was kwaad op mijzelf omdat ik tegen die
arme jongen had staan schelden.
1.65

579 **bot** *noun, het* bone
- Al zijn botten deden hem zeer.
1.85

580 **straal** *noun, de* beam
- Met die herinnering brak opeens een
heldere straal zonlicht door de wolken.
1.51

581 **emmer** *noun, de(m)* bucket
- Ik kwam terug met een pot thee en een
emmer water.
1.26

582 **snor** *noun, de(m)* moustache
- Hij had lang haar en een dunne snor.
1.00

583 **grauw** *adj* grey
- Ik zie grauwe mannetjes automatische
bewegingen maken.
0.89

584 **vluchtig** *adj* brief, quick
- Hij bracht een vluchtig bezoek aan zijn ouders.
0.81

585 **persen** *verb* to press
- Het hout kraakte toen hij zijn achterwerk
tussen de leuningen perste.
1.33

586 **plechtig** *adj* solemn
- In een plechtig stilzwijgen reden ze naar
haar huis.
1.23

587 mand *noun, de* basket
- In iedere mand zit eten genoeg om met een groot gezin de kerstdagen door te komen.
  1.29

588 meegaan *verb* to go (along) with
- Toch was hij met hem meegegaan.
  1.96

589 ontgaan *verb* to escape
- Niets in huis ontging haar.
  1.51

590 intens *adj* intense
- Hij pakte het speelgoed aan met een blik van intense blijdschap.
  2.27

591 vergeven *verb* to forgive
- Zou je mij kunnen vergeven?
  1.79

592 tamelijk *adv* rather
- Links lag een tamelijk groot huis.
  1.69

593 troost *noun, de(m)* comfort
- Dit werk schenkt mij troost.
  1.59

594 baard *noun, de(m)* beard
- Tegenover hem zat een forse man met een reusachtige zwarte baard.
  1.24

595 poetsen *verb* to clean
- Ik begon mijn tanden te poetsen.
  1.51

596 verbreken *verb* to break up/off
- Na deze woorden verbrak hij de verbinding.
  2.21

597 wringen *verb* to worm
- Hij wrong zich door een gat in de planken in het souterrain.
  1.62

598 tapijt *noun, het* carpet
- Ze gaat op het tapijt aan de andere kant van de deur zitten.
  1.21

599 zenuw *noun, de* nerve
- Ik heb geen oog dichtgedaan van de zenuwen.
  1.85

600 geheimzinnig *adj* mysterious
- De maan liet een geheimzinnig licht schijnen over de rotsen.
  0.99

601 volmaakt *adj* perfect
- Ze zegt dat ze hier pas volmaakt gelukkig is.
  0.80

602 koek, koekje *noun, de(m)/het* biscuit
- Ze doopte haar koek in haar kop koffie.
- Toen hebben we in haar keuken koekjes gebakken.
  1.84

603 schuur *noun, de* barn, shed
- Achter het pand lag een weiland waarop een schuur stond.
  1.21

604 nietwaar *interj* is(n't) it
- Men kan de tijd niet terugzetten, nietwaar?
  1.07

605 spijten *verb* to regret
- Het spijt me dat ik dat van daarnet allemaal tegen je gezegd heb.
  1.01

606 vrijen *verb* to make love
- In een kuil ligt een koppeltje te vrijen.
  1.18

607 horizon *noun, de(m)* horizon
- Om precies negen uur is het laatste restje van de zon achter de horizon weggezakt.
  1.14

608 daarnet *adv* just (now)
- De postbode heeft ons daarnet nog gezien.
  0.91

609 hok *noun, het* shed
- Hij leunde tegen het hok.
  1.15

610 meubel *noun, het* piece of furniture
- Op enkele goedkope meubelen na was het vertrek bijna leeg.
  1.77

611 erachter *adv* behind (it, them)
- Ze staarden naar het fabriekje en naar de weilanden erachter.
  1.71

612 knopen *verb* to knot, to tie
- De jongeman kon zijn das niet knopen.
  1.42

613 druipen *verb* to drip
- Het water droop glinsterend van de muur.
  0.90

614 stiekem *adj* secret
- Hij maakt geen stiekeme afspraakjes meer met zijn secretaresse.
  2.02

615 spannen (zich) *verb* to tense, to tighten
- Ik voel hoe zijn spieren zich spannen bij iedere voorzichtige stap.
  1.97

616 **soep** *noun, de* soup
- Hij houdt zijn neus boven de pan soep.
1.79

617 **geduldig** *adj* patient
- Het was een vriendelijke en geduldige jongen.
1.03

618 **zweten** *verb* to sweat
- In een rubber jas ga je zweten.
1.00

619 **staal** *noun, het* steel
- Op een kostbare bank van leer en staal zit hij een weinig onderuitgezakt.
2.87

620 **geleiden** *verb* to guide, to lead
- De engelen geleiden haar naar het paradijs.
1.96

621 **ongerust** *adj* anxious
- Een ongeruste man zou de vermissing van zijn vrouw onmiddellijk aangeven.
1.59

622 **uitstrekken** *verb* to reach out
- Onder het gesteven beddengoed zal ze haar armen naar hem uitstrekken.
1.24

623 **balkon** *noun, het* balcony
- Op de eerste verdieping hadden ze rond het huis een balkon met een balustrade getimmerd.
1.18

624 **nest** *noun, het* nest
- Het vogeltje schrok zo dat hij meteen het nest verliet.
1.92

625 **wagen (zich)** *verb* to risk
- Ik waag me niet ver omdat ik bang ben te verdwalen.
2.88

626 **kier** *noun, de* crack
- Zachtjes opent ze het raam op een kier.
0.73

627 **linkerhand** *noun, de* left hand
- Mijn linkerhand tastte naar de schakelaar en haalde hem over.
0.66

628 **wal** *noun, de(m)* quay
- Vroeger werden vrachtschepen over de Maas gesleept door een rijtje mannen op de wal.
voet aan wal zetten: We gaan voet aan wal zetten.
1.78

629 **grommen** *verb* to growl
- Hij begon te grommen en te snuiven als een echt wild zwijn.
0.62

630 **onverschillig** *adj* indifferent
- De onverschillige kerel doet zijn werk niet goed.
0.72

631 **drempel** *noun, de(m)* threshold, doorstep
- De vrouw wachtte op de drempel van haar woning de familie en gasten af.
1.88

632 **smeren** *verb* to spread, to butter
- Hij zit met blote voeten aan tafel een boterham te smeren.
1.57

633 **omhelzen** *verb* to embrace
- Zonder iets te zeggen omhelsde ik haar en drukte mijn gezicht in haar hals.
0.75

634 **kaak** *noun, de* jaw
- Hij perste zijn kaken op elkaar en hinkte naar beneden.
1.49

635 **ketting** *noun, de* chain
- Ze had een prachtige rode jurk aan en een gouden ketting om.
1.44

636 **onttrekken (zich)** *verb* to withdraw
- Al een poosje is ze zich vaag bewust van een aanwezigheid die zich aan haar waarneming onttrekt.
1.40

637 **overheen** *adv* across, over
- Hij nam zijn boek op en staarde er overheen.
1.24

638 **minnaar** *noun, de(m)* lover
- Ze herinnert zich de ogen van haar minnaars.
0.99

639 **onvermijdelijk** *adj* inevitable
- Dat leidt weer tot de onvermijdelijke vraag wat er dan wel is gebeurd.
2.87

640 **verheugen (zich)** *verb* to be happy
- Ik verheugde me verschrikkelijk op het etentje.
1.66

641 **nieuwsgierigheid** *noun, de(f)* curiosity
- Mijn ergernis maakte enigszins plaats voor nieuwsgierigheid.
1.04

642 oneindig *adj* infinite
- Hij zag het met een gevoel van oneindige opluchting.
  1.40

643 genot *noun, het* delight
- Het werkelijk genot moest nog beginnen.
  1.11

644 treurig *adj* sad
- Waarom moeten treurige mensen altijd getroost worden?
  1.06

645 knielen *verb* to kneel
- Hij knielde voor haar om haar schaatsen te controleren.
  0.53

646 voorbijgaan *verb* to pass
- Het ogenblik was voorbijgegaan en toen had zij weer gezwegen.
  1.37

647 scène *noun, de* scene
- De scènes zijn voorzien van duidelijke ondertitels die ook zonder bril te lezen zijn.
  2.86

648 verdiepen (zich) *verb* to go into, to be caught up in
- Ze verdiepte zich weer in de krant.
  1.79

649 plagen *verb* to tease
- Berber plaagde hem met zijn overslaande stem.
  1.57

650 gretig *adj* eager
- Hij toonde zich een gretige leerling.
  1.97

651 mat *noun, de* mat
- We lieten onze schoenen achter op de mat.
  1.49

652 vingertop *noun, de(m)* fingertip
- Onze vingertoppen raakten elkaar en ik zag haar hand en haar arm trillen.
  0.48

653 afschuwelijk *adj* horrible
- Het opruimen van andersmans troep vind ik echt afschuwelijk werk.
  1.29

654 wankelen *verb* to stagger
- Hij wankelde naar de bank en viel terstond in slaap.
  0.88

655 dof *adj* dull
- Zij staarde met doffe ogen naar de muur.
  0.68

656 krijsen *verb* to shriek, to scream
- Ze gilt en ze krijst dat het door het hele huis te horen is.
  0.73

657 snikken *verb* to sob
- Zij sloeg haar handen voor de ogen en snikte.
  0.54

658 erom *adv* around it
- Het cadeau was verpakt met een strik erom.
  1.72

659 blinken *verb* to shine
- Hun huiden blonken als zilver.
  1.34

660 wenken *verb* to beckon
- Hij wenkt dat ze mee moet gaan en reikt haar zijn verrekijker over.
  0.74

661 kruisen *verb* to cross
- Weer kruisten we de boulevard om naar het kleine café te gaan dichtbij het hotel.
  1.55

662 razen *verb* a) to race b) to rage
- a) Het verkeer raasde langs ons heen.
- b) Het beest raasde als een dolle heen en weer.
  1.28

663 hijzelf *pron* himself
- Hijzelf had het me gevraagd.
  1.20

664 opendoen *verb* to open
- Er werd aan de poort gebeld en hij ging opendoen.
  0.81

665 koperen *adj* copper
- Het koperen plaatje naast de deur verschafte meer uitleg.
  0.70

666 fraai *adj* beautiful
- Onder de platanen is een fraai terras gekomen.
  3.90

667 whisky *noun, de(m)* whisky
- Een beetje onrustig dronken ze aan de bar van hun whisky.
  0.71

668 gebaren *verb* to gesture
- Ze zei niets en gebaarde dat hij haar moest volgen.
  0.60

669 villa *noun, de* villa
- Via de veranda betraden ze de moderne villa.
  2.33

670 **verontwaardigd** *adj* outraged, indignant
- Moeder en vader staan er verontwaardigd bij.
  1.38

671 **krabben** *verb* to scratch
- Bomdal krabde op zijn hoofd.
  0.84

672 **zweren** *verb* to swear
- Men zou kunnen zweren dat iemand het huis verplaatst had.
  1.71

673 **oprapen** *verb* to pick up
- Ik raapte mijn fiets op uit de greppel.
  1.35

674 **kachel** *noun, de* stove, heater
- De kachel kon niet aan omdat we vergeten hadden petroleum te halen.
  0.70

675 **verzinken** *verb* to sink
- In gedachten verzonken wandelde hij naar huis.
  0.67

676 **bloeden** *verb* to bleed
- Hij viel en bloedde uit zijn neus.
  1.32

677 **tik** *noun, de(m)* tap
- Nu stapte hij onverhoeds binnen na een stevige tik op de deur.
  1.18

678 **rillen** *verb* to shiver
- Als je rilt produceert het lichaam warmte om de lichaamstemperatuur op peil te houden.
  0.47

679 **doodstil** *adj* stock-still
- Ma deze mededeling was de hele klas doodstil.
  0.46

680 **raadsel** *noun, het* mystery
- Het gehele raadsel is terug te brengen tot een kwestie van woordkeus!
  1.81

681 **onrust** *noun, de* unrest
- Bij de schipper leek het eerder verveling dan onrust die hem als een pendel heen en weer bewoog.
  2.44

682 **onhandig** *adj* awkward
- Een onhandige poging haar even te omarmen weerde zij af.
  1.17

683 **beroerd** *adj* miserable
- Ik voelde me bang en beroerd.
  1.28

684 **poes** *noun, de* cat
- In zijn hand had hij het schoteltje met melk voor de poezen.
  1.05

685 **kraag** *noun, de(m)* collar
- Ze greep aan weerskanten de kraag van haar overhemd.
  0.99

686 **fronsen** *verb* to frown
- Ze fronst vragend het voorhoofd.
  0.71

687 **huiveren** *verb* to shiver
- Ze huiverde van zijn koude handen.
  0.59

688 **overhandigen** *verb* to hand (over)
- Hij zou haar onder vier ogen haar cadeau kunnen overhandigen.
  2.46

689 **tafereel** *noun, het* scene
- Het gaf een nogal wonderlijk tafereel te zien.
  1.40

690 **stikken** *verb* to choke
- Toen ik dreigde te stikken, haalde hij me naar boven.
  1.04

691 **vreten** *verb* to stuff
- Hij vrat alles, vis, vlees, kaas, worst.
  1.05

692 **daarachter** *adv* behind it, behind them
- Het gordijn stond op een kier; daarachter had hij zoeven nog gestaan.
  1.02

693 **echtpaar** *noun, het* couple
- Een ouder echtpaar stond op van tafel.
  2.56

694 **ernst** *noun, de(m)* seriousness
- De koning is te naïef om de ernst van de situatie in te zien.
  1.75

695 **vergaan** *verb* to perish
- Op het binnenplein had het geleken alsof de wereld verging.
  1.69

696 **kroeg** *noun, de* pub
- Ik ging naar de kroeg.
  1.15

697 **brok** *noun, de/het* piece
- Er lagen brokken kalk op de vloer.
  1.56

698 **krankzinnig** *adj* insane
- We hebben een krankzinnig gesprek gehad.
  0.81

699 blaffen *verb* to bark
- Honden blaffen in de verte.
0.74

700 vensterbank *noun, de* windowsill
- Valentijn zit op de vensterbank naar de buitenwereld te kijken.
0.50

701 bewustzijn *noun, het* awareness
- Ik geef de feiten zoals ze zich in mijn bewustzijn toen afspeelden.
1.53

702 schuifelen *verb* to shuffle
- Ze schuifelen op kousenvoeten door de stad.
0.53

703 gek *noun, de(m)* fool, idiot
- Er rijden zoveel gekken rond tegenwoordig.
1.62

704 cirkel *noun, de(m)* circle
- Het kind begint met zijn wijsvinger cirkels op het stoffige raam te tekenen.
1.57

705 kleven *verb* to stick
- De vochtige aarde kleeft aan zijn broek.
1.44

706 urenlang *adj* endless, for hours
- Hij houdt van urenlange wandelingen over de heide.
1.31

707 smerig *adj* dirty
- Het was een vreselijk smerig hotel.
1.18

708 knaap *noun, de(m)* boy
- Serieus begon ik met de knaap aan de piano mijn plannen te bespreken.
1.10

709 duister *noun, het* dark
- Langzaam raakten zijn ogen aan het duister gewend.
0.91

710 wapperen *verb* to blow
- Uit alle huizen wapperde de nationale driekleur.
0.84

711 kauwen *verb* to chew
- Ik beet er wel eens stukjes af en kauwde er dan een poosje op.
0.63

712 afkeer *noun, de(m)* aversion
- Hij kreeg een bijna onoverkomelijke afkeer van de school.
1.37

713 opdat *conj* so that
- Hij was bereid haar van alles te geven opdat het haar goed mocht gaan.
1.68

714 ontdoen *verb* to remove, to discard
- Mijn vader ontdoet zich van zijn kleren en maakt zich op om te baden.
1.41

715 lepel *noun, de(m)* spoon
- De vorken en messen en lepels waren ook van zwaar zilver.
0.88

716 verlossen *verb* to release, to free
- Hij verloste het kind uit zijn hachelijke positie.
1.96

717 Hollands *adj* Dutch
- Een stevige Hollandse stamppot is niet te versmaden.
1.88

718 zinken *verb* to sink
- Een van de schepen is gezonken.
1.25

719 oprecht *adj* sincere
- Zijn oprechte woorden deden haar goed.
1.85

720 veer *noun, de* a) feather b) spring
- a) Boven in de lantaarn lag nog zijn grote warme nest van takken en veren.
- b) De veer in haar bed springt op.
1.44

721 opschieten *verb* to hurry up
- Ik moest opschieten anders zou ik te laat zijn.
1.01

722 aanblik *noun, de(m)* sight
- De aanblik van hun spel was aangenaam.
0.72

723 ernaast *adv* next to it, beside it
- Hij zette het kopje op een dienblad en de twee boterhammen op een stapeltje ernaast.
1.12

724 menigte *noun, de(f)* crowd
- Er verscheen plots een grote menigte op het dorpsplein.
1.04

725 neuken *verb* to screw
- Ik wou gewoon maar even neuken.
0.67

726 knipperen *verb* to blink
- Wat knipperde hij met de oogleden!
0.57

727 ergernis *noun, de(f)* annoyance
- Coby kon maar met moeite haar ergernis verbergen.
  1.77

728 slank *adj* slim
- Ik had slanke heupen.
  1.08

729 triomfantelijk *adj* triumphant
- Ze keek me met een triomfantelijk lachje aan.
  0.68

730 rek *noun, het* rack
- Hij bleef staan bij het rek.
  1.47

731 vermoeien *verb* to tire (out)
- Het vermoeide hem om er elke dag op uit te moeten gaan.
  0.99

732 opschrijven *verb* to write down
- Ik heb alles opgeschreven wat ik wist.
  1.51

733 misselijk *adj* sick
- Ik werd misselijk van de stank.
  1.05

734 verven *verb* to paint
- De deuren waren nog niet geverfd.
  1.15

735 benauwd *adj* stuffy
- Het primitieve huisje was klein en benauwd.
  0.72

736 nauwkeurig *adj* accurate
- Hij had een dagboek met nauwkeurige observaties bijgehouden.
  1.73

737 kruk *noun, de* stool
- Daarna ging hij op een kruk naast het aanrecht zitten om een boodschappenlijstje op te stellen.
  0.66

738 hulpeloos *adj* helpless
- Ik hief met een hulpeloos gebaar mijn handen in de hoogte.
  0.59

739 innerlijk *adj* inner
- Oscar geeft zich over aan innerlijk hoongelach.
  1.32

740 eeuwigheid *noun, de(f)* eternity
- Het lijkt een eeuwigheid geleden maar toch zie ik haar nu haarscherp voor me.
  0.86

741 rond, rondje *noun, het* round
- Intussen liep Greetje steeds hetzelfde rondje in de tuin.

  in het rond: Hij keek in het rond, maar zag niemand die hij kende.
  3.22

742 voorlezen *verb* to read (aloud)
- Toen hij ons er een stukje uit voorlas, moesten we alledrie lachen.
  1.59

743 stampen *verb* to stamp
- Ze stampte op de grond en haar lichte ogen zagen zwart van verontwaardiging.
  1.48

744 deksel *noun, de(m)/het* lid
- Op het bed lag een koffer met opengeslagen deksel.
  1.21

745 ditmaal *adv* this time
- Met beter materiaal construeerde ik ditmaal een enigszins wendbaar zeil.
  1.48

746 rots *noun, de* rock
- Het water was er altijd in beweging door de botsing met de rotsen.
  1.26

747 verschuilen (zich) *verb* to hide
- Samen met mijn broertje en zusje verschool ik me in een van de slaapkamers.
  1.35

748 plooi *noun, de* pleat, crease
- Fabienne zuchtte en streek een denkbeeldige plooi in haar lichte jurk plat.
  1.18

749 ofschoon *conj* although
- Andries was geslaagd voor zijn eerste jaar ingenieur, ofschoon de studie hem een nachtmerrie was geweest.
  0.74

750 wreed *adj* cruel
- Ik vind het een erg wrede wereld waarin wij leven.
  1.60

751 nalaten *verb* a) to refrain from b) to leave
- a) Ze kon niet nalaten naar hem te luisteren.
- b) Hij heeft zijn familie geen bezittingen nagelaten.
  1.69

752 gelaat *noun, het* face
- Haar gelaat ontspande zich toen ze zag dat hij het meende.
  0.79

753 stuiten *verb* to encounter
- Een lange weg tegen de heuvel op en dan stuiten we ineens op een hoge muur.
  3.29

754 gracht *noun, de* canal
- Langzaam fietsen de vrouwen langs de gracht.
  1.70

755 dominee *noun, de(m)* vicar
- 'We zullen er zondag voor bidden,' beloofde de dominee afwezig.
  1.15

756 sla *noun, de* lettuce
- Vanmiddag zat er een slak op mijn sla.
  0.95

757 leegte *noun, de(f)* emptiness
- Haar angst vulde de leegte van het huis.
  0.83

758 berusten *verb* to resign oneself to
- Hij berustte niet bij voorbaat in een nederlaag en bleef aanvallen.
  1.58

759 doven *verb* to extinguish
- Het licht op het toneel doofde langzaam.
  1.31

760 vermoeid *adj* tired
- De vermoeide vrouw vroeg om water en iets te eten.
  0.85

761 wikkelen *verb* to wrap
- Ik wikkelde de schilderijen in dekens.
  0.73

762 afwezigheid *noun, de(f)* absence
- Tijdens mijn afwezigheid paste mijn moeder op mijn kind.
  2.81

763 dorst *noun, de(m)* thirst
- Misschien had hij alleen maar erge dorst.
  0.84

764 smelten *verb* to melt
- Ze hebben het ijs meteen in de diepvriezer gedaan zodat het niet kan smelten.
  1.69

765 kil *adj* chilly
- Na een uur tussen de kille lakens was hij nog steeds niet warm.
  1.29

766 loeren *verb* to peek
- Ik sloop uit bed en loerde door de gordijnen.
  0.81

767 verpleegster *noun, de(f)* nurse
- Een verpleegster kwam de kamer binnen.
  1.16

768 kletsen *verb* to chat
- Zij kletst oeverloos en zonder haperen.
  1.12

769 hullen *verb* to wrap
- De duinen waren al in schemer gehuld en de zee verloor alle kleur.
  1.05

770 hoesten *verb* to cough
- De vrouw hoestte en haar wimpers trilden.
  0.91

771 ongewoon *adj* unusual
- In een ongewone tijd gebeurden er nu eenmaal ook ongewone dingen.
  1.80

772 openstaan *verb* to be open
- Ik moet eerlijk toegeven dat ik een deur nog nooit zo ver had zien openstaan.
  1.53

773 schrapen *verb* to scrape
- Met zijn mes schraapte hij het laatste prakje van zijn bord en bracht het naar zijn mond.
  0.53

774 schijn *noun, de(m)* appearance
- Het moet schijn zijn geweest, want later was er niets van terug te vinden.
  1.82

775 long *noun, de* lung
- Diep zoog ik de rook in mijn longen.
  1.54

776 verdragen *verb* to bear
- Dat zou ik niet kunnen verdragen.
  1.31

777 gebed *noun, het* prayer
- Hij had het mutsje dat hij tijdens het gebed droeg, verwisseld voor zijn baret.
  1.10

778 eraf *adv* off
- Uiteindelijk schoor ze bijna al haar haar eraf en had ze alleen nog een hanenkam over.
  1.46

779 roeren *verb* to stir
- Hij roerde in zijn koffie.
  1.31

780 aanrecht *noun, de(m)/het* kitchen sink
- De afwas van gisteren stond nog op het aanrecht.
  0.48

781 onderbroek *noun, de* underpants
- Ze werken in een rood hemd en een blauwe katoenen onderbroek.
0.80

782 verbeelden (zich) *verb* to imagine
- Heb ik me dat dan allemaal verbeeld?
0.77

783 brommen *verb* to mutter
- Ik bromde iets en liep naar de slaapkamer.
0.60

784 stam *noun, de(m)* trunk
- De takken van de boom hadden niets van doen met de stam.
2.07

785 riem *noun, de(m)* a) belt b) oar
- a) Hij hees zijn broek op en deed zijn riem weer om.
- b) Hij nam de riemen weer op en maakte zich gereed naar de oever te varen.
1.38

786 envelop *noun, de* envelope
- Bij de receptie lag een envelop met zijn naam erop.
0.59

787 eronder *adv* below
- Ze bekijkt de plaatjes en leest wat eronder staat.
1.14

788 uitzoeken *verb* to select, to choose
- Jaap hielp mij de schilderijen uitzoeken.
1.86

789 flard *noun, de* fragment
- Maar daarmee zijn nog niet alle flarden van het verhaal verteld.
0.80

790 geweer *noun, het* gun
- Een soldaat demonstreerde de werking van het geweer.
1.45

791 matras *noun, de/het* mattress
- In de kamer lagen twee matrassen op de grond.
0.99

792 grijns *noun, de* grin
- Hij kwam naar me toe met een brede grijns op zijn gezicht.
0.69

793 verschijning *noun, de(f)* appearance
- Friedrich was in al zijn verzorgde eenvoud een verschijning met aristocratische straling.
1.36

794 gapen *verb* to yawn
- Hij draaide zich op zijn rug en gaapte luidruchtig.
0.91

795 erf *noun, het* yard
- Ze vloog de deur uit en rende rond op het erf.
0.73

796 spuiten *verb* to squirt, to spray
- Zo tropisch was de temperatuur dat wagens van de gemeente water spoten over het asfalt.
1.57

797 rommel *noun, de(m)* clutter
- De rommel op het bureau valt helemaal niet te beschrijven.
1.31

798 woest *adj* fierce
- Hij vernielde zijn bouwwerk met snelle woeste gebaren.
1.14

799 verdwalen *verb* to get lost
- Ze liepen door de stad, niet bang om te verdwalen.
1.04

800 kuil *noun, de(m)* pit, hole
- We groeven een diepe kuil in het zand.
0.59

801 bejaard *adj* elderly, aged
- Op een bank in de hoek sliep een bejaarde man met open mond.
2.16

802 verdrinken *verb* to drown
- Als je goed kunt zwemmen, zul je hier niet gauw verdrinken.
1.51

803 konijn *noun, het* rabbit
- De vrouw bewoog haar neus zoals een konijn dat doet.
1.49

804 heimwee *noun, de/het* homesickness
- Hij kon geen nacht van huis zijn zonder heimwee te krijgen.
1.07

805 glippen *verb* to slip
- Ze schokt op van schrik en meteen glipt het glas uit haar vingers.
0.97

806 doodgaan *verb* to die
- Ook mijn opa was in de veertig toen hij doodging.
0.86

807 borrel *noun, de(m)* drink
- Zij stelde voor om in een andere gelegenheid een borrel te gaan drinken.
0.75

808 beker *noun, de(m)* cup
- De vrouw zette de beker op tafel en zoog aan het filter van haar sigaret.
4.55

809 bediende *noun, de* servant, waiter
- Sinds onze terugkomst was ik overdag voornamelijk alleen met de bedienden in huis geweest.
2.12

810 hinderen *verb* to impede, to hinder
- De weerspiegeling hindert haar niet.
1.51

811 pest *noun, de* plague
- Hij trok een gezicht alsof hij de pest en de cholera op zich af zag komen.
0.95

812 brutaal *adj* cheeky
- Je moeder denkt zeker een brutaal mens heeft de halve wereld.
1.78

813 vergissing *noun, de(f)* mistake
- Er is een vergissing in het spel.
1.53

814 krimpen *verb* to shrink
- Haar broek is in de was gekrompen.
1.35

815 machteloos *adj* powerless
- Ze voelde zich even machteloos als ik.
1.29

816 bedwingen *verb* to suppress
- De volgende dagen besteedde ik aan het bedwingen van de neiging om haar op te bellen.
0.92

817 aanraking *noun, de(f)* touch
- Mijn lichaam reageerde op elke aanraking.
1.55

818 kerkhof *noun, het* cemetery
- Terwijl we het kerkhof verlieten begon het opnieuw te sneeuwen.
1.50

819 niettemin *adv* nevertheless
- We voelen een lichte schok, die ons niettemin haast van onze zit werpt.
2.95

820 intiem *adj* intimate
- We gaven antwoord op de intieme vragen die zij ons stelde.
1.69

821 stilstand *noun, de(m)* standstill
- De trein kwam schokkend tot stilstand op het station.
1.43

822 zeep *noun, de* soap
- Je bent toch niet bang voor water en zeep.
1.32

823 stormen *verb* to be stormy
- Het stormde enorm en de regen stroomde uit de hemel.
1.00

824 reusachtig *adj* huge
- Beneden in de rivier liggen reusachtige grijze rotsblokken.
1.39

825 wippen *verb* to hop
- Ze wipte letterlijk op en neer op haar stoel.
0.99

826 vork *noun, de* fork
- Hij scheen honderden bewerkte lepels en vorken te hebben.
0.85

827 janken *verb* to whine
- Daarop legde hij zijn kop op tafel en begon te janken.
0.76

828 golven *verb* to wave, to flow
- Ik kwam zo hevig overeind dat het water over de badrand golfde.
0.66

829 jaloezie *noun, de(f)* a) jealousy b) blind
- a) De mannen bekeken hem met een mengeling van bewondering en jaloezie.
- b) Er ligt gauw voor vijf roebel stro op het dak en die jaloezieën zijn vast nog duurder.
1.05

830 gieren *verb* to scream
- De adrenaline gierde door zijn bloed.
0.70

831 rijzen *verb* to rise, to arise
- Er rijzen echter een paar bedenkingen.
1.92

832 verdringen *verb* to push away
- Het was een zinloze gedachte die hij snel weer verdrong.
1.43

833 omheen *adv* around
- Daar staat een grote ronde tafel waar ze met zijn allen omheen kunnen zitten.
0.92

7 Food and drink

General, meals, and implements	Specific foods	
kop 16.20 cup	**water** 20.64 water	**zout** 1.96 salt
glas 7.93 glass	**koffie** 6.03 coffee	**boterham** 1.90 sandwich
bord 7.12 plate	**vis** 5.39 fish	**koek** 1.84 biscuit
restaurant 6.62 restaurant	**brood** 5.21 bread	**aardappel** 1.83 potato
gerecht 5.33 dish	**wijn** 4.91 wine	**suiker** 1.81 sugar
drank 4.45 drink	**vlees** 4.52 meat	**champagne** 1.80 champagne
mes 4.31 knife	**ei** 4.41 egg	**soep** 1.79 soup
voedsel 4.18 food	**bier** 4.27 beer	**taart** 1.56 cake
maaltijd 2.70 meal	**alcohol** 3.45 alcohol	**chocolade** 1.46 chocolate
voeding 2.44 nutrition, food	**vrucht** 3.22 fruit	**boter** 1.36 butter
ontbijt 2.21 breakfast	**kip** 3.05 chicken	**rijst** 1.32 rice
menu 1.56 menu	**melk** 2.77 milk	**pap** 1.28 porridge
diner 1.07 dinner	**ijs** 2.73 ice	**kruid** 1.26 herb
lunch 1.29 lunch	**groente** 2.70 vegetable	**friet** 1.22 French fries, chips
snoep 1.13 sweets	**appel** 2.56 apple	**worst** 1.14 sausage
lepel 0.88 spoon	**fruit** 2.53 fruit	**saus** 1.09 sauce
vork 0.85 fork	**wortel** 2.53 carrot	**tomaat** 1.02 tomato
	thee 2.35 tea	**ui** 0.99 onion
	noot 2.24 nut	**sla** 0.95 lettuce
	kaas 2.23 cheese	**borrel** 0.75 drink
		whisky 0.71 whisky

834 metalen *adj* metal
- Hij trok de dikke metalen deur open.
  1.58

835 onaangenaam *adj* unpleasant
- Dat lijkt me bij deze temperatuur geen onaangenaam karwei.
  1.01

836 prijzen *verb* to praise
- Ze prees hem om zijn grote inzet en ijver.
  2.41

837 schrift *noun, het* a) writing b) notebook
- a) Snel gleden haar ogen over het regelmatige schrift.
- b) Die avond sloeg hij het schrift open en schreef er zijn naam en de datum in.
  0.98

838 weiland *noun, het* meadow
- In het weiland achter de dorpskerk liet een hengst het hoofd hangen.
  0.98

839 sleuren *verb* to drag
- Joop sleurde de fiets de trap op.
  1.45

840 uitlaten *verb* a) to take out b) to express (oneself)
- a) De man liet zijn hond uit.
- b) Hij laat zich er niet over uit wat hij gaat doen in de vakantie.
  1.24

841 modder *noun, de(m)* mud
- Hij rolde als een varken door de modder.
  1.18

842 bleek *adj* pale
- Haar bleke lichaam steekt af tegen het zijne.
  0.85

843 sjaal *noun, de(m)* scarf
- Hij deed mijn sjaal af en hing die zorgvuldig aan de kapstok.
  0.82

844 ader *noun, de* vein
- Solange voelde het bloed in haar aders borrelen.
  0.72

845 hoogstens *adv* at the most
- Het strand was hoogstens twee kilometer verderop.
  1.35

846 doorzichtig *adj* transparent
- Hij had een dunne hals en grote doorzichtige oren.
1.00

847 kinderlijk *adj* childlike
- We moesten lachen om het kinderlijke spel waarmee we bezig waren.
0.73

848 prikkelen *verb* a) to stimulate
b) to irritate
- a) Soms prikkelde hij het denken van zijn vroegere leerling met een milde spot.
- b) Hij moest haar vooral niet prikkelen en ergeren nu.
1.52

849 stank *noun, de(m)* bad smell
- Ik werd misselijk van de stank.
0.79

850 bezigheid *noun, de(f)* activity
- Journalistiek is de bezigheid die zich toelegt op de verspreiding van wetenswaardigheden uit de samenleving.
1.38

851 kous *noun, de* stocking
- Mijn kousen zijn nat doordat er gaten in mijn klompen zitten.
0.81

852 aankleden *verb* to dress
- Ze kan zo uit haar bed stappen en zich wassen en aankleden.
0.77

853 remmen *verb* to brake
- Hij remde abrupt en parkeerde naast de telefooncel.
1.99

854 prompt *adj* immediate
- Zij willen prompte bediening.
- (adv) De lift reageerde prompt op hun commando.
1.90

855 flits *noun, de(m)* flash
- Toen realiseerde hij zich in een flits dat hij zijn teen nauwelijks meer voelde.
0.66

856 juichen *verb* to cheer
- We juichten voor hen wanneer er punten werden gescoord.
2.13

857 achterblijven *verb* to stay behind
- We bleven achter om de boterhammen te smeren.
1.67

858 uitgang *noun, de(m)* exit
- Met de roltrap gaat hij naar beneden naar de uitgang.
0.93

859 sussen *verb* to soothe
- Ik suste de verhitte gemoederen en gaf een rondje.
0.75

860 schijnbaar *adj* seeming, apparent
- Chantal reageerde met schijnbare onverschilligheid op het nieuws.
1.57

861 oever *noun, de(m)* bank
- René stond vaak aan de oever van de beek.
1.55

862 kooi *noun, de* cage
- Hij boog zich voorover en nam de kleine kooi op waarin de witte muis was opgesloten.
1.15

863 kalmeren *verb* to calm
- Hij ging achter zijn bureau zitten om te kalmeren.
0.79

864 vaas *noun, de* vase
- Ze zette een kop koffie voor zichzelf en deed de bloemen in een vaas.
0.65

865 verdrietig *adj* sad
- Het verdrietige kind snikt zachtjes.
1.05

866 boog *noun, de(m)* a) arch b) bend
- a) Op de benedenverdieping waren de bogen geheel open en vormden een portiek.
- b) Met een boog draait het vliegtuig en trekt weer snel omhoog.
0.94

867 etalage *noun, de(f)* shop window
- Bij de etalage van een winkeltje stopte hij.
1.15

868 verlammen *verb* to paralyse
- Alleen haar benen zijn verlamd.
1.07

869 mantel *noun, de(m)* overcoat
- Een ober hielp haar in haar mantel.
0.78

870 kameraad *noun, de(m)* comrade
- Aan een hond heb je altijd een trouwe kameraad.
1.30

871 schikken *verb* to arrange
- Ze schikte het laken over haar schouders.
1.08

872 binnenkant *noun, de(m)* inside
- Ze kauwt nadenkend op de binnenkant van haar wangen.
1.07

873 handschoen *noun, de* glove
- Ondanks de hitte droeg hij grote leren handschoenen.
1.03

874 ongemakkelijk *adj* uncomfortable
- Ik blijf in die ongemakkelijke houding liggen.
0.92

875 abrupt *adj* abrupt
- Elke abrupte beweging deed pijn.
0.79

876 zwerven *verb* to wander
- Tot diep in de nacht zwierf hij door de stad.
0.77

877 verveling *noun, de(f)* boredom
- Na twee uur wachten begon de verveling toe te slaan.
0.88

878 vat *noun, het* a) barrel b) grip
- a) Naast de schuur stonden vaten met olie.
- b) Hij ziet eruit alsof de tijd geen vat op hem heeft.
2.80

879 dagboek *noun, het* diary
- Ze hield haar leven lang een dagboek bij.
1.55

880 beschaafd *adj* civilized
- Beschaafde mensen eten met mes en vork.
1.12

881 dwaas *adj* foolish
- Op hetzelfde moment grinnikte ze om haar dwaze gedachten.
0.90

882 tevergeefs *adj* in vain
- Zijn strijd was tevergeefs.
1.73

883 schotel *noun, de* dish
- Ik bestelde een fles champagne en een koude schotel met snacks.
0.75

884 aantekening *noun, de(f)* note
- Hij haalt een potlood uit zijn broekzak en maakt hier en daar een aantekening bij wat hij leest.
0.70

885 aankomst *noun, de(f)* arrival
- Kort na haar aankomst kwam er een man naar hun tafeltje en vroeg een vuurtje.
3.42

886 bederven *verb* a) to rot b) to spoil
- a) Zet het eten in de koelkast voordat het bederft.
- b) Alleen al het te berde brengen van het onderwerp was voldoende om haar humeur grondig te bederven.
0.73

887 champagne *noun, de(m)* champagne
- Hij haalt twee flessen champagne uit de koelkast.
1.80

888 zaad *noun, het* seed
- De zon moest het zaad rijper maken.
1.48

889 ongelovig *adj* disbelieving
- Marco had zijn vader ongelovig aangekeken.
1.12

890 tegel *noun, de(m)* tile
- Er groeit geen gras tussen de tegels op de patio.
0.90

891 flitsen *verb* to flash
- Haar ogen flitsen argwanend heen en weer.
1.37

892 nestelen *verb* to nestle
- Ze nestelt zich in haar schoot.
1.18

893 doemen *verb* to doom
- Bepaalde gerechten waren tot mislukken gedoemd.
1.15

894 ritueel *noun, het* ritual
- Dit ritueel herhaalde zich elke avond.
1.38

895 omgeven *verb* to surround
- De tuin was met een drie meter hoge muur omgeven.
1.14

896 losmaken *verb* to release, to undo
- Ik heb alleen zijn hemd losgemaakt.
0.92

897 hut *noun, de* hut
- Even later zitten we in een piepkleine maar comfortabele en gekoelde hut.
0.68

898 kostbaar *adj* expensive, valuable
- Het is een zeer mooi en kostbaar voorwerp.
1.85

899 secretaresse *noun, de(f)* (female) secretary
- Dan komt een secretaresse ons halen.
0.89

900 waken *verb* to watch
- Zijn broer waakte vannacht bij de ketels.
1.49

901 bagage *noun, de(f)* luggage
- Je kunt een deel van je bagage bij ons achterlaten.
1.11

902 worstelen *verb* to struggle
- De intellectuelen worstelen met vreselijke problemen.
2.00

903 beamen *verb* to endorse
- Je kunt het beamen omdat je het allemaal zelf gezien hebt.
1.65

904 uitbundig *adj* exuberant
- Nog nooit was een lente zo overvloedig en uitbundig in dit land als die laatste zondagavond in mei.
1.31

905 vergeefs *adj* vain
- Na een paar vergeefse pogingen lukte het.
1.04

906 glans *noun, de(m)* shine
- Ze liet de dames duizelen onder de glans van tientallen modellen.
1.01

907 beklimmen *verb* to climb
- Vandaag zal hij de helling beklimmen.
0.96

908 lint *noun, het* ribbon
- Op haar hoofd draagt ze een zwart wollen mutsje met twee linten onder de kin vastgestrikt.
1.20

909 mensheid *noun, de(f)* humankind
- Het heeft de mensheid miljoenen jaren gekost eer zij zich tot enkele varianten wist op te werken.
1.75

910 verontrusten *verb* to worry
- Die gedachte verbaast hem niet en verontrust hem evenmin.
1.68

911 langskomen *verb* to pass by, to come round
- Ik bel je om te vragen of je eens bij mij langskomt.
1.28

912 achterhoofd *noun, het* back of the head
- Alleen een scherpe pijn in het achterhoofd was hem van die nacht bijgebleven.
1.18

913 geruststellen *verb* to reassure
- Anna is inmiddels helemaal gerustgesteld.
1.08

914 bezweren *verb* to swear
- Franklin had hem bezworen dat hij daar niets mee te maken had.
0.98

915 dapper *adj* brave
- Wat aardig en dapper van haar om zich het lot van het meisje aan te trekken.
1.07

916 haard *noun, de(m)* fireplace
- Hij keek naar het vuur van de open haard.
0.97

917 luidruchtig *adj* noisy
- Een luidruchtig groepje jongelui stevende op het podium af.
0.86

918 buitenwereld *noun, de* outside world
- Ik bedenk allerlei manieren om de aandacht van de buitenwereld te trekken.
1.96

919 hoofdpijn *noun, de* headache
- Hij heeft nu al een tijdje last van aanvallen van hoofdpijn en duizeligheid.
1.06

920 mopperen *verb* to grumble
- De mannen mopperden over de droogte in het dorp waar mijn vader geboren is.
0.92

921 rekken (zich) *verb* to stretch
- Kim stond op en rekte zich ongegeneerd.
0.65

922 toekijken *verb* to watch
- Ik bleef aan een uitstalraam staan toekijken.
1.18

923 ontkomen *verb* to escape
- Tussen de bosjes waarin de fazanten zich schuilhouden om aan de jacht te ontkomen hangt vale nevel.
1.77

924 onrecht *noun, het* injustice
- Een democratie is sterk genoeg om zowel onrecht als kritiek te tolereren.
1.35

925 onbewust *adj* unconscious
- Dat is voor haar een onbewuste handeling.
1.16

926 overslaan *verb* to miss (out), to skip
- Karin keek toe of er niemand werd overgeslagen.
1.10

927 opstijgen *verb* to rise
- Tegelijk voelde ik een golf van warmte in mij opstijgen.
  0.88

928 aanlopen *verb* to come towards
- Van alle kanten kwamen buren aangelopen.
  0.71

929 toonbank *noun, de* counter
- Op lange rijen toonbanken liggen de meest uiteenlopende waren uitgestald in de grootst denkbare hoeveelheden.
  1.07

930 scheur *noun, de* crack, tear
- Er zat een scheur in het metselwerk van de schoorsteen.
  1.40

931 duif *noun, de* pigeon
- De duif verroerde zich niet.
  1.13

932 luchtig *adj* light, airy
- Ze droeg een luchtige zomerjurk met korte mouwen.
  0.98

933 donderen *verb* to thunder
- Buiten dondert het en zien we de bliksem oplichten.
  0.85

934 daarboven *adv* above it
- De muren waren van de grond tot aan de kozijnen blauw gesaust en daarboven smetteloos wit.
  0.77

935 handschrift *noun, het* handwriting
- Zijn handschrift is hoekig en zwart.
  0.77

936 wei *noun, de* pasture, field
- Er liep waarachtig al een schaap met lammetjes in de wei.
  1.10

937 verzwijgen *verb* to keep silent about, to conceal
- We verzwijgen beleefd dat we liever regelrecht naar een hotel zouden willen.
  1.03

938 ui *noun, de(m)* onion
- Er hing een lucht van gebakken uien en sigaretten.
  0.99

939 heden *adv* today
- Een oplossing is tot op heden uitgebleven.
  heden ten dage: Zulke kerels zie je heden ten dage niet meer, met zulke brede borstkassen.
  2.24

940 klem *noun, de* trap
- Het arme diertje zat vast in de klem.
  1.17

941 broeder *noun, de(m)* brother
- Ik kwam overeind en keek de broeder met nauwelijks verholen woede aan.
  1.07

942 rommelen *verb* to rummage, to fiddle
- Daarna sloeg ze haar ogen neer en rommelde in haar tas.
  0.80

943 geschenk *noun, het* gift
- De kinderen hebben ons een geschenk willen geven.
  1.66

944 applaus *noun, het* applause
- Hij werd beloond met een dankbaar applaus.
  1.47

945 duin *noun, het/de* dune
- Nog lang was zijn hoofd boven de duinen te zien.
  1.01

946 koppig *adj* stubborn
- Ik was koppig, zei hij, en bovendien eigenwijs.
  0.95

947 aanvoelen *verb* to feel, to sense
- Hij voelt aan dat hij nu beter even niets kan zeggen.
  1.32

948 salon *noun, de(m)/het* salon
- Het feest wordt voortgezet in de salon.
  1.09

949 opengaan *verb* to open
- Ik werd wakker toen de deur weer openging.
  0.94

950 vooruitzicht *noun, het* prospect
- Het vooruitzicht een namiddag met haar en haar man door te brengen lokte mij aan.
  2.73

951 enthousiasme *noun, het* enthusiasm
- Met hernieuwd enthousiasme begon ik mijn tas in te pakken.
  2.44

952 schuilen *verb* to shelter, to hide
- Onder een grote boom schuilen ze voor de regen.
  1.90

953 schaars *adj* scarce
- Het publiek was schaars.
  1.70

954 elegant *adj* elegant
- Overal vrouwen met doeken en zelfs een elegante hoed met veren.
  1.13

955 oceaan *noun, de(m)* ocean
- Ze bleven dobberen op de golven van de oceaan.
  2.23

956 vurig *adj* fiery
- Ze meed de vurige blik van Marco.
  1.02

957 muts *noun, de* hat
- Ik droeg in die tijd altijd een muts om mooi naar school te gaan.
  0.72

958 daglicht *noun, het* daylight
- Bij daglicht ziet het er toch net even gezelliger uit.
  1.21

959 rotzooi *noun, de* junk
- Het water was inmiddels een stuk helderder en er dreef geen rotzooi meer rond.
  0.73

960 non *noun, de(f)* nun
- De andere non was nu in de kapel.
  1.29

961 schoonmaken *verb* to clean
- Ze moesten in hun eigen tijd de machines schoonmaken en repareren.
  1.26

962 bespeuren *verb* to sense, to find
- Evenmin waren herten of de anders toch talrijke eekhoorns te bespeuren geweest.
  1.07

963 pistool *noun, het* pistol
- Een hele tijd geleden was het alweer dat ik het pistool in handen had gehad.
  1.46

964 voorbijganger *noun, de(m)* passer-by
- Op straat keken voorbijgangers mij aan.
  1.41

965 lunch *noun, de(m)* lunch
- Iedereen geniet zichtbaar van de lunch en van het uitzicht op het park.
  1.29

966 vermoeidheid *noun, de(f)* fatigue
- Alle vermoeidheid van de afgelopen dag was verdwenen.
  1.00

967 pal *adv* directly
- Vrouw en familie stonden pal achter me.
  1.30

968 voornaam *noun, de(m)* first name
- Het was de eerste keer dat ze mij bij mijn voornaam noemde.
  1.04

969 schuldgevoel *noun, het* feeling of guilt
- Marinka probeerde haar over haar schuldgevoelens heen te helpen.
  0.96

970 thans *adv* at present, now
- Wat ze thans ervoor was een bijzondere ervaring.
  1.78

971 dierbaar *adj* dear
- Ik keek naar de dierbare gezichten op de foto.
  0.93

972 barst *noun, de* crack
- Er zit een barst in de vaas.
  0.91

973 naaien *verb* to sew
- Ze naaide een jurkje van rood katoen.
  0.77

974 mankeren *verb* to be wrong
- Hij vroeg of mij iets mankeerde.
  0.75

975 verstrijken *verb* to go by
- De dagen verstreken zonder dat ik ook maar één stap buiten de deur durfde te zetten.
  1.09

976 knappen *verb* to crack
- Hij hoort het montuur knappen, een van de glazen ligt eruit.
  0.94

977 decor *noun, het* décor, setting
- Het contrast met het donkere decor werd met de minuut scherper.
  2.36

978 chef *noun, de(m)* manager
- Die ochtend bemoeide de chef zich er verder niet meer mee.
  2.15

979 vanachter *adv* from behind
- De meeste passagiers zijn binnen en bekijken de elementen vanachter het veilige glas.
  0.74

980 Japans *adj* Japanese
- De stad is het toonbeeld van Japanse organisatie en zin voor evenwicht.
  3.03

981 stoet *noun, de(m)* procession
- Bij de eerste huizen op de heuvel hield de stoet stil.
  1.45

982 overzien *verb* to overlook
- Van hieruit kan hij naar voren en naar achteren de cabine overzien.
0.83

983 instemmen *verb* to agree
- Na lang aarzelen heb ik ermee ingestemd.
1.94

984 hardnekkig *adj* persistent
- Hij bleef hardnekkige koorts houden.
- (adv) Karim bleef hardnekkig bij zijn plannen.
1.62

985 diner *noun, het* dinner
- Men drinkt hier niets dan wijn en bij het diner krijg je een liter per persoon.
1.07

986 observeren *verb* to observe
- Elk diertje observeert ze met grote belangstelling.
0.97

987 parfum *noun, de(m)/het* perfume
- Ze liet een sluier van parfum achter.
0.94

988 rugzak *noun, de(m)* backpack
- Haar rugzak en het tentje stonden naast haar op de stoep.
1.12

989 opperen *verb* to put forward
- Goldfaden had afgezegd zonder zelfs de mogelijkheid van een nieuwe afspraak te opperen.
1.60

990 betonnen *adj* concrete
- Op de betonnen vloer stonden wat lege flessen.
1.44

991 waanzinnig *adj* mad
- Het is een waanzinnige toestand.
1.10

992 naald *noun, de* needle
- Het viel nog niet mee om de draad in de naald te krijgen.
0.94

993 feestelijk *adj* festive
- Het werd een feestelijk etentje.
1.94

994 helm *noun, de(m)* helmet
- Met zijn helm in de ene hand en zwaaiend met de andere loopt hij naar de deur.
0.92

995 lul *noun, de(m)* dick
- In zijn ene hand had hij een sigaret, met de andere trok hij aan zijn lul.
0.60

996 ouderlijk *adj* parental
- Mijn ouderlijk huis is onlangs verkocht en mijn ouders wonen nu in een appartement in dezelfde buurt.
1.16

997 inpakken *verb* to pack (up)
- Het meisje pakte het cadeautje netjes in.
1.05

998 eruitzien *verb* to look (like)
- De kamer ziet eruit alsof er vannacht een flink feest aan de gang is geweest.
0.60

999 verontwaardiging *noun, de(f)* outrage, indignation
- Beide keren is hij bleek van verontwaardiging thuis gekomen na deze behandeling.
1.37

1000 voornemen *noun, het* intention
- Heb jij nog goede voornemens voor het nieuwe jaar?
1.69

1001 masker *noun, het* mask
- Zijn gezicht was een marmeren masker waarvan geen enkele emotie af te lezen was.
0.96

1002 achtervolgen *verb* to chase
- Hij rende wat vooruit en de anderen achtervolgden hem.
2.10

1003 fluit *noun, de* flute
- Kees sloeg de deur achter zich dicht en schoof het koffertje met zijn fluit zacht onder het bed.
0.82

1004 opbergen *verb* to store
- Zijn fiets werd in een donker hok opgeborgen.
1.05

1005 kater *noun, de(m)* tomcat
- In de verte zag hij nog net de grote zwarte kater wegrennen.
1.02

1006 asfalt *noun, het* asphalt
- De banden van de auto trokken een kaarsrecht spoor op het glimmende asfalt.
1.26

1007 baksteen *noun, de(m)/het* brick
- Ze maakten duizenden bakstenen voor de nieuwbouw.
0.95

1008 overgeven *verb* a) to surrender b) to vomit
- a) Zijn strijd was tevergeefs, maar zich
  overgeven kon hij niet.
- b) Ze voelde zich misselijk alsof ze ieder
  moment moest overgeven.
  0.90

1009 nabijheid *noun, de(f)* proximity
- De leerling maakt van de nabijheid van de
  leraar gebruik om veel te leren.
  1.06

1010 krom *adj* crooked, curved
- Ik teken het huis met wat kromme lijnen.
  0.85

1011 beek *noun, de* stream
- Snel en vriendelijk vloeit het water van een
  kleine beek.
  1.15

1012 uitstappen *verb* to get off
- Het stationnetje waar ik uitstapte was
  net zo idyllisch gelegen als ik me had
  voorgesteld.
  0.86

1013 mild *adj* mild
- Zij verkocht de kaartjes en ze keek daarbij
  op een milde manier ironisch.
  1.97

1014 vandoor *adv* off, away
- De kater gaat er vandoor en de duiven
  vluchten hun hok in.
  1.64

1015 fotograaf *noun, de(m)* photographer
- De fotograaf stelde zijn toestel scherp en
  drukte af.
  2.30

1016 teruggaan *verb* to return
- Ze had zin om nog iets te ondernemen voor
  ze naar het hotel terugging.
  0.98

1017 balk *noun, de(m)* beam
- Hij tastte naar een zaklantaarn die ergens
  tussen de balken stond en knipte hem
  aan.
  1.03

1018 ladder *noun, de* ladder
- Lowie legde een vinger op zijn mond en
  begon behoedzaam de ladder te
  beklimmen.
  0.89

1019 voltrekken *verb* to take place
- Het is een ontwikkeling die zich heel
  geleidelijk voltrekt.
  1.20

1020 interieur *noun, het* interior
- De warm verlichte interieurs van de
  omliggende huizen gaven mij een licht
  weemoedig gevoel.
  1.67

1021 wieg *noun, de* cradle, cot
- Telkens lag er bij jullie thuis weer een kindje
  in de wieg.
  1.09

1022 halfjaar *noun, het* six months, half a year
- Na een halfjaar kende zij eigenlijk nog
  steeds alleen mij.
  1.53

1023 veroorloven (zich) *verb* to permit
- Ik veroorloof me een grappige opmerking,
  maar dat waardeert ze niet echt.
  1.53

1024 onschuld *noun, de* innocence
- De man probeerde zijn onschuld te
  bewijzen.
  1.29

1025 melodie *noun, de(f)* melody
- De melodie bleef de hele dag in zijn hoofd
  hangen.
  1.04

1026 klaarmaken *verb* to prepare
- Ze had mijn lievelingsgerecht
  klaargemaakt.
  1.00

1027 inslaan *verb* to take
- We bespraken welk pad we zouden
  inslaan.
  1.74

1028 vertragen *verb* to slow down
- Sander vertraagde zijn pas.
  1.58

1029 eromheen *adv* around it
- Wij wandelen over het grasveld met de
  statige bomen eromheen.
  0.61

1030 nakijken *verb* to watch, to follow
- De boot heb ik zo lang mogelijk door mijn
  verrekijker nagekeken.
  1.21

1031 resoluut *adj* resolute
- Met een resolute beweging duwt zij haar
  dochter terug op haar stoel.
  1.43

1032 schommelen *verb* to swing
- Het bordje schommelde aan een ketting
  voor de trap naar de stuurhut.
  1.20

1033 neerkomen *verb* to come down
- Ze tilde de hamer boven haar hoofd en liet hem met kracht op het blok neerkomen.
  1.08

1034 tragisch *adj* tragic
- Er was niets tragisch aan deze zaak.
  1.51

1035 zondagmiddag *noun, de(m)* Sunday afternoon
- Het was een stralende zondagmiddag.
  1.27

1036 speels *adj* playful
- Ze geeft hem een speelse klap tegen zijn hoofd.
  1.19

1037 charme *noun, de(m)* charm
- Haar charmes braken bij hem alle weerstand.
  1.19

1038 voorkant *noun, de(m)* front
- De sloot aan de voorkant was ondiep en droog.
  0.87

1039 halt *noun, de/het* stop
- Van tijd tot tijd hield ik even halt om het dier wat water en brood te geven.
  1.37

1040 mysterieus *adj* mysterious
- Ze veroverde alle jongens met haar mysterieuze glimlach.
  1.58

1041 moeiteloos *adj* effortless
- Zij volgde moeiteloos twee studies en slaagde voor alle tentamens.
  1.31

1042 zakenman *noun, de(m)* businessman
- Hij was een zakenman die in een deftige buurt van de stad woonde.
  2.43

1043 driemaal *adv* three times
- De klokken voor de hoogmis hadden al driemaal geluid.
  1.61

1044 nutteloos *adj* useless
- Een nutteloze en zinloze ballast van het geheugen?
  1.32

1045 serveren *verb* to serve
- De ober serveerde de drankjes.
  2.37

1046 parkeerplaats *noun, de* car park, parking space
- Ik parkeerde mijn bus voorbij de parkeerplaats.
  2.21

1047 kei *noun, de(m)* cobble(-stone)
- De wind blaast bladeren over de stoffige keien.
  1.27

1048 atelier *noun, het* studio
- De vrouw verdwijnt voor enkele weken in het atelier van de schilder.
  1.54

1049 portefeuille *noun, de(m)* wallet
- De man haalde zijn portefeuille te voorschijn en gaf mij een bankbiljet.
  2.68

1050 hoede *noun, de* guard
- Hij zei: 'Wees op je hoede'.
  1.46

1051 verzoenen (zich) *verb* to reconcile
- Dan had hij ook nog sproeten en daar kon hij zich niet mee verzoenen.
  1.28

1052 afwachting *noun, de(f)* expectation
- In afwachting van de koffie stond ze op om naar het toilet te gaan.
  2.17

1053 plezierig *adj* pleasant
- Het was verder een plezierige avond.
  0.81

1054 opzettelijk *adj* deliberate
- Sabotage is een opzettelijke actie met als doel de positie van een vijand te verzwakken.
  1.45

1055 fotograferen *verb* to photograph
- Greet wou gefotografeerd worden terwijl zij in de hangmat lag.
  1.41

1056 almaar *adv* constantly, all the time
- Het was almaar kouder geworden.
  2.10

1057 knallen *verb* to pop, to bang
- Een commandant knalt met zijn zweep in de lucht.
  2.76

1058 trots *noun, de(m)* pride
- Hij zwol op van trots.
  1.51

1059 cynisch *adj* cynical
- Maarten staart er naar terwijl een cynisch lachje om zijn mond glijdt.
  1.40

1060 handvol *noun, de* handful
- Hij gooide een handvol gras in mijn gezicht.
  1.48

1061 mijden *verb* to avoid
- René meed haar zoveel hij kon.
  1.18

1062 opdagen *verb* to turn up
- Ze kwamen soms opeens niet opdagen.
  1.75

1063 binnenstad *noun, de* town centre
- Zonder ons te haasten liepen we de binnenstad in.
  2.19

1064 tempel *noun, de(m)* temple
- In de grote steden van China wordt aan de buitenlandse bezoeker door zijn gids meestal één tempel getoond.
  1.24

1065 beroven *verb* to rob
- De dochter had hem beroofd van een zoon voor het bedrijf.
  1.75

1066 meedelen *verb* to announce
- Reinhard begreep niet waarom zijn vader hem dat wilde meedelen.
  1.64

1067 gaaf *adj* a) intact b) great
- a) Het was een stilleven met een blauwe fles en ernaast een schedel met onderkaak en een gaaf gebit.
- b) Wat een gaaf orgel, wat een juweel.
  0.79

1068 allerminst *adv* not in the least
- Ze voelde allerminst neiging tot een nieuw huwelijk.
  1.67

1069 achterlijk *adj* backward
- Wat een achterlijke idioot was ik weer geweest!
  1.20

1070 beklagen *verb* to pity
- Ze kijkt hem vol medelijden aan en beklaagt hem.
  zich beklagen: De ene dag beklaagt zij zich over haar man, de andere dag deugt haar zoon niet.
  2.12

1071 maandenlang *adj* for months
- Na maandenlange afwezigheid stond hij ineens weer voor onze neus.
  1.48

1072 levend *adj* living, alive
- Hij is het levende bewijs dat je alles kunt als je het maar probeert.
  1.24

1073 daarstraks *adv* just now
- Terug in de auto miste hij het plezier van daarstraks.
  0.42

1074 verteren *verb* to digest
- Mijn broer beweerde dat hij de spijzen voelde verteren in zijn maag.
  1.28

1075 jeugdig *adj* youthful
- Het jeugdige gezelschap bestaat uit drie personen!
  1.49

1076 ertussen *adv* in between
- De bedjes stonden in rijen met enkel stoelen ertussen.
  0.60

1077 kok *noun, de(m)* cook
- Alleen een zeer bekwaam kok kan de vis zo klaarmaken dat hij ongevaarlijk is voor de eter.
  1.27

1078 warenhuis *noun, het* department store
- Hij helpt haar de papieren zakken met de inkopen uit het warenhuis naar binnen dragen.
  1.37

1079 slaaf *noun, de(m)* slave
- Ik wil van niemand de slaaf zijn.
  1.21

1080 handtas *noun, de* handbag
- Alice haalde uit haar handtas een lepel te voorschijn en groef een kuiltje.
  1.48

1081 genaamd *adj* called
- Het mannetje genaamd Fons is mij blijven achtervolgen.
  1.34

1082 lullig *adj* silly
- Hij maakte een lullige opmerking.
  0.55

1083 ontevreden *adj* dissatisfied
- Rond zijn mond lag een ontevreden trek.
  1.64

1084 eender *adj* (the) same
- Alle dagen zijn zo precies eender.
  1.15

Newspapers

1 eerste *num* first
- De eerste dag is goed verlopen.
66.80

2 euro *noun, de* euro
- Op de kermis in Almere kostte elke attractie één euro.
42.26

3 tweede *num* second
- Hij maakte afgelopen seizoen indruk in het tweede team.
42.56

4 later *adj* later, subsequent
- In zijn latere reactie voor de camera's gaf hij er een politieke draai aan.
35.37

5 aldus *adv* thus
- Een stormvloed spoelde de hele stad in een keer weg, aldus de overlevering.
27.15

6 procent *noun, het* per cent
- Het aantal hardrijders daalde van 32 procent naar 12 procent.
26.71

7 minister *noun, de(m)* minister
- Zijn macht zou zo groot zijn dat hij zelfs de ministers kon vertellen wat zij moesten doen.
25.50

8 wedstrijd *noun, de(m)* match
- Na de wedstrijd werd hij tot de beste speler van de avond uitgeroepen.
22.12

9 seizoen *noun, het* season
- Aan het eind van het seizoen kon ze twee miljoen gulden bijschrijven op haar rekening.
21.38

10 Europees *adj* European
- In de komende zomer wordt het vooral op zaterdag weer zeer druk op de Europese wegen.
24.28

11 Vlaams *adj* Flemish
- In de meerderheid van de Vlaamse gezinnen werken beide ouders fulltime.
26.59

12 Belgisch *adj* Belgian
- De Belgische doelman is voor de tweede keer in korte tijd hersteld van een achillespeesblessure.
25.61

13 ploeg *noun, de* team
- De ploeg met de beste winnaarsmentaliteit zal zegevieren.
19.12

14 Amerikaans *adj* American
- De Amerikaanse tennisser versloeg de Brit in drie sets.
19.70

15 voorzitter *noun, de(m)* chairman, chair
- Hij was de voorzitter van de enquêtecommissie.
19.77

16 gemeente *noun, de(f)* municipality
- Het is een kleine gemeente op het platteland.
23.91

17 speler *noun, de(m)* player
- De huidige vorm van de ploeg vraagt nederigheid van de spelers.
16.82

18 politiek *adj* political
- Wat we nodig hebben zijn politieke leiders met visie.
22.41

8 Materials

Nouns
papier 6.96 paper
steen 5.69 stone
goud 3.90 gold
hout 3.59 wood
staal 2.87 steel
koper 2.70 copper
zilver 1.91 silver

metaal 1.42 metal
beton 1.28 concrete
ijzer 1.14 iron

Adjectives
gouden 6.44 gold
houten 4.24 wooden
plastic 2.66 plastic

zilveren 1.92 silver
metalen 1.58 metal
betonnen 1.44 concrete
bronzen 1.43 bronze
stenen 0.71 stone
koperen 0.70 copper
ijzeren 0.67 iron

19 internationaal *adj* international
- Internationale samenwerking is hierbij essentieel.
20.01

20 burgemeester *noun, de(m)* mayor
- De burgemeester nam het boek graag in ontvangst.
16.21

21 huidig *adj* current
- De stichting beschouwt de huidige omstandigheden als tijdelijk.
20.83

22 nationaal *adj* national
- Het actieplan geniet de steun van de lokale en de nationale overheden.
18.55

23 september *noun, de(m)* September
- De theatershow gaat in september in première.
20.06

24 club *noun, de* club
- De club keerde na een paar jaar afwezigheid terug op het hoogste niveau.
16.25

25 sociaal *adj* social
- Het kabinet verzacht een aantal bezuinigingen in de zorg en de sociale zekerheid.
18.97

26 start *noun, de(m)* start
- Zo is dat afgesproken bij de start van het experiment.
16.09

27 regering *noun, de(f)* government
- De regering startte een forse hervorming van de lokale economie.
19.07

28 starten *verb* to start
- Het project werd enkele jaren geleden gestart.
17.34

29 openbaar *adj* public
- Iedereen kon deze openbare vergadering bijwonen.
16.77

30 financieel *adj* financial
- In financieel opzicht kon de club de transfer goed gebruiken.
16.33

31 actie *noun, de(f)* action
- De opening van de nieuwe vestiging gaat gepaard met enkele spectaculaire acties.
16.30

32 oktober *noun, de(m)* October
- In oktober van dit jaar moet zijn derde boek uitkomen.
18.50

33 januari *noun, de(m)* January
- In januari kreeg de ploeg versterking door de aankoop van een extra verdediger.
19.27

34 wegens *prep* because of
- Dekker kwam dit seizoen wegens een knieblessure nauwelijks in actie.
15.79

35 trainer *noun, de(m)* trainer
- De trainer heeft onlangs zelfs bij Feyenoord gesolliciteerd op de functie van hoofdtrainer.
12.66

36 vierde *num* fourth
- Voor de coach betekende het zijn vierde kampioenschap en een opzienbarende terugkeer.
14.14

37 mei *noun, de(m)* May
- De maand mei was zonnig en warm.
18.86

38 basis *noun, de(f)* basis
- Een schimmelinfectie aan de voet vormt vaak de basis voor ernstige bacteriële infecties.
17.81

39 project *noun, het* project
- De stichting geeft in het businessplan een duidelijk overzicht van de voortgang van het project.
15.01

40 wagen *noun, de(m)* car
- Hij manoeuvreerde zijn wagen op de eerste startrij.
14.00

41 woning *noun, de(f)* house
- De rechten van de consument bij aankoop van een woning zijn belangrijk verbeterd.
13.37

42 strijd *noun, de(m)* battle
- Zij heeft zich in het bijzonder gericht op de strijd voor de rechten van vrouwen en kinderen.
15.12

43 juni *noun, de(m)* June
- In juni gaan ze met de hele klas op kamp.
18.04

44 scoren *verb* to score
- Vorig jaar scoorde het team nog de meeste goals in de competitie.
13.23

45 momenteel *adv* currently
- De hypotheekrente is momenteel aan het stijgen.
14.41

46 april *noun, de(m)* April
- In de tweede week van april wordt het warmer.
16.50

47 maart *noun, de(m)* March
- In maart ging de omzet van de supermarkten iets omhoog.
16.50

48 voormalig *adj* former
- De voormalige international keert terug bij zijn eerste club.
14.39

49 rechter *noun, de(m)* judge
- De rechter besloot hem nog in voorarrest te houden.
12.68

50 reeks *noun, de* series
- In elk boek uit deze reeks staat achterin een kort interview met de auteur van de roman.
13.41

51 jaarlijks *adj* annual
- Dit levert een jaarlijkse besparing op van vijf miljoen gulden.
13.01

52 bezoeker *noun, de(m)* visitor
- Paradiso bood zondagavond de bezoekers een reis door de tijd.
11.74

53 onlangs *adv* recently
- Wel realiseerde ik mij onlangs dat die concerten destijds vrij kort waren.
12.42

54 regio *noun, de* region
- In deze regio wordt volgend jaar wel eerder herstel verwacht.
16.04

55 team *noun, het* team
- Internationaal spelen is goed voor de ontwikkeling van het team.
11.75

56 leider *noun, de(m)* leader
- De leider van de PvdA sprak op een bijeenkomst in Utrecht.
12.53

57 november *noun, de(m)* November
- Van Dam krijgt de prijs op 24 november overhandigd.
15.50

58 juli *noun, de(m)* July
- De nieuwe topman begint zijn werkzaamheden op 1 juli.
15.74

59 december *noun, de(m)* December
- In december gaat de film in ongeveer 50 bioscopen in première.
15.79

60 actief *adj* active
- Als actieve zestigplussers voelden we ons uitgedaagd de beproevingen aan den lijve te ondervinden.
14.56

61 bestuur *noun, het* board
- Moet iedere beslissing worden voorgelegd aan het bestuur?
12.46

62 winst *noun, de(f)* profit
- De winst is hoger dan analisten hadden verwacht.
11.41

63 cijfer *noun, het* figure, number
- Voor veel beleggers waren deze cijfers het bewijs dat de economie het langverwachte herstel laat zien.
15.26

64 dankzij *prep* thanks to
- Dankzij onderzoek kan de ziekte steeds beter behandeld worden.
12.48

65 Brits *adj* British
- Als tegenprestatie is het Britse vorstenhuis vaker dan voorheen beschikbaar voor de media.
12.88

66 controle *noun, de* control
- Ferdinand beweerde dat hij aan het verhuizen was en daardoor de controle was vergeten.
12.34

67 steun *noun, de(m)* support
- De zangeres vertelt veel steun aan haar familie te hebben.
12.93

68 finale *noun, de* final
- De finale wordt gespeeld in Amsterdam.
10.77

69 kosten *noun, pl* costs
- De wet staat dan toe die kosten als aftrekpost op te voeren in de aangifte inkomstenbelasting.
  11.49

70 augustus *noun, de(m)* August
- Het eerste weekend van augustus was het druk op de wegen.
  14.62

71 lokaal *adj* local
- De lokale politiek houdt zich volop met het probleem bezig.
  12.73

72 februari *noun, de(m)* February
- De tweede helft van februari werd het opnieuw kouder.
  14.07

73 schip *noun, het* ship
- Het schip vertrok op 12 juni naar de Verenigde Staten.
  11.64

74 verkiezing *noun, de(f)* election
- Hij doet nog wel mee als lijstduwer aan de verkiezingen.
  12.54

75 ronde *noun, de* round
- Er mogen maximaal honderd spelers door naar de tweede ronde.
  11.32

76 veroordelen *verb* to condemn
- De man is deze week tot twee jaar gevangenisstraf veroordeeld.
  11.32

77 bestuurder *noun, de(m)* manager
- Bestuurders die niet goed hebben gefunctioneerd moeten geen gouden handdruk krijgen.
  9.90

78 buitenlands *adj* foreign
- De premiers ontvangen er hun buitenlandse gasten.
  11.45

79 match *noun, de* match
- Het spel wordt gespeeld door twee deelnemers en een match bestaat uit drie duels.
  9.17

80 gemiddeld *adj* average
- De gemiddelde vergoeding is 500 euro.
  12.52

81 economisch *adj* economic
- Volgens beleggers was dat een teken dat de consumenten de economische groei steunden.
  13.02

82 aankondigen *verb* to announce
- Het kabinet kondigt die maatregel aan op Prinsjesdag.
  10.94

83 bewoner *noun, de(m)* occupant
- De huizen van de bewoners worden door middel van lijnen op een plattegrond aangegeven.
  10.34

84 centraal *adj* central
- Voor beleggers is ook nog van belang wat de centrale banken gaan doen.
  12.10

85 inwoner *noun, de(m)* resident, inhabitant
- Hier komen alle hulpverzoeken van de inwoners van de regio binnen.
  15.70

86 maatregel *noun, de(m)* measure
- De maatregel is vooral bedoeld om buitenlandse vrouwen te helpen.
  11.09

87 dader *noun, de(m)* perpetrator, offender
- Aan de hand van verklaringen kon de politie een signalement van de dader opstellen.
  9.63

88 ene *pron* a, one
- Het ene hippe restaurant na het andere opent er zijn deuren.
  14.07

89 daarnaast *adv* beside it
- Daarnaast zal ontwikkeling van kennis, vaardigheden en gedrag een rol gaan spelen bij individuele beloning.
  13.79

90 stelen *verb* to steal
- Dieven hebben de aanhangwagens en opleggers gestolen.
  10.17

91 voetbal *noun, het/de(m)* football
- Voetbal speelt de hoofdrol in zijn leven.
- De man was kwaad omdat hij de voetbal van het kind tegen zijn gezicht had gekregen.
  10.42

92 contract *noun, het* contract
- Het contract loopt vier jaar en gaat medio januari volgend jaar in.
  10.13

93 werknemer *noun, de(m)* employee
- Dit besluit hebben werkgevers en werknemers vrijdagavond genomen.
  9.96

94 zege *noun, de* victory
- Oostenrijk had tot 10 minuten voor tijd ruim uitzicht op een zege.
  8.61

95 rechtbank *noun, de* court
- De rechtbank doet over dertien dagen uitspraak.
  9.57

96 technisch *adj* technical
- De arbeidsinspectie heeft diverse technische mankementen vastgesteld.
  10.68

97 president *noun, de(m)* president
- Bij de Amerikaanse president zijn er kennelijk no hard feelings.
  11.39

98 eisen *verb* to demand
- Pakistan eist dat de bevolking in een referendum over haar toekomst kan beslissen.
  10.84

99 premier *noun, de(m)* prime minister
- De premier zei dat iedereen er grosso modo niet meer dan één procent op achteruit gaat.
  10.10

100 amper *adv* barely
- Een feestelijk versierde wagen rijdt hem door het amper 2000 zielen tellende dorp naar zijn ouderlijk huis.
  10.11

101 woordvoerder *noun, de(m)* spokesman
- Een woordvoerder benadrukt dat de organisatie niets te verbergen heeft.
  8.71

102 alvast *adv* meanwhile
- Tijdens de afdaling gingen vader en dochter alvast vooruit.
  11.69

103 beschikken *verb* to have at one's disposal
- Het voordeel van zelf sparen of beleggen is dat je altijd over je geld kan beschikken.
  10.41

104 cel *noun, de* cell
- Hij wilde aan den lijve ondervinden hoe het is om een cel te delen met een onbekende.
  9.22

105 vervangen *verb* to replace
- Het was de bedoeling dat het prepensioen de VUT zou vervangen.
  11.95

106 samenwerking *noun, de(f)* collaboration
- We vinden een goed team en goede samenwerking op dit ogenblik belangrijker dan geld.
  10.86

107 eigenaar *noun, de(m)* owner
- Via het kenteken achterhaalde de politie de eigenaar van de wagen.
  10.06

108 kandidaat *noun, de(m)* candidate
- Inwoners konden via een referendum kiezen uit twee voorgedragen kandidaten.
  9.74

109 sport *noun, de* sport
- Ze wilde ook bewuster gaan genieten van de sport die haar zo vaak gelukkig maakt.
  10.18

110 West-Vlaams *adj* West Flemish
- Volgens de woordvoerder van de West-Vlaamse gouverneur is er geen reden voor paniek.
  2.42

111 doelpunt *noun, het* goal
- Vier landen hebben in die interlands meer dan 200 doelpunten gemaakt.
  8.18

112 politicus *noun, de(m)* politician
- In beide delegaties zaten leden van regeringspartijen en invloedrijke politici.
  11.87

113 medewerker *noun, de(m)* employee
- De medewerkers gaan meewerken aan de humanitaire hulp richting dat land.
  9.61

114 recent *adj* recent
- De concerns profiteerden van de recente opleving van de dollar.
  10.42

115 risico *noun, de(m)/het* risk
- Stress betekent een groter risico op complicaties.
  9.81

116 bevolking *noun, de(f)* population
- De regering probeert de bevolking van de hoofdstad zoveel mogelijk op één plaats te houden.
  13.00

117 activiteit *noun, de(f)* activity
- Er zijn dit weekend speciale activiteiten voor jong en oud.
  10.45

118 tegenstander *noun, de(m)* opponent
- Hij kon zijn club serieus testen in een duel met een sterke tegenstander.
9.34

119 schade *noun, de* damage
- Artsen proberen de schade te beperken door de bestraling goed te richten.
9.18

120 definitief *adj* final
- Een definitief besluit is uitgesteld.
9.89

121 gewond *adj* injured
- De gewonde man werd naar het ziekenhuis gebracht.
8.24

122 verdenken *verb* to suspect
- De aanklagers verdenken hem van belastingontduiking.
8.64

123 dollar *noun, de(m)* dollar
- De renovatie wordt begroot op 5 miljoen dollar.
8.59

124 bedrag *noun, het* amount, sum
- Volgens de advocaat van de moeder kan het bedrag oplopen tot een miljoen euro.
9.82

125 provincie *noun, de(f)* province
- Gemeenten en provincies moeten meer rekening houden met de afmetingen van vrachtwagens bij de aanleg van rotondes.
14.04

126 miljard *num* billion
- Met de verkoop is naar schatting 2 miljard dollar gemoeid.
8.87

127 boete *noun, de* fine
- Jonge automobilisten kunnen een boete krijgen als ze één biertje hebben gedronken.
8.41

128 trainen *verb* to train
- Ik train daar in een korte broek onder de warme zon.
8.24

129 klacht *noun, de* complaint
- Hij wijst er echter op dat het aantal klachten ten opzichte van het totaal aantal klanten gering is.
9.29

130 spoor *noun, het* a) trace b) track
- a) De politie heeft nog geen spoor van de daders.
- b) Via het pas aangelegde spoor konden mensen zelfs reizen naar andere plekken.
9.80

131 verrassen *verb* to surprise
- Hij verraste zijn ploeggenoten door de bal piekfijn over de keeper in de goal te tillen.
9.03

132 website *noun, de* website
- Het belangrijkste middel dat het instituut daarvoor inzet is een vernieuwde website.
12.05

133 nadien *adv* after(wards)
- Het verschijnsel werd nadien uitgebreid bestudeerd.
9.02

134 verkeer *noun, het* traffic
- De politie sluit de binnenstad af voor alle verkeer.
8.90

135 provinciaal *adj* provincial
- Door het ongeval is de provinciale weg urenlang afgesloten geweest.
7.96

136 media *noun, de* media
- Ze verwijten de minister dat hij de media niet in de hand houdt.
10.80

137 populair *adj* popular
- Maar geld voor gebouwen is nooit een populair thema geweest onder politici.
10.94

138 redactie *noun, de(f)* editorial staff
- Op steun hoeft de redactie van Netwerk niet meer te rekenen.
9.15

139 klasse *noun, de(f)* class
- Hotels zijn er in alle klassen.
8.75

140 dossier *noun, het* file
- Het is ook mogelijk om de patiënt elektronisch toegang te geven tot zijn eigen dossier.
8.44

141 vereniging *noun, de(f)* club
- Nog twee andere verenigingen hebben serieus belangstelling getoond.
9.50

142 overwinning *noun, de(f)* victory
- Het inspireerde hem dusdanig dat hij acht overwinningen op een rij boekte.
  9.13

143 Brussels *adj* Brussels
- Nederland hoeft in principe niet aan de strenge Brusselse milieuregels over mest te voldoen.
  8.36

144 burger *noun, de(m)* citizen
- Sinds de elfde eeuw mochten burgers voor eigen gebruik thuis bier brouwen.
  10.03

145 meerderheid *noun, de(f)* majority
- De meerderheid is gewoon hard bezig een boterham te verdienen door goede producten te leveren.
  9.86

146 café *noun, het* café, pub
- Er kwamen wat winkels en cafés.
  9.36

147 prestatie *noun, de(f)* performance
- Hierdoor werden de prestaties beter.
  8.24

148 plannen *verb* to plan
- De verhuizing staat gepland voor het vierde kwartaal.
  8.63

149 personeel *noun, het* staff
- Ze houden zich bezig met de gezondheid van het personeel.
  8.56

150 verlies *noun, het* loss
- Het voorgaande boekjaar was er een verlies van 62 miljoen euro.
  8.63

151 agent *noun, de(m)* policeman
- De agent ging op onderzoek uit.
  7.90

152 Amerikaan *noun, de(m)* American
- De Amerikaan is 84 jaar oud geworden.
  8.41

153 schepen *noun, de(m)* local councillor
- De voorzitter krijgt de wedde van een schepen.
  7.00

154 aandeel *noun, het* share
- Ahold wil niet meer dan 625 miljoen nieuwe aandelen uitgeven.
  8.67

155 bedragen *verb* to amount (to)
- De accijnsverhoging van de overheid bedraagt 55 eurocent.
  10.34

156 nochtans *adv* nevertheless
- Hij ziet nochtans een flonkering van licht aan het einde van de tunnel.
  8.87

157 winnaar *noun, de(m)* winner
- De winnaar mag 10.000 euro in ontvangst nemen.
  8.47

158 brandweer *noun, de* fire department
- De brandweer bluste beide branden.
  7.02

159 economie *noun, de(f)* economy
- De economie in de eurozone zal in de tweede helft van dit jaar geleidelijk herstellen.
  9.84

160 veiligheid *noun, de(f)* safety
- De auto heeft veel ingebouwde veiligheid en is technisch zeer geavanceerd.
  8.34

161 advocaat *noun, de(m)* lawyer
- Als advocaat is hij gespecialiseerd op het gebied van nationale en internationale fusies en overnames.
  7.90

162 kampioen *noun, de(m)* champion
- Iedereen kan dit seizoen kampioen worden.
  7.65

163 dief *noun, de(m)* thief
- In welke gemeente sloegen de dieven toe en waarom in een bepaalde wijk?
  7.13

164 competitie *noun, de(f)* competition
- De eindstand is altijd een eerlijke afspiegeling van een competitie over 34 wedstrijden.
  7.20

165 training *noun, de* training, practice
- Hij verzaakt nimmer bij een training en beschouwt elke wedstrijd als een finale.
  7.15

166 coach *noun, de(m)* coach
- De coach vroeg om zijn speler verder met rust te laten.
  6.84

167 vijfde *num* fifth
- De aanvoerder stond in de slotminuut aan de basis van de vijfde treffer.
  7.62

168 carrière *noun, de* career
- Zijn kandidatuur moet de kroon worden op zijn politieke carrière.
  9.04

169 vuur *noun, het* fire
- Het vuur kreeg te weinig zuurstof en ging uit.
8.89

170 deelnemer *noun, de(m)* participant
- De deelnemers lijken er vooral plezier in te hebben.
7.73

171 Antwerps *adj* Antwerp
- De serie wordt opgenomen in de Antwerpse haven.
7.31

172 ongeval *noun, het* accident
- Wereldwijd deden zich vorig jaar slechts vier dodelijke ongevallen met haaien voor.
7.03

173 ontkennen *verb* to deny
- De drie verdachten ontkennen alle beschuldigingen.
8.72

174 belanden *verb* to end up
- Door ondervoeding belandde hij op een gegeven moment in een ziekenhuis.
7.84

175 oppakken *verb* to arrest
- De twee verdachten zijn door de politie opgepakt.
7.53

176 redacteur *noun, de(m)* editor
- Daar wordt hij eerst redacteur en later hoofdredacteur.
7.08

177 waarschuwen *verb* to warn
- Er werd gewaarschuwd voor extreem koud weer.
8.13

178 divers *adj* various
- Het huidige elftal kent spelers uit diverse landen en met verschillende achtergronden.
11.23

179 commissie *noun, de(f)* committee
- De commissie concludeert dat beginnende leerkrachten over het algemeen voldoende zijn voorbereid op hun werk.
7.98

180 kabinet *noun, het* cabinet
- Wel wil het nieuwe kabinet flink investeren in schone energie en openbaar vervoer.
7.57

181 erkennen *verb* to recognize
- In een opwelling van eerlijkheid erkende de centrale verdediger zijn fouten.
8.96

182 spits *noun, de(m)* striker
- De twee spitsen zouden niet langer naast maar achter elkaar staan.
6.70

183 gemeenteraad *noun, de(m)* local council
- Het merendeel van de gemeenteraad stemde met het voorstel in.
6.77

184 oplopen *verb* to increase
- De tijd tussen de ontvangst van een order en de levering kan oplopen tot negen maanden.
7.51

185 opvallend *adj* striking
- Altijd droeg hij stoere jeans en opvallende ringen om zijn vingers.
7.81

186 dringen *verb* to push
- De mensen stonden te dringen in de rij.
- **de tijd dringt**: Voor de bewoners dringt de tijd, aangezien men het complex op 13 april dient te verlaten.
8.75

187 Italiaans *adj* Italian
- De premier heeft met de Italiaanse ambassadeur over de kwestie gesproken.
9.37

188 verkoop *noun, de(m)* sale
- De beheerder van de supermarkt stopte de verkoop.
7.42

189 aanhouden *verb* to stop, to arrest
- Hij werd eerder aangehouden voor mishandeling van zijn vrouw.
7.31

190 verhogen *verb* to increase
- Zingen verhoogt de weerstand en is goed tegen stress.
8.20

191 koers *noun, de(m)* rate
- Dat had vooral te maken met de sterke koers van de euro tegenover de dollar.
7.10

192 luiden *verb* to read, to be
- Weinig vet was goed voor je, zo luidde de algemene boodschap.
7.55

193 deelnemen *verb* to participate
- Ook veteranen zullen deelnemen aan het eerbetoon.
7.63

194 **doelman** *noun, de(m)* goalkeeper
- De doelman is herstelt van een
  enkelblessure.
  6.10

195 **presenteren** *verb* to present
- Het plan wordt op Prinsjesdag
  gepresenteerd.
  8.91

196 **investeren** *verb* to invest
- Het kabinet wil de opbrengsten investeren
  in de infrastructuur.
  7.16

197 **partner** *noun, de(m)* partner
- Het gaat om vrouwen die een nieuwe
  partner ontmoeten met wie ze opnieuw
  een gezin willen stichten.
  8.61

198 **opmerkelijk** *adj* striking, remarkable
- De minister deed in zijn betoog twee
  opmerkelijke uitspraken.
  7.23

199 **opleveren** *verb* to yield
- Het ging hem vooral om de centen die ze
  opleverden.
  7.83

200 **boeken** *verb* to book
- Je boekt een reis, maar je weet niet
  waarheen.
  vooruitgang boeken: Daarom heeft het
  ook even geduurd voor ze vooruitgang
  boekte.
  7.16

201 **voorsprong** *noun, de(m)* lead
- Haar voorsprong op de nummer twee in de
  eindstand bedroeg 53 seconden.
  6.30

202 **historisch** *adj* historical
- Het historische gebouw staat op instorten.
  10.07

203 **plaatselijk** *adj* local
- De plaatselijke dijk brak door over een
  lengte van ongeveer 60 meter.
  7.46

204 **behalen** *verb* to gain, to achieve
- Ik heb mijn successen behaald door hard te
  werken.
  8.10

205 **fors** *adj* robust
- Z'n forse postuur, kale kop en sterke
  kaaklijn maken hem tot een man van
  graniet.
  6.85

206 **justitie** *noun, de(f)* justice
- Volgens justitie wist hij dat het bedrijf een
  persbericht over zijn vertrek zou publiceren.
  6.91

207 **traditioneel** *adj* traditional
- Behalve de traditionele markt zijn er
  exposities en modeshows.
  7.90

208 **wijk** *noun, de* district, neighbourhood
- Het initiatief is in de wijken goed
  ontvangen.
  7.64

209 **pleiten** *verb* to plead
- Hij pleit voor meer zorgvuldigheid en
  terughoudendheid.
  7.23

210 **federaal** *adj* federal
- De problemen op staatsniveau zijn verergerd
  door bezuinigingen op federaal niveau.
  7.61

211 **hoofdstad** *noun, de* capital
- Dagelijks trekken één tot twee miljoen
  mensen van buiten naar de hoofdstad om
  daar te werken.
  9.01

212 **klap** *noun, de(m)* blow
- De klap weerkaatst tegen de gevels.
  7.60

213 **parlement** *noun, het* parliament
- Het voorstel moet nog worden goedgekeurd
  door het parlement.
  8.36

214 **gemeentebestuur** *noun, het* local authority
- De doelstellingen van het gemeentebestuur
  zijn hiermee gehaald.
  5.80

215 **samenleving** *noun, de(f)* society
- Wij erkennen de kansen die deze
  samenleving biedt.
  8.45

216 **parket** *noun, het* a) parquet
  b) public prosecutor
- a) Aan het oude parket op de vloer is zo
  weinig mogelijk veranderd.
- b) Over de identiteit van de slachtoffers wil
  het parket geen uitspraken doen.
  in een lastig parket: Dat kon ons in een
  lastig parket brengen.
  5.91

217 **anderhalf** *num* one and a half
- Het bedrijf bestaat inmiddels anderhalf jaar
  en het gaat prima.
  6.94

218 podium *noun, het* stage
- Ik bouwde zelf een podium en sleepte de stoelen aan.
  6.68

219 tachtig *num* eighty
- De stad heeft de afgelopen tachtig jaar flink geëxperimenteerd in de woningbouw en de stadsplanning.
  6.99

220 voertuig *noun, het* vehicle
- Op het festival zijn oude landbouwmachines, stoomboten, walsen, auto's en andere voertuigen te zien.
  6.15

221 waaronder *adv* including
- De havens waren aan de beurt, waaronder die van Rotterdam.
  9.28

222 nederlaag *noun, de* defeat
- Het was de tweede grote nederlaag in een week.
  6.00

223 belofte *noun, de(f)* promise
- Ik laat me niet meer afschepen met toezeggingen en beloftes.
  6.43

224 aanslag *noun, de(m)* attack
- Het bewees dat een popconcert niet altijd een aanslag op het gehoor hoeft te zijn.
  6.79

225 ambitie *noun, de(f)* ambition
- Ik heb eigenlijk geen ambitie op het vlak van acteren.
  6.02

226 bedreigen *verb* to threaten
- De agenten werden bedreigd en riepen de hulp in van het arrestatieteam.
  6.79

227 verslaggever *noun, de(m)* reporter
- Het boek van de verslaggever bevat allerlei wetenswaardigheden over presidentiële golfers.
  5.52

228 wereldkampioenschap *noun, het* world championship
- Het Nederlands jeugdteam is roemloos uitgeschakeld op het wereldkampioenschap onder 20 jaar.
  5.90

229 productie *noun, de(f)* production
- De productie van voedsel en exportgewassen is ingestort.
  7.74

230 oprichten *verb* to establish, to found
- De opleiding werd opgericht om mensen een kans op hoger onderwijs te geven.
  9.62

231 talent *noun, het* talent
- Ze stoppen relatief weinig tijd, energie en geld in het actief zoeken naar talent.
  6.73

232 voetballen *verb* to play football
- Hij heeft welgeteld één helft zeer goed gevoetbald.
  5.75

233 rapport *noun, het* report
- Aan het rapport ligt een gedegen, objectief en betrouwbaar onderzoek ten grondslag.
  6.56

234 stadsbestuur *noun, het* town government
- Het besluit van het stadsbestuur stuitte nauwelijks op weerstand.
  5.36

235 job *noun, de(m)* job
- Ik heb een job in het transport gehad.
  7.10

236 benadrukken *verb* to emphasize
- Zij benadrukken dat de ouders niets te verwijten valt.
  6.05

237 campagne *noun, de* campaign
- De nieuwe campagne kan rekenen op gemengde gevoelens onder marketeers.
  6.19

238 vlot *adj* quick
- Na de rust kwamen ze op een vlotte voorsprong.
  6.29

239 voorbereiding *noun, de(f)* preparation
- Ook ter voorbereiding op de examens is het internet een boeiende bron.
  6.24

240 cultureel *adj* cultural
- Het museum moet integreren met de culturele infrastructuur van het nieuwe stadsdeel.
  7.20

241 uniek *adj* unique
- De hele wereld was getuige van deze unieke stap in de ruimtevaart.
  6.90

242 publiceren *verb* to publish
- Hoe gaat het met de initiatieven om op het internet bijvoorbeeld een krant te publiceren?
  7.83

9 Nationalities and place adjectives

Nationalities

Nederlander 11.21 Dutchman
Belg 8.97 Belgian
Amerikaan 8.41 American
Duitser 5.37 German
Fransman 2.14 Frenchman

Place adjectives

Note that many of these words
may also refer to languages:
Nederlands, Duits, Engels,
Frans, etc.
Nederlands 31.57 Dutch
Vlaams 26.59 Flemish
Belgisch 25.61 Belgian
Europees 24.28 European

Amerikaans 19.70 American
Frans 17.56 French
Duits 15.84 German
Brits 12.88 British
Engels 10.86 English
Italiaans 9.37 Italian
Brussels 8.36 Brussels
Spaans 8.21 Spanish
Antwerps 7.31 Antwerp
Russisch 5.55 Russian
Gents 4.61 Ghent
Amsterdams 4.41 Amsterdam
Turks 4.36 Turkish
Waals 4.20 Walloon
Limburgs 3.56 Limburg
Chinees 3.29 Chinese

Grieks 3.26 Greek
Japans 3.03 Japanese
Leuvens 3.00 Leuven
Marokkaans 2.98 Moroccan
Afrikaans 2.80 African
Arabisch 2.75 Arabic
Israëlisch 2.66 Israeli
Iraaks 2.65 Iraqi
Rotterdams 2.51 Rotterdam
West-Vlaams 2.42 West
  Flemish
Haags 2.07 Hague
Pools 1.99 Polish
Hollands 1.88 Dutch
Romeins 1.36 Roman

---

243 **militair** *adj* military
- De leiding wordt gebruikt door defensie voor het transport van de brandstof naar militaire vliegvelden.
  7.53

244 **aanpak** *noun, de(m)* approach
- Hij kreeg de afgelopen maanden al kritiek op zijn trage aanpak van de kwestie.
  6.23

245 **indienen** *verb* to present, to file
- Hij heeft een klacht ingediend bij het bestuur.
  6.05

246 **voortdurend** *adj* continuous
- Na die voortdurende heibel gaan er weer stemmen op om het proces elders te houden.
  7.34

247 **chauffeur** *noun, de(m)* driver
- De apparatuur waarschuwt chauffeurs met een signaal dat een wandelaar of fietser in het onzichtbare gebied naast de auto zit.
  5.95

248 **'s avonds** *adv* in the evening, at night
- De meeste werknemers zijn niet voor acht uur 's avonds thuis.
  6.41

249 **afloop** *noun, de(m)* end
- Na afloop van de proef evalueren we het.
  6.16

250 **sportief** *adj* competitive
- Met 420 kilometer piste kan zelfs de sportieve skiër dagenlang vooruit.
  5.57

251 **vergelijking** *noun, de(f)* comparison
- KPN heeft een vergelijking gemaakt van de kosten vóór en na de prijsdaling.
  7.43

252 **groei** *noun, de(m)* growth
- Diagnose brengt deze groei wekelijks in beeld.
  6.68

253 **baseren** *verb* to base (on)
- Hij baseert zijn boodschap op jarenlang wetenschappelijk onderzoek.
  8.68

254 **succesvol** *adj* successful
- Succesvolle bedrijven concentreren zich op hun kernactiviteiten.
  7.18

255 **duel** *noun, het* duel, match
- In de laatste vier duels wist de spits steeds te scoren.
  5.13

256 **bouw** *noun, de(m)* construction
- De bouw van de 150 huisjes zou anderhalf miljoen euro kosten.
  6.61

257 beschikbaar *adj* available
- De beschikbare hoofd- en beenruimte zijn daar wel voldoende.
7.36

258 locatie *noun, de(f)* location
- Deze locatie is bij ons in de buurt.
6.86

259 negentig *num* ninety
- De oud-premier is negentig jaar oud geworden.
5.92

260 concurrentie *noun, de(f)* competition
- De ploeg kwam wel iets dichter in de buurt van de concurrentie.
5.87

261 gemeenschap *noun, de(f)* community
- De bestuurders liggen op kosten van de gemeenschap continu met elkaar overhoop.
7.85

262 verwijzen *verb* to refer
- Het personeel verwijst iedereen door naar de directie.
7.22

263 vervolgen *verb* a) to continue
b) to prosecute
- a) De passagiers hebben hun reis met een ander toestel vervolgd.
- b) Hij wordt vervolgd wegens dood door schuld.
6.51

264 afkomstig *adj* originating, from
- De vrouw is afkomstig uit Spanje.
7.58

265 Spaans *adj* Spanish
- De Spaanse ploeg gold vooraf als favoriet voor de eindzege in de poule van vier teams.
8.21

266 manager *noun, de(m)* manager
- Candy speelde zo fantastisch dat ik na afloop van de sessie direct naar mijn manager ben gegaan.
5.64

267 concurrent *noun, de(m)* competitor
- Ten opzichte van vergelijkbare concurrenten is hij bovendien 500 tot 1000 euro goedkoper.
5.47

268 selectie *noun, de(f)* selection
- Het was nog een hele klus om een selectie te maken.
5.75

269 terugkeren *verb* to return
- De zender bekijkt nog of het programma in aangepaste vorm terugkeert.
6.58

270 fan *noun, de(m)* fan
- De fans stonden de eerste dagen in lange rijen voor de winkels.
7.17

271 onafhankelijk *adj* independent
- Een onafhankelijk bureau zal onderzoeken hoe verpleeghuizen hun zorg organiseren.
7.91

272 vakbond *noun, de(m)* trade union
- Bij de vakbonden onderling was er evenmin sprake van verbroedering.
5.65

273 dertien *num* thirteen
- Het bedrijf wil zich richten op jongeren tusen dertien en vijfentwintig jaar.
5.81

274 zeventig *num* seventy
- Het havenbedrijf least het hoofdstedelijke deel over een periode van zeventig jaar.
6.00

275 vertrek *noun, het* departure
- Het vertrek van de liberalen uit de nationale regering lijkt nog slechts een kwestie van tijd.
6.29

276 unie *noun, de(f)* union
- De EU is een unie van lidstaten.
6.13

277 tentoonstelling *noun, de(f)* exhibition
- Begin april wordt de tentoonstelling over Escher geopend.
5.45

278 supporter *noun, de(m)* supporter
- De supporters scandeerden de naam van de vertrekkende trainer.
4.89

279 beurs *noun, de* stock market, exchange market
- De rode cijfers betekenen dat de beurzen voor de tweede opeenvolgende dag lager sloten.
5.37

280 editie *noun, de(f)* edition
- Duitsland won de laatste vijf edities van het tweejaarlijkse evenement.
6.56

281 gevangenis *noun, de(f)* prison
- In de gevangenis krijgen ze een programma gericht op terugkeer in de maatschappij.
6.03

282 gemeentelijk *adj* municipal
- Zij wil onderzoeken of er mogelijkheden zijn voor aanvullende gemeentelijke financiering.
5.21

283 **schorsen** *verb* to suspend
- Hij moest zijn medaille inleveren
en werd automatisch voor twee jaar
geschorst.
4.86

284 **operatie** *noun, de(f)* operation
- Na zijn operatie in november aan zijn
luchtwegen wilde hij geen risico lopen.
5.96

285 **voldoen** *verb* to satisfy, to fulfil
- Ik probeerde aan verwachtingen van de
anderen te voldoen.
6.52

286 **illegaal** *adj* illegal
- In drie zaken werden in totaal vier illegale
werknemers aangehouden.
5.70

287 **bijdrage** *noun, de* contribution
- Met het geld kan een bijdrage worden
geleverd aan een democratisch verloop van
de verkiezingen.
7.25

288 **publiek** *adj* public
- Op de zenders van de publieke omroep
reageert alles en iedereen.
6.99

289 **diefstal** *noun, de(m)* theft
- De man heeft inmiddels ruim vijftig
diefstallen bekend.
5.03

290 **kunstenaar** *noun, de(m)* artist
- De kamers hangen vol met werk van
bevriende kunstenaars.
5.83

291 **bekendmaken** *verb* to announce
- Eind december wordt de winnaar
bekendgemaakt.
4.92

292 **betrappen** *verb* to catch
- Diezelfde dag betrapte dezelfde politieman
de verdachte nog eens.
5.54

293 **inzet** *noun, de(m)* effort
- Het op orde brengen van de staatsfinanciën
was de inzet van de coalitie.
5.44

294 **vrachtwagen** *noun, de(m)* lorry
- De verkeerspolitie kondigt aan in actie te
komen tegen vrachtwagens met misleidende
verlichting.
5.10

295 **onderhandeling** *noun, de(f)* negotiation
- De onderhandelingen worden opgeschort
totdat er een uitspraak is gedaan in de
procedure.
5.43

296 **overbrengen** *verb* to transfer
- Hij wordt vandaag nog overgebracht naar
een betrouwbaar ziekenhuis.
5.12

297 **renner** *noun, de(m)* rider, runner
- Van bij de start trokken vijf renners in de
aanval.
4.74

298 **omzet** *noun, de(m)* turnover
- Het bedrijf heeft 1100 werknemers en een
omzet van twee miljard gulden.
4.81

299 **Gents** *adj* Ghent
- De twee restaurateurs van het Gentse museum
zijn maanden bezig met de restauratie.
4.61

300 **duiken** *verb* to dive
- Hij duikt in een golf en onder water opent
hij zijn ogen.
6.28

301 **werkgever** *noun, de(m)* employer
- De werkgevers zegden kortere werktijden toe.
5.59

302 **verdediger** *noun, de(m)* defender
- Een verdediger mag zich nooit zenuwachtig
tonen op een veld.
4.73

303 **versie** *noun, de(f)* version
- De versies die in de loop der jaren
verschenen verschillen allemaal.
8.27

304 **ontslag** *noun, het* resignation, dismissal
- Hij bood zijn ontslag aan bij de krant.
5.57

305 **investering** *noun, de(f)* investment
- Het proces gaat met enorme investeringen
gepaard.
5.48

306 **relatief** *adj* relative
- De jongens kunnen overdag in relatieve
vrijheid vakopleidingen volgen.
6.98

307 **lanceren** *verb* to launch
- Deze zomer werd de laatste Japanse raket
gelanceerd die een satelliet in de ruimte
bracht.
5.58

308 onderneming *noun, de(f)* enterprise
- De onderneming verwacht de positie op de thuismarkt te versterken.
  5.43

309 parkeren *verb* to park
- Hij kan dus altijd zijn auto in de buurt van de flat parkeren.
  5.14

310 gerecht *noun, het* a) dish b) law court
- a) Op de menukaart staan de heerlijkste gerechten.
- b) De politiek maakt de wetten en het gerecht waakt over de uitvoering ervan.
  5.33

311 inschrijven (zich) *verb* to register
- De man had zich in Paraguay onder valse naam ingeschreven.
  5.40

312 onderzoeker *noun, de(m)* researcher
- De onderzoekers hopen dat hun ontdekking de vrees zal wegnemen.
  5.17

313 beschuldigen *verb* to accuse
- De vrouw wordt beschuldigd van diefstal.
  5.47

314 vernieuwen *verb* to renew
- Het wegdek rond de brug wordt vernieuwd.
  5.28

315 maximaal *adj* maximum
- De vluchters hadden na 88 kilometer een maximale voorsprong van drie minuten.
  6.22

316 vooraf *adv* beforehand
- Voor deze excursie is aanmelding vooraf niet nodig.
  5.55

317 verlengen *verb* to extend
- De koude heeft er voor gezorgd dat het plantseizoen met een maandje werd verlengd.
  5.27

318 blessure *noun, de(f)* injury
- Na dertig minuten moest hij met een blessure naar de kant.
  4.37

319 wereldwijd *adj* worldwide
- Een wereldwijde rentedaling leverde spectaculaire koerswinsten op voor obligaties.
  5.80

320 goal *noun, de(m)* goal
- In de 63ste minuut ontstond de mooiste goal van de wedstrijd.
  4.44

321 conflict *noun, het* conflict
- Waar draait het conflict eigenlijk om?
  6.06

322 organisator *noun, de(m)* organizer
- De organisatoren hebben een aantrekkelijk programma samengesteld.
  4.57

323 ontslaan *verb* to dismiss, to fire
- De arbeiders vragen dat niemand wordt ontslagen en dat de activiteiten worden voortgezet.
  5.26

324 topper *noun, de(m)* top-class match
- In de topper tegen Kortrijk zette hij zijn ploeg reeds na drie minuten op voorsprong.
  4.39

325 wijten *verb* to blame
- De achteruitgang was vooral te wijten aan winstnemingen.
  5.73

326 gedenken *verb* to remember
- Het koor gedenkt op zaterdag het 25-jarig bestaan.
  6.36

327 afscheid *noun, het* farewell, goodbye
- De huisarts neemt morgenmiddag afscheid van patiënten en relaties.
  6.09

328 verkiezen *verb* a) to prefer b) to elect
- a) Hij verkiest een rol in de politiek boven het zakenleven.
- b) Volgende dinsdag wordt de nieuwe Miss België verkozen.
  6.22

329 verscheiden *adj* several
- Er zijn verscheidene redenen voor de chaos.
  5.15

330 verdediging *noun, de(f)* defence
- Hij drong hem in de verdediging en voerde zijn aanvallen op.
  4.94

331 volop *adv* in abundance
- Eindelijk is er eens volop gelegenheid om lekker warme truien te dragen.
  5.29

332 directie *noun, de(f)* management
- De voorstellen van de directie werden aanvaard.
  4.89

333 evenement *noun, het* event
- De belangstelling voor het evenement was ook deze keer overweldigend.
  4.98

334 onvoldoende *adj* insufficient
- Hij wreef hem een onvoldoende kennis van het dossier aan.
4.81

335 evenwel *adv* nevertheless
- Hij hield evenwel zijn warme belangstelling voor zijn stad.
5.20

336 Amsterdams *adj* Amsterdam
- Het Amsterdamse bedrijf ontving veel opdrachten op het gebied van mobiele communicatie.
4.41

337 opvolger *noun, de(m)* successor
- Een ambtenaar had zijn eigen opvolger aangewezen.
5.97

338 site *noun, de* site
- De telefoonmaatschappij werkt aan een eigen site.
8.38

339 oorspronkelijk *adj* original
- Wat overbleef van het oorspronkelijke programma was indrukwekkend.
8.03

340 vzw *noun, de(f)* non-profit organization
- De vzw is opgericht om het beheer van het monument op zich te nemen.
4.41

341 tal *noun, het* number
- De auteurs behandelen tal van onderwerpen.
5.23

342 kiezer *noun, de(m)* voter
- De helft van de kiezers zegt zondag te zullen stemmen op de president.
5.12

343 subsidie *noun, de(f)* subsidy
- De regering heeft de subsidies aan staatsbedrijven ingetrokken.
4.94

344 serie *noun, de(f)* series
- Dit is het zevende deel van een serie over werkloosheid.
6.63

345 vatten *verb* to catch, to grasp
- De politie moet beter haar best doen om de misdadigers te vatten.
post vatten: Zijn broer vatte post in de rug van Smets.
vlam vatten: Er brak brand uit toen een matras vlam vatte.
5.17

346 verrassing *noun, de(f)* surprise
- Wie zijn taak zal overnemen blijft voorlopig nog een verrassing.
5.03

347 produceren *verb* to produce
- Het bedrijf produceert de bussen voor Ecuador in Brazilië.
7.14

348 oordelen *verb* to judge
- De rechtbank achtte zich bevoegd te oordelen.
5.18

349 alternatief *noun, het* alternative
- Wij hebben alle alternatieven bekeken maar dit is de enige kans.
5.80

350 achterstand *noun, de(m)* arrears
- Op de slotdag bogen Andre Agassi en Pete Sampras de achterstand om in een overwinning.
4.40

351 botsen *verb* to clash
- Daar botst het ene beleid rechtstreeks met het andere.
4.51

352 koppel *noun, het* couple
- Het koppel beloofde elkaar eeuwige trouw.
4.95

353 fysiek *adj* physical
- Zij boezemt alleen al door haar stevige fysieke gestalte ontzag in.
5.13

354 incident *noun, het* incident
- Volgens een politiewoordvoerder gebeurde het incident tijdens hevig onweer.
4.65

355 kruispunt *noun, het* crossing
- Jongetjes rennen voor de stoplichten bij drukke kruispunten langs de rijen auto's.
4.16

356 stijging *noun, de(f)* increase
- De AEX-index sloot 10,55 punten hoger, wat neerkwam op een stijging van 1,87 procent.
4.51

357 gezelschap *noun, het* company
- De regering wil inspraak over de samenstelling van het gezelschap .
5.60

358 profiteren *verb* to benefit
- Meer nog dan de school profiteren individuele leraren van zo'n deal.
4.87

359 duo *noun, het* duo
- Eén krant vergeleek het Nederlandse/ Belgische duo zelfs met de countrylegenden Emmylou Harris en wijlen Gram Parsons.
  4.54

360 schot *noun, het* shot
- De man die het schot heeft afgevuurd, is nog voortvluchtig.
  4.50

361 telefoonnummer *noun, het* telephone number
- Vergeet niet uw naam en telefoonnummer te vermelden.
  4.67

362 Turks *adj* Turkish
- Marokkaanse en Turkse kinderen doen het op school veel beter dan tien jaar geleden.
  4.36

363 hopelijk *adv* hopefully
- Hopelijk is het een vergissing.
  6.81

364 ontsnappen *verb* to escape
- De koe was ontsnapt toen een boer haar naar de wei bracht.
  5.42

365 aanleg *noun, de(m)* construction
- Rond het beruchte punt was het een tijdje minder druk na de aanleg van spitsstroken.
  4.67

366 beker *noun, de(m)* cup
- Hij won de titel en de beker.
  4.55

367 slepen *verb* to drag
- Hij sleept de apparatuur zijn huis binnen.
  5.06

368 toenmalig *adj* former, then
- Op de bijeenkomst worden 400 toenmalige hulpverleners in het zonnetje gezet.
  5.31

369 beschikking *noun, de(f)* disposal
- Het verkeer heeft dan de beschikking over drie rijstroken in beide richtingen.
  4.95

370 gemeenteraadsverkiezing *noun, de(f)* local election
- Binnen een jaar worden er gemeenteraadsverkiezingen gehouden.
  3.93

371 thuisploeg *noun, de* home team
- Nog geen minuut later kwam de thuisploeg echter op gelijke hoogte.
  3.73

372 lot *noun, het* fate
- Hij legt liever zijn lot in handen van de staat.
  5.36

373 correspondent *noun, de(m)* correspondent
- Hij is correspondent van NRC Handelsblad in Brussel.
  3.98

374 toeschouwer *noun, de(m)* spectator
- Beide clubs deden er in de tweede helft alles aan om de toeschouwers alsnog een plezierig avondje te bezorgen.
  4.25

375 nieuwkomer *noun, de(m)* newcomer
- Straks zullen overblijvers en nieuwkomers in de behoefte aan luchtvaart gaan voorzien.
  4.15

376 schorsing *noun, de(f)* suspension
- De rechtsbuiten is per januari weer speelgerechtigd na een schorsing van een half jaar.
  3.86

377 regisseur *noun, de(m)* director, producer
- De producent maakt de film en zoekt er een regisseur bij.
  4.59

378 verwonding *noun, de(f)* injury
- De jongen is met verwondingen aan voet en rug naar het ziekenhuis gebracht.
  4.03

379 consument *noun, de(m)* consumer
- Nu worstelen nog veel consumenten met de informatie op de etiketten.
  4.40

380 opbrengst *noun, de(f)* proceeds
- Met de opbrengst wil de gemeente het onderhoud van de overgebleven panden betalen.
  4.37

381 koninklijk *adj* royal
- Nieuwe koninklijke bewoners zijn niet meer te verwachten in dit tochtige paleis.
  4.71

382 eentje *num* one
- Er gaat een gerucht dat hij er ooit eentje te pakken heeft gehad.
  5.80

383 bond *noun, de(m)* union
- De bond heeft de werknemers opgeroepen toch naar hun werk te gaan.
  4.45

384 **mede** *adv* also
- De VS achten zich mede verantwoordelijk voor de veiligheid van het eiland.
5.76

385 **oppositie** *noun, de(f)* opposition
- De oppositie probeerde het wetsontwerp af te zwakken.
4.47

386 **optie** *noun, de(f)* option
- Ook de optie om de hal te slopen en elders weer op te bouwen wordt onderzocht.
5.22

387 **zaterdagavond** *noun, de(m)* Saturday evening
- Op zaterdagavond wordt veel tv-gekeken.
4.06

388 **ongetwijfeld** *adv* undoubtedly
- Tegen die tijd zal er ongetwijfeld weer ander belangrijk voorpaginanieuws zijn.
5.21

389 **kampen** *verb* to cope with, to struggle with
- Hij kampt met een spierblessure aan de kuit.
4.14

390 **uitbreiding** *noun, de(f)* expansion
- Hij richt zich op uitbreiding van het traject.
4.84

391 **verslaan** *verb* to defeat
- Nederland versloeg India en plaatste zich voor de finale.
4.66

392 **onderhandelen** *verb* to negotiate
- Afgelopen nacht is er druk onderhandeld tussen vertegenwoordigers van de verschillende regeringen.
4.45

393 **overeenkomst** *noun, de(f)* agreement
- Betrokken partijen hebben nog altijd geen overeenkomst kunnen sluiten.
4.98

394 **kampioenschap** *noun, het* championship
- Het kampioenschap was vooral te danken aan de teamgeest en goed rekenwerk.
4.43

395 **inbraak** *noun, de* burglary
- Hij wordt verdacht van diefstal en meerdere inbraken.
3.89

396 **democratisch** *adj* democratic
- Er worden democratische verkiezingen gehouden in het land.
5.48

397 **show** *noun, de(m)* show
- Driemaal daags is er een wervelende show met de meest uiteenlopende roofvogels.
5.44

398 **schrappen** *verb* to delete, to cancel
- De geplande uitgaven voor onderwijs mogen zeker niet worden geschrapt.
4.26

399 **onverwacht** *adj* unexpected
- Er gebeuren veel onverwachte en leuke dingen en dat blijft boeien.
5.07

400 **werking** *noun, de(f)* effect
- Het blijkt de werking van de chemotherapie te versterken.
5.44

401 **procedure** *noun, de* procedure
- Alle procedures zijn netjes doorlopen.
4.50

402 **ticket** *noun, het* ticket
- De duurste tickets gingen voor 350 dollar van de hand.
4.41

403 **regionaal** *adj* regional
- De pers speculeert op de regionale verkiezingen.
5.59

404 **voetballer** *noun, de(m)* football player
- Nederlands beste voetballer stond graag in het doel tijdens de training.
4.34

405 **hevig** *adj* violent, fierce
- De hevige sneeuwval diende zich gisteravond rond zes uur aan.
5.11

406 **weekeinde** *noun, het* weekend
- Alle wedstrijden vinden dit weekeinde plaats.
3.61

407 **dromen** *verb* to dream
- Hij droomt van mooi gedekte tafels vol met de lekkerste hapjes en drankjes.
5.30

408 **oproep** *noun, de(m)* call
- Twee mensen reageerden op de oproep om hem op te volgen.
4.74

409 **protest** *noun, het* protest
- Die uitspraak ontlokte een storm van protest bij zowel regering als oppositie.
4.47

410 extreem *adj* extreme
- Er is een extreem tekort aan tolken.
  5.76

411 Vlaming *noun, de(m)* Fleming
- Elke week is een beroemde Nederlander of Vlaming te gast in het programma.
  6.55

412 middenvelder *noun, de(m)* midfielder
- Bij balverlies moesten ze direct omschakelen om als pure middenvelders mee te verdedigen.
  3.58

413 wekken *verb* to wake up
- Hij wekte haar bijtijds zodat ze op tijd konden vertrekken.
  5.10

414 presteren *verb* to achieve
- Naar verwachting zal de economie volgend jaar goed presteren.
  4.04

415 autoriteit *noun, de(f)* authority
- De autoriteiten zeiden wel dat de situatie iets is verbeterd.
  4.43

416 bezorgen *verb* to give
- Na vijf jaar zal de universiteit de onderzoeker een vaste baan bezorgen.
  4.64

417 stilaan *adv* gradually
- Aanvankelijk voelde ze zich onthecht, maar stilaan groeide haar genegenheid.
  4.16

418 parking *noun, de(m)* car park
- De eigenaar had zijn auto op een parking achtergelaten, maar zag de parkeerautomaat over het hoofd.
  3.58

419 arresteren *verb* to arrest
- Hij zei dat iedereen die zich niet houdt aan de wapenstilstand wordt gearresteerd en opgesloten.
  4.32

420 verdieping *noun, de(f)* floor
- Ik ging bij de hoofdingang de trappen op naar de hoogste verdieping.
  4.52

421 buit *noun, de(m)* booty
- De buit bestaat uit een schilderij van Claude Monet dat 100 miljoen dollar waard is.
  3.61

422 aanvaller *noun, de(m)* attacker
- Het doel is de aanvallers uit te schakelen om te voorkomen dat zij nogmaals schieten.
  3.62

423 toernooi *noun, het* tournament
- Het is een toernooi waarin de spelers niet tot de wereldtop hoeven te behoren om toch te kunnen scoren.
  4.24

424 militair *noun, de(m)* soldier
- Ze trokken een berg op waar militairen 's nachts hun bivak hadden opgeslagen.
  4.28

425 aanzienlijk *adj* considerable
- De vrachtwagen verloor een aanzienlijk deel van zijn lading stenen.
  4.82

426 onduidelijk *adj* unclear
- Om onduidelijke reden kwam de ziekenwagen pas na twee uur.
  4.35

427 EU *noun, de(f)* EU
- België neemt het voorzitterschap van de EU over.
  4.29

428 toekomstig *adj* future
- Ze verheugt zich op haar toekomstig bezoek.
  4.58

429 uitstel *noun, het* delay
- Voor de leerlingen betekent dit uitstel van zeer nodige verbeteringen.
  3.66

430 fietser *noun, de(m)* cyclist
- De weg is bestemd voor fietsers en voetgangers.
  3.62

431 evenmin *adv* nor
- Hij was geen deftige boef en evenmin een gek.
  4.64

432 tip *noun, de(m)* tip
- Een tip aan alle patatbakkers: leidt uw personeel goed op.
  6.76

433 basisschool *noun, de* primary school
- De kinderen in onze basisschool maken toetsen.
  3.93

434 dateren *verb* to date (from)
- Het voorwerp dateert uit de Vikingperiode omstreeks het jaar 1000.
  4.57

435 voorjaar *noun, het* spring
- Pas in mei, als het voorjaar echt is aangebroken, keert hij terug.
  4.32

436 defensie *noun, de(f)* defence
- Het kan toch niet zo zijn dat Europa voor zijn defensie van het buitenland afhankelijk blijft.
  3.86

437 firma *noun, de* company
- Het is een degelijke firma en ook sociaal voelend.
  4.12

438 aankoop *noun, de(m)* purchase
- Het bedrijf betaalt de aankoop met contant geld en aandelen.
  3.89

439 moslim *noun, de(m)* Muslim
- Christenen, moslims, joden en boeddhisten deden afgelopen zaterdag mee aan de bijeenkomst.
  5.50

440 zanger *noun, de(m)* singer
- Het is een misvatting dat iedere zanger ook componist en tekstdichter is van het door hem vertolkte lied.
  5.11

441 set *noun, de(m)* set
- Hij ontving van de distributiefirma consequent 250 sets folders.
  3.98

442 Limburgs *adj* Limburg
- We eten witte asperges van Limburgse zandgrond.
  3.56

443 vertegenwoordigen *verb* to represent
- Kamerleden behoren hun kiezers te vertegenwoordigen in het parlement.
  4.97

444 elftal *noun, het* team
- Een trainer moet bij een elftal passen.
  3.68

445 hiervoor *adv* for this
- De minister heeft hiervoor geld beschikbaar gesteld.
  6.31

446 uitdaging *noun, de(f)* challenge
- De toekomst belooft een nog veel grotere uitdaging te worden.
  4.09

447 drama *noun, het* drama
- Ik kan er een drama van maken, maar het is gewoon gebeurd.
  4.15

448 origineel *adj* original
- Zou het lukken om voor het einde van dit jaar met een originele bijdrage te komen?
  5.46

449 beschadigen *verb* to damage
- Vandalen hebben personenauto's beschadigd.
  3.90

450 festival *noun, het* festival
- Hij was volgens de jury de beste acteur die tijdens het festival optrad.
  4.46

451 opereren *verb* to operate
- Vorig jaar ben ik eerst geopereerd aan mijn linkerpols.
  4.06

452 crisis *noun, de(f)* crisis
- Het land verkeert in een economische crisis.
  4.82

453 favoriet *adj* favourite
- Sport is zijn favoriete hobby.
  4.76

454 muzikaal *adj* musical
- Hij werd geboren in een muzikale familie.
  4.44

455 spectaculair *adj* spectacular
- De tweede helft leverde spectaculaire acties op.
  3.76

456 record *noun, het* record
- Niet alleen sportlieden zoeken in hun jacht naar records nieuwe grenzen op.
  3.89

457 score *noun, de(m)* score
- Een hoge score in de ene test, betekent niet vanzelf een hoog IQ volgens een concurrerende toetsing.
  3.55

458 bescheiden *adj* modest
- De vrouw vertelde dat dit zulke aardige, bescheiden mensen waren.
  4.21

459 aanmerking *noun, de(f)* comment
- Het gemeentebestuur gaat de op- en aanmerkingen bekijken.
  in aanmerking: We kwamen pas in 2010 in aanmerking voor subsidies.
  4.05

460 voordien *adv* before then
- Hij verschijnt op 3 december voor de rechter, tenzij voordien een schikking wordt getroffen.
  3.72

461 islamitisch *adj* Islamic
- We zien een toename van het aantal islamitische scholen.
4.30

462 fraai *adj* beautiful
- Lille heeft een fraai centrum met mooie pleinen en huizen met een prachtige architectuur.
3.90

463 stadion *noun, het* stadium
- NAC sluit het succesvolle voetbalseizoen op 18 mei in het eigen stadion af.
3.52

464 selecteren *verb* to select
- De bibliotheek heeft uit haar collectie een aantal boeken geselecteerd.
3.90

465 bondscoach *noun, de(m)* national coach
- Hij was twee jaar bondscoach van Oranje.
3.17

466 afwerken *verb* to finish, to work through
- Wie de route systematisch wil afwerken kan het beste een catalogus kopen.
3.50

467 verantwoorden (zich) *verb* to justify
- De acteur zal zich voor de politierechtbank moeten verantwoorden omdat hij een ademtest weigerde.
3.93

468 scheidsrechter *noun, de(m)* referee, umpire
- Enkele beslissingen van de scheidsrechter braken ons in de slotfase zuur op.
3.19

469 mikken *verb* to aim
- Hij mikte de bal in de 83ste minuut vanaf elf meter op de lat.
3.36

470 topman *noun, de(m)* executive
- Toch zit de vorig jaar aangetreden topman niet in zak en as.
3.23

471 decennium *noun, het* decade
- De gletsjers in Noorwegen zijn in de afgelopen decennia aangegroeid.
4.32

472 gevangenisstraf *noun, de* imprisonment
- Hij werd veroordeeld tot vijf jaar gevangenisstraf.
3.48

473 speeldag *noun, de(m)* match day
- Club Brugge is ook na de achtste speeldag koploper in de hoogste klasse in België.
2.99

474 aflevering *noun, de(f)* episode
- De Nederlandse dramaserie is vanaf vandaag weer terug met een nieuwe serie afleveringen.
4.98

475 democratie *noun, de(f)* democracy
- In een democratie heeft een ieder het recht op een eigen mening.
4.98

476 imago *noun, het* image
- Als ze ja zouden zeggen, zouden ze daarmee hun imago een flinke duw in de goede richting geven.
3.68

477 jongeman *noun, de(m)* young man
- De jongeman ging onverstoorbaar verder.
3.77

478 indrukwekkend *adj* impressive
- De andere Fin maakte een indrukwekkend debuut.
3.74

479 overname *noun, de* takeover
- Het zijn de grote bedrijven die door overnames en fusies in de jaren negentig zijn ontstaan.
3.53

480 inbreken *verb* to break into
- De afgelopen twee jaar is bij mij twee keer in huis ingebroken.
3.16

481 omschrijven *verb* to describe
- Het onweer werd als vrij heftig omschreven.
4.48

482 deelname *noun, de* participation
- Deelname aan het plan zou kunnen helpen om sneller te voldoen aan de lidmaatschapseisen.
3.85

483 westers *adj* Western
- De slachtoffers zijn uitermate tevreden over de westerse hulp.
4.70

484 behoud *noun, het* preservation
- De provincies hebben drie jaar voor het behoud van tenminste een deel van de subsidies gelobbyd.
3.65

485 kloof *noun, de* cleavage, gap
- De kloof loopt eerst 62 meter schuin omlaag en duikt dan ruim 500 meter verticaal de diepte in.
3.58

10 Numbers

Ordinal

twee 79.73 two
een, één 79.69 one
drie 67.67 three
vier 42.18 four
vijf 37.16 five
tien 33.23 ten
zes 31.24 six
miljoen 29.70 million
acht 20.66 eight
zeven 20.47 seven
honderd 18.07 hundred
twintig 16.73 twenty
negen 14.15 nine
duizend 13.80 thousand
twaalf 12.84 twelve
dertig 12.31 thirty
vijftien 10.58 fifteen
vijftig 9.87 fifty
elf 9.34 eleven
miljard 8.87 billion
veertig 7.79 forty
zestig 7.58 sixty
tachtig 6.99 eighty

veertien 6.52 fourteen
zestien 6.04 sixteen
zeventig 6.00 seventy
negentig 5.92 ninety
dertien 5.81 thirteen
achttien 5.41 eighteen
zeventien 4.02 seventeen
negentien 3.74 nineteen
nul 3.53 zero
tweehonderd 3.10 two hundred
tienduizend 2.03 ten thousand
vijfhonderd 2.00 five hundred
driehonderd 1.96 three hundred
vijfentwintig 1.62 twenty-five
tweeduizend 1.55 two thousand
vierhonderd 1.39 four hundred
drieduizend 1.06 three thousand

honderdduizend 1.00 one hundred thousand
vijfduizend 0.98 five thousand
zeshonderd 0.97 six hundred
vierentwintig 0.68 twenty-four
vijfendertig 0.54 thirty-five
eenentwintig 0.52 twenty-one
tweeëntwintig 0.45 twenty-two
drieëntwintig 0.38 twenty-three
vijfenveertig 0.36 forty-five
zesentwintig 0.35 twenty-six
achtentwintig 0.29 twenty-eight

Cardinal

eerste 66.80 first
tweede 42.56 second
vierde 14.14 fourth
vijfde 7.62 fifth
derde 2.35 third

---

486 **Chinees** *adj* Chinese
- De Chinese economie groeide voor het eerst meer op eigen kracht dan door investeringen van de overheid.
  3.29

487 **trend** *noun, de(m)* trend
- Het vermengen van twee oude liedjes om één nieuwe te creëren is een nieuwe trend in de popmuziek.
  3.78

488 **specialiseren** *verb* to specialize
- Een eeuw later specialiseerde het bedrijf zich in koffie en thee.
  3.75

489 **testen** *verb* to test
- Het bloed wordt getest op virussen.
  4.55

490 **celstraf** *noun, de* imprisonment
- Een rechter veroordeelde haar vorige maand tot 48 aaneengesloten uren celstraf.
  3.06

491 **stedelijk** *adj* urban
- Veel van de milieuproblemen zijn geconcentreerd in stedelijke gebieden.
  3.42

492 **wettelijk** *adj* legal
- Ook bieden wettelijke regelingen en een particulier fonds soms financiële steun.
  4.27

493 **budget** *noun, het* budget
- Ze hebben een eigen budget om aanvullend onderzoek te laten doen.
  3.78

494 **scenario** *noun, het* scenario
- Welk scenario is volgens u het meest realistisch?
  3.70

495 **anoniem** *adj* anonymous
- Een anonieme geldschieter heeft zich garant gesteld voor het resterende deel van het tekort.
  3.75

496 commissaris *noun, de(m)* commissioner
- Ze krijgen meer invloed op de benoeming en het ontslag van bestuurders en commissarissen.
  3.49

497 junior *noun, de(m)* junior
- Bij de junioren zijn mijn zeges gemakkelijk op twee handen te tellen.
  3.13

498 belegger *noun, de(m)* investor
- Bijna twee derde van de beleggers zegt geen behoefte te hebben aan meer kennis.
  3.05

499 aankomst *noun, de(f)* arrival
- Hij besloot een paar dagen na aankomst zijn ontslag in te dienen.
  3.42

500 mes *noun, het* knife
- Het slachtoffer greep uiteindelijk zelf een mes en stak de indringer neer.
  4.31

501 collectief *adj* collective
- Het collectieve feest na zijn treffer kwam de gedreven spits toe.
  3.70

502 mobiel *adj* mobile
- Ik heb mijn mobiele telefoon altijd bij me.
  3.63

503 vertegenwoordiger *noun, de(m)* representative
- Kiezers hebben er recht op te weten wie hun vertegenwoordigers zullen zijn.
  4.15

504 coalitie *noun, de(f)* coalition
- De verse coalitie is nu twee maanden aan het bewind.
  3.41

505 toegankelijk *adj* accessible
- Hotel en bar zijn alleen toegankelijk voor 18 jaar en ouder.
  3.82

506 respectievelijk *adv* respectively
- In oktober betaalden we voor deze schijfjes respectievelijk negen en twaalf euro.
  4.29

507 streven *verb* to pursue, to strive (for)
- Europa streeft een verdere liberalisering van de wereldmarkt na.
  4.83

508 wereldkampioen *noun, de(m)* world champion
- Hij geeft aan dat zijn doel is wereldkampioen worden.
  3.30

509 digitaal *adj* digital
- Jongeren downloaden digitale bestanden met muziek.
  4.42

510 aantonen *verb* to demonstrate
- Onderzoek heeft aangetoond dat dit technisch heel goed mogelijk is.
  4.53

511 instituut *noun, het* institute
- Het is nuttig om inzicht te krijgen in de wetenschappelijke kwaliteit van het instituut.
  4.37

512 concluderen *verb* to conclude
- De recherche concludeert dat de dieven een vrachtwagen hebben gebruikt om de buit af te voeren.
  3.60

513 Waals *adj* Walloon
- De maatschappij moet 15 miljoen euro terugbetalen aan de Waalse overheid.
  4.20

514 mentaal *adj* mental
- We hebben veel kwaliteit ingeleverd en ook mentale weerbaarheid.
  3.44

515 Leuvens *adj* Leuven
- De Leuvense brouwers van Stella, Leffe en Hoegaarden zijn boos.
  3.00

516 administratief *adj* administrative
- De kunstacademies mogen extra mensen aanwerven om de administratieve taken uit te voeren.
  3.77

517 najaar *noun, het* autumn, fall
- De werkzaamheden worden in het najaar uitgevoerd.
  3.65

518 categorie *noun, de(f)* category
- De radiospot heeft een gouden award gewonnen voor de beste Belgische reclame in de categorie 'cinema'.
  4.30

519 cruciaal *adj* crucial
- Een cruciale rol in die campagne was immers weggelegd voor de woordvoerder.
  3.25

520 kwartaal *noun, het* quarter
- In het eerste kwartaal reed 83,3 procent van de treinen op tijd.
  3.01

521 **getuigen** *verb* to witness
- De rechtbank in Washington heeft de journalist gelast te getuigen in deze zaak.
getuigen van: De koorwerken getuigen allemaal van zijn enorme compositorische vaardigheden.
3.62

522 **fonds** *noun, het* fund
- Hij is directeur van een fonds dat kunstbladen subsidieert.
3.46

523 **cliënt** *noun, de(m)* client
- Een advocaat moet de belangen van zijn cliënt optimaal dienen.
3.15

524 **inkomsten** *noun, pl* revenues, income
- De inkomsten uit reclame zijn begroot op 16 miljoen euro.
3.50

525 **vrijwilliger** *noun, de(m)* volunteer
- Als vrijwilliger kon ik aan de slag op een onderzoek naar zeealgen.
3.48

526 **begroting** *noun, de(f)* budget
- Het is belangrijk om als opdrachtgever bekwame vakmensen in dienst te hebben om een juiste begroting te maken.
3.41

527 **uitzenden** *verb* to broadcast
- Het kanaal gaat 24 uur per dag, zeven dagen per week uitzenden.
5.56

528 **fit** *adj* fit
- Hij maakte bij zijn invalbeurt geen fitte indruk.
3.02

529 **religieus** *adj* religious
- Het huisreglement verbood het dragen van religieuze hoofddeksels.
4.50

530 **omstreeks** *prep* about
- Omstreeks half tien hadden meer dan tweehonderd mensen gebeld.
3.62

531 **uitbater** *noun, de(m)* manager
- Hij is naast raadslid ook uitbater van een Tilburgs café.
2.88

532 **binnenlands** *adj* domestic
- Ze verbouwen producten die alleen voor de binnenlandse markt zijn bestemd.
3.46

533 **artiest** *noun, de(m)* artist
- Bijna iedere artiest heeft wel wat tijd nodig om bij een liveoptreden warm te draaien.
4.72

534 **onzeker** *adj* uncertain
- Ik heb niet het gevoel dat ik een zekere baan inruil voor een onzekere toekomst.
4.01

535 **hanteren** *verb* to employ
- Dit is een term die al jaren niet meer wordt gehanteerd.
4.28

536 **schadevergoeding** *noun, de(f)* compensation
- Boze beleggers claimen nu een schadevergoeding bij het bedrijf.
2.98

537 **buurtbewoner** *noun, de(m)* local resident
- De strook is afgesloten, alleen onder toezicht mogen de buurtbewoners erin.
2.81

538 **lokaal** *noun, het* classroom
- Het lokaal waarin hij een college volgde, lag naast het hotel.
3.30

539 **grotendeels** *adv* largely
- Mijn scepsis werd grotendeels gelogenstraft.
4.49

540 **volstaan** *verb* to suffice
- Een brief per week volstond om aan de sollicitatieplicht te voldoen.
3.53

541 **gemeenteraadslid** *noun, het* local councillor
- Zouden gemeenteraadsleden nooit door het park fietsen?
2.91

542 **haal** *noun, de* ~ run off with
- Ze neemt het idee over en gaat er zelf mee aan de haal.
2.93

543 **voorts** *adv* furthermore
- Voorts is het mogelijk beter gebruik te maken van de mogelijkheden.
3.38

544 **forceren** *verb* to force
- Agenten forceerden de deur langs de straatkant om binnen te geraken.
3.23

545 **handelaar** *noun, de(m)* trader
- Op de optiemarkt was het hectischer dan ooit voor handelaren.
3.11

546 circa, ca. *adv* approximately
- Niettemin groeit Nederland per jaar met circa honderdduizend inwoners.
- Rooster de venkel ca. 8 minuten in porties tot ze goudbruine strepen hebben.
5.41

547 netwerk *noun, het* network
- We kennen hem als iemand met een uitstekend netwerk.
4.33

548 bevrijden *verb* to free
- Ze sloeg met een steen de glazen deur kapot en kon het meisje bevrijden.
3.78

549 emotie *noun, de(f)* emotion
- Sport blijkt een goede manier om emoties een uitweg te bieden.
3.70

550 luchthaven *noun, de* airport
- Gisteravond telde de luchthaven van Palma achtduizend wachtenden.
3.29

551 domein *noun, het* domain
- De waterrijke Bresse is het domein van het beroemde gevogelte.
3.44

552 uitstellen *verb* to delay
- Hij heeft rugklachten, om die reden was zijn vertrek uitgesteld.
3.39

553 motiveren *verb* to motivate
- Er is een methode voorhanden om leerlingen meer te motiveren voor school.
3.27

554 vrijdagavond *noun, de(m)* Friday evening
- Dit tafereel speelde zich af op vrijdagavond.
3.18

555 gemeentehuis *noun, het* local government offices
- Ik nam op het bordes van het gemeentehuis het woord.
3.04

556 producent *noun, de(m)* producer
- Producenten van parmaham en parmezaanse kaas hebben een rechtzaak aangespannen.
3.40

557 ingreep *noun, de(m)* a) operation b) intervention
- a) De ingreep wordt op de röntgenafdeling uitgevoerd onder plaatselijke verdoving.
- b) Het concern bereidt nieuwe ingrepen voor bij zijn farmaceutische divisie.
3.18

558 jury *noun, de* jury
- De turnster mag ook haar vrije oefening aan jury en publiek tonen.
3.31

559 wetenschapper *noun, de(m)* scientist, scholar
- Wetenschappers hebben de tijd nodig om de werking van een medicijn goed te bestuderen.
3.74

560 inclusief *adv* including
- Ze hebben aangegeven zelf de bouw van het clubgebouw inclusief trainingshal voor hun verantwoordelijkheid te nemen.
4.27

561 optrekken *verb* a) to accelerate b) to put up
- a) Veel ouderen durven niet met het openbaar vervoer omdat ze bang zijn te vallen als de bus optrekt.
- b) De site werd in 1984 opgetrokken, maar vertoont sinds het begin mankementen.
optrekken met: Hij trekt nauwelijks op met zijn collega's.
3.94

562 verplaatsing *noun, de(f)* move(ment)
- Protesten van regiobewoners tegen de verplaatsing van de molen mochten niet baten.
2.96

563 strafschop *noun, de(m)* penalty kick
- De aanvoerder veroorzaakte zelf de fatale strafschop.
2.69

564 slotfase *noun, de(f)* final phase
- Ik ben niet teruggevallen tijdens de slotfase.
2.63

565 ontmoeting *noun, de(f)* meeting
- In China heeft hij een ontmoeting met enkele Aziatische collega's.
3.60

566 factor *noun, de(m)* factor
- Periodes van duisternis zijn een belangrijke factor bij de juiste ontwikkeling van het jonge oog.
3.97

567 blesseren *verb* to injure
- Bijna twee weken geleden blesseerde ze op de training haar elleboog.
2.67

568 schepencollege *noun, het* local council
- Het Antwerpse schepencollege heeft toestemming verleend om haar gebouwen te onderzoeken.
2.64

569 **correctioneel** *adj* correctional
- Twee jaar later kon het correctionele proces eindelijk beginnen.
2.69

570 **analyse** *noun, de(f)* analysis
- Hij had een analyse gemaakt van het ambtenarenapparaat.
4.16

571 **favoriet** *noun, de(m)* favourite
- Nu is Borussia Dortmund de grote favoriet voor het landskampioenschap.
3.53

572 **Japans** *adj* Japanese
- De kwaliteit van hun producten kan niet concurreren met die van de Japanse fabrikanten.
3.03

573 **deels** *adv* partly
- De kosten worden (deels) vergoed.
3.80

574 **gewest** *noun, het* region
- Basilicata is het enige gewest in het zuiden zonder een eigen maffia.
3.78

575 **vestiging** *noun, de(f)* establishment
- Het bedrijf zou daar een grote vestiging willen openen.
3.11

576 **affiche** *noun, de/het* poster
- Overal in de stad hangen affiches voor het circus.
3.15

577 **analist** *noun, de(m)* analyst
- Analisten verwachten dat er een compromis zal worden gevonden.
2.69

578 **lichtgewond** *adj* slightly injured
- Twee lichtgewonde Amerikanen konden direct na het ongeval worden gered.
2.60

579 **daling** *noun, de(f)* drop
- Die daling is groter dan in voorgaande jaren.
3.04

580 **Iraaks** *adj* Iraqi
- Even later verschijnt een Iraakse vlag.
2.65

581 **zender** *noun, de(m)* a) transmitter
b) channel
- a) De zenders voor ratten waren veel te groot voor een muis.
- b) Per 1 juni gaat hij weer bij die zender aan de slag.
5.13

582 **zoektocht** *noun, de(m)* search
- Het was een flinke zoektocht om aan het juiste hout te komen.
3.27

583 **stadhuis** *noun, het* town hall
- Het stadhuis is toch de meest gewilde trouwlocatie.
3.00

584 **verdubbelen** *verb* to double
- Zijn kapitaal lijkt elk jaar te verdubbelen.
3.05

585 **deelgemeente** *noun, de(f)* borough
- De deelgemeente beslist begin volgende week waar het centrum moet komen.
3.07

586 **liberaal** *adj* liberal
- De liberale fractie liet gisteren nog eens weten de voorstellen te handhaven.
3.91

587 **zogeheten** *adj* so-called
- De studie concentreert zich op zogeheten antioxidanten.
3.06

588 **hervatten** *verb* to resume
- Eind deze week hoopt hij de training te kunnen hervatten.
2.93

589 **respecteren** *verb* to respect
- Het kabinet heeft besloten de wens van de prins te respecteren.
4.10

590 **vergelijkbaar** *adj* comparable
- Soms gaat het om medicijnen met vergelijkbare werking en kwaliteit.
3.99

591 **confrontatie** *noun, de(f)* confrontation
- Lang leek de derby net zoals de eerste confrontatie van het seizoen op een gclijkspcl uit tc draaien.
3.05

592 **efficiënt** *adj* efficient
- Zelfs de meest efficiënte manier van natuurbeheer kan niet zonder de jacht.
3.68

593 **teleurstellen** *verb* to disappoint
- De lezer weet wat hij kan verwachten en wordt niet teleurgesteld.
3.61

594 **zondagavond** *noun, de(m)* Sunday evening
- Het vraaggesprek wordt zondagavond uitgezonden.
2.96

595 treffer *noun, de(m)* goal
- Dankzij twee treffers van hemzelf liepen de wedstrijd en de weddenschap goed af.
2.57

596 aanpassing *noun, de(f)* adjustment
- Ik krijg gelukkig alle hulp en aanpassingen die ik nodig heb.
3.41

597 schatting *noun, de(f)* estimate
- Er is een schatting gemaakt van de oliereserve.
  naar schatting: Van de treinreizigers komt naar schatting een derde met de fiets naar het station.
3.37

598 ondernemer *noun, de(m)* entrepreneur
- Niet iedere ondernemer kan of wil meer zo diep in de buidel tasten.
3.19

599 stuiten *verb* to stop
- De opmars van deze blonde babe lijkt niet te stuiten.
3.29

600 reputatie *noun, de(f)* reputation
- Hij moet de reputatie van de multinational oppoetsen.
3.25

601 rond, rondje *noun, het* round
- Het kwam neer op nog één rondje, een omloop van tien hindernissen.
3.22

602 omstreden *adj* controversial
- In 1970 bracht hij een omstreden bezoek aan Zuid-Afrika.
2.96

603 vonnis *noun, het* judgement
- De agent hoorde het vonnis gelaten aan.
2.83

604 aannemer *noun, de(m)* contractor
- Voor het herstel van de balkons heeft de aannemer gekozen voor een extra steunpunt in de constructie.
2.68

605 inbreker *noun, de(m)* burglar
- De inbrekers forceerden een raam van de woning.
2.65

606 specialist *noun, de(m)* specialist
- Tevens is er aandacht voor specialisten in academische ziekenhuizen.
3.20

607 dramatisch *adj* dramatic
- De club belandde in de kelder van de ranglijst door een dramatische eerste seizoenshelft.
3.13

608 vergunning *noun, de(f)* permit
- Dat ministerie is nauw betrokken bij het verstrekken van vergunningen voor vuurwerk.
3.10

609 uitzicht *noun, het* view
- Vooral de kamers boven de ingang met vrij uitzicht op het marktplein voor de deur zijn aantrekkelijk.
3.52

610 expert *noun, de(m)* expert
- Voor de ingewikkelde klus zijn experts uit alle hoeken van de wereld ingehuurd.
3.10

611 stichting *noun, de(f)* foundation, institution
- De stichting hoopt op deze manier leerlingen enthousiast te krijgen voor techniek.
4.14

612 sponsor *noun, de(m)* sponsor
- Zij heeft een sponsor om eten en drinken te bekostigen.
2.75

613 eigendom *noun, het* property
- De auto was eigendom van de moeder van een vriend.
3.75

614 riskeren *verb* to risk
- Bijna niemand wilde riskeren dat zijn fiets in beslag werd genomen.
2.82

615 aandeelhouder *noun, de(m)* shareholder
- Het moederbedrijf stond onder toenemende druk van zijn aandeelhouders.
2.91

616 gerechtelijk *adj* judicial
- Het gerechtelijk onderzoek richt zich daarnaast steeds meer op de rol die de banken gespeeld hebben.
2.86

617 senior *noun, de(m)* senior
- Steeds meer senioren hebben een pc gekocht en zijn het internet opgegaan.
2.75

618 wijzigen *verb* to change
- De gemeente is niet van plan de straatnaam te wijzigen.
4.06

619 fenomeen *noun, het* phenomenon
- Toch lijkt de viering van 1 mei als vrije dag een uitstervend fenomeen.
  3.69

620 secretaris *noun, de(m)* secretary
- Hij was onder president Jeltsin secretaris van de invloedrijke nationale veiligheidsraad.
  3.09

621 aftrap *noun, de(m)* kick-off
- Positief is dat de spelers vanaf de aftrap voor elkaar door het vuur gingen.
  2.55

622 voorleggen *verb* to submit, to present
- Daarna wordt het ter goedkeuring voorgelegd aan de rechters.
  3.11

623 uitgave *noun, de* a) expense b) edition
- a) In het gehele vorige jaar bleven de uitgaven beperkt tot 40,5 miljoen euro.
- b) Dit tijdschrift is een uitgave van de stad die deze week uitgedeeld wordt aan alle zestigplussers.
  3.68

624 onderhoud *noun, het* maintenance
- Wegen met drempels hebben meer onderhoud nodig dan wegen zonder.
  3.22

625 aantreden *verb* to take office
- De partijleider gaf aan dat hij nogmaals als premier wil aantreden.
  2.76

626 ambitieus *adj* ambitious
- In dat rustieke dorp worden ambitieuze toekomstplannen gesmeed.
  2.75

627 voorstander *noun, de(m)* supporter
- Zelf ben ik ook een fervent voorstander van meer transparantie in de zorg.
  3.99

628 belonen *verb* to reward
- De scholen bepalen zelf voor welke resultaten de docenten extra worden beloond.
  3.17

629 ontwerp *noun, het* design
- Ze realiseerden direct de potentie van dit ontwerp.
  3.49

630 vertraging *noun, de(f)* delay
- De verandering van de plannen brengt wel vertraging met zich mee.
  2.93

631 hedendaags *adj* contemporary
- In het hedendaagse voetbal hebben bijna alle spelers een zaakwaarnemer.
  3.51

632 Israëlisch *adj* Israeli
- De Israëlische politie heeft de omgeving afgezet.
  2.66

633 Rotterdams *adj* Rotterdam
- De Rotterdamse club heeft een betalingsachterstand van enkele maanden.
  2.51

634 woordvoerster *noun, de(f)* spokeswoman
- Haar woordvoerster spreekt de geruchten tegen.
  2.51

635 Marokkaans *adj* Moroccan
- De Marokkaanse gemeenschap juicht het plan toe.
  2.98

636 live *adj* live
- De wedstrijd is live op tv.
  4.89

637 industrie *noun, de(f)* industry
- Er gaan minder mensen in de landbouw en industrie werken en meer in de dienstverlening en de zorg.
  3.85

638 exclusief *adj* exclusive
- Hij is lid van een exclusieve club.
  3.34

639 vernieuwing *noun, de(f)* renewal
- Innovatie en vernieuwing zijn gebonden aan streng geregelde procedures.
  3.01

640 stuur *noun, het* steering wheel, handlebars
- Voor de bediening volstaan twee knoppen op het dashboard of het stuur.
  3.26

641 hoofdrol *noun, de* leading role
- Hij bewerkte de tekst zelf en speelt de hoofdrol weergaloos.
  3.18

642 integratie *noun, de(f)* integration
- Ook de noodzaak tot integratie van nieuwkomers is onderwerp van gesprek.
  3.30

643 vanop *prep* from
- De natuur beleef je vanop de rivier.
  2.76

644 tegemoet *adv* towards
- De groep ziet de tweede helft van dit jaar met vertrouwen tegemoet.
  3.52

645 fusie *noun, de(f)* merger
- Opmerkelijk is wel dat een fusie bij de omroep wordt toegejuicht.
3.08

646 automobilist *noun, de(m)* motorist, driver
- Als automobilist behoor je te anticiperen.
2.63

647 domineren *verb* to dominate
- Bestuurlijke types domineren de nationale politiek.
3.09

648 knallen *verb* to pop, to bang
- De kurk knalt van de fles champagne.
2.76

649 olympisch *adj* Olympic
- Het valt zeer te betreuren dat balletdansen geen olympische sport is.
2.72

650 gelijkspel *noun, het* draw
- Het gelijkspel betekende het eerste puntenverlies voor beide clubs.
2.41

651 werkloos *adj* unemployed
- Haar vriendin heeft een druk gezin en een werkloze man.
3.86

652 regime *noun, het* regime
- Hij deed zijn werk in opdracht van het oude regime.
3.56

653 rijbewijs *noun, het* driving licence
- De teamleden moeten in het bezit zijn van een geldig rijbewijs.
2.83

654 transfer *noun, de(m)/het* transfer
- Voor een tussentijdse transfer heeft de club geen geld.
2.71

655 toeristisch *adj* tourist
- De winkel is een soort toeristische attractie geworden.
2.97

656 beschuldiging *noun, de(f)* accusation
- Ik denk niet dat het hem gelukt is de beschuldigingen te ontzenuwen.
2.88

657 sporthal *noun, de* sports hall
- Honderden mensen in het gebied zijn geëvacueerd en veelal ondergebracht in sporthallen en scholen.
2.45

658 Afrikaans *adj* African
- Ook 54 Afrikaanse landen stuurden een steunbetuiging.
2.80

659 financiën *noun, pl* finance(s)
- De minister verweet hen van financiën geen verstand te hebben.
3.10

660 radicaal *adj* radical
- Hij heeft vrij radicale standpunten.
3.35

661 promotie *noun, de(f)* promotion
- Op zijn werk krijg hij taart én promotie.
3.04

662 documentaire *noun, de(m)* documentary
- De documentaire is bedoeld voor leerlingen van middelbare scholen.
3.08

663 debuut *noun, het* debut
- De meeste schrijvers hebben hun debuut als ze 37 zijn.
2.98

664 bijdragen *verb* to contribute
- Ik weet dat ik mijn vader groot verdriet zou doen als ik niets zou bijdragen.
3.38

665 klus *noun, de(m)* job
- Hij is op weg naar een volgende klus.
3.01

666 Franstalig *adj* French(-speaking)
- Geen enkele andere Franstalige popartiest bleef er zó bescheiden onder.
4.21

667 ontgoocheld *adj* disillusioned
- De ontgoochelde coureur zag een fraaie carrière in de kiem gesmoord.
2.55

668 kunstwerk *noun, het* work of art
- Deze kunstwerken zijn in elk geval heel knap gemaakt.
2.82

669 elektronisch *adj* electronic
- Nadeel is dat het poeder met name elektronische apparatuur kan beschadigen.
3.12

670 allochtoon *adj* foreign
- Ze wordt de eerste schepen van allochtone afkomst in Gent.
3.05

671 verbod *noun, het* ban, prohibition
- Ik kan kort zijn over het voorstel tot een verbod op televisiereclame voor politieke partijen.
3.08

672 melding *noun, de(f)* report
- Na een melding wordt actie ondernomen.
2.83

673 personeelslid *noun, het* employee
- Werkgever en werknemer leggen vast op welke manier het personeelslid zich wil gaan ontwikkelen.
2.48

674 lijsttrekker *noun, de(m)* party leader
- Hij is de lijsttrekker van de ChristenUnie.
2.37

675 overzicht *noun, het* survey
- Wij zenden in dergelijke gevallen een overzicht van excursies en hotels.
4.64

676 herstel *noun, het* recovery
- Na toediening van antibiotica is een snel herstel te verwachten.
2.82

677 koesteren *verb* to cherish
- Thuis koester ik een poes: Fientje.
3.15

678 portret *noun, het* portrait
- Hij schilderde portretten, landschappen en voorstellingen uit de Noorse geschiedenis.
3.14

679 deskundig *adj* expert
- De vereniging organiseert maandelijks een kanotocht onder deskundige begeleiding.
2.82

680 vernielen *verb* to destroy
- Aanhoudende regen vernielde meer dan tweeduizend woningen.
2.69

681 besturen *verb* to govern
- Ik heb nu gezien hoe Nederland wordt bestuurd.
3.04

682 strategie *noun, de(f)* strategy
- De NAVO moet een nieuwe strategie en een geschikte coalitie vormen.
3.04

683 halfuur *noun, het* half (an) hour
- De AEX perste er in het laatste halfuur zowaar nog een winstje uit.
2.75

684 misbruik *noun, het* abuse
- Dat bedrijf maakt op een botte manier misbruik van zijn macht.
3.15

685 betrokkenheid *noun, de(f)* involvement
- De overheid kan rekenen op meer betrokkenheid vanuit de samenleving.
2.70

686 portefeuille *noun, de(m)* wallet
- Hij draagt in zijn portefeuille een vergeelde krantenfoto mee.
2.68

687 actrice *noun, de(f)* actress
- Niet alleen haar typetjes als zangeres, maar ook haar kwaliteiten als actrice kwamen aan bod.
3.23

688 allochtoon *noun, de* immigrant
- Dat is wat we de allochtonen in ons land zouden willen besparen.
3.23

689 vrijlaten *verb* to release
- Het diertje wordt weer vrijgelaten.
2.69

690 niettemin *adv* nevertheless
- Niettemin hoop ik, dat het kabinet het hoofd koel zal houden.
2.95

691 terrorist *noun, de(m)* terrorist
- Er is goed speurwerk voor nodig om de terroristen te pakken te krijgen.
2.79

692 terrorisme *noun, het* terrorism
- Het terrorisme kan pas ophouden te bestaan als draagvlak en voedingsbodem worden weggenomen.
2.73

693 overlast *noun, de(m)* nuisance
- De gemeente is de overlast van duiven spuugzat.
2.54

694 onderzoeksrechter *noun, de(m)* ~ examining magistrate
- De onderzoeksrechter in Nijvel heeft de echtgenote van de topman laten aanhouden.
2.30

695 eenheid *noun, de(f)* unit, unity
- De ASEAN-landen hebben recentelijk de eenheid van Indonesië bevestigd.
3.81

696 mobiliteit *noun, de(f)* mobility
- De mobiliteit loopt vast door te weinig rijstroken en te weinig treinen.
2.51

697 publicatie *noun, de(f)* publication
- Zes dagen na de publicatie van het rapport treedt het kabinet af.
3.49

698 scène *noun, de* scene
- Het leek wel een scène uit een gangsterfilm.
  2.86

699 liter *noun, de(m)* litre
- Hij kwam met 6 liter diesel 100 kilometer ver.
  2.94

700 arriveren *verb* to arrive
- Even later arriveert een man met strepen op zijn jas.
  2.91

701 zangeres *noun, de(f)* (female) singer
- Ze zong het met overgave en met de ondersteuning van twee zangeressen.
  3.33

702 criterium *noun, het* criterion
- Het is echter de vraag of dit een valide criterium is.
  3.03

703 overtreding *noun, de(f)* violation, offence
- De boetes op overtredingen gaan omhoog.
  2.58

704 evolutie *noun, de(f)* evolution
- De meeste mensen zijn in de loop van de evolutie meer rechtshandig dan linkshandig aangepast geraakt.
  3.73

705 verkrijgen *verb* to obtain
- Inlichtingen zijn te verkrijgen via de internetsite.
  4.35

706 vooruitzicht *noun, het* prospect
- Er waren hier voor hem goede vooruitzichten.
  2.73

707 bedrijfsleven *noun, het* business world
- Voor het bedrijfsleven heeft mediation haar waarde ruimschoots bewezen.
  2.60

708 rechtszaak *noun, de* trial
- De rechtszaak gaat op zijn vroegst over een jaar beginnen.
  2.56

709 vooraleer *conj* before
- Hij dooft zijn sigaret vooraleer hij binnenstapt.
  3.20

710 minderjarig *adj* underage
- Eerder werd ook een minderjarige verdachte op vrije voeten gesteld.
  2.62

711 vat *noun, het* a) barrel b) grip
- a) Het vat is gevuld met een troebele vloeistof.
- b) De recessie lijkt weinig vat te hebben op de tuinbouw.
  2.80

712 voetbalclub *noun, de* football club
- Het afgelopen jaar hebben zeker 23 gemeenten geld verstrekt aan hun plaatselijke voetbalclub.
  2.61

713 fraude *noun, de* fraud
- Nieuw onderzoek is nodig om de totale omvang van de fraude te kunnen vaststellen.
  2.49

714 toekennen *verb* to award
- De penning wordt jaarlijks toegekend aan iemand die zich heeft ingezet voor de mensenrechten.
  3.27

715 alternatief *adj* alternative
- Deze dienst wil mensen aanzetten tot een alternatief vervoer.
  3.21

716 aanloop *noun, de(m)* run-up
- Ik nam een aanloop en sprong op mijn fiets.
  2.65

717 premie *noun, de(f)* premium
- Dat bespaart haar 25 procent aan premie.
  2.46

718 tribune *noun, de* stand
- Op de tribunes werd gefeest en gezongen.
  2.34

719 omroep *noun, de(m)* broadcasting company
- De publieke omroepen moeten hun programmagegevens vrijgeven.
  4.05

720 haalbaar *adj* feasible
- De luchtvaartmaatschappij onderzoekt of het haalbaar is om passagiers internet aan te bieden tijdens de vlucht.
  2.69

721 onvermijdelijk *adj* inevitable
- Op het succes volgde de onvermijdelijke gang naar Hollywood.
  2.87

722 vooralsnog *adv* for the time being
- Het kabinet en de coalitiepartijen houden zich vooralsnog doof voor het protest.
  2.69

723 ministerie *noun, het* ministry
- Het ministerie zal met de grote gemeenten praten over oplossingen voor het probleem.
  10.14

11 Professions

General

directeur 14.56 director
werknemer 9.96 employee
baas 7.24 boss
manager 5.64 manager
werkgever 5.59 employer
onderzoeker 5.17 researcher
topman 3.23 executive
ondernemer 3.19
  entrepreneur
adviseur 2.38 counsellor,
  adviser
chef 2.15 manager

Specific

minister 25.5 minister
burgemeester 16.21 mayor
rechter 12.68 judge
president 11.39 president
premier 10.1 prime minister
schrijver 8.39 writer
agent 7.90 policeman
advocaat 7.90 lawyer
journalist 7.62 journalist
dokter 7.12 doctor, GP
redacteur 7.08 editor
schepen 7.00 local councillor
coach 6.84 coach
auteur 6.51 author
acteur 6.30 actor
arts 6.29 physician
verslaggever 5.52 reporter
soldaat 5.49 soldier

zanger 5.11 singer
boer 5.08 farmer
ambtenaar 5.05 civil servant
artiest 4.72 artist
regisseur 4.59 director,
  producer
militair 4.28 soldier
vertegenwoordiger 4.15
  representative
staatssecretaris 4.00
  Secretary of State
wetenschapper 3.74 scientist
hoogleraar 3.49 professor
zangeres 3.33 (female) singer
actrice 3.23 actress
architect 3.17 architect
bondscoach 3.17 national
  coach
muzikant 3.12 musician
secretaris 3.09 secretary
generaal 3.07 general
huisarts 2.96 general
  practitioner
minister-president 2.84
  prime minister
analist 2.69 analyst
schilder 2.69 painter
aannemer 2.68 contractor
officier 2.67 officer
paus 2.64 pope
gouverneur 2.61 governor
presentator 2.55 presenter
kapitein 2.53 captain

hoofdredacteur 2.31 editor-
  in-chief
fotograaf 2.30 photographer
docent 2.26 teacher, lecturer
priester 2.24 priest
bediende 2.12 servant, waiter
prof 2.09 professional, pro
ambassadeur 2.08
  ambassador
bisschop 1.97 bishop
ingenieur 1.94 engineer
bakker 1.92 baker
senator 1.85 senator
politieagent 1.84 police
  officer
schrijfster 1.83 writer,
  authoress
wethouder 1.81 local
  councillor
pastoor 1.71 pastor
politieman 1.66 policeman
psycholoog 1.58 psychologist
psychiater 1.52 psychiatrist
piloot 1.51 pilot
dirigent 1.49 conductor
juf 1.41 (female) teacher
kok 1.27 cook
verpleegster 1.16 nurse
dominee 1.15 vicar
kapper 1.06 hairdresser
tandarts 0.94 dentist
onderwijzer 0.92 teacher
secretaresse 0.89 secretary

---

724 natie *noun, de(f)* nation
- Bij elk optreden hangt de natie ademloos
  aan zijn lippen.
  3.16

725 's ochtends *adv* in the morning
- De eigenaar brengt 's ochtends vroeg vers
  brood en andere ingrediënten.
  2.62

726 arrestatie *noun, de(f)* arrest
- Er werden vier arrestaties verricht.
  2.41

727 oostelijk *adj* east, eastern
- Een kudde olifanten houdt al enkele weken
  huis in het oostelijk deel van Sumatra.
  1.53

728 artistiek *adj* artistic
- Voor artistieke vrijheid was geen ruimte.
  2.63

729 ondervragen *verb* to interrogate, to question
- Zij ondervraagt de verantwoordelijke
  staatssecretaris.
  2.47

730 hervorming *noun, de(f)* reform
- Hij voerde toen belangrijke hervormingen door.
  2.99

731 fiscaal *adj* fiscal
- De financiële situatie van het eiland dwong hem om strenge fiscale maatregelen te nemen.
  2.68

732 scholier *noun, de(m)* pupil
- De twee scholieren hebben een meer dan gemiddelde interesse voor ruimtevaart en techniek.
  2.42

733 realistisch *adj* realistic
- Realistische voorstellen kunnen de leefbaarheid voor inwoners daadwerkelijk verbeteren.
  3.02

734 betreuren *verb* to regret
- Hij betreurt het erg dat het systeem regelmatig niet werkt.
  2.57

735 lat *noun, de* bar
- Hij schoot de bal op de lat.
  2.44

736 kostprijs *noun, de(m)* cost price
- De kostprijs van de mobiele telefoon is losgekoppeld van het abonnement.
  2.46

737 verwittigen *verb* to notify
- Het gearriveerde team werd net op tijd verwittigd dat het een grapje was.
  2.42

738 kleedkamer *noun, de* dressing room
- De voetballers slenteren richting kleedkamer.
  2.23

739 concept *noun, het* concept
- Humanitaire interventie vormt een belangrijke component van het nieuwe concept.
  3.22

740 inleveren *verb* a) to hand in b) to sacrifice
- a) Hij moet zijn rijbewijs voor 6 maanden inleveren.
- b) Zij krijgt er meer geld bij dan ze moet inleveren.
  2.50

741 hectare *noun, de* hectare
- Het aan het water gelegen terrein meet 34 hectare.
  2.44

742 wagen *verb* to risk
- De onderneming waagde na een aanloop van twee jaar de stap.
  2.88

743 afwezigheid *noun, de(f)* absence
- Groot voordeel van de therapie is de afwezigheid van bijwerkingen.
  2.81

744 blokkeren *verb* to block
- Het nummer is 24 uur per dag bereikbaar om gestolen passen te blokkeren.
  2.75

745 donderdagavond *noun, de(m)* Thursday evening
- De beloofde cameraploeg kwam donderdagavond niet opdagen.
  2.30

746 woensdagavond *noun, de(m)* Wednesday evening
- Barcelona zou veel spelers kwijt zijn geweest als de wedstrijd was doorgegaan op woensdagavond.
  2.26

747 conditie *noun, de(f)* condition
- Hij bewees dat zijn conditie goed is.
  2.54

748 Arabisch *adj* Arabic
- De Arabische kerkdienst komt elke tweede zondag van de maand terug.
  2.75

749 lidstaat *noun, de(m)* member state
- Er is voldoende plek om de gasten uit de andere lidstaten te ontvangen.
  2.60

750 opvolgen *verb* to succeed, to follow
- Wie haar opvolgt, is nog niet bekend.
  3.70

751 balans *noun, de* balance
- Ook verder is de ploeg redelijk in balans.
  2.66

752 handtekening *noun, de(f)* signature
- De realiteit is dat ik nog nergens mijn handtekening heb gezet.
  2.64

753 middenveld *noun, het* midfield
- Een hart voor het elftal is belangrijker dan een ruit op het middenveld.
  2.19

754 inzake *prep* concerning
- Ook zijn naïviteit komt aan bod, vooral inzake vrouwen.
  3.44

755 **conservatief** *adj* conservative
- Een dergelijke conservatieve instelling is niet de mijne.
  2.99

756 **file** *noun, de* traffic jam
- De sneeuw leidde tot 63 files met een totale lengte van 760 kilometer.
  2.67

757 **netjes** *adv* neat(ly)
- Ze hebben me ook nog netjes bij mijn werk afgezet.
  2.94

758 **gebruiker** *noun, de(m)* user
- Het koffiezetapparaat waarschuwt de gebruiker als die vergeten is om het te programmeren.
  3.04

759 **vaststelling** *noun, de(f)* conclusion
- Met die vaststelling is de stabiliteit van de nieuwe ploeg nog niet gegarandeerd.
  2.70

760 **sneuvelen** *verb* a) to fall b) to break
- a) Geen enkel westers land ziet graag eigen soldaten sneuvelen.
- b) In een straal van tien kilometer sneuvelden de ruiten.
  2.68

761 **persconferentie** *noun, de(f)* press conference
- Hij zegt in de persconferenties steevast dat het hem gaat om overwinningen.
  2.32

762 **islam** *noun, de(m)* Islam
- Zij schiet haar doel voorbij met alles wat zij over de islam zegt.
  3.58

763 **echtpaar** *noun, het* couple
- Het echtpaar kan zich dat moment nog als de dag van gisteren herinneren.
  2.56

764 **voluit** *adv* in full
- Gisteren trainde de middenvelder alweer voluit mee met de groep.
  2.38

765 **ruimtelijk** *adj* spatial
- De foto's zweven in een ruimtelijke omgeving.
  2.44

766 **fietspad** *noun, het* cycle lane
- Het loont de moeite het fietspad langs het bezoekerscentrum te vervolgen.
  2.19

767 **Fransman** *noun, de(m)* Frenchman
- De onbekende Fransman verovert tijdens de 11de etappe de gele trui.
  2.14

768 **kartel** *noun, het* cartel
- De NMa treedt op als een onderneming misbruik maakt van zijn machtspositie en bij kartels.
  2.59

769 **hinder** *noun, de(m)* nuisance, disruption
- De regen heeft gistermorgen veel hinder veroorzaakt in het verkeer.
  2.20

770 **peloton** *noun, het* peloton
- Het peloton was al een kwartier eerder doorgekomen.
  2.13

771 **staal** *noun, het* steel
- De personeelsleden zetten met een heftruck ongeveer 3000 kilo staal op de wagen.
  2.87

772 **raak** *adj* ~ home, telling
- Er vielen rake klappen.
  2.50

773 **reserve** *noun, de* substitute
- Hij is dus een waardige reserve mocht er iemand onverhoopt uitvallen.
  2.46

774 **botsing** *noun, de(f)* collision
- De botsing leidde tot een file van zes kilometer.
  2.30

775 **infrastructuur** *noun, de(f)* infrastructure
- Het kabinet wil de opbrengsten investeren in de infrastructuur.
  2.60

776 **parcours** *noun, het* trail
- Er lagen vervelende heuvels en bruggen op het parcours en er stond een harde wind.
  2.18

777 **vlam** *noun, de* flame
- De vlammen sloegen uit de woning.
  2.71

778 **aanrijden** *verb* to hit, to run into
- Mijn vader had het kind aangereden omdat hij het niet kon ontwijken.
  komen aanrijden: Kort voor de race komt er een ventje aanrijden op zijn motor.
  2.18

779 **dinsdagavond** *noun, de(m)* Tuesday evening
- Op dinsdagavond zullen de vestigingen alleen voor deze doelgroep geopend zijn.
  2.14

780 klassement *noun, het* list of rankings
- Met zijn derde zege in vier races verstevigde hij zijn leidende positie in het klassement.
2.10

781 comité *noun, het* committee
- Een comité van experts uit de lidstaten moet de invoering begeleiden.
2.59

782 troef *noun, de* ace
- Hij had voor noodgevallen nog wat troeven achter de hand.
2.27

783 VN *noun, pl* UN
- De meeste fracties willen een grote rol voor de VN.
2.26

784 nieuweling *noun, de(m)* newcomer
- Hij nam me onder zijn hoede toen ik als nieuweling in de kleedkamer kwam.
2.08

785 matig *adj* mediocre
- Ze speelden gisteravond een hele matige wedstrijd.
2.48

786 concern *noun, het* group
- Het concern zegt dat het de opgaande lijn goed te pakken heeft.
2.26

787 beperking *noun, de(f)* restriction
- De regeling houdt in dat nu een gedeeltelijke beperking voor de aftrek van hypotheekrente geldt.
2.96

788 resteren *verb* to remain
- Zowel bij de mannen als vrouwen resteren er in beginsel maar twee plekken.
2.44

789 versterking *noun, de(f)* strengthening
- Het bestuur moet oog hebben voor een versterking voor de verdediging.
2.38

790 tiener *noun, de(m)* teenager
- De wodkamixjes in de trendy flesjes worden vooral door tieners gedronken.
2.43

791 installatie *noun, de(f)* system
- De installatie werkt op warm water.
2.40

792 veroordeling *noun, de(f)* conviction
- Zijn veroordeling werd omgezet in vrijspraak wegens gebrek aan bewijs.
2.36

793 kwartfinale *noun, de* quarter-finals
- Met het bereiken van de kwartfinales op Wimbledon is al een prachtige droom uitgekomen.
2.07

794 capaciteit *noun, de(f)* capability
- Het beleid is gericht op het ontwikkelen van menselijke capaciteiten.
2.67

795 elektriciteit *noun, de(f)* electricity
- De centrale zal naar verwachting voldoende elektriciteit leveren voor 500 huishoudens.
2.49

796 criticus *noun, de(m)* critic
- Hij heeft de critici verbaasd met zijn belangstelling voor dit continent.
2.48

797 bekennen *verb* to confess
- Ik moet bekennen dat ik het altijd fout heb gezien.
2.93

798 legendarisch *adj* legendary
- Oranje won het legendarische duel.
2.60

799 's morgens *adv* in the morning
- Het magazijn is gesloten tussen 11 uur 's morgens en 4 uur 's middags.
2.54

800 zakenman *noun, de(m)* businessman
- Ik ben een zakenman, dus speel ik in op een gat in de markt.
2.43

801 race *noun, de(m)* race
- Die race heeft nog wel weken in mijn gedachten gespeeld.
2.41

802 opkomst *noun, de(f)* turnout
- De uitslag van de verkiezing wordt erkend als de opkomst op of boven de 30 procent ligt.
2.72

803 ogen *verb* to look
- Hij oogt ineens een stuk minder machtig.
2.18

804 oprichting *noun, de(f)* foundation, establishment
- De oprichting van de werkgroep is voorlopig even uitgesteld.
3.09

805 moeizaam *adj* laborious
- Stakingen kunnen het moeizame herstel van de economie frustreren.
2.77

806 maker *noun, de(m)* creator
- De makers van de game zijn zich van geen kwaad bewust.
2.47

807 verduidelijken *verb* to clarify
- Muziek zorgt voor spanning, verduidelijkt en stuurt wat men ziet.
2.36

808 grondwet *noun, de* constitution
- In de grondwet hebben jongeren hun eigen rechten.
3.31

809 overvallen *verb* to raid, to assault
- De trucker werd overvallen toen hij goederen aan het overladen was.
2.68

810 lichten *verb* to lift
- De politie lichtte hem gisteren van zijn bed.
2.64

811 gouverneur *noun, de(m)* governor
- De beslissing van de gouverneur heeft tot felle reacties geleid.
2.61

812 elite *noun, de* elite
- De elite had altijd al moeite met heldere tegenstellingen.
2.48

813 gewelddadig *adj* violent
- Het gevaar voor gewelddadige acties is toegenomen.
2.44

814 adviseur *noun, de(m)* counsellor, adviser
- De adviseur inventariseert samen met zijn klanten de inkomsten.
2.38

815 Haags *adj* Hague
- Bezoekers van het Haagse stadhuis kunnen vanaf maandag weer de lift nemen.
2.07

816 gelijkaardig *adj* similar
- Vorig jaar stierven meer dan duizend mensen tijdens een gelijkaardige hittegolf in de zuidelijke staten van India.
2.57

817 decor *noun, het* décor, setting
- Niet alleen de verhaallijn maar ook het decor houdt de scènes bijeen.
2.36

818 parkeerplaats *noun, de* car park, parking space
- Ze lopen enkele honderden meters naar de dichtstbijzijnde parkeerplaats.
2.21

819 stage *noun, de* internship
- Ik heb een tijdje stage gelopen op een basisschool.
2.49

820 erkenning *noun, de(f)* recognition
- Het schoonmaakbedrijf sleepte deze erkenning in de wacht.
2.80

821 kwalificatie *noun, de(f)* qualification
- De ploeg is nog verre van kansloos voor kwalificatie bij de laatste acht.
2.08

822 complex *adj* complex
- Ze hebben een complexe relatie.
2.87

823 bevorderen *verb* to promote
- Het zal de kwaliteit van ons onderwijs enorm bevorderen.
3.05

824 overhandigen *verb* to hand (over)
- Hij overhandigde haar een fraaie bos bloemen.
2.46

825 stabiel *adj* stable
- Gelukkig konden we uitgaan van een stabiele situatie.
2.66

826 congres *noun, het* congress
- De partijtop verwacht een lastig congres.
2.97

827 crimineel *noun, de(m)* criminal
- Zo langzamerhand wordt een roker gezien èn behandeld als een crimineel.
2.64

828 toename *noun, de* increase
- De toename komt overeen met de verwachtingen.
2.46

829 enthousiasme *noun, het* enthusiasm
- De twijfel heeft inmiddels plaatsgemaakt voor ongebreideld enthousiasme.
2.44

830 serveren *verb* to serve
- Zet peper en zout op tafel en serveer het vlees met wijn en brood.
2.37

831 première *noun, de* premiere, first night
- De première is gepland voor de herfst van dit jaar.
2.31

832 berichtgeving *noun, de(f)* coverage
- Hij beroept zich voor zijn berichtgeving op vrije nieuwsgaring.
2.27

833 variëren *verb* to vary
- De sollicitanten variëren in leeftijd van 47 tot 53 jaar.

  3.20

834 grondgebied *noun, het* territory
- Men wil het Amerikaanse grondgebied beveiligen met een raketverdediging.

  2.94

835 promoten *verb* to promote
- De clubs moeten actief de bedrijven en hun producten promoten.

  2.57

836 toerisme *noun, het* tourism
- De musea verwachten van het toerisme te profiteren.

  2.50

837 prijzen *verb* a) to price b) to praise
- a) De schoenen zijn een stuk aantrekkelijker geprijsd.
- b) Hij prijst de honden vanwege hun zachte karakter.

  2.41

838 socialistisch *adj* socialist
- De enquêtes wijzen echter op een lichte winst van de socialistische oppositie.

  2.94

839 werkloosheid *noun, de(f)* unemployment
- Een aantal werkzoekenden vertelde over hun werkloosheid.

  2.87

840 divisie *noun, de(f)* division
- KPN schrapt 800 banen bij de divisie vaste telefonie.

  2.27

841 veelal *adv* often
- In koude streken bedekken bewoners hun huid veelal met kleding.

  3.31

842 volwassene *noun, de* adult
- Tijdens de tentoonstelling zijn er ook lezingen voor volwassenen.

  2.35

843 fotograaf *noun, de(m)* photographer
- Het legertje fotografen en cameramensen achtervolgt de prins.

  2.30

844 mandaat *noun, het* mandate
- Het mandaat duurt dertig dagen en loopt op 26 september af.

  2.18

845 sukkelen *verb* to trudge, to trot
- Menigeen heeft er een hekel aan om langzaam over de weg te sukkelen.

  2.05

846 percentage *noun, het* percentage
- Hij sluit niet uit dat het percentage in werkelijkheid hoger ligt.

  2.74

847 beklagen (zich) *verb* to complain
- Hij beklaagde zich erover dat hij zijn kantoor niet kan bereiken.

  2.12

848 gistermiddag *adv* yesterday afternoon
- Die eer viel hem gistermiddag ten deel.

  1.92

849 daadwerkelijk *adj* actual
- De angst is meestal groter dan de daadwerkelijke ellende die de inentingen veroorzaken.

  3.11

850 doorbraak *noun, de* breakthrough
- De ontdekking betekent een doorbraak.

  2.45

851 reportage *noun, de(f)* report
- Hun boek leest meer als een journalistieke reportage dan als een wetenschappelijke verhandeling.

  2.76

852 sanctie *noun, de(f)* sanction
- De sanctie wordt met succes toegepast.

  2.14

853 Pools *adj* Polish
- In 1992 schreef ze een kookboek met Poolse gerechten.

  1.99

854 beheren *verb* to manage
- Hij beheert al ruim 30 jaar de moestuin en het erf.

  2.73

855 complex *noun, het* complex
- Vier liften geven vanuit de garage toegang tot het complex.

  2.38

856 almaar *adv* constantly, all the time
- In de loop van de avond zal ik me almaar beter gaan voelen.

  2.10

857 verdenking *noun, de(f)* suspicion
- De politie heeft drie mannen aangehouden op verdenking van het gooien van de vuurpijl.

  2.04

858 asielzoeker *noun, de(m)* asylum seeker
- Sinds een tijdje werk ik op een basisschool voor kinderen van asielzoekers.
2.09

859 strategisch *adj* strategic
- Washington is bang voor instabiliteit in de regio waar het strategische belangen heeft.
2.44

860 variant *noun, de* variant
- Bejaarden krijgen elk jaar een nieuwe griepprik, omdat er steeds een andere variant van het virus heerst.
3.39

861 liberaal *noun, de(m)* liberal
- De privatisering is hier veel te ver doorgeschoten dankzij de liberalen.
2.66

862 structureel *adj* structural
- Het bedrijf bevestigde dat de directie structurele maatregelen zal aankondigen.
2.49

863 minderheid *noun, de(f)* minority
- Hij beloofde dat de belangen van minderheden geen geweld aan zal worden gedaan.
3.21

864 volksgezondheid *noun, de(f)* public health
- Dat wordt begeleid en gecontroleerd door het ministerie van volksgezondheid.
2.19

865 maandagavond *noun, de(m)* Monday evening
- Het trotse voetballand werd maandagavond door Turkije uitgeschakeld.
1.94

866 arbeidsmarkt *noun, de* labour market
- Nu het met de arbeidsmarkt wat beter gaat hebben mensen ook meer vertrouwen.
2.27

867 optimistisch *adj* optimistic
- Er is plaats voor optimistisch nieuws en eenvoudige analyses.
2.07

868 aankopen *verb* to purchase
- Het college wil het stadion aankopen voor een bedrag dat de club schuldenvrij maakt.
2.14

869 mix *noun, de(m)* mix
- Een mix van werken, wonen en winkels zorgt voor een aantrekkelijke stedelijke omgeving.
2.41

870 klassieker *noun, de(m)* classic
- Hij zingt nog zo'n oude klassieker.
2.33

871 juweel *noun, het* jewel
- Bij de inbraak namen de inbrekers voor miljoenen euro's aan juwelen en diamanten mee.
2.12

872 overval *noun, de(m)* raid
- De winkel was het doelwit van een gewapende overval.
1.97

873 lening *noun, de(f)* loan
- Hij stelde dit bedrag via een lening bij de overheid ter beschikking.
2.28

874 binnenstad *noun, de* town centre
- Wij zijn als bewoners van de binnenstad wel wat gewend.
2.19

875 goederen *noun, pl* goods
- Door de aardbeving vielen in winkels de goederen van de schappen.
2.19

876 regie *noun, de(f)* direction
- De regie van de film is wederom in handen van Maria Peters.
2.04

877 faillissement *noun, het* bankruptcy
- Uitstel van betaling en zelfs faillissementen zijn aan de orde van de dag.
2.00

878 crimineel *adj* criminal
- Crimineel gedrag wordt niet getolereerd.
2.38

879 corruptie *noun, de(f)* corruption
- Van de nu boven water gekomen corruptie was toen nog geen sprake.
2.28

880 vermeend *adj* supposed
- De publicatie over vermeende rijkdommen van de koningin heeft stof gegeven tot vele discussies.
2.24

881 socialist *noun, de(m)* socialist
- Bovendien blijven ook de socialisten voor Verhofstadt een onzekere factor.
2.77

882 peiling *noun, de(f)* poll
- Deze politicus doet het goed in de peilingen.
2.25

883 breuk *noun, de* fracture
- De voetballer liep niet enkel een stevige buil op, maar ook een breuk.
2.28

884 aanhanger *noun, de(m)* supporter
- Na de moord op de politicus zijn er hevige emoties onder zijn aanhangers.
2.72

885 binnenhalen *verb* to bring in
- Met de stunt wil de priester geld binnenhalen voor zijn parochie.
2.10

886 prominent *adj* prominent
- Er kan worden gediscussieerd met prominente vertegenwoordigers van politieke partijen.
2.30

887 parlementslid *noun, het* member of parliament
- Zij heeft haar werk als parlementslid in alle openbaarheid verricht.
2.20

888 overstap *noun, de(m)* switch(-over)
- Sommige bewindslieden maken gedurende hun ambtsperiode de overstap naar een andere betrekking.
2.16

889 drastisch *adj* drastic
- Er was een stabiele rechtse regering nodig, die drastische beslissingen durfde te nemen.
2.32

890 afwachting *noun, de(f)* expectation
- Zelden ging de afwachting van een rechterlijke uitspraak gepaard met zoveel commentaar.
in afwachting van: In afwachting van vast werk houden de meesten zich bezig met verschillende activiteiten.
2.17

891 zetelen *verb* to reside
- Het bedrijf zetelt in Veldhoven.
2.12

892 gevel *noun, de(m)* façade
- Hij werd betrapt door een agent toen hij tegen gevel van het politiebureau stond te plassen.
2.27

893 uitreiken *verb* to present
- De universiteit zal hem de doctorsbul uitreiken voor zijn onderzoek aan de biologische afbreekbaarheid van chemische stoffen.
2.38

894 vaart *noun, de* speed
- De economie van de Verenigde Staten zal de komende maanden meer vaart krijgen.
2.55

895 onrust *noun, de* unrest
- Dat leidt tot enige onrust, maar die laat zich snel wegpoetsen.
2.44

896 vrees *noun, de* fear
- De vrees dat ook varkens het vogelpestvirus kunnen verspreiden, blijkt ongegrond.
2.12

897 demonstratie *noun, de(f)* demonstration
- Het was duidelijk dat dit geen demonstratie zou worden voor een vreedzame oplossing van het probleem.
2.14

898 stunt *noun, de(m)* stunt
- De stunt was bedoeld voor matrozen van langsvarende schepen.
1.96

899 impact *noun, de(m)* impact
- Ik overzag totaal niet welke impact dit op mijn leven zou hebben.
2.43

900 wielrennen *noun, het* cycle racing
- In het wielrennen draait het om winnen en dat is me vandaag weer eens gelukt.
2.43

901 fabrikant *noun, de(m)* manufacturer
- Andere fabrikanten, met name van wasmiddelen, veranderen hun verpakking elk jaar.
2.28

902 trio *noun, het* trio
- Het trio ziet de middenlinie als het zenuwcentrum van een elftal.
2.02

903 sluiting *noun, de(f)* closure
- Het personeel voert actie tegen de voorgenomen ontslagen en sluiting van hun kantoor.
2.00

904 parlementair *adj* parliamentary
- Vandaag begint het parlementair bezoek aan de Antillen.
2.34

905 opstappen *verb* to go away, to step down
- Ministers moeten vooral niet te snel opstappen.
2.02

906 genre *noun, het* genre
- De verzamel-cd doet het in geen enkel genre zo goed als binnen de dance.
  3.43

907 achtervolgen *verb* to chase
- De twee achtervolgen de dief tot in het Oosterpark.
  2.10

908 bejaard *adj* elderly, aged
- Het bejaarde echtpaar krijgt een tijdelijk onderkomen na de brand.
  2.16

909 promoveren *verb* a) to obtain one's doctoral degree b) to be promoted
- a) Een paar jaar geleden promoveerde hij op een lijvig proefschrift.
- b) Door de zege promoveerde de ploeg naar de eerste divisie.
  2.46

910 impuls *noun, de(m)* impulse
- Groene energie krijgt nu nog een flinke impuls.
  2.17

911 onterecht *adj* unfair, undeserved
- Ze vinden dat een onterechte uitspraak.
  2.20

912 sporen *verb* to travel by train
- Brussel ligt dankzij de hogesnelheidstrein slechts op 85 minuten sporen van Parijs.
  2.08

913 pleidooi *noun, het* plea
- Hij verwijst ook naar mijn pleidooi voor verplichte nascholing van leraren.
  2.05

914 religie *noun, de(f)* religion
- De vier religies gaven elk een eigen invulling aan het thema.
  3.35

915 gram *noun, het* gram
- Meer dan 9 gram keukenzout heeft een mens per dag niet nodig.
  2.68

916 berucht *adj* notorious
- Eén van mijn verre voorvaderen was een beruchte piraat.
  2.33

917 constructie *noun, de(f)* construction
- De hokjes maken deel uit van een moderne bakstenen constructie.
  2.71

918 leverancier *noun, de(m)* supplier
- Ik kan geen andere leverancier van gas en elektriciteit kiezen.
  2.00

919 opstarten *verb* to start (up)
- Dit toont aan dat we die discussie opnieuw moeten opstarten.
  2.35

920 prof *noun, de(m)* professional, pro
- De wielrenner won de sprint en pakte zijn eerste zege als prof.
  2.09

921 verhoor *noun, het* interrogation
- De verhoren van de enquêtecommissie roepen heftige gevoelens op.
  1.82

922 technologie *noun, de(f)* technology
- Er moet in technologie geïnvesteerd worden.
  2.48

923 grootschalig *adj* large-scale
- In dit jaargetijde wordt in het Vondelpark grootschalige onderhoud uitgevoerd.
  2.09

924 baten *verb* to avail
- Protesten van regiobewoners tegen de verplaatsing van de molen mochten niet baten.
  1.94

925 weren *verb* to keep out
- Het is een zwaarwegend belang om drugshandelaren te weren.
  2.12

926 chef *noun, de(m)* manager
- Ik kan u ook met mijn chef doorverbinden.
  2.15

927 lift *noun, de(m)* lift
- We mogen in de lift stappen.
  2.39

928 juichen *verb* to cheer
- Ze dansen en juichen op straat alsof hun favoriete team de wereldcup heeft gewonnen.
  2.13

929 criminaliteit *noun, de(f)* criminality
- Jarenlang was de bestrijding van de criminaliteit de topic van de VVD.
  2.22

930 overschrijden *verb* to exceed, to step over
- Hij overschrijdt de grenzen van de journalistiek door de tekst te beginnen met een persoonlijke droom.
  2.07

931 volwaardig *adj* full
- Overigens kan hij ook zelf bij de rechter uitbetaling van een volwaardig loon afdwingen.
  2.24

932 keeper *noun, de(m)* (goal)keeper
- Gedurende het hele toernooi maakte de keeper een onzekere indruk.
  1.75

933 wijziging *noun, de(f)* change
- Bij wijziging van de premie of de voorwaarden kunnen verzekerden overstappen.
  2.52

934 villa *noun, de* villa
- Duizenden bankbiljetten lagen verspreid door de kamers van de villa.
  2.33

935 verwijzing *noun, de(f)* reference
- Het probleem is niet eenvoudig opgelost met een verwijzing naar de historische feiten.
  2.38

936 management *noun, het* management
- Ik ben heel erg blij met het vertrouwen van de ploegleiding en het management.
  2.02

937 aangifte *noun, de(f)* report, declaration
- De slachtoffers deden afgelopen vrijdag en zaterdag pas aangifte.
  1.89

938 betaalbaar *adj* affordable
- De overheid heeft er geen geld voor over om betaalbare huizen te bouwen.
  2.08

939 verzorging *noun, de(f)* care
- Voor ieder dier is de verzorging verschillend.
  2.07

940 introduceren *verb* to introduce
- Nu introduceren we een subjectief element in de discussie.
  2.84

941 nationaliteit *noun, de(f)* nationality
- De bemanning bestaat uit negen nationaliteiten.
  2.61

942 populariteit *noun, de(f)* popularity
- Houten jachten winnen aan populariteit.
  2.36

943 prijken *verb* to shine
- Achter vrijwel elk nummer op deze compilatie prijkt zijn naam.
  1.79

944 onderstrepen *verb* to underline
- Ik las het boek en onderstreepte er allerlei passages in.
  1.89

945 gelijknamig *adj* of the same name
- Zij figureert in de gelijknamige documentaire.
  2.56

946 betogen *verb* to argue
- Zij betogen dat nieuwkomers weinig kans maken.
  1.93

947 zuidelijk *adj* southern
- Het zuidelijke eiland van de staat kreeg in 24 uur tijd meer dan een meter sneeuw te verwerken.
  2.97

948 afwezig *adj* absent
- Tijdens grote wedstrijden is hij meestal afwezig.
  2.29

949 werkgelegenheid *noun, de(f)* employment
- De werkgelegenheid moet gaan toenemen.
  2.05

950 drietal *noun, het* three(some)
- De gelijkenis tussen het drietal is frappant.
  1.92

951 afdwingen *verb* to enforce
- Een prestatie die alom respect afdwong.
  1.90

952 worstelen *verb* to struggle
- Veel ouders worstelen met de opvoeding van hun jonge kinderen.
  2.00

953 bundelen *verb* to bundle
- Het dossier bundelt de berichtgeving over de formatie.
  2.03

954 benutten *verb* to make use of
- We kunnen de bijgebouwen benutten voor koffiedrinken en bingo.
  1.97

955 assistent *noun, de(m)* assistant
- Naast mij feliciteerden de nieuwe trainer en zijn assistent elkaar.
  1.99

956 delegatie *noun, de(f)* delegation
- Iedereen in de delegatie was enthousiast.
  1.82

957 intens *adj* intense
- Zij hebben een intense band met hun familie en vrienden.
  2.27

958 terugblikken *verb* to look back
- Hij blikt terug op zijn ontmoeting met haar.
  1.85

12 Sport

Nouns

wedstrijd 22.12 match
trainer 12.66 trainer
team 11.75 team
finale 10.77 final
voetbal 10.42 football
sport 10.18 sport
match 9.17 match
doelpunt 8.18 goal
kampioen 7.65 champion
training 7.15 training, practice
coach 6.84 coach
doelman 6.1 goalkeeper
wereldkampioenschap, WK 5.9 world championship
supporter 4.89 supporter
renner 4.74 rider, runner
goal 4.44 goal
kampioenschap 4.43 championship
voetballer 4.34 footballer

toernooi 4.24 tournament
thuisploeg 3.73 home team
elftal 3.68 team
middenvelder 3.58 midfielder
stadion 3.52 stadium
wereldkampioen 3.3 world champion
scheidsrechter 3.19 referee
bondscoach 3.17 national coach
strafschop 2.69 penalty kick
voetbalclub 2.61 football club
sporthal 2.45 sports hall
wielrennen 2.43 cycle racing
race 2.41 race
middenveld 2.19 midfield
wielrenner 2.15 cyclist
peloton 2.13 peloton
prof 2.09 professional, pro

kwartfinale 2.07 quarter-finals
keeper 1.75 (goal)keeper

Verbs

spelen 51.52 to play
winnen 33.08 to win
verliezen 31.77 to lose
scoren 13.23 to score
trainen 8.24 to train
duiken 6.28 to dive
fietsen 6.18 to cycle
voetballen 5.75 to play football
dansen 5.09 to dance
oefenen 4.33 to practise, to exercise
zwemmen 4.08 to swim
rennen 3.51 to run
blesseren 2.67 to injure
vissen 1.45 to fish
sporten 1.29 to play sport, to exercise
zeilen 1.13 to sail

---

959 stranden *verb* to run ashore
- Tussen 14 februari en 18 maart strandden zeven bruinvissen.
  1.84

960 bediende *noun, de* servant, waiter
- Wat moet je met een bediende die wijn morst bij het inschenken?
  2.12

961 uitstraling *noun, de(f)* radiation, look
- Stijl en tijdloze uitstraling kregen duidelijk de voorkeur boven vernieuwend design.
  1.99

962 inschakelen *verb* to switch on
- Zo kan bijvoorbeeld de recorder worden ingeschakeld als je wordt gebeld.
  1.98

963 resulteren *verb* to result
- Die resulteerde na rust al vlot in een voorsprong.
  2.44

964 gretig *adj* eager
- Een ovenschotel die drie gretige eters gelukkig houdt.
  1.97

965 verkrijgbaar *adj* available
- De oorspronkelijke uitgave uit 1994 is overigens nog volop verkrijgbaar.
  2.33

966 samenstelling *noun, de(f)* composition
- Het parlement komt eind december bijeen in zijn nieuwe samenstelling.
  2.47

967 misbruiken *verb* to abuse
- Evenmin is bekend hoeveel geld precies misbruikt zou worden.
  2.21

968 verhoging *noun, de(f)* increase
- Hogere prijzen kunnen wijzen op inflatie en dat kan weer leiden tot een snelle verhoging van de rente.
  2.14

969 symbolisch *adj* symbolic
- Hij eist nu een symbolische schadevergoeding van 1 euro.
  1.97

970 slogan *noun, de(m)* slogan
- De pakkende slogan heeft voor veel publiciteit gezorgd.
2.07

971 rente *noun, de* interest
- Een hogere rente maakt aandelen in de regel een minder aantrekkelijke belegging.
1.87

972 vorming *noun, de(f)* formation
- Niets staat nu nog de snelle vorming van een nieuw kabinet in de weg.
2.23

973 mild *adj* mild
- Hier speelde het geweldig zonnige en milde voorjaar een gunstige rol.
1.97

974 wethouder *noun, de(m)* alderman, councillor
- Hij heeft nog een paar wensen neergelegd bij burgemeester en wethouders.
1.81

975 ontvoeren *verb* to abduct
- Tientallen politici zijn door de beweging ontvoerd.
1.81

976 welzijn *noun, het* welfare
- Gelukkig komen er in toenemende mate voorstellen tot verbetering van het welzijn van productiedieren.
2.21

977 song *noun, de(m)* song
- Succes in de popmuziek valt of staat heel erg met de kwaliteit van de song.
2.15

978 circuit *noun, het* circuit
- Zo wordt de auto precies aangepast aan het circuit.
1.86

979 beu *adj* tired
- Maastricht is de overlast meer dan beu.
2.59

980 misdrijf *noun, het* crime
- Bij de misdrijven zijn al meermalen levensgevaarlijke situaties ontstaan.
1.89

981 instemmen *verb* to agree
- Er is niets tegen te doen als de twee betrokken landen ermee instemmen.
1.94

982 komedie *noun, de(f)* comedy
- Als komedie schiet deze productie tekort.
1.83

983 opstelling *noun, de(f)* line-up
- De coach mag de opstelling nog tot één uur voor aanvang van de partij wijzigen.
1.72

984 solidariteit *noun, de(f)* solidarity
- De solidariteit tussen arbeiders staat hoog in het vaandel bij de vakbonden.
2.34

985 relativeren *verb* to put in perspective
- Ik kan goed relativeren en om mezelf lachen.
1.88

986 alarm *noun, het* alarm
- Een groepje klimmers zag het ongeluk gebeuren en sloeg direct alarm.
1.69

987 buurland *noun, het* neighbouring country
- Nederland heeft nu eenmaal weinig buurlanden.
1.95

988 chemisch *adj* chemical
- Provincies zien toe op de verwerking van chemisch afval door bedrijven.
2.51

989 beheer *noun, het* management
- Hij wil aannemers in dit project ook gedeeltelijk verantwoordelijk maken voor het beheer.
2.18

990 prompt *adj* immediate
- Op de vraag kwam een prompt antwoord.
1.90

991 ingrijpend *adj* radical
- Ook ondervinden de jongens geen ingrijpende gevolgen.
1.80

992 feestelijk *adj* festive
- Hij was gistermiddag ook bij de feestelijke opening van het toernooi.
1.94

993 remmen *verb* to brake
- Zij remde voor het zebrapad.
1.99

994 inspiratie *noun, de(f)* inspiration
- Hij mist inspiratie en creativiteit om zelf iets te ontwerpen.
2.14

995 authentiek *adj* authentic
- Het authentieke karakter van de film wordt nog versterkt door weergaloze speciale effecten.
1.78

996 opdagen *verb* to turn up
- Slechts vier studenten kwamen opdagen.
1.75

997 werkzaam *adj* employed, active
- Ik ben sinds mijn zeventiende jaar werkzaam als verpleegkundige.
2.50

998 soortgelijk *adj* similar
- RTL 4 komt komend voorjaar met een soortgelijk programma.
2.05

999 racisme *noun, het* racism
- Handelingen die duiden op racisme of discriminatie zijn verboden.
2.49

1000 extern *adj* external
- Het akkoord over externe veiligheid heeft meer haken en ogen.
2.14

1001 buitenwereld *noun, de* outside world
- De buitenwereld keek maar vreemd tegen de familie aan.
1.96

1002 rijzen *verb* to rise, to arise
- Bovendien rijst af en toe de vraag of het niet wat té goed is geregeld in Hasselt.
1.92

1003 federatie *noun, de(f)* federation
- Kim was voorzitter van de internationale federatie.
1.94

1004 tegenslag *noun, de(m)* setback
- Maar de boeren zijn allerminst uit het veld geslagen door alle tegenslag.
1.73

1005 etappe *noun, de* stage, leg
- Na elke etappe van de in totaal 8000 kilometer valt het laagst geklasseerde duo af.
1.77

1006 senator *noun, de(m)* senator
- De senator wil de positieve kanten van acht jaar Clinton benadrukken.
1.85

1007 allerminst *adv* not in the least
- Het remt haar passie allerminst.
1.67

1008 aanklacht *noun, de* charge, complaint
- Een van haar laatste wapenfeiten was een aanklacht tegen een collega.
een aanklacht indienen: Ze diende geen aanklacht in omdat het slachtoffer dat nadrukkelijk vroeg.
1.65

1009 hip *adj* fancy
- Begin straks het nieuwe jaar goed met een nieuwe hippe tas!
1.94

1010 psychiatrisch *adj* psychiatric
- Ze woont al jaren naast een instelling met psychiatrische patiënten.
1.69

1011 componist *noun, de(m)* composer
- De partituur bevat de laatste wijzigingen van de componist.
2.56

1012 noordelijk *adj* northern
- De noordelijke randweg wordt negen kilometer lang.
2.68

1013 schuilen *verb* to shelter, to hide
- In de details schuilt vaak de schoonheid van de foto.
1.90

1014 subsidiëren *verb* to subsidize
- De overheid bleef de buitenschoolse lessen subsidiëren.
1.88

1015 beroven *verb* to rob
- Twee mannen beroofden het slachtoffer op straat van zijn mobiele telefoon en rijbewijs.
1.75

1016 verlossen *verb* to release, to free
- Op de rechterflank is hij verlost van de druk die hij vorig seizoen als centrumspits voelde.
1.96

1017 onveilig *adj* unsafe
- De rotonde maakte een eind aan deze onveilige situatie.
1.71

1018 vrijmaken *verb* to set free, to keep free
- De gemeente maakt geld vrij voor buitenschoolse sport.
1.64

1019 voeding *noun, de(f)* nutrition, food
- Een huishouden van vier personen heeft maandelijks ongeveer 400 euro nodig voor voeding.
2.44

1020 vandoor *adv* off, away
- De rovers zijn er met de buit vandoor gegaan en zijn nog spoorloos.
1.64

1021 uitwijzen *verb* to show
- Of dat een toevallige samenloop van omstandigheden is moet nader onderzoek uitwijzen.
  1.70

1022 kostbaar *adj* expensive, valuable
- In die tijd was speculaas nog een kostbaar gebak.
  1.85

1023 ontkomen *verb* to escape
- Uiteindelijk wist de man te ontkomen.
  1.77

1024 rebel *noun, de(m)* rebel
- Het land wordt verdeeld door de strijd tussen regeringsleger en rebellen.
  1.61

1025 referendum *noun, het* referendum
- De uitslag van dat referendum komt aanstaande vrijdag.
  1.92

1026 Hollands *adj* Dutch
- Een Hollands echtpaar rijdt met de caravan over een rustig landweggetje.
  1.88

1027 ontevreden *adj* dissatisfied
- Agressie tegen onderwijzers komt meestal van ontevreden vaders of moeders.
  1.64

1028 presentator *noun, de(m)* presenter
- Om het spel voor iedereen duidelijk te maken zal een presentator tijdens de wedstrijden uitleg geven.
  2.55

1029 beamen *verb* to endorse
- Hij beaamt dat het behalen van een diploma goed kan zijn voor de eigenwaarde van een leerling.
  1.65

1030 racistisch *adj* racist
- De aanhang van de racistische organisatie is de laatste jaren gestaag afgenomen.
  2.22

1031 champagne *noun, de(m)* champagne
- Zij nam nog een slokje champagne om vervolgens weer in haar roman te duiken.
  1.80

1032 tevergeefs *adj* in vain
- Ze deed verschillende tevergeefse pogingen haar gedichten te laten publiceren.
  1.73

1033 publiciteit *noun, de(f)* publicity
- Misschien is het zinvol dit in de publiciteit te belichten.
  1.61

1034 handtas *noun, de* handbag
- Zij zat kaarsrecht met haar handtas op schoot.
  1.48

1035 brutaal *adj* cheeky
- Dat zou pas een echt brutale actie zijn.
  1.78

1036 verontrusten *verb* to worry
- Het team kwam stootkracht tekort om de doelman te verontrusten.
  1.68

1037 etnisch *adj* ethnic
- Tien procent van het personeel is afkomstig uit etnische minderheden.
  1.92

1038 benoeming *noun, de(f)* appointment
- De benoemingen van de technische staf zijn prima.
  1.77

1039 discriminatie *noun, de(f)* discrimination
- Positieve discriminatie kan averechts en stigmatiserend werken.
  2.22

1040 halfjaar *noun, het* six months, half a year
- Ik moet het komende halfjaar erg goed spelen om te blijven waar ik nu sta.
  1.53

1041 schadelijk *adj* harmful
- Veel groenten en fruit geven enige bescherming tegen de schadelijke invloeden van uitlaatgassen en industriële vervuiling.
  1.94

1042 rubriek *noun, de(f)* column
- Dit is een maandelijkse rubriek over een dag uit het leven van een werknemer.
  2.42

1043 inslaan *verb* to smash
- De politie zag dat in de achterdeur een ruit was ingeslagen.
  1.74

1044 schijn *noun, de(m)* appearance
- Het heeft er alle schijn van dat deze sites de gratis sites langzaam uit de markt drukken.
  1.82

1045 bestempelen *verb* to label
- Zij bestempelen de dreigende maatregel als een politieke actie.
  1.86

1046 verdeling *noun, de(f)* distribution
- Daarnaast woedt een discussie over de verdeling van de macht in het koninkrijk.
  2.02

1047 **ernst** *noun, de(m)* seriousness
- Ik was me wel bewust van de ernst van de situatie.
1.75

1048 **meedelen** *verb* to announce
- Een woordvoerster van de provincie heeft dit gisteren meegedeeld.
1.64

1049 **ongewoon** *adj* unusual
- Het was een ongewone situatie.
1.80

1050 **moskee** *noun, de(f)* mosque
- Hij is goed te spreken over de manier waarop de politie met moskeeën samenwerkt.
1.74

1051 **doelgroep** *noun, de* target group
- Met die verschillende doelgroepen kunnen de scholen naast elkaar bestaan.
2.03

1052 **bewind** *noun, het* government, regime
- De opkomst is te laag om een bedreiging voor het bewind te vormen.
1.95

1053 **regulier** *adj* regular
- Morgen houdt het bedrijf een reguliere aandeelhoudersvergadering.
1.90

1054 **voornemen** *noun, het* intention
- Goede voornemens slagen alleen als je naar je gevoel luistert.
1.69

1055 **interieur** *noun, het* interior
- Het interieur wordt iets moderner en de isolatie is uitgebreid.
1.67

1056 **geschenk** *noun, het* gift
- Het geschenk heeft een waarde van 35 à 40 euro.
1.66

1057 **dj** *noun, de(m)* disc jockey
- De toegift was een tamelijk obscure opname die door een populaire dj was bewerkt.
2.01

1058 **wielrenner** *noun, de(m)* cyclist
- Doel van de wielrenners is het verkennen van het parkoers.
2.15

1059 **driemaal** *adv* three times
- Als je bij een bank driemaal een fout wachtwoord gebruikt, word je eruit gegooid.
1.61

1060 **maandenlang** *adj* for months
- Ze is na een maandenlange behandeling aan kanker genezen verklaard.
1.48

1061 **schaars** *adj* scarce
- De overheid gaat niet erg zuinig om met het schaarse groen.
1.70

1062 **burgeroorlog** *noun, de(m)* civil war
- Na een lange strijd kwam er een einde aan de burgeroorlog.
1.98

1063 **ergernis** *noun, de(f)* annoyance
- De grootste ergernis van klanten in de supermarkt is wachten bij de kassa.
1.77

1064 **gracht** *noun, de* canal
- Op een dag liepen mijn moeder en ik langs een gracht.
1.70

1065 **opperen** *verb* to put forward
- Men opperde zelfs openlijk deze supermarkten voortaan maar links te laten liggen.
1.60

1066 **atelier** *noun, het* studio
- Kort daarna vonden ze in een buitenwijk een woning met een atelier.
1.54

1067 **handvol** *noun, de* handful
- PSV kreeg een handvol kansen op de gelijkmaker.
1.48

1068 **intiem** *adj* intimate
- Het is moeilijk om in zo'n grote hal een intieme sfeer op te roepen.
1.69

1069 **mysterieus** *adj* mysterious
- De politie kon zo sneller en beter achter de identiteit van mysterieuze slachtoffers komen.
1.58

1070 **voorbijganger** *noun, de(m)* passer-by
- De oude man moppert tegen voorbijgangers.
1.41

1071 **eenzijdig** *adj* unilateral, one-sided
- U gaat geheel af op een volstrekt eenzijdige weergave van de feiten.
1.68

1072 **oprichter** *noun, de(m)* founder
- Als oprichter van het bedrijf ga ik daar graag op in.
1.81

1073 achterblijven *verb* to be left behind
- Kijk eens hoeveel rommel er achterblijft wanneer er ergens een evenement is geweest.
1.67

1074 hardnekkig *adj* persistent
- Toch blijft dit hardnekkige gerucht de sport achtervolgen.
1.62

1075 trots *noun, de(m)* pride
- Ondanks het verval hangt er nog altijd de sfeer van een zekere trots.
1.51

1076 stoet *noun, de(m)* procession
- Een opvallende stoet vol dansende en zingende kinderen trekt door het centrum.
1.45

1077 historicus *noun, de(m)* historian
- Voor sociologen en historici betekent vergelijken dat men naar overeenkomsten en verschillen zoekt.
1.75

1078 column *noun, de(m)* column
- Juist die destijds zo populaire columns zijn nog even fris als toen.
1.69

1079 tragisch *adj* tragic
- Dat is vooral duidelijk geworden in het licht van de recente tragische gebeurtenissen.
1.51

1080 vertragen *verb* to delay
- Men schat dat het project daarmee zeker vier jaar wordt vertraagd.
1.58

1081 jeugdig *adj* youthful
- Hij heeft op jeugdige leeftijd al heel wat gepresteerd.
1.49

1082 warenhuis *noun, het* department store
- Besloten wordt de warenhuizen een nieuw uiterlijk te geven.
1.37

1083 simpelweg *adv* simply
- Ik had het simpelweg te druk met werk.
1.85

1084 betonnen *adj* concrete
- Maak de kelder waterdicht door een waterdichte betonnen bak.
1.44

1085 prikkelen *verb* a) to stimulate b) to irritate
- a) De nieuwe keukentoestellen prikkelde onze nieuwsgierigheid.
- b) Koude lucht prikkelt de slijmvliezen.
1.52

1086 brandstof *noun, de* fuel
- Vooral de autosector had te lijden onder de dure brandstof.
1.71

1087 veroorloven (zich) *verb* to permit
- Kan een politicus zich privé minder veroorloven dan andere burgers?
1.53

1088 applaus *noun, het* applause
- Er klinkt een enthousiast applaus op uit de zaal.
1.47

1089 pistool *noun, het* pistol
- Hij kon niet eens een pistool bedienen.
1.46

1090 fotograferen *verb* to photograph
- De raad vroeg afgelopen zomer jongeren te fotograferen wat zij in hun vrije tijd doen.
1.41

1091 hoede *noun, de* guard
- Hij zag de auto staan en was meteen op zijn hoede.
onder zijn hoede nemen: Hij neemt de vrouwenploeg onder zijn hoede.
1.46

1092 resoluut *adj* resolute
- Ons resolute antwoord is ja!
1.43

1093 groepering *noun, de(f)* group, grouping
- Allerlei groeperingen in de samenleving steunden dat voorstel.
1.65

1094 bestuurlijk *adj* administrative
- Wij zoeken een wat oudere persoon uit het bestuurlijke circuit.
1.74

1095 stilstand *noun, de(m)* standstill
- Hij kwam in de garagebox tot stilstand.
1.43

1096 dumpen *verb* to dump
- Het dumpen van afval kon daar sowieso niet worden aangepakt omdat het volgens de gemeentelijke verordening niet strafbaar is.
1.58

1097 matigen *verb* to moderate
- Het kan geen kwaad om de toon in het debat te matigen.
1.90

1098 scheur *noun, de* crack, tear
- De schade bleef beperkt tot een ruit en een scheur in een kostbaar vloerkleed.
1.40

1099 cynisch *adj* cynical
- Zij maken vaak cynische grapjes over hun eetlust.
  1.40

1100 waken *verb* to watch
- Zij waken over onze veiligheid.
  1.49

1101 opzettelijk *adj* deliberate
- De dienst stuit keer op keer op het opzettelijk ontduiken van de strenge regels.
  1.45

1102 kerkhof *noun, het* cemetery
- Op het kerkhof bevinden zich 4000 graven.
  1.50

1103 moeiteloos *adj* effortless
- Het was een moeiteloze overwinning.
  1.31

1104 hinderen *verb* to impede, to hinder
- Dit hindert de stroom voetgangers en fietsers.
  1.51

1105 pal *adv* directly
- De wandelaars lopen pal achter elkaar steeds hetzelfde rondje.
  pal staan: De aanvaller kwam dicht bij een treffer maar de bezoekende keeper stond pal.
  1.30

1106 bekendheid *noun, de(f)* fame
- Het leverde hem wereldwijde bekendheid op.
  1.92

1107 flitsen *verb* to flash
- Binnen een seconde flitst er van alles door me heen.
  1.37

1108 halt *noun, de/het* stop
- In de jaren 90 werd die neergang een halt toegeroepen.
  1.37

1109 onschuld *noun, de* innocence
- De overgrote meerderheid gelooft in zijn onschuld.
  1.29

1110 asfalt *noun, het* asphalt
- Onder het asfalt zijn duizenden kilometers riool geïnspecteerd.
  1.26

1111 anno *prep* anno, in the year
- Het internet is anno 2013 niet meer weg te denken uit het leven.
  1.93

1112 verontwaardiging *noun, de(f)* outrage, indignation
- Bij velen is verontwaardiging losgebarsten over de identificatieplicht die volgend jaar van kracht wordt.
  1.37

1113 zondagmiddag *noun, de(m)* Sunday afternoon
- Ik zie hem elke zondagmiddag.
  1.27

1114 reusachtig *adj* huge
- De lichtjes in de reusachtige kerstboom verspreiden een sprookjesachtig licht over het plein.
  1.39

1115 verteren *verb* to digest
- Daarna ligt het dier twee dagen op de kant om de opgegeten schelpdieren te verteren.
  1.28

1116 uitbundig *adj* exuberant
- Er waren op de geboortedag van de prinses geen uitbundige feesten.
  1.31

1117 verzoenen (zich) *verb* to reconcile
- Er wordt wel veel gedaan om mensen met elkaar te verzoenen.
  1.28

1118 kok *noun, de(m)* cook
- Diezelfde avond werd me door de kok een tamme eend voorgezet.
  1.27

1119 toekijken *verb* to watch
- Vaak kijkt men toe zonder in actie te komen.
  1.18

1120 verspreiding *noun, de(f)* spread
- Ons beleid is gebaseerd op de verspreiding van de populariteit van het schaatsen.
  1.60

1121 speels *adj* playful
- Kinderen kunnen op een speelse manier kennismaken met de natuur in de uiterwaarden.
  1.19

1122 schommelen *verb* to fluctuate
- Het gemiddelde aantal behandelingen per patiënt per jaar schommelt rond 17.
  1.20

1123 voltrekken *verb* to celebrate
- Ik voltrek alle huwelijken in dit dorp.
  zich voltrekken: Maar veel hervormingen voltrekken zich trager dan ze hoopte.
  1.20

1124 charme *noun, de(m)* charm
- Hij moet het dezer dagen meer dan ooit hebben van zijn charme.
1.19

1125 mijden *verb* to avoid
- Als het even kan, willen wij risico's mijden en tegenslag uitsluiten.
1.18

1126 klem *noun, de* trap
- Ik heb al een stuk of vijftien muizen en vijf ratten in een klem weten te vangen.
1.17

1127 elegant *adj* elegant
- De couturier is beroemd geworden door zijn elegante robes.
1.13

1128 ligging *noun, de(f)* location
- Bovendien is de ligging in het hart van de stad prachtig.
1.53

1129 westelijk *adj* west, western
- In oktober wordt in eenzelfde periode het westelijk spoor van de brug vervangen.
1.56

Spoken

1 uh *interj* er
- Maar uh, dat zijn chemische producten.
  7.29

2 hè *interj* ~ isn't it, don't I
- Ik heb best een grote doos hè?
  4.82

3 hoor *interj* you know
- Ja, nee, dat valt mee hoor.
  1.97

4 ah *interj* oh
- Ah toe, geef nou.
  3.32

5 oké, OK *interj* OK
- Ja oké, en tot vanavond.
- Ik vind het OK als hij meekomt.
  6.43

6 hé *interj* ~ hey
- Hé, die kan niet in dat kleine gaatje.
  9.57

7 gij, ge *pron* you
- Dus gij vondt dat heel goed?
- Ge zijt meestal toch om negen uur al terug.
  12.11

8 allee *interj* ~ come on
- Allee, ze vonden dat eigenlijk wel geestig.
  0.77

9 mekaar *pron* each other
- We gaan proberen weer allemaal bij mekaar te komen.
  5.13

10 jawel *interj* yes, indeed
- Jawel, jawel, je bent wel snel van begrip.
  2.62

11 goh *interj* ~ gosh
- Goh, dat is een mogelijkheid.
  0.83

12 meneer *noun, de(m)* sir
- 'Zal het dictee moeilijk zijn, meneer?' vroeg Peter.
  6.58

13 naartoe *adv* to there
- Ik ben van plan daar vrijdag naartoe te gaan.
  3.90

14 ach *interj* oh
- Ach, dat geeft toch helemaal niks.
  6.80

15 negentien *num* nineteen
- Zij zijn in september negentien jaar getrouwd.
  3.74

16 snappen *verb* to understand
- Je snapt precies hoe je moet sturen en hoe de versnelling werkt.
  6.78

17 jouw *pron* your
- Jouw paraplu ligt nog hier.
  7.46

18 telefoon *noun, de(m)* telephone
- Om vijf over half negen ging de telefoon.
  7.07

19 weer *noun, het* weather
- Als het slecht weer is, dan moeten we ergens kunnen schuilen.
  6.71

20 hu *interj* ugh
- Hu. Wat een moeilijk woord.
  0.53

21 eventjes *adv* quickly
- Ik dacht toch nog eventjes in te pikken op de vorige les.
  2.46

22 joh *interj* ~ mate, you
- Hier moet ik dus echt om lachen, joh.
  0.49

23 hartstikke *adv* terribly
- Dat is hartstikke fijn voor dat kind.
  1.37

24 middag *noun, de(m)* afternoon
- Jij hebt de hele middag gewoon op de bank gezeten.
  6.41

25 ontzettend *adj* tremendous, terrible
- Wij hadden ontzettende last van jetlag.
  4.29

26 sorry *interj* sorry
- Toen zeiden we: 'nee, sorry, we geven dat niet'.
  6.32

27 grappig *adj* funny
- Ze heeft af en toe wel grappige dingen.
  5.78

28 gulden *noun, de(m)* guilder
- Ik reken nog in guldens.
  3.33

29 awel *interj* oh well
- Awel, maar 't is morgen hé.
  0.44

30 mevrouw *noun, de(f)* madam
- U hebt mij verkeerd begrepen, lieve mevrouw.
  5.10

31 vijfentwintig *num* twenty-five
- Michael babbelde vijfentwintig uur lang over één onderwerp.
1.62

32 morgen *noun, de(m)* morning
- Ik had deze morgen willen fietsen, want het was een prachtig weer.
2.07

33 oei *interj* oops
- Jan denkt oei, ik moet haar nog even feliciteren.
0.47

34 sowieso *adv* anyway
- Ze moet daar sowieso terug naartoe.
4.56

35 och *interj* oh
- Och, we gaan eens naar het restaurant of zo.
1.05

36 verschrikkelijk *adj* terrible
- Het was een verschrikkelijke wedstrijd.
4.95

37 tweehonderd *num* two hundred
- De woningbouwvereniging wil nog tweehonderd mensen een woning aanbieden.
3.10

38 ha *interj* ah
- Ha, ja, ergens is dat begrijpelijk.
1.37

39 tweeduizend *num* two thousand
- De catamaran moet ongeveer tweeduizend gulden opbrengen.
1.55

40 tachtig *num* eighty
- Wat mij interesseert is de tachtig procent mensen die een normaal inkomen hebben.
6.99

41 gauw *adv* soon, quickly
- Daan haalt gauw zijn schrift uit zijn tas.
5.40

42 vanmiddag *adv* this afternoon
- PSV kan vanmiddag thuis tegen Heerenveen de landstitel pakken.
2.74

43 enfin *interj* in short, anyway
- Enfin, we gaan mekaar in ieder geval zien rond half zeven.
0.95

44 terugkomen *verb* to return
- We kunnen ook een andere keer terugkomen.
3.99

45 hm *interj* hmm
- Hm, dat gaat niet.
0.29

46 spul *noun, het* stuff, things
- William gaat met zijn vader naar huis om wat spullen op te halen.
4.34

47 nul *num* zero
- Zweden en Turkije hebben nul punten.
3.53

48 dertien *num* thirteen
- De temperatuur ligt tussen de dertien en achttien graden.
5.81

49 verbinding *noun, de(f)* connection
- De verbinding is weer heel slecht.
3.57

50 aha *interj* aha
- 'Aha,' zei Barbara. Achterdochtig keek ze Sandra aan.
0.28

51 anderhalf *num* one and a half
- Hij heeft deze voormiddag anderhalf uur geslapen.
6.94

52 vanmorgen *adv* this morning
- Vanmorgen heeft ze een bericht gestuurd.
2.83

53 hoezo *interj* why
- Dat weet ik niet, hoezo?
0.80

54 heleboel *noun, de(m)* a lot
- Er lopen hier een heleboel volwassenen rond, maar ik weet niet wie het allemaal zijn.
1.88

55 binnenkomen *verb* to enter
- Ze waren al volop aan het zingen toen ik binnenkwam.
3.75

56 weggaan *verb* to leave
- Ik ben daar een paar jaar terug weggegaan.
2.35

57 tevoren *adv* before
- We moeten twee uur van tevoren inchecken.
3.07

58 enzovoort, enz., en zo *adv* etc., and so on
- We vullen ons karretje met frisdrank, tien zakken paprikachips, enzovoort.
- Ze hebben geregeld een excursie (bv. naar het bos, een boerderij, een manege enz.).
6.68

13 Time

General – Nouns

tijd 70.73 time
periode 20.23 period
verleden 12.74 past, last
ogenblik 6.66 moment
datum 3.91 date
tijdstip 2.29 (point of/in) time
tijdperk 1.67 era
heden 1.28 today
eeuwigheid 0.86 eternity

General – Adjectives

vorig 49.15 previous
later 35.37 later
uiteindelijk 26.10 final
voorbij 25.90 past
huidig 20.83 current
voorlopig 16.45 provisional
voormalig 14.39 former
dagelijks 13.38 daily
jaarlijks 13.01 annual
tijdelijk 8.34 temporarily
jarenlang 7.73 for years and years
voortdurend 7.34 continuous
toenmalig 5.31 former, then
toekomstig 4.58 future
hedendaags 3.51 contemporary
langdurig 3.43 prolonged
tijdig 2.15 timely
maandelijks 2.07 monthly
levenslang 2.00 lifelong
verleden 1.50 past, last
maandenlang 1.48 for months
urenlang 1.31 endless, for hours

Days of the week (in chronological order)

zondag 23.72 Sunday
maandag 15.45 Monday
dinsdag 12.24 Tuesday
woensdag 13.30 Wednesday
donderdag 12.55 Thursday
vrijdag 17.26 Friday
zaterdag 23.41 Saturday

Months (in chronological order)

januari 19.27 January
februari 14.07 February
maart 16.50 March
april 16.50 April
mei 18.86 May
juni 18.04 June
juli 15.74 July
augustus 14.62 August
september 20.06 September
oktober 18.50 October
november 15.50 November
december 15.79 December

Seasons

lente 2.26 spring
zomer 14.55 summer
herfst 1.98 autumn
winter 5.94 winter
voorjaar 4.32 spring
najaar 3.65 autumn, fall

Parts of the day (morning to night)

ochtend 6.33 morning
's ochtends 2.62 in the morning
morgen 2.07 morning
's morgens 2.54 in the morning
middag 6.41 afternoon

zondagmiddag 1.27 Sunday afternoon
namiddag 3.71 (late) afternoon
avond 16.44 evening
's avonds 6.41 in the evening, at night
zondagavond 2.96 Sunday evening
maandagavond 1.94 Monday evening
dinsdagavond 2.14 Tuesday evening
woensdagavond 2.26 Wednesday evening
donderdagavond 2.30 Thursday evening
vrijdagavond 3.18 Friday evening
zaterdagavond 4.06 Saturday evening
nacht 19.55 night
middernacht 2.11 midnight

Intervals (short to long)

seconde 7.35 second
minuut 21.34 minute
kwartier 5.11 quarter (of an hour)
halfuur 2.75 half (an) hour
uur 51.25 hour
dag 66.05 day
week 59.44 week
weekend 17.06 weekend
weekeinde 3.61 weekend
seizoen 21.38 season
kwartaal 3.01 quarter
decennium 4.32 decade
generatie 7.20 generation
eeuw 16.36 century

59 zeventig *num* seventy
- Hij is één meter zeventig lang.
6.00

60 tja *interj* well
- Tja, sommige mensen zien daar de lol van in.
6.13

61 net *adj* neat, tidy
- De kamer was heel proper, heel net, maar sober.
1.70

62 frank *noun, de(m)* frank
- Eén euro kost veertig frank drieëndertig negenennegentig.
2.00

63 verbreken *verb* to break up/off
- De verbinding wordt over dertig seconden verbroken.
2.21

64 amai *interj* ~ oh my (God)
- Amai, ik ben echt heel dankbaar daarvoor.
0.33

65 alhoewel *conj* although
- Ik vind dat zelf niet zo'n probleem, alhoewel ik het wel jammer vind.
3.59

66 opschrijven *verb* to write down
- Wat hij zegt, moet je niet allemaal opschrijven.
1.51

67 voilà *interj* there you are
- Voilà, 't is geregeld.
0.23

68 gelijk *conj* just as
- Het was daar helemaal bewolkt gelijk hier.
2.02

69 pff *interj* whew
- Pff, ik hoop dat het meevalt.
0.60

70 Engels *noun, het* English
- Moet jij soms Engels praten?
2.20

71 meegaan *verb* to go (along) with
- Er kan eventueel nog iemand meegaan, maar dat weet ik pas morgen.
1.96

72 tof *adj* great
- Ga je nog wat toffe dingen doen in de vakantie?
3.52

73 vierentwintig *num* twenty-four
- Met vierentwintig uur zon per dag gaat de gletsjer snel smelten.
0.68

74 tante *noun, de(f)* aunt
- Ik geloof niet dat er nog tantes of ooms leefden.
2.75

75 dadelijk *adv* immediately
- Dus als je wil kan je er dadelijk al even naar kijken.
1.41

76 bah *interj* yuck
- nagelbijten, bah, wat een afschuwelijke gewoonte.
0.57

77 Frans *noun, het* French
- Hij spreekt misschien Engels, maar geen Frans.
2.12

78 negentig *num* ninety
- Hij wordt op die dag negentig jaar.
5.92

79 vijfhonderd *num* five hundred
- De schaatsers draaien zich warm voor de vijfhonderd meter.
2.00

80 driehonderd *num* three hundred
- Tegen de avond zaten er meer dan driehonderd journalisten in het politiegebouw.
1.96

81 komma *noun, de/het* comma
- De bank verwacht een economische groei van twee komma zes procent dit jaar.
0.64

82 benieuwd *adj* curious
- Eigenlijk ben ik daar wel benieuwd naar.
3.91

83 ho *interj* stop
- Ik had echt zoiets van ho, dit kun je niet maken.
0.19

84 jee *interj* oh dear, oh no
- Oh jee, en als het nu mislukt, wat dan?
0.19

85 hoi *interj* hi
- Hoi, ik ben Jeroen.
2.90

86 daarnet *adv* just (now)
- U zei daarnet ook dat u van sporten houdt.
0.91

87 lesgeven *verb* to teach
- We hebben twee leerkrachten Nederlands die één uur per week lesgeven aan anderstaligen.
0.80

88 zesentwintig *num* twenty-six
- José is zesentwintig jaar.
0.35

89 rap *adj* fast, quick(ly)
- Dan is dat rap gedaan.
3.47

90 eenentwintig *num* twenty-one
- Morgen is er veel zon met temperaturen van eenentwintig tot zesentwintig graden.
0.52

91 tweeëntwintig *num* twenty-two
- Hans werd derde met tweeëntwintig punten.
0.45

92 eraf *adv* off
- Nu wil ik mijn haar eraf.
1.46

93 cd *noun, de(m)* CD
- Ik heb een nummer van die cd gehoord.
0.80

94 drieëntwintig *num* twenty-three
- Ik denk dat jullie iets van drieëntwintig mensen in de klas hebben.
0.38

95 zat *adv* plenty
- Ilse is rijk zat.
0.85

96 vijfendertig *num* thirty-five
- Ik heb vijfendertig euro betaald.
0.54

97 vierhonderd *num* four hundred
- Daar lag vierhonderd kilo vuurwerk opgestapeld.
1.39

98 vannacht *adv* tonight, last night
- Waar heb je vannacht van gedroomd?
1.94

99 tussendoor *adv* in between
- Dat fietsen was maar even tussendoor.
1.96

100 erachter *adv* behind (it, them)
- Je moet dit gewoon afsluiten. Punt erachter.
erachter komen: Hoe kom je erachter of dat waar is?
1.71

101 ginder *adv* over there
- Dan hoef ik haar niet naar ginder te lokken.
1.04

102 uitzoeken *verb* to select, to choose
- Straks gaat hij samen met oma ontbijten en mag hij uitzoeken wat hij lekker vindt.
1.86

103 opbellen *verb* to call (up)
- We hebben gezegd dat we zouden opbellen.
1.15

104 stage *noun, de* internship
- Zij loopt stage bij de kleuters.
2.49

105 diegene *pron* he, she, those who
- Diegene die wint is dan toch de beste.
3.20

106 achtentwintig *num* twenty-eight
- Het festival duurt tot achtentwintig april.
0.29

107 dinges *noun, de* what-d'you-call-it, thingy
- Ik zou gewoon naar de dinges rijden.
0.57

108 tamelijk *adv* rather
- Ze bleven tamelijk lang weg.
1.69

109 daarachter *adv* behind it, behind them
- Daarachter begint het moeras.
1.02

110 vijfenveertig *num* forty-five
- Vijfenveertig euro vond ik een beetje teveel.
0.36

111 wreed *adj* cruel
- Het was een tamelijk wrede wetgeving.
1.60

112 voorlezen *verb* to read (aloud)
- Ik heb bijna een heel boek voorgelezen.
1.59

113 kletsen *verb* to chat
- Sommige mensen stonden alleen maar te kletsen, die letten helemaal niet op.
1.12

114 volgend *adj* next
- De volgende avond was ik daar toch weer.
0.95

115 daarstraks *adv* just now
- Wat heb ik daarstraks op de radio gehoord?
0.42

116 inleveren *verb* a) to hand in b) to sacrifice
- a) We moesten meteen onze paspoorten inleveren.
- b) Moeten we koopkracht inleveren in ruil voor kwaliteit?
2.50

117 vrijdagavond *noun, de(m)* Friday evening
- We gaan van vrijdagavond tot zondagavond.
  3.18

118 teruggaan *verb* to return
- Hij zou nooit meer naar die school teruggaan.
  0.98

119 rugzak *noun, de(m)* backpack
- De zaklamp deed hij in de zwarte rugzak.
  1.12

120 overheen *adv* across, over
- Je kunt er een tafelkleedje overheen leggen.
  1.24

121 zeshonderd *num* six hundred
- Eerst nog zeshonderd meter bergop fietsen.
  0.97

122 erom *adv* about it
- Klaas lacht erom.
  1.72

123 file *noun, de* traffic jam
- Hou tijdens de spitsuren rekening met lange files.
  2.67

124 morgenavond *adv* tomorrow
- Misschien is ze morgenavond thuis.
  0.85

125 gelukken *verb* to succeed
- Het plan is gelukt.
  0.68

126 hartelijk *adj* warm
- Doe Riet de hartelijke groeten van me.
  1.58

127 mailen *verb* to mail, to post
- Ik mail je nog wel eventjes.
  1.85

128 schoonmaken *verb* to clean
- Anna stond erop dat ze het bord na gebruik met water schoonmaakten.
  1.26

129 gaaf *adj* great
- Hij had wel gedacht dat ze het een gaaf idee zouden vinden.
  0.79

130 langzamerhand *adv* gradually
- De mist verdwijnt langzamerhand.
  1.45

131 ertussen *adv* in between
- Hij had grote stevige voortanden met kleine spleetjes ertussen.
  0.60

132 langskomen *verb* to pass by, to come round
- Hij zei: 'je moet uh morgen maar langskomen of zo'.
  1.28

133 eronder *adv* below
- Bob heeft alleen maar de krik eronder gezet.
  1.14

134 irritant *adj* irritating
- Ik vind het wel een irritant geluid.
  1.20

135 nakijken *verb* to check
- Ik heb het niet gezien, maar ik zal het nog eens nakijken.
  1.21

136 ernaast *adv* next to it, beside it
- Er staat een oude schrijfmachine en ernaast ligt een stapel wit papier.
  1.12

137 opsturen *verb* to send
- Ik heb nog een brief opgestuurd naar u.
  0.99

138 weeral *adv* again
- Vaderdag ligt weeral vergeten achter de rug.
  1.31

139 lullig *adj* silly
- Daar heeft ze overigens heel lullig op gereageerd.
  0.55

140 plezierig *adj* pleasant
- Ik vind dat toch zo plezierig.
  0.81

141 klaarmaken *verb* to prepare
- Anja heeft lekkere chocolademelk klaargemaakt.
  1.00

142 content *adj* content
- Mijn schoonbroer was content omdat hij gewonnen had.
  1.21

143 opendoen *verb* to open
- De vrouw die de deur opendeed was begin zestig.
  0.81

144 wiskunde *noun, de(f)* mathematics
- Er wordt vaak gezegd dat muziek en wiskunde heel dicht bij elkaar liggen.
  1.52

145 eromheen *adv* around it
- Ze draagt een gekleurd pak met een grote rode strik eromheen.
  0.61

146 **goesting** *noun, de(f)* fancy
- Delphine had geen goesting om uit te gaan.
1.31

147 **inpakken** *verb* to pack (up)
- Zondag gaan we de koffers inpakken.
1.05

148 **donderdagavond** *noun, de(m)* Thursday evening
- Ik heb mijn fiets donderdagavond schoongemaakt.
2.30

149 **voorkant** *noun, de(m)* front
- De slaapkamer is aan de voorkant van het huis.
0.87

150 **dialect** *noun, het* dialect
- Ik spreek op het werk meestal een dialect.
1.45

151 **omheen** *adv* around
- Het is een soort vuur en er dansen figuren omheen.
0.92

152 **eruitzien** *verb* to look (like)
- Ik weet niet hoe dat beest eruitziet.
0.60

153 **daarboven** *adv* above it
- Ze zijn een parkeergarage aan het bouwen en daarboven komen winkels.
0.77

154 **rotzooi** *noun, de* junk, mess
- Ik ben intussen even de rotzooi aan het opruimen.
0.73

155 **vanachter** *adv* from behind
- Hij stond op vanachter zijn bureau en deed de deur open.
0.74

Web

1 eerste *num* first
- De projectgroep komt een eerste keer bijeen op woensdag 29 juni.

66.80

2 tweede *num* second
- Meer uitleg hierover volgt in de tweede paragraaf.

42.56

3 gij, ge *pron* you
- Wat doet gij hier nog?
- Ge moest allang in de winkel staan.

12.11

4 Vlaams *adj* Flemish
- In de Vlaamse wooncode wordt het recht op een menswaardig wonen nader omschreven.

26.59

5 later *adj* later, subsequent
- De bijeenkomsten die gepland stonden in de maand april worden verschoven naar een later tijdstip.

35.37

6 he *interj* hey
- Het wordt toch gezegd he, ik hoop dat het klopt.

0.98

7 gemeente *noun, de(f)* municipality
- De provincies en de gemeenten hebben op tal van plaatsen scholen opgericht.

23.91

8 Belgisch *adj* Belgian
- Zij werd geboren uit een Belgische vader en een Italiaanse moeder.

25.61

9 politiek *adj* political
- Dit is puur en alleen een politiek spelletje.

22.41

10 inwoner *noun, de(m)* resident, inhabitant
- Dit komt neer op een gemiddelde jaarlijkse groei van 3,4 per duizend inwoners.

15.70

11 provincie *noun, de(f)* province
- Hij begon de provincie af te reizen om steun voor zijn positie te verkrijgen.

14.04

12 januari *noun, de(m)* January
- Op 1 januari 2007 moeten alle restaurants in België rookvrij zijn.

19.27

13 juni *noun, de(m)* June
- De verkiezingen zijn voorzien voor juni 2005.

18.04

14 mei *noun, de(m)* May
- In mei 1993 werd de huidige grondwet aangenomen.

18.86

15 huidig *adj* current
- De huidige situatie kan sterk verbeterd worden.

20.83

16 groet *noun, de(m)* greeting
- Hartelijke groeten en tot gauw.

7.04

17 september *noun, de(m)* September
- Op 28 en 29 september vindt de 19e editie van de Kunstroute Leiden plaats.

20.06

18 link *noun, de(m)* link
- Meer info vind je door naar de volgende link te gaan.

7.59

19 regio *noun, de* region
- Een derde van de bevolking in de regio is chronisch ondervoed.

16.04

20 bron *noun, de* source
- Dagboeken zijn een belangrijke bron voor historisch onderzoek.

10.77

21 basis *noun, de(f)* basis
- Dit verslag moet de basis vormen voor dat debat.

17.81

22 december *noun, de(m)* December
- Op 5 december zal Sinterklaas de school bezoeken.

15.79

23 oktober *noun, de(m)* October
- Op 3 oktober vieren ze in Leiden het ontzet van de stad in 1573.

18.50

24 regering *noun, de(f)* government
- De invloed die burgers kunnen uitoefenen op hun regering is gering.

19.07

25 maart *noun, de(m)* March
- Maart is sinds 1987 niet zo koud geweest.

16.50

26 ene *pron* a, one
- De ene week werken we wat harder dan de andere.

14.07

27 juli *noun, de(m)* July
- In juli gaan we op vakantie naar Frankrijk.

15.74

28 **Europees** *adj* European
- In Brussel zijn de meeste Europese instellingen gevestigd.
24.28

29 **jouw** *pron* your
- Jouw idee om met zijn allen naar de film te gaan was top.
7.46

30 **april** *noun, de(m)* April
- Pasen valt dit jaar vroeg in april.
16.50

31 **oppervlakte** *noun, de(f)* surface
- De oppervlakte van een voetbalveld is minimaal 4050 vierkante meter.
6.92

32 **november** *noun, de(m)* November
- Op 11 november wordt in sommige streken Sint-Maarten gevierd.
15.50

33 **forum** *noun, het* forum
- Het forum is bedoeld om respectvol meningen met elkaar uit te wisselen.
6.11

34 **internationaal** *adj* international
- De organisatie van de kampioenschappen was een mooi voorbeeld van internationale samenwerking.
20.01

35 **sociaal** *adj* social
- Scouting brengt je sociale vaardigheden bij en is niet, zoals veel sportverenigingen, competitief.
18.97

36 **cijfer** *noun, het* a) figure, number
b) mark
- a) Die cijfers geven een vertekend beeld.
- b) Leerlingen die goede cijfers halen, verdienen straks vrije uren.
15.26

37 **bevolking** *noun, de(f)* population
- Hij vertegenwoordigt een grote laag van de huidige Vlaamse bevolking.
13.00

38 **augustus** *noun, de(m)* August
- Augustus was zonnig en warm.
14.62

39 **website** *noun, de* website
- De ANWB gebruikt cookies om haar websites gebruiksvriendelijker en persoonlijker te maken.
12.05

40 **daarnaast** *adv* beside it
- Zij had een voltijdse job en nam daarnaast ook de zorg voor haar zoontje op zich.
13.79

41 **sorry** *interj* sorry
- Uw stelling houdt geen steek, sorry.
6.32

42 **divers** *adj* various
- Al in zijn middelbare schooltijd had hij diverse gedichten geschreven.
11.23

43 **februari** *noun, de(m)* February
- Bep denkt dat er half februari een Elfstedentocht in Friesland komt.
14.07

44 **topic** *noun, de/het* topic
- Hoe maak je een nieuw topic aan op dit forum?
4.56

45 **indien** *conj* if
- We gaan na hoe de resultaten wijzigen indien een correctie wordt ingebouwd.
8.44

46 **enzovoort, enz., en zo** *adv* etc., and so on
- Hier leert men blinde mensen hoe men zelfstandig kan wonen, zich zelfstandig op straat begeven, enzovoort.
- Hij geeft muziekles, bespeelt het orgel, dirigeert diverse koren, enz.
- Ze aten op vrijdag vaak gemakkelijk, brood met soep, een hamburger, en zo.
6.68

47 **tja** *interj* well
- Tja, zoals sommigen kunnen bevestigen, word je daar dik van.
6.13

48 **nationaal** *adj* national
- Er zijn vier nationale universiteiten en één regionale universiteit.
18.55

49 **aangezien** *conj* since
- De schrik sloeg me om het hart aangezien ik daar een heel ander idee bij had.
8.07

50 **post** *noun, de* post
- De post wordt elke dag bezorgd.
7.84

51 **site** *noun, de* site
- Wie kan mij helpen om een coole site te vinden?
8.38

52 actief *adj* active
- Deze reisorganisatie organiseert actieve zomer- en wintersportvakanties.
  14.56

53 snappen *verb* to understand
- Ik snap het gedeeltelijk, jazeker.
  6.78

54 oprichten *verb* to establish, to found
- Stichtingen worden vooral voor goede doelen opgericht.
  9.62

55 politicus *noun, de(m)* politician
- De politicus hield in de Kamer een vlammend betoog.
  11.87

56 starten *verb* to start
- De politie is een grote zoekactie gestart.
  17.34

57 verenigen (zich) *verb* to unite
- Individuen kunnen zich verenigen en gezamenlijke belangen verdedigen.
  7.24

58 tevens *adv* also
- De diefstal van de autosleutels betekende tevens de diefstal van de auto zelf.
  7.54

59 historisch *adj* historical
- Het bedrijf bracht een atlas met historische landkaarten uit.
  10.07

60 economisch *adj* economic
- Dankzij de economische crisis komt er veel creativiteit los bij het zoeken naar goedkope oplossingen.
  13.02

61 maja *interj* but then
- Zij had toen een vaste vriend, maja die kerel was haar niet waard.
  3.90

62 et cetera, etc. *adv* etc.
- De kinderen brachten de dag door met roeien, kanoën, zwemmen, etc.
  4.06

63 oorspronkelijk *adj* original
- De oorspronkelijke bewoners van Australië heten Aboriginals.
  8.03

64 versie *noun, de(f)* version
- Dit is de originele versie van het nummer.
  8.27

65 statistiek *noun, de(f)* statistics
- Volgens de statistieken is hij beter dan zijn landgenoot.
  5.44

66 afbeelding *noun, de(f)* image
- Vrouwen kunnen sneller zien of twee afbeeldingen hetzelfde zijn.
  4.64

67 waaronder *adv* including
- De president heeft uitgebreide bevoegdheden, waaronder ministeriële en diplomatieke benoemingen.
  9.28

68 populair *adj* popular
- Clijsters en Henin staan bekend als populaire en vriendelijke spelers.
  10.94

69 baseren *verb* to base (on)
- Het eindcijfer is gebaseerd op twee proefwerken en een mondelinge presentatie.
  8.68

70 media *noun, de* media
- De media waren volop aanwezig bij de kroning in Amsterdam.
  10.80

71 voormalig *adj* former
- Zijn voormalige baas had de zaken goed overgedragen.
  14.39

72 vervangen *verb* to replace
- Na de rust werd hij vervangen door een extra spits.
  11.95

73 bedragen *verb* to amount (to)
- Pensioenen bedragen 70% van het gemiddelde salaris.
  10.34

74 voornamelijk *adv* mainly
- Het onderwijssysteem is kwalitatief hoogwaardig en wordt voornamelijk publiek gefinancierd.
  7.01

75 lokaal *adj* local
- In de lokale media werd ruimschoots over het jubileum bericht.
  12.73

76 tip *noun, de(m)* tip
- Bedankt voor alle hulp en tips.
  6.76

77 verkiezing *noun, de(f)* election
- De eerste verkiezingen onder het nieuwe stelsel vonden plaats in 1995.
  12.54

78 gemiddeld *adj* average
- De gemiddelde leeftijd is de laatste decennia flink gestegen.
  12.52

79 momenteel *adv* currently
- Momenteel staat Feyenoord op de derde plaats.
  14.41

80 commercieel *adj* commercial
- Ze is op zoek naar commerciële bedrijven die meer vrouwen in de top willen opnemen.
  6.12

81 alvast *adv* meanwhile
- Hij had alvast alle kampeerspullen klaargezet.
  11.69

82 Spaans *adj* Spanish
- De Spaanse koning was ook aanwezig op het banket.
  8.21

83 term *noun, de(m)* term
- De term gras kan ook gebruikt worden voor andere planten.
  in termen van: In het competentiemanagement wordt niet gedacht in termen van niveaus of van geletterdheid.
  5.93

84 hoofdstad *noun, de* capital
- Amsterdam is de hoofdstad van Nederland.
  9.01

85 Brits *adj* British
- Britse scholieren zijn gezonder gaan eten.
  12.88

86 grappig *adj* funny
- Hij vertelt een grappig verhaal over zijn ouders.
  5.78

87 wereldoorlog *noun, de(m)* world war
- Na de wereldoorlog werd er snel begonnen aan de wederopbouw.
  4.39

88 onafhankelijk *adj* independent
- Laura is wat je noemt een onafhankelijke geest.
  7.91

89 steun *noun, de(m)* support
- Na de brand kregen zij veel steun van de buren.
  12.93

90 centraal *adj* central
- Het centrale deel van het land heeft een hooggebergteklimaat.
  12.10

91 hierdoor *adv* because of this, through this
- Ik denk dat de andere partijen hierdoor stemmen gaan verliezen.
  5.88

92 Vlaming *noun, de(m)* Fleming
- België wordt bewoond door Vlamingen, Walen en Brusselaars.
  6.55

93 hierbij *adv* hereby, with this
- Hij wordt hierbij gesteund door vele vooraanstaande wetenschappers.
  5.26

94 hiervoor *adv* for this
- De reden hiervoor ligt voor de hand.
  6.31

95 Italiaans *adj* Italian
- Dit is een zeer goed Italiaans restaurant waar we gegarandeerd blijven komen.
  9.37

96 economie *noun, de(f)* economy
- Structurele hervormingen kunnen het vertrouwen in de economie herstellen.
  9.84

97 produceren *verb* to produce
- Hoe produceren we elektriciteit?
  7.14

98 hopelijk *adv* hopefully
- Bedankt allemaal voor jullie tips; hopelijk helpt het.
  6.81

99 samenwerking *noun, de(f)* collaboration
- De gemeente doet dit project in samenwerking met de scholen.
  10.86

100 gemeenschap *noun, de(f)* community
- Ze maken als volwassen personen actief deel uit van de gemeenschap.
  7.85

101 president *noun, de(m)* president
- De gouverneurs van de deelstaten worden in India benoemd door de president.
  11.39

102 circa, ca. *adv* approximately
- Op het concert waren circa 50.000 mensen.
  5.41

103 hiervan *adv* of this
- Mogelijk zijn een aantal gegevens hiervan achterhaald.
  4.44

104 meerderheid *noun, de(f)* majority
- De meerderheid van de jongeren heeft een bijbaantje.
  9.86

105 presenteren *verb* to present
- Tijdens deze bijeenkomst werd ook het boek gepresenteerd.
  8.91

106 parlement *noun, het* parliament
- De leden van het parlement worden gekozen voor een periode van vijf jaar.
  8.36

107 district *noun, het* district
- Deze regio bestaat uit drie districten.
  3.57

108 hoi *interj* hi
- Hoi, hier dan even snel mijn vakantieverslag!
  2.90

109 merk *noun, het* brand
- Hij koopt graag kleding van een bekend merk.
  4.86

110 recent *adj* recent
- De meest recente film van Quentin Tarantino verschijnt binnenkort op dvd en blu-ray.
  10.42

111 uitzenden *verb* to broadcast
- Het songfestival wordt in vele landen uitgezonden.
  5.56

112 burger *noun, de(m)* citizen
- Kinderen zijn volwaardige burgers en hebben zowel recht op bescherming als recht op inspraak.
  10.03

113 pink *noun, de(m)* little finger
- Gij hebt meer verstand in uw pink dan 10 professoren bij elkaar.
  3.01

114 benieuwd *adj* curious
- Ik ben benieuwd wat ge daarover gaat zeggen.
  3.91

115 samenleving *noun, de(f)* society
- Onze samenleving is tegenwoordig erg gericht op het individu.
  8.45

116 activiteit *noun, de(f)* activity
- Op het kamp worden allerlei activiteiten georganiseerd.
  10.45

117 relatief *adj* relative
- Na een periode van relatieve rust, barstte het geweld los.
  6.98

118 publiceren *verb* to publish
- De resultaten worden gepubliceerd in een verslag dat openbaar is.
  7.83

119 bijdrage *noun, de* contribution
- Dankzij een bijdrage van het bestuur konden de kinderen toch op kamp.
  7.25

120 deelstaat *noun, de(m)* (federal) state
- Potsdam is de hoofdstad van de Duitse deelstaat Brandenburg.
  3.24

121 erkennen *verb* to recognize
- Ik erken absoluut mijn tekortkomingen.
  8.96

122 afkomstig *adj* originating, from
- Haar vriendinnetje is afkomstig uit Senegal.
  7.58

123 westen *noun, het* west
- In Nederland komt de wind vaak uit het westen.
  4.50

124 live *adj* live
- De kampioenschappen werden live uitgezonden.
  4.89

125 productie *noun, de(f)* production
- Industriële productie en export vertonen een stijgende lijn.
  7.74

126 sterkte *noun, de(f)* strength
- Deze kabel heeft een sterkte die gelijk is aan die van 99 staaldraden.
  sterkte wensen: Ik wens je alvast sterkte.
  3.73

127 zender *noun, de(m)* channel
- Deze zender heeft vaak interessante programma's.
  5.13

128 partner *noun, de(m)* partner
- Ik houd van vis, maar mijn partner houdt meer van vlees.
  8.61

129 serie *noun, de(f)* series
- Een serie basiswetten voorziet in een aantal fundamentele rechten, zoals de vrijheid van godsdienst en meningsuiting.
  6.63

14 Transportation

weg 29.10 **road**	**boot** 5.14 **boat**	**snelweg** 2.36 **motorway**
auto 23.11 **car**	**vrachtwagen** 5.10 **lorry**	**parkeerplaats** 2.21 **parking**
straat 20.81 **street**	**haven** 4.37 **harbour**	**space, car park**
wagen 14.00 **car**	**kruispunt** 4.16 **crossing**	**tram** 2.20 **tram**
schip 11.64 **ship**	**vervoer** 4.09 **transport**	**fietspad** 2.19 **cycle lane**
bus 9.24 **bus**	**fietser** 3.62 **cyclist**	**vliegveld** 1.85 **airport**
verkeer 8.90 **traffic**	**parking** 3.58 **parking**	**tunnel** 1.77 **tunnel**
fiets 7.74 **bicycle**	**luchthaven** 3.29 **airport**	**taxi** 1.64 **taxi**
station 7.33 **station**	**rijbewijs** 2.83 **driving licence**	**stoep** 1.52 **pavement**
trein 6.91 **train**	**file** 2.67 **traffic jam**	**metro** 1.51 **metro**
voertuig 6.15 **vehicle**	**motorfiets** 2.64 **motorcycle**	**helikopter** 1.42 **helicopter**
vliegtuig 5.92 **plane**	**automobilist** 2.63 **motorist,**	**benzine** 1.41 **petrol**
motor 5.48 **engine, motorcycle**	**driver**	

130 **geslacht** *noun, het* sex
- Discriminatie op basis van geslacht, leeftijd en godsdienst is verboden.
  3.86

131 **alhoewel** *conj* although
- Balletjes in tomatensaus blijft mijn favoriet, alhoewel ik de laatste tijd ook erg gek ben op kroketten.
  3.59

132 **publiek** *adj* public
- Geven tweets een goed beeld van de publieke opinie?
  6.99

133 **fan** *noun, de(m)* fan
- Veel fans van Ajax waren meegereisd om de ploeg kampioen te zien worden.
  7.17

134 **beschikbaar** *adj* available
- Op de website vind je een overzicht van de beschikbare kamers.
  7.36

135 **rivier** *noun, de* river
- De Donau is de enige rivier in Europa die van west naar oost stroomt.
  4.42

136 **album** *noun, het* album
- Hoe zit het met de andere liedjes op hun album?
  3.89

137 **overzicht** *noun, het* survey
- Dit hoofdstuk wil een kort overzicht geven van de werkwijze.
  4.64

138 **militair** *adj* military
- Fotograferen van militaire objecten is verboden.
  7.53

139 **moslim** *noun, de(m)* Muslim
- Meestal wordt met een moslim een aanhanger van de islam bedoeld.
  5.50

140 **carrière** *noun, de* career
- Ook jij kunt een succesvolle carrière opbouwen.
  9.04

141 **vereniging** *noun, de(f)* club
- Ter gelegenheid van het honderdjarig bestaan organiseert de vereniging een jeugdtoernooi.
  9.50

142 **vergelijking** *noun, de(f)* comparison
- Het is verstandig een vergelijking te maken tussen de aanbiedingen van verschillende leveranciers.
  7.43

143 **succesvol** *adj* successful
- De badmintonvereniging start het nieuwe jaar met een succesvol toernooi.
  7.18

144 **eentje** *num* one
- Je zal de juiste man nog wel tegenkomen, eentje die je niet zal kwetsen.
  5.80

145 **behalen** *verb* to gain, to achieve
- Het team behaalde goede resultaten.
  8.10

146 motorfiets *noun, de* motorcycle
- Als het mooi weer is, trekt hij er graag met de motorfiets op uit.
2.64

147 verwijzen *verb* to refer
- *Hij* en *zijn* verwijzen naar mannelijke woorden.
7.22

148 extreem *adj* extreme
- Door de extreme regenval zijn er overstromingen in Toscane.
5.76

149 derde *num* third
- Ongeveer een derde van de bevolking kwam stemmen.
2.35

150 oosten *noun, het* east
- Hij groeide op in het oosten van het land.
4.06

151 origineel *adj* original
- Ouders geven hun kind graag een originele naam.
5.46

152 super *adj* super
- De dag zelf was super!
2.76

153 koninkrijk *noun, het* kingdom
- België en Nederland zijn beide koninkrijken.
3.19

154 verkrijgen *verb* to obtain
- De president verkreeg steun van alle groeperingen.
4.35

155 regionaal *adj* regional
- Het Brabants Dagblad is de regionale krant voor Tilburg en omstreken.
5.59

156 diegene *pron* he, she, those who
- Dit bericht is bestemd voor diegene die het laatst vertrekt.
3.20

157 rap *adj* fast, quick(ly)
- Hij gaat in rap tempo langs elf steden.
3.47

158 tof *adj* great
- De nieuwe stadsdichter van Groningen is een toffe gast!
3.52

159 traditioneel *adj* traditional
- De grenzen tussen traditionele media vervagen.
7.90

160 editie *noun, de(f)* edition
- Meer nieuws kunt u lezen in een volgende editie van de nieuwsbrief.
6.56

161 huishouden *noun, het* household
- Dit tijdschrift geeft praktische tips om je huishouden eenvoudiger, gestroomlijnder en leuker te maken.
3.75

162 zalig *adj* glorious, heavenly
- Toch niks zo zalig als die lange zomeravonden op een terrasje?
2.67

163 cultureel *adj* cultural
- Culturele organisaties worden gestimuleerd om mensen aan werk te helpen.
7.20

164 verkiezen *verb* a) to prefer b) to elect
- a) Welke muziekstijl verkies je? Rock, metal, punk?
- b) De afgevaardigden worden via kiesdistricten verkozen.
6.22

165 locatie *noun, de(f)* location
- We gingen op zoek naar een nieuwe locatie die nog meer fans kon verwelkomen.
6.86

166 verhogen *verb* to increase
- De regering heeft voorgesteld om de uitkeringen te verhogen.
8.20

167 Engels *noun, het* English
- Internationale communicatie verloopt in het Engels of Frans.
2.20

168 innen *verb* to collect
- Het is de taak van de penningmeester om de contributie te innen.
2.54

169 aflevering *noun, de(f)* episode
- De introductie van vijf personages in de eerste aflevering is opvallend.
4.98

170 btw *noun, de(f)* VAT
- De btw bedraagt 21 procent.
2.47

171 haha *interj* haha
- Haha, dat is vast een grapje.
2.02

172 republiek *noun, de(f)* republic
- Malta is een parlementaire republiek met een president als staatshoofd.
3.13

173 oorsprong *noun, de(m)* origin
- Het conflict vindt zijn oorsprong in de koloniale tijd.

   van oorsprong: Ledger is een van oorsprong Australische acteur.

   3.35

174 Franstalig *adj* French(-speaking)
- Haar nieuwe album is een groot succes in Quebec en andere Franstalige landen.

   4.21

175 federaal *adj* federal
- Maleisië is een federale constitutionele monarchie.

   7.61

176 mede *adv* also
- Dit is mede het geval vanwege ruimtegebrek.

   5.76

177 Frans *noun, het* French
- De voertaal op deze school is Frans.

   2.12

178 omroep *noun, de(m)* broadcasting company
- Omroep Brabant is de regionale omroep voor de provincie Noord-Brabant, actief op radio, televisie en internet.

   4.05

179 democratie *noun, de(f)* democracy
- Tsjechië is een parlementaire democratie.

   4.98

180 opvolger *noun, de(m)* successor
- Zijn opvolgers hebben het werk voortgezet.

   5.97

181 democratisch *adj* democratic
- In 1920 werd een nieuwe democratische grondwet ingevoerd.

   5.48

182 maximaal *adj* maximum
- De maximale duur van de subsidie bedraagt twee jaar.

   6.22

183 artiest *noun, de(m)* artist
- In het programma traden verschillende artiesten op.

   4.72

184 job *noun, de(m)* job
- De mensen met wie je werkt maken jouw job aangenaam.

   7.10

185 stichten *verb* to found, to start
- Zij wilde een gezinnetje stichten.

   3.49

186 zanger *noun, de(m)* singer
- De Franse zanger Georges Moustaki is overleden.

   5.11

187 show *noun, de(m)* show
- Bij dit amfitheater worden shows opgevoerd met roofvogels.

   5.44

188 voldoen *verb* to satisfy, to fulfil
- Om toegelaten te worden moet je voldoen aan de volgende voorwaarden.

   6.52

189 streven *verb* to pursue, to strive (for)
- We streven naar gelijke rechten én kansen voor iedereen.

   4.83

190 alternatief *noun, het* alternative
- Ik vind ook dat er alternatieven zijn om kinderen te straffen.

   5.80

191 definitie *noun, de(f)* definition
- Wat is de definitie van sportiviteit?

   3.24

192 conflict *noun, het* conflict
- Iedereen raakt wel eens in een conflict verzeild.

   6.06

193 werking *noun, de(f)* functioning
- Een dienst moet zijn werking evalueren en nadenken over mogelijkheden om verbeteringen aan te brengen.

   5.44

194 luisteraar *noun, de(m)* listener
- Het nieuwe radiostation trok miljoenen luisteraars.

   2.67

195 uniek *adj* unique
- Een twitterspreekuur is een unieke en snelle mogelijkheid om kennis met elkaar te delen.

   6.90

196 genre *noun, het* genre
- Ik ben vooral een fan van het genre fantasie.

   3.43

197 kenmerk *noun, het* characteristic
- In deze periode zijn alle kenmerken van de bottel goed zichtbaar.

   2.86

198 rijk *noun, het* state (kingdom, empire)
- Na de dood van de keizer viel het rijk uiteen.

   2.93

199 beschrijving *noun, de(f)* description
- Ieder model wordt ingeleid door een korte theoretische beschrijving.
2.86

200 religie *noun, de(f)* religion
- De vrijheid van religie wordt door de wet in bescherming genomen.
3.35

201 grotendeels *adv* largely
- Het interieur van de molen is grotendeels in authentieke staat.
4.49

202 heilig *adj* holy
- We zijn op dat vlak ook geen heilig landje.
3.45

203 vertegenwoordigen *verb* to represent
- Ook minderheidsgroepen en vrouwen zijn hierbij vertegenwoordigd.
4.97

204 cc cc
- Deze pot met een inhoud van 500 cc is uitermate geschikt voor het verpakken van o.a. soepen of vlees.
1.87

205 groei *noun, de(m)* growth
- Windenergie heeft een grote groei doorgemaakt.
6.68

206 religieus *adj* religious
- De paus is een religieuze leider.
4.50

207 o.a. amongst other things
- De gemaakte produkten bestaan o.a. uit jenever, likeur en eau de vie.
2.50

208 bouw *noun, de(m)* construction
- De bouw van de kerk begon in 1440.
6.61

209 onafhankelijkheid *noun, de(f)* independence
- Hij werd de eerste gekozen president sinds de onafhankelijkheid.
3.05

210 westers *adj* Western
- De afgelopen decennia is in veel westerse landen de hoeveelheid landbouwgrond afgenomen.
4.70

211 zever *noun, de(m)* nonsense
- Wat hij daar beweert, is gewoon zever.
1.67

212 stichting *noun, de(f)* foundation, institution
- Daarnaast zijn er nog kleinere stichtingen actief op het gebied van gezondheidszorg.
4.14

213 departement *noun, het* department
- Bayeux is een Franse stad in het departement Calvados in de regio Normandië.
2.99

214 opvolgen *verb* to follow
- Alvast bedankt en ik ga de raad opvolgen denk ik.
3.70

215 wereldwijd *adj* worldwide
- Iedereen is tegenwoordig actief op het wereldwijde web.
5.80

216 single *noun, de(m)* single
- Zijn eerste drie singles werden grote zomerhits.
2.90

217 aantonen *verb* to demonstrate
- Archeologische vondsten hebben aangetoond dat de plaats al sinds 12.000 voor Christus bewoond wordt.
4.53

218 crisis *noun, de(f)* crisis
- De economische crisis heeft ook zijn invloed gehad.
4.82

219 islam *noun, de(m)* Islam
- De islam is ontstaan in de 7e eeuw.
3.58

220 optie *noun, de(f)* option
- Verkopen is pas de laatste optie!
5.22

221 netwerk *noun, het* network
- Een goed sociaal netwerk is onmisbaar.
4.33

222 toenmalig *adj* former, then
- In 1973 trad Denemarken toe tot de toenmalige EEG.
5.31

223 digitaal *adj* digital
- Ik probeer up-to-date te blijven in het huidige digitale tijdperk.
4.42

224 geografie *noun, de(f)* geography
- De geografie beschrijft de aarde, zowel wat natuurlijke als wat menselijke factoren betreft.
1.62

225 favoriet *adj* favourite
- Ik ga morgen naar de verjaardag van m'n favoriete nichtje.
4.76

226 unie *noun, de(f)* union
- In 1264 kwam er een unie tot stand tussen Noorwegen en IJsland.
6.13

227 wijten *verb* to blame
- Die onvoldoendes zijn te wijten aan een gebrek aan inzet.
5.73

228 radiostation *noun, het* radio station
- De overheid beheert enkele televisie- en radiostations.
1.95

229 inclusief *adv* including
- De prijs is inclusief 21% btw.
4.27

230 godsdienst *noun, de(m)* religion
- Het recht op vrijheid van godsdienst wordt nageleefd.
2.75

231 's avonds *adv* in the evening, at night
- Mijn oom was zo vriendelijk om ons 's avonds aan de bushalte af te zetten.
6.41

232 hierin *adv* in this
- Het perspectief van het kind is hierin zeer belangrijk.
2.86

233 grenzen *verb* to border
- De provincie grenst aan Duitsland.
2.11

234 zwangerschap *noun, de(f)* pregnancy
- De zwangerschap en bevalling zijn prima verlopen.
2.50

235 beluisteren *verb* to listen
- Zijn dagen vult hij met muziek beluisteren.
2.41

236 dr. *noun, de(m)* Dr, doctor
- Dr. Brown geeft een lezing aan de universiteit.
2.57

237 voorstander *noun, de(m)* supporter
- Ik ben een voorstander van de vrijheid van meningsuiting.
3.99

238 variant *noun, de* variant
- Er worden alsmaar meer varianten van producten aangeboden.
3.39

239 evolutie *noun, de(f)* evolution
- Evolutie is het overgaan van de ene soort in de andere.
3.73

240 wijzigen *verb* to change
- Zijn mentaliteit zal op die paar dagen niet gewijzigd zijn.
4.06

241 hierboven *adv* above
- De hierboven beschreven cijfers zijn afkomstig van de website.
1.78

242 testen *verb* to test
- In het kader van dit korte project kon dit niet volledig getest worden.
4.55

243 eenheid *noun, de(f)* unit, unity
- Een eenheid is een geheel met kenmerkende eigenschappen.
3.81

244 alstublieft, alsjeblieft, a.u.b. please
- Wilt u ons alstublieft het adres mailen.
- Twijfel alsjeblieft niet te veel.
- Kan iemand het a.u.b. even verduidelijken?
1.53

245 analyse *noun, de(f)* analysis
- Een goede analyse van de situatie is zeer gewenst.
4.16

246 kenmerken *verb* to characterize
- Zijn regeerperiode werd gekenmerkt door politieke stabiliteit en economische vooruitgang.
2.76

247 hit *noun, de(m)* hit
- Zijn eerste tune was meteen een hit.
2.61

248 keizer *noun, de(m)* emperor
- Japan is een constitutionele monarchie, met als staatshoofd de keizer.
2.29

249 hierop *adv* (up)on this
- Er is niemand die hierop met zekerheid het juiste antwoord kan geven.
2.49

250 veelal *adv* often
- Zij krijgen veelal hulp van een grotere kring van vrijwilligers.
3.31

251 geografisch *adj* geographic(al)
- Ook verschillen de eilanden geografisch van elkaar.
1.89

252 respectievelijk *adv* respectively
- De prijs bedraagt respectievelijk 450 euro en 535 euro.
4.29

253 respecteren *verb* to respect
- Als ge om mekaar geeft, moet ge elkaars mening ook respecteren.
4.10

254 werkloos *adj* unemployed
- Deze maatregelen hebben volgens hem veel mensen werkloos gemaakt.
3.86

255 Waals *adj* Walloon
- De Nederlandse minister-president ontmoet zijn Vlaamse en Waalse collega's jaarlijks.
4.20

256 vergelijkbaar *adj* comparable
- Is dit vergelijkbaar met de situatie in andere Europese landen?
3.99

257 grondwet *noun, de* constitution
- De handhaving van mensenrechten is in de grondwet verankerd.
3.31

258 minderheid *noun, de(f)* minority
- Een minderheid van de mensen in mijn directe omgeving is niet in voetbal geïnteresseerd.
3.21

259 hanteren *verb* to employ
- Sommige luchtvaartmaatschappijen hanteren andere bagageregels dan wij.
4.28

260 industrie *noun, de(f)* industry
- De dienstensector en de industrie zijn de dominante sectoren.
3.85

261 aanzienlijk *adj* considerable
- Een aanzienlijk deel van het personeel in deze sector is deeltijds aan de slag.
4.82

262 instituut *noun, het* institute
- Het instituut is verbonden aan de Leidse universiteit.
4.37

263 omschrijven *verb* to describe
- De situatie wordt inmiddels omschreven als gespannen doch kalm.
4.48

264 zuidelijk *adj* southern
- De zuidelijke provincies krijgen nog veel sneeuw.
2.97

265 paus *noun, de(m)* pope
- Die nieuwe paus heeft de naam Franciscus aangenomen.
2.64

266 indeling *noun, de(f)* division
- De indeling van de klassen is te vinden op onze website.
1.73

267 categorie *noun, de(f)* category
- Ongeveer 80% behoort tot de categorie van het onderwijzend personeel.
4.30

268 inzake *prep* concerning
- Er is recentelijk sprake van een groeiende bewustwording inzake dit probleem.
3.44

269 Romeins *adj* Roman
- Zwitserland – in de Romeinse tijd de provincie Helvetia – is een federatie van kantons.
1.36

270 frequentie *noun, de(f)* frequency
- Deze commissie vergadert met een frequentie van ongeveer één vergadering per maand.
1.80

271 zot *adj* foolish
- Zotte streken en apenkuren zijn ons niet vreemd.
2.08

272 liberaal *adj* liberal
- Hij engageert zich in de liberale partij.
3.91

273 bijgevolg *adv* as a consequence
- Ze beschikken bijgevolg niet over eigen personeel.
2.35

274 oceaan *noun, de(m)* ocean
- Alex en Chris willen de oceaan oversteken per waterfiets.
2.23

275 overeenkomst *noun, de(f)* agreement
- De voorwaarden en afspraken werden vastgelegd in overeenkomsten.
4.98

276 wettelijk *adj* legal
- De meerderheid is tegen een wettelijke verplichting voor winterbanden.
4.27

277 festival *noun, het* festival
- In de zomer ga ik ook graag naar festivals.
4.46

278 hoofdzakelijk *adv* mainly
- Het leven is hoofdzakelijk wat je er zelf van maakt!
2.28

279 heden *adv* today
- Vanaf heden wordt dit een vaste waarde.
2.24

280 muzikaal *adj* musical
- Hij heeft maar weinig muzikaal talent.
4.44

281 decennium *noun, het* decade
- Wij zijn de voorbije decennia aardig verwend geraakt.
4.32

282 factor *noun, de(m)* factor
- Hier blijken konijnen dus de bepalende factor voor verjonging te zijn.
3.97

283 noordelijk *adj* northern
- Na 1770 blijven ontginningen beperkt tot het meest noordelijke deel.
2.68

284 islamitisch *adj* Islamic
- Turkije is een islamitisch land.
4.30

285 publicatie *noun, de(f)* publication
- Eindnoten komen vooral in wetenschappelijke publicaties voor.
3.49

286 presentator *noun, de(m)* presenter
- In de uitzending beval de presentator het pas verschenen boek aan.
2.55

287 variëren *verb* to vary
- De bloem varieert van wit tot roze.
3.20

288 gelijk *conj* just as
- Het is gelijk ik zei.
2.02

289 uitbreiding *noun, de(f)* expansion
- Luxemburg is groot voorstander van de uitbreiding van de EU.
4.84

290 benaming *noun, de(f)* name
- De oude benaming voor Sri Lanka is Ceylon.
1.69

291 lanceren *verb* to launch
- Elk jaar lanceert de Vlaamse overheid een oproep om projectvoorstellen in te dienen.
5.58

292 dateren *verb* to date (from)
- De foto dateert uit 1951.
4.57

293 introduceren *verb* to introduce
- Tegelijk met deze programmering introduceert de radiozender een gloednieuwe stijl.
2.84

294 ex *noun, de* ex
- Wat doe je als je je ex terug wilt?
2.26

295 tal *noun, het* number
- De provincies en de gemeenten hebben op tal van plaatsen scholen opgericht.
5.23

296 posten *verb* to post
- Ik heb dit echt niet gepost om een steek onder water te geven.
1.37

297 oprichting *noun, de(f)* foundation, establishment
- Enkele maanden na de oprichting werd het bedrijfje gesloten.
3.09

298 oproep *noun, de(m)* call
- Zo bevat haar pleidooi heel duidelijk een oproep om de uitkeringen te verhogen.
4.74

299 daadwerkelijk *adj* actual
- Het komt nu aan op daadwerkelijke implementatie van deze wetgeving.
3.11

300 gewest *noun, het* region
- Het Vlaamse gewest is volledig bevoegd voor de onroerende voorheffing.
3.78

301 eigendom *noun, het* property
- Hiervoor was het nodig om de eigendommen van elke grondbezitter in kaart te brengen.
3.75

302 toekomstig *adj* future
- Den Haag wordt zijn toekomstige woonplaats.
4.58

303 rubriek *noun, de(f)* section
- Meer informatie vind je onder de rubriek toernooien op onze website.
2.42

304 componist *noun, de(m)* composer
- De Franse componist Henri Dutilleux is op 97-jarige leeftijd overleden in Parijs.
2.56

305 vertegenwoordiger *noun, de(m)*
representative
• De meeste ministeries hebben een eigen
vertegenwoordiger op de ambassade.
4.15

306 uitgave *noun, de* a) expense b) edition
• a) Andere uitgaven moeten gedekt kunnen
worden met het persoonlijke inkomen.
• b) Ik weet zeker dat de nieuwe uitgave in
een grote behoefte voorziet.
3.68

307 regime *noun, het* regime
• Met de verkiezingen kwam er een einde aan
het militaire regime.
3.56

308 hierna *adv* after this
• De hierna volgende opsomming geeft een
bondig overzicht.
1.58

309 fenomeen *noun, het* phenomenon
• Slaap-sms'en is een nieuw fenomeen onder
jongeren.
3.69

310 racisme *noun, het* racism
• Op deze school wordt streng opgetreden
tegen uitingen van racisme.
2.49

311 kiezer *noun, de(m)* voter
• Die parlementsleden vertegenwoordigen de
kiezers!
5.12

312 toekennen *verb* to award
• De onderscheiding wordt jaarlijks toegekend
aan personen die zich vrijwillig inzetten
voor de stad.
3.27

313 deels *adv* partly
• De boerderij bestaat deels uit grasland en
deels uit akkers.
3.80

314 hieronder *adv* below
• Het reizen naar de hieronder genoemde
gebieden wordt ontraden.
1.43

315 verwant *adj* related
• Het gilde is een ontmoetingsplek van
verwante geesten.
1.74

316 concept *noun, het* concept
• Men bedacht ook een totaal nieuw concept
voor licht, decor en grafiek.
3.22

317 zangeres *noun, de(f)* (female) singer
• De beroemde zangeres is haar stem verloren
en kan niet optreden.
3.33

318 engel *noun, de(m)* angel
• Volgens de Bijbel waren in oorsprong alle
engelen heilig.
2.06

319 vernoemen *verb* to name
• Het eilandje is vernoemd naar de beroemde
Spaanse ontdekkingsreiziger.
1.63

320 weeral *adv* again
• Ik heb weeral iets bijgeleerd!
1.31

321 bevorderen *verb* to promote
• Muntthee bevordert de eetlust.
3.05

322 voeding *noun, de(f)* nutrition, food
• Om af te vallen zijn goede voeding en veel
beweging noodzakelijk.
2.44

323 kus *noun, de(m)* kiss
• Veel liefs en een dikke kus van je tante.
1.96

324 grondgebied *noun, het* territory
• Het dorp Baarle bestaat uit 30 stukjes
Nederlands en Belgisch grondgebied.
2.94

325 privé *adj* private
• Wat je thuis doet, is privé, daar heeft
niemand iets mee te maken.
1.89

326 hedendaags *adj* contemporary
• De auteurs schreven een nieuwe
kinderbijbel in hedendaagse taal.
3.51

327 allochtoon *noun, de* immigrant
• Iedere allochtoon moet wel perspectief
worden geboden.
3.23

328 alternatief *adj* alternative
• Met de auto kan je eventueel ook nog een
alternatieve route nemen.
3.21

329 werkzaam *adj* active
• Heb je de werkzame stoffen laten onderzoeken?
2.50

330 efficiënt *adj* efficient
• Een omheining is de meest efficiënte
bescherming.
3.68

331 socialistisch *adj* socialist
- Hij groeide op in een socialistisch milieu.
2.94

332 beu *adj* tired
- Ik ben het geknoei met de site meer dan beu.
2.59

333 stam *noun, de(m)* trunk
- Het aandeel bomen met waterscheuten op de stam is laag en stabiel.
2.07

334 gelijknamig *adj* of the same name
- De geschiedenis van het Wijnendalebos is verbonden met het gelijknamige kasteel en zijn bewoners.
2.56

335 wetenschapper *noun, de(m)* scientist, scholar
- Op 1 maart stelden de wetenschappers hun eindrapport voor.
3.74

336 EU *noun, de(f)* EU
- De EU is een vrije markt voor goederen, diensten, arbeid en kapitaal.
4.29

337 mailen *verb* to mail, to post
- Als je graag meer weet over deze verkiezing, mail me dan gewoon.
1.85

338 chemisch *adj* chemical
- Liefde is nog steeds een chemische reactie die in de hersenen plaatsvindt.
2.51

339 bevalling *noun, de(f)* delivery
- De bevalling is heel vlot verlopen.
1.76

340 gebruiker *noun, de(m)* user
- Er wordt per gebruiker een budget bepaald.
3.04

341 werkloosheid *noun, de(f)* unemployment
- In alle drie de landen is de werkloosheid gedaald!
2.87

342 ontwerp *noun, het* design
- De architect maakt een nieuw ontwerp voor de benedenverdieping.
3.49

343 aanhalen *verb* to pull in, to tighten
- De zakelijke relaties tussen China en Nederland zijn de laatste tijd flink aangehaald.
1.81

344 splitsen *verb* to split
- De Nederlandse politiek weigert banken te splitsen.
1.69

345 congres *noun, het* congress
- De themakeuze voor het tweede congres lag voor de hand.
2.97

346 nationaliteit *noun, de(f)* nationality
- Nu hij de Nederlandse nationaliteit heeft, mag hij uitkomen voor het Nederlands elftal.
2.61

347 gewoonweg *adv* simply
- Sommige gebeurtenissen heb je gewoonweg niet in de hand.
1.52

348 genaamd *adj* called
- Kroatië heeft een unicameraal parlement genaamd de Sabor.
1.34

349 bijdragen *verb* to contribute
- Iedereen kan bijdragen aan het lied.
3.38

350 natie *noun, de(f)* nation
- De grondwet gaat uit van de eenheid van de natie.
3.16

351 constructie *noun, de(f)* construction
- Het bestaande dak wordt verstevigd met een nieuwe constructie.
2.71

352 socialist *noun, de(m)* socialist
- Vandaar dat ik niet meer de linkse socialist ben die ik vroeger was.
2.77

353 anno *prep* anno, in the year
- Wat doet de woningmarkt anno 2013 in Frankrijk, Spanje en Italië?
1.93

354 racistisch *adj* racist
- Racistische opmerkingen worden niet getolereerd.
2.22

355 beperking *noun, de(f)* restriction
- Met dit abonnement kun je internetten zonder beperking.
2.96

356 gram *noun, het* gram
- Want hoe vettig en hoeveel ik ook eet, er komt geen gram bij.
2.68

357 netjes *adv* neat(ly)
- Wie ruimt alles netjes op?
2.94

358 complex *adj* complex
- Mensen zijn complexe wezens.
2.87

359 thans *adv* at present, now
- De gezondheidssector leidt thans een moeizaam bestaan.
1.78

360 downloaden *verb* to download
- Welke film was je aan het downloaden?
1.72

361 vooraleer *conj* before
- Velen hebben de reflex om het aantal bladzijden te tellen vooraleer ze beginnen te studeren.
3.20

362 discriminatie *noun, de(f)* discrimination
- Iedereen heeft zonder discriminatie aanspraak op gelijke bescherming door de wet.
2.22

363 samenstelling *noun, de(f)* composition
- De samenstelling van die kometen is niet altijd hetzelfde.
2.47

364 wielrenner *noun, de(m)* cyclist
- Hij stopte op 35-jarige leeftijd als wielrenner.
2.15

365 aanhanger *noun, de(m)* adherent
- Ik ben een aanhanger van de evolutietheorie.
2.72

366 actrice *noun, de(f)* actress
- De 24-jarige actrice speelt een mooie rol.
3.23

367 resulteren *verb* to result
- Dit resulteert in een voordeel voor beide partijen.
2.44

368 toegankelijk *adj* accessible
- Het is een vlot bereikbare en goed toegankelijke plaats.
3.82

369 integratie *noun, de(f)* integration
- Dat lijkt me iets wat de integratie bevordert.
3.30

370 insect *noun, het* insect
- Het stuifmeel van rozen wordt door insecten verspreid.
1.50

371 conservatief *adj* conservative
- Ook Bergoglio is een conservatieve paus.
2.99

372 doch *conj* but
- Het verschil tussen bruin en wit brood is zeer gecompliceerd doch interessant.
1.80

373 radicaal *adj* radical
- Alles gebeurt in een sfeertje van radicale geheimhouding.
3.35

374 wijziging *noun, de(f)* change
- Er was een wijziging in het wedstrijdschema.
2.52

375 typen *verb* to type
- Snel typte hij een berichtje.
1.18

376 bekendheid *noun, de(f)* fame
- Zij gebruikt haar bekendheid om geld in te zamelen voor goede doelen.
1.92

377 administratief *adj* administrative
- Als startende zelfstandige ondernemer heb je ook nood aan hulp op administratief vlak.
3.77

378 dialect *noun, het* dialect
- Wat vind jij het leukste dialect in Vlaanderen?
1.45

379 hervorming *noun, de(f)* reform
- De grootscheepse hervorming van de jeugdzorg moet de hulpverlening stroomlijnen.
2.99

380 derhalve *adv* therefore
- Cyprus heeft geen eigen energiebronnen en is derhalve volledig aangewezen op de import van energie.
1.38

381 deelname *noun, de* participation
- Het Nederlandse team plaatste zich voor deelname aan het EK.
3.85

382 percentage *noun, het* percentage
- Het percentage leerlingen dat slaagt neemt langzaam toe.
2.74

383 favoriet *noun, de(m)* favourite
- Dit liedje hoort absoluut bij mijn favorieten.
3.53

15 Weather

Nouns	**wolk** 3.00 cloud	**Verbs**
zon 9.13 sun	**storm** 2.57 storm	**regenen** 3.08 to rain
wind 7.64 wind	**sneeuw** 2.41 snow	**waaien** 2.17 to blow/to be
graad 4.98 degree	**hitte** 2.15 heat	windy
regen 4.41 rain	**bui** 2.02 shower, rain	**stormen** 1.00 to be stormy
temperatuur 4.10	**vorst** 1.62 frost	**donderen** 0.85 to thunder
temperature	**mist** 1.35 fog	

384 erkenning *noun, de(f)* recognition
- Ik hoop dat ze ooit de erkenning krijgt die ze al jaren verdient.
2.80

385 liberaal *noun, de(m)* liberal
- Franstalige liberalen dwingen de regering tot aftreden.
2.66

386 exclusief *adj* exclusive
- Zij kochten een exclusief penthouse in het centrum van de stad.
3.34

387 reportage *noun, de(f)* report
- Plots worden er reportages en interviews in tijdschriften gezet.
2.76

388 definiëren *verb* to define
- Hij definieerde welvaart als alles waar mensen nu en in de toekomst, waar ook ter wereld, behoefte aan hebben.
1.40

389 realistisch *adj* realistic
- Het is prettig als mensen een realistisch wereldbeeld hebben.
3.02

390 weergeven *verb* to represent
- De tabel geeft de groei van de economie weer.
1.62

391 ideologie *noun, de(f)* ideology
- Ideologieën kunnen zich specifiek toespitsen op een bepaald aspect van de samenleving.
1.55

392 christendom *noun, het* Christianity
- Het christendom is een monotheïstische godsdienst.
1.50

393 kolonie *noun, de(f)* colony
- Namibië is van 1884 tot 1915 een Duitse kolonie geweest.
1.53

394 aanpassing *noun, de(f)* adjustment
- De minister heeft enkele aanpassingen in de wet voorgesteld.
3.41

395 misbruik *noun, het* abuse
- Soms maakt men misbruik van haar vertrouwen.
3.15

396 beheren *verb* to manage
- Hij beheert het familiekapitaal.
2.73

397 matigen *verb* to moderate
- De overheid wil graag dat de banken hun lonen matigen.
1.90

398 technologie *noun, de(f)* technology
- Er wordt aandacht geschonken aan het ontwikkelen van nieuwe technologieën.
2.48

399 solidariteit *noun, de(f)* solidarity
- De vele blijken van solidariteit deden de familie goed.
2.34

400 dj *noun, de(m)* disc jockey
- Ik ben zelf dj, vaak bezig met club en trance.
2.01

401 mensheid *noun, de(f)* humankind
- De mensheid is heel wat ouder dan gedacht.
1.75

402 interpreteren *verb* to interpret
- Door één woord verkeerd te interpreteren ging de hele vertaling de mist in.
1.63

403 wiskunde *noun, de(f)* mathematics
- De een is goed in wiskunde, de ander goed in talen.
1.52

404 goesting *noun, de(f)* fancy
- Het programma is veel te commercieel naar mijn goesting.
1.31

405 schatting *noun, de(f)* estimate
- Naar schatting gaan 350.000 Belgen op vakantie.
3.37

406 criterium *noun, het* criterion
- Veiligheid is niet het enige criterium in de luchtvaart.
3.03

407 verkrijgbaar *adj* available
- De app is vanaf volgende week verkrijgbaar.
2.33

408 doelgroep *noun, de* target group
- Voor elke doelgroep zijn er specifieke noden en aandachtspunten.
2.03

409 data *noun, pl* data
- De analyse heeft als doel eventuele trends in de data visueel voor te stellen.
1.45

410 elektronisch *adj* electronic
- Het is beter voor het milieu om oude elektronische apparaten in te leveren.
3.12

411 zaad *noun, het* seed
- De plant is altijd in staat om zaden te produceren.
1.48

412 westelijk *adj* west, western
- Het westelijk deel van de stad is een groot en rommelig opgezet bedrijventerrein.
1.56

413 burgeroorlog *noun, de(m)* civil war
- In 2002 kwam er een einde aan de burgeroorlog.
1.98

414 oostelijk *adj* east, eastern
- Het oostelijke deel krijgt de bestemming openbaar wandelbos.
1.53

415 extern *adj* external
- Er zijn veel externe factoren die meespelen.
2.14

416 allochtoon *adj* foreign
- In mijn vorige job als leerkracht had ik heel wat leerlingen van allochtone afkomst.
3.05

417 promoveren *verb* a) to obtain one's doctoral degree b) to be promoted
- a) In 2007 promoveerde hij tot doctor in de rechten.
- b) Een team kan promoveren of degraderen.
2.46

418 verspreiding *noun, de(f)* spread
- De verspreiding van deze soort is zeer slecht gekend.
1.60

419 populariteit *noun, de(f)* popularity
- Zijn populariteit zou decennia lang zeer groot blijven.
2.36

420 verdeling *noun, de(f)* division
- De verdeling over de verschillende richtingen is opvallend.
2.02

421 strategie *noun, de(f)* strategy
- Zijn strategie was erop gericht om ze tegen elkaar uit te spelen.
3.04

422 impact *noun, de(m)* impact
- Werk heeft een behoorlijke impact op uw dagelijkse leven.
2.43

423 verbod *noun, het* ban, prohibition
- Het verbod op mobiele telefoons in de klas moet volgend schooljaar van kracht worden.
3.08

424 nazi *noun, de* Nazi
- Een nazi is een aanhanger van het nationaalsocialisme.
1.47

425 stabiel *adj* stable
- In een stabiele situatie is alles onder controle en is er rust aan boord.
2.66

426 verwijzing *noun, de(f)* reference
- In de tekst zijn verwijzingen naar andere hoofdstukken opgenomen.
2.38

427 ligging *noun, de(f)* location
- Het vakantiedorp geniet een uitgelezen ligging te midden van de natuur.
1.53

428 achterlijk *adj* backward
- Ik vind je nog steeds een achterlijk kalf.
1.20

429 **besturen** *verb* to drive
- Met een rijbewijs B mag u een auto besturen van maximaal 3500 kg.
3.04

430 **opkomst** *noun, de(f)* turnout
- Ondanks de lage opkomst kan de uitslag als positief worden gezien.
2.72

431 **crimineel** *noun, de(m)* criminal
- Zijn carrière als kleine crimineel leidde uiteindelijk tot een veroordeling van drie jaar.
2.64

432 **promoten** *verb* to promote
- De regeringen moeten openbaar vervoer promoten en de prijzen verlagen.
2.57

433 **gen** *noun, het* gene
- Jongens doen stoer omdat het gewoon in hun genen zit.
1.42

434 **hernemen** *verb* to resume
- We hernemen deze onderwerpen hier niet, omdat dit weinig meerwaarde zou bieden.
1.44

435 **beheer** *noun, het* management
- De goede ziekenhuizen zijn in particulier beheer.
2.18

436 **hoofdrol** *noun, de* leading role
- Dirk speelt een hoofdrol in dat boek.
3.18

437 **financiën** *noun, pl* finance(s)
- In mei verscheen het eerste rapport over de financiën van de Vlaamse gemeenten.
3.10

438 **wielrennen** *noun, het* cycle racing
- De grote sporten zullen waarschijnlijk altijd voetbal en wielrennen blijven.
2.43

439 **vorming** *noun, de(f)* formation, training
- De school dient voor je vorming zodat jij later je eigen boontjes kan doppen.
2.23

440 **opstarten** *verb* to start (up)
- Ik wou hier ook een topic opstarten.
2.35

441 **bewind** *noun, het* government, regime
- Het militaire bewind faalde op economisch gebied.
1.95

442 **documentaire** *noun, de(m)* documentary
- Een Duitse televisiezender maakte vorige week een documentaire over de hele historie.
3.08

443 **content** *adj* content
- Ik keek alsof ik een contente man was.
1.21

444 **capaciteit** *noun, de(f)* capability
- Gaan de mensen mij beoordelen op mijn capaciteiten of op mijn uiterlijk?
2.67

445 **structureel** *adj* structural
- Zij zoeken naar structurele oplossingen en maatregelen in de armoedebestrijding.
2.49

446 **song** *noun, de(m)* song
- Wat klinkt die song toch lekker!
2.15

447 **oprichter** *noun, de(m)* founder
- Portugal is een van de oprichters van de NAVO.
1.81

448 **bestuurlijk** *adj* administrative
- Het land is ingedeeld in zeven bestuurlijke regio's.
1.74

449 **gelijkaardig** *adj* similar
- Is er iemand die zich een hemel of iets gelijkaardigs kan voorstellen?
2.57

450 **welzijn** *noun, het* welfare
- Geestelijk en emotioneel welzijn dienen aandacht te krijgen.
2.21

451 **regulier** *adj* regular
- In oktober hebben er reguliere parlementsverkiezingen plaatsgevonden.
1.90

452 **simpelweg** *adv* simply
- Ik word er simpelweg gek van!
1.85

453 **fusie** *noun, de(f)* merger
- De organisatie is ontstaan uit een fusie.
3.08

454 **gouverneur** *noun, de(m)* governor
- De gouverneurs van de deelstaten worden in India benoemd door de president.
2.61

455 **inspiratie** *noun, de(f)* inspiration
- Waar haalt hij telkens de inspiratie om zulke boeken te schrijven.
2.14

456 levend *adj* living, alive
- We zijn altijd omringd met verschillende levende wezens.
1.24

457 eender *adj* (the) same
- Op de schoorsteenmantel staan twee eendere vazen.
1.15

458 mix *noun, de(m)* mix
- Een gezonde mix van beide is belangrijk denk ik.
2.41

459 irritant *adj* irritating
- Nagelbijten is een irritante gewoonte.
1.20

460 Arabisch *adj* Arabic
- De tafel is beplakt met pagina's uit Chinese, Japanse en Arabische kranten.
2.75

461 etnisch *adj* ethnic
- De pers heeft weinig oog voor de diversiteit binnen de etnische minderheden.
1.92

462 misbruiken *verb* to abuse
- Uiteraard mag je de vertrouwelijke informatie niet misbruiken.
2.21

463 historie *noun, de(f)* history
- India kent een oude en rijke historie.
1.33

464 domineren *verb* to dominate
- Kleinere tot middelgrote ondernemingen domineren de branche.
3.09

465 schadelijk *adj* harmful
- Roken is schadelijk voor de gezondheid.
1.94

466 nutteloos *adj* useless
- Dit artikel bevat nutteloze informatie.
1.32

467 hieraan *adv* to this
- Wie heeft er nog zo'n ervaring en wat hebben jullie hieraan gedaan?
1.30

468 slaaf *noun, de(m)* slave
- Om te voorzien in de behoefte aan arbeidskrachten werden slaven geïmporteerd uit Afrika.
1.21

469 debuut *noun, het* debut
- Het nieuwe album is het beste sinds hun debuut.
2.98

470 legendarisch *adj* legendary
- De artiest geeft tekst en uitleg bij de klassiekers van dat legendarisch album.
2.60

471 's morgens *adv* in the morning
- Vorige week vertrok ik 's morgens van huis naar mijn werk.
2.54

472 uitreiken *verb* to present
- De felbegeerde awards worden uitgereikt aan nationale en internationale artiesten.
2.38

473 parlementair *adj* parliamentary
- De regering zou belast worden met het organiseren van parlementaire verkiezingen.
2.34

474 vaststelling *noun, de(f)* conclusion
- Een opvallende vaststelling is dat mensen met een verstandelijke beperking zich gelukkiger voelen dan mensen met een fysieke beperking.
2.70

475 berucht *adj* notorious
- Het gaat hier om beruchte cafés in Antwerpen.
2.33

476 referendum *noun, het* referendum
- Per referendum is een nieuwe grondwet aangenomen.
1.92

477 crimineel *adj* criminal
- Er is een hoop geld gemoeid met die criminele organisaties.
2.38

478 volwaardig *adj* full
- Als hij als volwaardige leerling wordt aanvaard, mag hij ook zijn examens afleggen.
2.24

479 strategisch *adj* strategic
- Hij voert hierbij historische en strategische motieven aan.
2.44

480 kartel *noun, het* cartel
- Het progressieve kartel kan niet profiteren van het communautaire geruzie.
2.59

481 toerisme *noun, het* tourism
- Een belangrijke bron van inkomsten is het toerisme.
2.50

482 **soortgelijk** *adj* similar
- Ik heb zelf in een soortgelijke situatie gezeten.
2.05

483 **verhoging** *noun, de(f)* increase
- Het is belangrijk om te streven naar een verhoging van de kennis.
2.14

484 **infrastructuur** *noun, de(f)* infrastructure
- De infrastructuur is zowel kwalitatief als kwantitatief goed.
2.60

485 **comité** *noun, het* committee
- Een internationaal comité zal waken over de uitvoering van het verdrag.
2.59

486 **bestempelen** *verb* to label
- De sector kan bestempeld worden als vrij arbeidsintensief.
1.86

487 **criminaliteit** *noun, de(f)* criminality
- Drugs blijven in het hele land zorgen voor instabiliteit en criminaliteit.
2.22

488 **toename** *noun, de* increase
- De toename van het gebruik van het openbaar vervoer leidt ook tot enkele problemen.
2.46

489 **doorbraak** *noun, de* breakthrough
- De grote doorbraak kwam in 2007 en 2008.
2.45

490 **brandstof** *noun, de* fuel
- Olie is de belangrijkste brandstof.
1.71

491 **fiscaal** *adj* fiscal
- De nieuwe regeling is fiscaal zeker gunstig.
2.68

492 **federatie** *noun, de(f)* federation
- De federatie was een los samenwerkingsverband waarvan de leden hun eigen gang gingen.
1.94

493 **historicus** *noun, de(m)* historian
- In de geschriften van de historicus Herodotus lees je beschrijvingen van kannibalen.
1.75

494 **klassieker** *noun, de(m)* classic
- Zaterdag staat de klassieker tussen Ajax en Feyenoord weer op het programma.
2.33

495 **drastisch** *adj* drastic
- Het wordt tijd voor drastische maatregelen.
2.32

496 **hip** *adj* fancy
- Ik hou wel van een beetje hippe kleding op van die grote dancefeesten.
1.94

497 **groepering** *noun, de(f)* group, grouping
- De kerk is jammer genoeg nog steeds verdeeld in verschillende groeperingen.
1.65

498 **tempel** *noun, de(m)* temple
- Ik zou wel eens de tempels op de Akropolis in Griekenland willen zien.
1.24

499 **fabrikant** *noun, de(m)* manufacturer
- De vrouw klaagt de fabrikant van de magnetron aan.
2.28

500 **elite** *noun, de* elite
- Ik hoef niet zo nodig tot de elite te behoren.
2.48

501 **prominent** *adj* prominent
- De centrale overheid speelde hierbij een prominente rol.
2.30

502 **volwassene** *noun, de* adult
- Een kind onder de 12 jaar rijdt gratis mits er een volwassene betaalt.
2.35

503 **subsidiëren** *verb* to subsidize
- Initiatieven voor buitenschoolse opvang worden door verschillende instanties gesubsidieerd.
1.88

504 **slogan** *noun, de(m)* slogan
- Dat is een slogan waar veel waarheid in zit.
2.07

505 **onterecht** *adj* unfair, undeserved
- Hij baalt van de onterechte rode kaart en penalty.
2.20

506 **column** *noun, de(m)* column
- De tweemaandelijkse nieuwsbrief bevat ook telkens een column.
1.69

507 **peiling** *noun, de(f)* poll
- Hij wordt met de dag bekender en stijgt in peilingen als een raket.
2.25

508 lening *noun, de(f)* loan
- Deze lening heeft een looptijd van 10 of 25 jaar.
2.28

509 buurland *noun, het* neighbouring country
- De relatie met de buurlanden is sinds 2002 verbeterd.
1.95

510 eenzijdig *adj* unilateral, one-sided
- Tot een eenzijdige wapenstilstand heeft men vooralsnog niet besloten.
1.68

511 arbeidsmarkt *noun, de* labour market
- Het duurt enige tijd eer mensen hun plaats krijgen op de arbeidsmarkt.
2.27

512 ongelovig *adj* unbelieving
- Keer op keer blijkt uit onderzoek dat gelovige mensen gelukkiger zijn dan ongelovige mensen.
1.12

513 werkgelegenheid *noun, de(f)* employment
- De dienstensector is de belangrijkste bron van nieuwe werkgelegenheid.
2.05

514 corruptie *noun, de(f)* corruption
- Het tegengaan van corruptie is een van de speerpunten van het beleid van de Wereldbank.
2.28

515 betaalbaar *adj* affordable
- Het is voor jongeren steeds moeilijker om betaalbare huisvesting te vinden.
2.08

516 benoeming *noun, de(f)* appointment
- De stemming over de benoeming van de nieuwe directeur is uitgesteld.
1.77

517 parlementslid *noun, het* member of parliament
- De sprekers beantwoorden concrete vragen van de parlementsleden.
2.20

518 dumpen *verb* to dump
- Wie heeft al eens een lief moeten dumpen vanwege de ouders?
1.58

519 senator *noun, de(m)* senator
- Van 1949 tot zijn dood was hij liberaal senator voor Brussel.
1.85

520 vermeend *adj* supposed
- De vermeende dader had zo'n uitlatingen niet mogen doen.
2.24

521 grootschalig *adj* large-scale
- Men kondigt een grootschalige reclamecampagne aan die de bekendheid van beide radiostations moet vergroten.
2.09

522 moskee *noun, de(f)* mosque
- In principe kan een moslim in iedere moskee aan het gebed deelnemen.
1.74

523 bundelen *verb* to bundle
- Dit boek bundelt alle actuele kennis over kwaliteitsvolle kinderopvang.
2.03

General

1 minder *num* less
- Nederlanders kopen minder vuurwerk.
45.84

2 verder *adj* further
- Het is een overzicht zonder verder commentaar.
- (adv) Met zijn hulp kwamen we verder.
40.32

3 anders *adv* otherwise
- De politiek oordeelt compleet anders dan de inspectie.
39.83

4 echter *adv* however
- We zien echter weinig van de buurt.
37.78

5 meest *num* most
- De meeste mannen bleven thuis.
- Hij is een van de meest vernieuwende kunstenaars.
26.13

6 best *adj* best
- De prijs voor de beste song ging naar Colors of the Wind van Alan Menken.
23.80

7 vanuit *prep* from
- Morgen zijn er geleidelijk opklaringen vanuit het oosten.
19.56

8 immers *adv* indeed
- Wijsheid en stilte zijn immers eeuwig en altijd met elkaar verbonden.
19.16

9 vrijdag *noun, de(m)* Friday
- Hij diende vrijdag met koorts het bed te houden.
17.26

10 organisatie *noun, de(f)* organization
- Hij richtte de organisatie 22 jaar geleden op.
16.98

11 overheid *noun, de(f)* government
- De bezuinigingen van de overheid werden morrend geaccepteerd.
16.05

12 maandag *noun, de(m)* Monday
- De sportkampen vinden plaats van maandag 3 tot vrijdag 7 juli.
15.45

13 positief *adj* positive
- Het is voor mij een heel positieve ervaring geweest.
- (adv) Vorig jaar werd het evenement heel positief beoordeeld.
15.18

14 behoren *verb* to belong
- Pas als er duidelijkheid bestaat, behoort dat weer tot de mogelijkheden.
14.66

15 intussen *adv* meanwhile
- Een verse regenzone komt intussen van het westen uit dichterbij.
14.09

16 raad *noun, de(m)* advice
- Zij geeft raad aan mensen die financiële problemen hebben.
13.46

17 uitvoeren *verb* to perform
- Een beperkt aantal chirurgen kan deze handelingen uitvoeren.
13.44

18 niveau *noun, het* level
- Er is onderwijs voor jongeren op alle niveaus.
13.41

19 woensdag *noun, de(m)* Wednesday
- Van zondag tot woensdag was hij op de filmset.
13.30

20 gratis *adj* free
- De leerlingen kregen een bon voor gratis ijs.
12.97

21 bedoelen *verb* to intend
- Ik begreep nooit zo goed wat hij daarmee bedoelde.
12.95

22 liefst *adv* preferably
- Mijn man wil het liefst kamperen en ik wil het liefst in een huisje.
12.72

23 beperken *verb* to limit
- Hierdoor wordt de schade mogelijk beperkt.
12.68

24 treden *verb* to step
- Hij trad naar voren.
12.65

25 jou *pron* you
- Waar komt dat idee van jou vandaan?
12.63

26 donderdag *noun, de(m)* Thursday
- De verhoren begonnen vorige week donderdag.
12.55

27 bevestigen *verb* to confirm
- Een getuige bevestigt dat de auto te hard het kruispunt opreed.
12.35

28 weigeren *verb* to refuse
- Hij weigerde in te zien dat ze kansloos waren.
12.32

29 dertig *num* thirty
- De temperatuur loopt op tot ongeveer dertig graden.
12.31

30 discussie *noun, de(f)* discussion
- Op mijn werk heb ik vaak discussies met mensen over terminologie.
12.29

31 dinsdag *noun, de(m)* Tuesday
- Mijn dochter gaat elke dinsdag naar de kinderopvang.
12.24

32 uitspraak *noun, de* statement
- Haar uitspraken vielen niet in goede aarde.
11.90

33 druk *noun, de(m)* pressure
- China staat onder sterke druk van de internationale gemeenschap.
11.73

34 veroorzaken *verb* to cause
- Volgens hem heeft de lekkage geen brand veroorzaakt.
11.66

35 klant *noun, de(m)* customer
- De leverancier nam met tranen in de ogen afscheid van zijn beste klant.
11.60

36 systeem *noun, het* system
- Alle regels worden opgelegd door het economisch systeem.
11.50

37 ontwikkeling *noun, de(f)* development
- In ons vakgebied hebben zich de laatste jaren belangrijke ontwikkelingen voorgedaan.
11.49

38 bevinden (zich) *verb* to find
- Onder een laag klei van 700 meter bevindt zich een laag zout van 200 meter diep.
11.44

39 kritiek *noun, de(f)* criticism
- Ik ben het eens met de kritiek dat we een beetje te snel wilden gaan.
11.23

40 Nederlander *noun, de(m)* Dutchman
- Iedere Nederlander kan voortaan zijn eigen postzegel laten drukken.
11.21

41 cultuur *noun, de(f)* culture
- De mens schept zich een wereld van cultuur naast de natuurlijke wereld.
11.19

42 poging *noun, de(f)* attempt
- Hij deed nog een poging om te winnen.
11.19

43 verantwoordelijk *adj* responsible
- De brief bleek fataal te zijn voor de verantwoordelijke bestuursleden.
11.00

44 minstens *adv* at least
- Hij is minstens nog een half hoofd groter dan zij.
10.92

45 beweren *verb* to claim
- Ik beweer dat het overleg niet heeft plaatsgevonden.
10.85

46 fout *noun, de* error
- De ene fout maakt de ander niet goed.
10.81

47 dwingen *verb* to force
- Desnoods moest ze hem dwingen vrienden uit te nodigen.
10.78

48 leiding *noun, de(f)* leadership
- Onder zijn leiding werd het land een democratie.
10.77

49 veld *noun, het* field
- Hij was duidelijk de leider op het veld.
10.72

50 steunen *verb* to support
- Zij steunde hem in alles wat hij deed.
10.69

51 dalen *verb* to go down
- Vandaag daalt de prijs voor benzine en stookolie.
10.68

52 binnenkort *adv* shortly
- De plannen komen binnenkort op de ministerraad.
10.64

53 vijftien *num* fifteen
- Het was alweer zijn zevende doelpunt in vijftien interlands.
10.58

54 **initiatief** *noun, het* initiative
- Ze besloten zelf het initiatief te nemen en organiseerden een fuif.
10.56

55 **gevaar** *noun, het* danger
- Deze hond is een gevaar voor zijn omgeving.
10.54

56 **eventueel** *adj* potential
- Eventuele gelijkenissen van personen of gebeurtenissen berusten op louter toeval.
10.51

57 **internet** *noun, het* internet
- De invloed van de computer en het internet op de samenleving is aanzienlijk.
10.43

58 **gebrek** *noun, het* lack
- Door gebrek aan informatie kunnen we geen definitief antwoord geven.
10.40

59 **kwaliteit** *noun, de(f)* quality
- De foto's zijn van een uitermate hoge kwaliteit.
10.38

60 **onderwijs** *noun, het* education
- Er moet meer aandacht komen voor het onderwijs.
10.34

61 **vertrouwen** *noun, het* trust
- Het vertrouwen in artsen is sterk gedaald.
10.33

62 **plots** *adj* sudden
- De plotse rijkdom bracht geen geluk
- (adv) Plots werd het koud.
10.29

63 **product** *noun, het* product
- Zij prees het product aan.
10.28

64 **beleid** *noun, het* policy
- Het beleid is om de jeugd een kans te geven.
10.23

65 **plegen** *verb* to commit
- Ze pleegden een inbraak.
10.19

66 **functie** *noun, de(f)* function
- Vanuit vorige functies heb ik veel ervaring met administratief werk.
10.18

67 **eveneens** *adv* also
- De wet vereist eveneens dat de overeenkomst schriftelijk moet worden vastgelegd.
9.91

68 **vijftig** *num* fifty
- Na vijftig minuten komt hij er eindelijk aan.
9.87

69 **ontbreken** *verb* to lack
- Er ontbreekt nog heel wat fundamenteel onderzoek.
9.74

70 **jeugd** *noun, de* youth
- In zijn jeugd werd hij sterk beïnvloed door zijn moeder.
9.73

71 **buitenland** *noun, het* foreign country, abroad
- We gaan op vakantie naar het buitenland.
9.54

72 **termijn** *noun, de(m)* term
- Men wordt maar verkozen voor een beperkte termijn.
9.52

73 **geweld** *noun, het* violence
- Er kwam een einde aan het geweld.
9.36

74 **elf** *num* eleven
- Hij won elf keer.
9.34

75 **zaal** *noun, de* hall
- De voorstelling vond plaats in de grote zaal.
9.33

76 **verdedigen** *verb* to defend
- Zij verdedigde haar kleine broertje.
9.32

77 **negatief** *adj* negative
- De negatieve verhalen hadden geen gevolgen.
9.27

78 **vestigen** *verb* to set
- Hij vestigde een nieuw record op de 800 meter.
zich vestigen: Het gezin vestigde zich in Brussel.
9.25

79 **onderdeel** *noun, het* part
- Het heeft geen zin om onderdelen van dit probleem apart te willen oplossen.
9.23

80 **aanpassen** *verb* to adjust
- Het dak is al hersteld, maar de elektriciteit moet nog aangepast worden.
9.20

81 **zwak** *adj* weak
- Er staat een zwakke tot matige noordelijke wind.
9.04

82 onbekend *adj* unknown
- De oorzaak van de brand is nog onbekend.
9.02

83 omstandigheid *noun, de(f)* circumstance
- Het is nooit duidelijk geworden onder welke omstandigheden hij is gestorven.
8.98

84 Belg *noun, de(m)* Belgian
- Het is misschien tijd om de andere Belgen eens aan het woord te laten.
8.97

85 koning *noun, de(m)* king
- De koning houdt een nieuwjaarstoespraak.
8.92

16 Opposites

goed 92.84 good	**slecht, fout** 31.8; 8.71 bad, wrong
groot 85.32 big	**klein** 53.64 little
nieuw 71.52 new	**oud** 51.14 old
lang 69.61 long, tall	**kort** 38.10 short
oud 51.14 old	**jong** 47.51 young
hoog 50.8 high	**laag** 22.42 low
snel 48.01 fast	**langzaam** 7.78 slow
vroeg 38.09 early	**laat** 30.43 late
mooi 37.63 nice, beautiful	**lelijk** 3.51 ugly
sterk 36.97 strong	**zwak, slap** 9.04 weak
moeilijk 35.44 difficult	**gemakkelijk, makkelijk** 25.52 easy
vol 30.31 full	**leeg** 9.24 empty
hard 27.36 hard	**zacht** 8.47 soft
open 26.65 open	**dicht** 18.91 closed
zwart 18.11 black	**wit** 15.59 white
blij 15.66 happy	**verdrietig** 1.05 sad
dood 15.22 dead	**levend** 1.24 alive
positief 15.18 positive	**negatief** 9.27 negative
duur 15.11 expensive	**goedkoop** 10.29 cheap
aanwezig 13.50 present	**afwezig** 2.29 absent
licht 13.40 light	**donker, zwaar** 8.59; 33.72 dark, heavy
dik 13.39 thick	**dun** 3.96 thin
breed 12.23 wide	**smal** 3.70 narrow
warm 12.15 hot	**koud** 7.74 cold
rijk 11.40 rich	**arm** 5.74 poor
links 10.60 left	**rechts** 8.89 right
schoon 7.89 clean	**vies** 2.96 dirty
publiek 6.99 public	**privé** 1.89 private
knap 6.95 handsome	**lelijk** 3.51 ugly
recht 6.69 straight	**krom, scheef** 0.85 crooked
droog 6.41 dry	**nat** 3.61 wet
dom 6.26 stupid	**slim** 5.13 smart, clever
vrouwelijk 5.57 female	**mannelijk** 3.52 male
vals 4.94 false	**eerlijk** 10.96 honest, fair
zinloos 1.96 meaningless	**zinvol** 1.49 meaningful
net 1.70 tidy	**slordig** 1.50 untidy

Patterns with on-

zeker 54.86 certain	**onzeker** 4.01 uncertain
gewoon 48.35 usual	**ongewoon** 1.80 unusual
mogelijk 46.22 possible	**onmogelijk** 9.17 impossible
belangrijk 42.56 important	**onbelangrijk** 1.18 unimportant
nodig 40.91 necessary	**onnodig** 1.97 unnecessary
bekend 39.83 known	**onbekend** 9.02 unknown
duidelijk 39.07 clear	**onduidelijk** 4.35 unclear
gelukkig 21.48 happy	**ongelukkig** 3.07 unhappy
gemakkelijk 25.52 easy	**ongemakkelijk** 0.92 uncomfortable
terecht 20.53 deserved	**onterecht** 2.20 undeserved
waarschijnlijk 20.47 probably	**onwaarschijnlijk** 2.23 unlikely
gelijk 20.23 equal	**ongelijk** 1.47 unequal
rustig 13.66 quiet	**onrustig** 1.32 restless
voldoende 12.70 sufficient	**onvoldoende** 4.81 insufficient
tevreden 12.59 satisfied	**ontevreden** 1.64 dissatisfied
veilig 10.9 safe	**onveilig** 1.71 dangerous
bewust 10.82 conscious	**onbewust** 1.16 unconscious
gerust 6.86 calm	**ongerust** 1.59 anxious
afhankelijk 6.41 dependent	**onafhankelijk** 7.91 independent
zichtbaar 5.74 visible	**onzichtbaar** 1.86 invisible
handig 5.27 handy	**onhandig** 1.17 awkward
schuldig 5.13 guilty	**onschuldig** 3.72 innocent
aangenaam 4.36 pleasant	**onaangenaam** 1.01 unpleasant
begrijpelijk 2.17 comprehensible	**onbegrijpelijk** 1.76 incomprehensible
gelovig 1.26 faithful	**ongelovig** 1.12 faithless
geduldig 1.03 patient	**ongeduldig** 0.89 impatient

86 beschermen *verb* to protect
- Zij beschermen het land.
  8.91

87 besluit *noun, het* decision
- Dit besluit werd met algemene stemmen genomen.
  8.89

88 reeds *adv* already
- Wij lopen hier reeds tientallen jaar rond.
  8.89

89 bevatten *verb* to contain
- Het archief bevat ook vrij recente documenten.
  8.88

90 praktijk *noun, de* practice
- De praktijk is vaak heel anders dan de theorie.
  8.76

91 totaal *noun, het* total
- Hij telt de cijfers op en deelt het totaal door zes.
  8.76

92 herstellen *verb* to recover
- Hij herstelde van zijn val.
  8.72

93 compleet *adj* complete
- Ik heb de complete serie van die reeks.
  8.69

94 maatschappij *noun, de(f)* society
- Onze maatschappij is drastisch veranderd.
  8.68

95 proces *noun, het* trial
- Het hele proces verliep voorspoedig.
  8.64

96 verklaring *noun, de(f)* statement
- Heb jij een verklaring voor zijn gedrag?
  8.61

97 brand *noun, de(m)* fire
- De brandweer bluste de brand.
  8.59

98 vrijwel *adv* almost
- Het midden en oosten van het land houden het vrijwel droog.
  8.58

99 moord *noun, de* murder
- Politieonderzoek moest uitmaken of er sprake was van een ongeluk of van moord.
  8.55

100 verbeteren *verb* to improve
- Zij verbeterden hun oude tijd met drie seconden.
  8.55

101 toenemen *verb* to increase
- De belangstelling is weer aan het toenemen.
  8.54

102 maal *1) noun, de/het 2) noun, het* 1) time 2) meal
- 1) Ze werden een paar maal per nacht wakker.
- 2) Dat leek me een prima drankje voor bij dit heerlijke maal.
  8.53

103 oorzaak *noun, de* cause
- Hij vond de oorzaak van het geluid.
  8.49

104 effect *noun, het* a) effect b) share
- a) Het effect van deze bezuiniging gaat verder.
- b) Hij kocht effecten voor zijn geld.
  8.48

105 principe *noun, het* principle
- Ik ga mijn principes niet verloochenen.
  8.48

106 klagen *verb* to complain
- Ze klaagden over het weer.
  8.44

107 schrijver *noun, de(m)* writer
- Ik ben een schrijver die verdwaald is in de journalistiek.
  8.39

108 zogenaamd *adj* so-called
- De zogenaamde hertog liet zich uitgebreid verwennen.
  8.38

109 geheel *noun, het* whole
- Alle gidsen beschrijven het land als geheel.
  8.34

110 tijdelijk *adj* temporary
- Het ging om een tijdelijke maatregel.
  8.34

111 scherp *adj* sharp
- Zij pakte het scherpe mes uit de la.
  8.33

112 respect *noun, het* esteem
- Solidariteit veronderstelt een wederzijds respect.
  8.32

113 zowat *adv* about
- Ik heb zowat 50 dozen gesjouwd.
  8.28

114 streng *adj* severe
- Hun werken werden beoordeeld door een strenge vakjury.
  8.25

115 voorwaarde *noun, de(f)* condition
- Hij voldeed helaas niet aan de voorwaarden.
  8.25

116 kunst *noun, de(f)* art
- Kunst heeft een onmisbare functie en een ongrijpbare betekenis.
  8.22

117 inzetten *verb* to bring into action
- Ze zetten iedereen in om hun doel te bereiken.
  8.17

118 aanvankelijk *adj* initial
- Al snel was ze haar aanvankelijke angst kwijt en begon ze zelfs aardigheid in het rijden te krijgen.
  8.16

119 leger *noun, het* army
- Het leger biedt humanitaire hulp.
  8.16

120 bewijs *noun, het* proof
- Ik had geen bewijs voor deze hypothesen.
  8.13

121 zakken *verb* a) to drop b) to fail
- a) Zij laat haar tas uit het raam zakken.
- b) Hij zakte voor zijn examen.
  8.09

122 bereid *adj* prepared, ready
- Het bereide gerecht zag er heerlijk uit.
- Ben je bereid om te vertrekken?
  7.99

123 twijfel *noun, de(m)* doubt
- Ik heb mijn twijfels over zijn eerlijkheid.
  7.98

124 vrijheid *noun, de(f)* freedom
- Hij wil meer vrijheid.
  7.94

125 **combinatie** *noun, de(f)* combination
- Het is een combinatie van talent en marketing.
  7.93

126 **geheel** *adj* whole
- Het gehele woordenboek omvat naar verwachting vier delen.
  7.93

127 **vaststellen** *verb* to determine
- We moeten dus vaststellen dat je het niet gemaakt hebt.
  7.88

128 **meerder** *num* more
- We houden met meerdere factoren rekening.
  7.87

129 **klassiek** *adj* classic
- Ze heeft een klassiek kapsel met opgestoken lang haar.
  7.86

130 **verspreiden** *verb* to spread
- Ze verspreiden allerlei roddels over mij.
  7.86

131 **thema** *noun, het* theme
- Een groot aantal sprekers neemt dit centrale thema onder de loep.
  7.84

132 **voegen** *verb* to add
- Hij voegde het zout bij de aardappelen.
  7.84

133 **gegeven** *noun, het* fact, data
- Uitgebreid onderzoek bracht geen nieuwe gegevens aan het licht.
  7.81

134 **conclusie** *noun, de(f)* conclusion
- Onze conclusie is dat het een uitstekend plan is.
  7.79

135 **veertig** *num* forty
- Zij heeft vorige week veertig dozen gekocht.
  7.79

136 **vlak** *noun, het* plane
- Ze zag het stuk plafond als een wit vlak.
  7.79

137 **ziekte** *noun, de(f)* disease
- Deze ziekte is goed te genezen.
  7.78

138 **karakter** *noun, het* character
- Zij heeft een gecompliceerd karakter.
  7.77

139 **overnemen** *verb* to take over
- Kan ik die auto van je overnemen?
  7.74

140 **beleven** *verb* to go through
- Ze beleefden een spannend avontuur.
  7.73

141 **jarenlang** *adj* for years and years
- Het was het begin van een jarenlange traditie.
  7.73

142 **afdeling** *noun, de(f)* department
- Zij werkt op de afdeling nierziekten.
  7.70

143 **schijnen** *verb* to appear
- Het schijnt een maand of drie te duren voor je iets hoort.
  7.67

144 **behouden** *verb* to keep
- Ik krijg ander werk, maar behoud mijn oude salaris.
  7.65

145 **advies** *noun, het* advice
- Kun je mij advies geven?
  7.64

146 **aanval** *noun, de(m)* attack
- De laatste aanval leverde nog een doelpunt op.
  7.62

147 **akkoord** *noun, het* a) agreement
b) chord
- a) Het akkoord werd gisteren gesloten.
- b) Hij kent drie akkoorden op de gitaar.
  akkoord gaan: De man ging akkoord met de aanklacht.
  7.62

148 **journalist** *noun, de(m)* journalist
- Politici en journalisten leven in dezelfde mediawereld.
  7.62

149 **gisteravond** *adv* last night
- Gisteravond hadden we een gezellig feestje.
  7.61

150 **drijven** *verb* to float
- Het bootje drijft op het water.
  7.59

151 **verantwoordelijkheid** *noun, de(f)* responsibility
- Haar verantwoordelijkheid is groot.
  7.59

152 **zestig** *num* sixty
- Hij beantwoordde meer dan zestig vragen.
  7.58

153 materiaal *noun, het* material
- Het materiaal bestaat uit steen en hout.
  7.57

154 opleiding *noun, de(f)* training
- Deze cursisten zijn erg gemotiveerd om de opleiding te volgen.
  7.56

155 verwachting *noun, de(f)* expectation
- Tot nu toe heeft hij de verwachtingen kunnen inlossen.
  7.55

156 waarna *adv* after which
- We kregen nog ijs, waarna we afsloten met koffie.
  7.52

157 straf *noun, de* punishment
- Ze vond de straf te zwaar.
  7.50

158 droom *noun, de(m)* dream
- Het kind had een enge droom.
  7.46

159 ideaal *adj* ideal
- Het leek haar een ideale omgeving om te werken.
  7.42

160 rechtstreeks *adj* direct
- Er komt een rechtstreekse verbinding met de stad.
  7.40

161 uitgebreid *adj* extensive
- Een uitgebreide zoektocht leverde niets op.
  7.40

162 kader *noun, het* frame(work)
- In het kader van de 11 juliviering geeft de gemeente een toelage van 500 euro.
  7.39

163 vlucht *noun, de* a) flight b) escape
- a) Heb je een goede vlucht gehad?
- b) De politie zette na de vlucht meteen de achtervolging in.
  7.38

164 tegenstelling *noun, de(f)* contrast
- De vrouw droeg in tegenstelling tot haar vader wel een zwemvest.
  7.36

165 seconde *noun, de* second
- Na amper veertig seconden stond het eerste doelpunt al op het scorebord.
  7.35

166 puur *adj* pure
- Ik houd veel van pure smaken.
  7.34

167 pagina *noun, de* page
- Ik ben met lezen tot pagina 15 gekomen.
  7.33

168 zelden *adv* rarely
- De wedstrijd haalde zelden het gewenste niveau.
  7.33

169 bedanken *verb* to thank
- Ik bedankte vriendelijk voor de koffie.
  7.25

170 noodzakelijk *adj* necessary
- Een inventarisatie is een eerste noodzakelijke stap.
  7.25

171 uitstekend *adj* excellent
- Door zijn uitstekende begeleiding brak het talent door.
  7.24

172 gedrag *noun, het* behaviour
- Haar gedrag is vreemd de laatste tijd.
  7.19

173 overleven *verb* to survive
- Hij overleefde het nare ongeluk.
  7.19

174 plaatsvinden *verb* to take place
- Hier vinden veel aardbevingen plaats.
  7.19

175 uiterst *adv* extremely
- Hij werd in uiterst kritieke toestand overgebracht naar het ziekenhuis.
  7.19

176 vermoedelijk *adj* supposed, suspected
- De vermoedelijke dader werd opgepakt door de politie.
  7.19

177 voortaan *adv* henceforth
- Voortaan bel je op voordat je weggaat.
  7.19

178 uitmaken *verb* a) to decide b) to break up
- a) Ze mogen zelf uitmaken wat ze doen.
- b) Zij maakte de verkering uit.
  7.17

179 reizen *verb* to travel
- We reisden met de trein naar Utrecht.
  7.15

180 vechten *verb* to fight
- Tijdens de wedstrijd begonnen ze te vechten.
  7.15

181 logisch *adj* logical
- Het was een logische beslissing.
  7.14

182 **vermoeden** *verb* to presume
- Hij vermoedde dat ze te moe was om mee te gaan.
  7.14

183 **creëren** *verb* to create
- Men wil hier een overzichtelijk kruispunt creëren.
  7.13

184 **interview** *noun, het* interview
- De schrijver gaf een interview.
  7.13

185 **bord** *noun, het* plate
- Netjes aten ze hun bord leeg.
  7.12

186 **generatie** *noun, de(f)* generation
- Ze gaan met verschillende generaties op vakantie.
  7.12

187 **sindsdien** *adv* since
- Ik heb het ergens neergelegd en het sindsdien niet meer gezien.
  7.11

188 **zone** *noun, de* zone
- In deze zone is er betaald parkeren.
  7.11

189 **huwelijk** *noun, het* marriage
- Hun huwelijk duurde negen jaar.
  7.09

190 **vermoorden** *verb* to murder
- De chauffeur vermoordde zijn baas.
  7.06

191 **commentaar** *noun, de(m)/het* comment
- Hij heeft overal commentaar op.
  7.04

192 **computer** *noun, de(m)* computer
- Deze computer leverde tien jaar geleden goede prestaties.
  7.03

193 **medisch** *adj* medical
- De medische kosten moeten snel dalen.
  7.02

194 **tenslotte** *adv* after all
- Hij is tenslotte de vader van je kinderen.
  ten slotte: Ten slotte sprak hij nog een dankwoord.
  7.02

195 **gebeurtenis** *noun, de(f)* event
- Het was een enerverende gebeurtenis.
  7.00

196 **gedurende** *prep* during
- Hij ging gedurende zeven weken in trainingskamp.
  7.00

197 **instelling** *noun, de(f)* a) institution b) attitude
- a) Ze kwamen in een instelling voor kraamzorg terecht.
- b) Zij heeft de goede instelling om ver te komen.
  6.99

198 **fel** *adj* fierce
- De beslissing leidde tot felle protesten.
  6.96

199 **papier** *noun, het* paper
- Hij plakte de foto op dik papier.
  6.96

200 **energie** *noun, de(f)* energy
- We moeten zuinig omspringen met energie.
  6.95

201 **weliswaar** *adv* admittedly
- Het was weliswaar koud, maar wel mooi buiten.
  6.93

202 **vermijden** *verb* to avoid
- Ik kon een val niet meer vermijden.
  6.91

203 **gerust** *adj* calm
- Ze nam met een gerust hart afscheid.
  6.86

204 **val** *noun, de* fall
- Pas na de val van het communisme, keerde Milosz voorgoed terug naar Polen.
  6.85

205 **wapen** *noun, het* weapon
- Het wapen is per ongeluk afgegaan.
  6.83

206 **eiland** *noun, het* island
- Het meer is niet erg diep en in het midden liggen enkele kleine eilandjes.
  6.82

207 **kern** *noun, de* core
- Dat is de kern van het probleem.
  6.81

208 **verzekeren** *verb* to ensure, to assure
- Ze verzekeren ons dat eraan gewerkt wordt.
  zich verzekeren: Heb jij je verzekerd tegen diefstal?
  6.80

209 **maatschappelijk** *adj* social
- Dat beginsel wordt toegepast op schadelijke maatschappelijke verschijnselen.
  6.77

210 stijl *noun, de(m)* style
- Andere delen werden heropgebouwd in dezelfde stijl.
6.77

211 typisch *adj* typical
- Een typisch voorbeeld is het delen van een kantoor.
6.77

212 verwijderen *verb* to remove
- Elke keer als iets nieuws wordt toegevoegd, wordt het oude verwijderd.
6.75

213 debat *noun, het* debate
- Ze voerden een heftig debat.
6.74

214 eis *noun, de(m)* requirement
- Hij moet zijn eisen wel een beetje matigen.
6.73

215 meenemen *verb* to take
- De daders hadden een portefeuille en autosleutels meegenomen.
6.72

216 menselijk *adj* human
- Iedereen heeft recht op een menselijke behandeling.
6.72

217 verzorgen *verb* to care for
- Moeder was in de weer om de zieken te verzorgen.
6.71

218 zekerheid *noun, de(f)* certainty
- Voor de zekerheid trekt ze over de blouse nog een vest aan.
6.65

219 eer *noun, de* honour
- Het is een eer de koning te mogen ontvangen.
6.64

220 sector *noun, de(m)* sector
- Werk je in de toeristische sector?
6.63

221 restaurant *noun, het* restaurant
- We gingen met zijn drieën in een Chinees restaurant eten.
6.62

222 ster *noun, de* star
- De sterren stonden aan de heldere hemel.
6.62

223 trots *adj* proud
- Haar trotse vader zat op de eerste rij.
6.61

224 verbieden *verb* to prohibit
- Al sinds 1874 verbiedt die wet kinderarbeid.
6.61

225 getuige *noun, de* witness
- De politie zoekt naar getuigen van het misdrijf.
6.59

226 aanpakken *verb* to tackle
- Hij pakte de stapel borden aan.
6.57

227 toegang *noun, de(m)* access
- De deur gaf toegang tot de keuken van het appartement.
6.57

228 zuiden *noun, het* south
- De hemel was strakblauw zoals in het zuiden.
6.57

229 aangeven *verb* to hand
- Kun je me het zout even aangeven?
6.55

230 waarheid *noun, de(f)* truth
- Ik wist dat ze de waarheid sprak.
6.54

231 effectief *adj* effective
- Hij heeft enkele effectieve maatregelen genomen.
6.53

232 versterken *verb* to strengthen
- De bestaande oevers worden versterkt.
6.53

233 uitzondering *noun, de(f)* exception
- Op een regel zijn er altijd uitzonderingen.
6.52

234 veertien *num* fourteen
- Hij blijft veertien dagen bij haar.
6.52

235 auteur *noun, de(m)* author
- De auteur van dit stuk is burgemeester.
6.51

236 model *noun, het* a) model b) model (person)
- a) Ze bouwden een model om het te testen.
- b) Het model liep in vol ornaat de catwalk op.
6.49

237 scheiden *verb* to separate
- Het is lastig om het eiwit van de dooier te scheiden.
6.49

238 alsnog *adv* yet
- Zij staan afgezonderd van de rest om te voorkomen dat ze alsnog besmet raken.
6.47

239 **concreet** *adj* concrete
- Ik gaf enkele concrete voorbeelden als illustratie.
6.46

240 **komst** *noun, de(f)* advent
- Ook de komst van een nieuwe brandweerkazerne doet me plezier.
6.45

241 **buur** *noun, de(m)* neighbour
- De nieuwe buren kwamen op bezoek.
6.44

242 **gouden** *adj* gold
- Hij trok zijn gouden halsketting recht.
6.44

243 **welkom** *adj* welcome
- De kleurrijke tassen bleken een welkome afwisseling op de traditionele lederen boekentassen.
- Iedereen die met de vereniging wil kennismaken, is welkom.
6.42

244 **afhankelijk** *adj* dependent
- Zijn afhankelijke houding gaat voor problemen zorgen.
6.41

245 **letterlijk** *adj* literal
- Zijn letterlijke woorden waren 'Doe het niet!'
6.38

246 **museum** *noun, het* museum
- Het museum werd heropend.
6.38

247 **smaak** *noun, de(m)* taste
- De smaak is heerlijk.
6.37

248 **snelheid** *noun, de(f)* speed
- Hij reed met grote snelheid.
6.37

249 **individueel** *adj* individual
- Alle individuele deelnemers verschenen aan de start.
6.36

250 **hiermee** *adv* herewith
- De president ging hiermee akkoord.
6.35

251 **elders** *adv* elsewhere
- Het werd vrij snel duidelijk dat de vrouw zich elders bevond.
6.32

252 **acteur** *noun, de(m)* actor
- Er zit genoeg dynamiek in het samenspel tussen de acteurs.
6.30

253 **uitleg** *noun, de(m)* explanation
- Ze kregen uitleg over de uitspraak.
6.30

254 **aantrekken** *verb* to put on
- Er was niemand om me mijn kleren te helpen aantrekken.
zich aantrekken: Ze trekt zich die verkeerde beslissing verschrikkelijk aan.
6.29

255 **arts** *noun, de(m)* physician
- De arts ontsloeg de patiënt uit het ziekenhuis.
6.29

256 **overleg** *noun, het* consultation
- Het overleg wordt morgen voortgezet.
6.29

257 **aansluiten** *verb* to connect
- De bus sloot mooi aan op de trein.
6.28

258 **lossen** *verb* to unload
- De matrozen mogen zelf het schip laden en lossen.
6.27

259 **degene** *pron* the one, those
- Ik zie niet in waarom degenen die werken de luiaards en profiteurs zouden moeten onderhouden.
6.26

260 **dom** *adj* stupid
- Vroeger deed ik vaak domme dingen.
6.26

261 **centimeter, cm** *noun, de(m)* centimetre
- De vijver is 30 centimeter diep.
- Ons zoontje is bijna 70 cm lang.
6.25

262 **vertonen** *verb* to show
- De film wordt in de bioscoop vertoond.
zich vertonen: Zij vertoont zich graag op drukke pleinen.
6.25

263 **detail** *noun, het* detail
- Zij vertelde het verhaal zonder al te veel details.
6.24

264 **geschikt** *adj* suitable
- Drie jaar is een geschikte leeftijd om buiten te gaan spelen.
6.24

265 **spanning** *noun, de(f)* tension
- In één klap verdween alle spanning uit het klassement.
6.24

266 hotel *noun, het* hotel
- Er liggen dan ook vele hotels en restaurants.
  6.22

267 instantie *noun, de(f)* body, organization
- Deze instanties verschaffen diensten.
  6.22

268 destijds *adv* at the time
- Er zijn destijds afspraken gemaakt waar ze nu op terug wil komen.
  6.21

269 wetenschappelijk *adj* scientific
- De docent deed veel wetenschappelijk onderzoek.
  6.20

270 noorden *noun, het* north
- Vooral in het noorden vallen er enkele buien.
  6.19

271 fietsen *verb* to cycle
- Hij fietst langzaam naar huis.
  6.18

272 concert *noun, het* concert
- Het orkest gaf een mooi concert.
  6.17

273 voorkeur *noun, de* preference
- Een voorkeur voor een jongetje of een meisje had hij niet.
  6.16

274 bezit *noun, het* possession
- Ik ben gehecht aan mijn bezit.
  6.15

275 passeren *verb* to pass
- De auto passeerde de fietser.
  6.14

276 werkelijkheid *noun, de(f)* reality
- De werkelijkheid is minder mooi dan de droom.
  6.14

277 fantastisch *adj* fantastic
- Hij sleepte zijn ploeg mee naar een fantastische prestatie.
  6.12

278 spannend *adj* exciting
- Hij leest een spannend boek.
  6.11

279 argument *noun, het* argument
- Haar argumenten zijn ongeloofwaardig.
  6.10

280 streek *noun, de* a) region b) trick
- a) De dieren leven in streken met veel struikgewas.
- b) Hij leverde haar een gemene streek.
  6.10

281 moe *adj* tired
- Ik was moe en verkouden.
  6.09

282 begeleiden *verb* to accompany, to coach
- Hij begeleidt de tennisser al het hele jaar.
  6.08

283 belangstelling *noun, de(f)* interest
- Mieke had geen belangstelling voor het uitstapje.
  6.08

284 houding *noun, de(f)* attitude
- Ze staan nog steeds in dezelfde houding.
  6.08

285 oproepen *verb* to call
- Ik werd opgeroepen om te komen werken.
  6.06

286 toegeven *verb* to admit
- Hij gaf toe dat hij het verkeerd had ingeschat.
  6.04

287 zestien *num* sixteen
- Er stonden zestien fietsen in de schuur.
  6.04

288 vangen *verb* to catch
- We moesten vis proberen te vangen om te eten.
  6.03

289 wens *noun, de(m)* wish
- Ze wist precies hoe ze zijn wens in vervulling kon doen gaan.
  6.03

290 jezelf *pron* yourself
- Natuurlijk mag je jezelf verdedigen.
  6.02

291 massaal *adj* massive
- Er was een massale opkomst bij de verkiezingen.
  6.01

292 vermelden *verb* to mention
- Ze vermeldt dat het boek morgen verschijnt.
  5.97

293 wandelen *verb* to walk
- Wij wandelen graag in het bos.
  5.97

294 interesse *noun, de(f)* interest
- Zij had interesse in natuurkunde.
  5.95

295 voorstelling *noun, de(f)* performance
- Er komt een speciale voorstelling voor ouders.
  5.94

296 fase *noun, de(f)* phase
- In deze fase leren ze lezen en schrijven.
5.93

297 bijkomen *verb* a) to add b) to come round
- a) Er kwam nog een aanvaller bij.
- b) Hij moest wel even bijkomen van de operatie.
5.92

298 vliegtuig *noun, het* plane
- Het vliegtuig landde op het vliegveld.
5.92

299 nood *noun, de(m)* distress
- Door de ramp is er nood aan alles.
in nood: Door het slechte weer raakte het schip in nood.
5.91

300 betekenis *noun, de(f)* meaning
- Onze woorden hadden andere betekenissen gekregen.
5.90

301 beroemd *adj* famous
- Een standbeeld herinnert aan deze beroemde inwoner.
5.89

302 optreden *noun, het* action, performance
- Ik ga graag naar een optreden of een toneelvoorstelling.
5.89

303 behandeling *noun, de(f)* treatment
- De wachttijd voor de behandeling was drie maanden.
5.88

304 ervaren *verb* to experience
- Zij ervaart dat het niet gemakkelijk is.
5.87

305 aanvaarden *verb* to accept
- Men aanvaardde het idee.
5.86

306 kijker *noun, de(m)* viewer
- De film wil de kijkers intellectueel uitdagen.
5.85

307 verblijven *verb* to stay
- Momenteel verblijft hij in het buitenland.
5.85

308 aanbod *noun, het* offer
- Zijn aanbod geldt tot vanavond.
5.84

309 mislukken *verb* to fail
- Ik hoop niet dat het plan mislukt.
5.84

310 plant *noun, de* plant
- De plant heeft weinig verzorging nodig.
5.80

311 traditie *noun, de(f)* tradition
- Beide partijen hechten veel waarde aan tradities.
5.80

312 verwerken *verb* to process
- Hij verwerkte de gegevens snel.
5.80

313 verhouding *noun, de(f)* a) ratio b) affair
- a) Wat is de verhouding tussen jonge en oude spelers?
- b) Hij had een verhouding met een collega.
5.79

314 belasting *noun, de(f)* tax
- De regering verlaagde de belasting.
5.76

315 arm *adj* poor
- De arme man raakte zijn huis kwijt.
5.74

316 specifiek *adj* specific
- Ben je nog specifieke problemen tegengekomen?
5.74

317 zichtbaar *adj* visible
- Het bestuur moet sneller zichtbare resultaten boeken.
5.74

318 pers *noun, de* a) press (journalists) b) press
- a) Hij weigerde na de aankomst met de pers te praten.
- b) Zij pakte de pers en maakte sinaasappelsap.
5.71

319 hoeveelheid *noun, de(f)* quantity
- Zo kan de hoeveelheid neerslag variëren.
5.70

320 kantoor *noun, het* office
- Het kantoor staat in het centrum.
5.70

321 zetel *noun, de(m)* seat
- Hij zat in een comfortabele zetel.
5.69

322 noch *conj* nor
- Hij had haar noch horen noch zien aankomen.
5.68

323 standpunt *noun, het* position
- Zij kon haar standpunt niet duidelijker maken dan ze al gedaan had.
5.66

324 dringend *adj* urgent
- Er was een dringende boodschap.
5.64

325 gedragen (zich) *verb* to behave
- De winkelbediende vond dat het koppel zich vreemd gedroeg.
5.64

326 uitspreken *verb* to pronounce
- Het is moeilijk alle woorden goed uit te spreken.
5.64

327 professioneel *adj* professional
- De professionele aanpak betaalde zich snel uit.
5.61

328 exemplaar *noun, het* copy
- De fans kochten snel een exemplaar van het album.
5.60

329 aanwezigheid *noun, de(f)* presence
- Zijn aanwezigheid zorgde voor wat commotie.
5.59

330 goedkeuren *verb* to approve
- Het ontwerp werd goedgekeurd en de bouw kon beginnen.
5.59

331 toelaten *verb* to allow
- Misschien moeten wij nog wat meer concurrentie toelaten?
5.59

332 toevoegen *verb* to add
- Ze voegde informatie toe over het bedrijf.
5.59

333 voorbereiden *verb* to prepare
- De kinderen hebben zich extra goed voorbereid.
5.59

334 vrouwelijk *adj* female
- De vrouwelijke beroepsbevolking is ook actief in het proces.
5.57

335 kwart *noun, het* quarter
- Een kwart van de ondervraagden was ontevreden.
5.56

336 draad *noun, de(m)* thread
- Naald en draad waarmee knopen worden aangezet, voldoen uitstekend.
5.55

337 handel *noun, de(m)* trade
- Landbouw en handel zijn de voornaamste bronnen van inkomsten.
5.55

338 opleggen *verb* to impose
- Hij legde ook enkele minder populaire maatregelen op.
5.55

339 Russisch *adj* Russian
- De Russische vlag wapperde voor de ambassade.
5.55

340 adres *noun, het* address
- Vul op het formulier eerst je naam en adres in.
5.54

341 interesseren *verb* to interest
- Het interesseert me niet hoeveel geld ze daar moeten insteken.
5.54

342 zelfstandig *adj* independent
- De zelfstandige ziekenhuizen worden bestuurd door topmanagers.
5.53

343 inspanning *noun, de(f)* effort
- Het traplopen was een hele inspanning.
5.52

344 patiënt *noun, de(m)* patient
- De patiënt raadpleegde de dokter.
5.51

345 wetenschap *noun, de(f)* science
- In de wetenschappen wordt divers onderzoek gedaan.
5.51

346 zicht *noun, het* view
- In het zicht van de finish struikelde hij.
5.51

347 heersen *verb* a) to be b) to dominate
- a) Er heerst een wereldwijd misverstand dat iedereen altijd en overal muziek wil horen.
- b) De leider heerste over het peloton.
5.49

348 soldaat *noun, de(m)* soldier
- Ik zag drie soldaten aankomen met geweren onder hun arm.
5.49

349 motor *noun, de(m)* engine, motorcycle
- Hij reed op zijn motor naar huis.
5.48

350 verstaan *verb* to hear, to understand
- Ze verstaat me niet en ik moet het herhalen.
5.48

351 tekort *noun, het* shortage
- Door een tekort aan financiën waren er geen verdere ontwikkelingen.
5.47

17 The vocabulary of Dutch of Belgium

This list is a sample of the words that are much more common in Belgium than in the Netherlands. They occur at least twice as often in the Belgian part of the corpus than in the rest.

allee 0.77 ~ come on
allicht 2.97 probably
amai 0.33 ~ oh my (God)
awel 0.44 oh well
correctioneel 2.69 correctional
daarstraks 0.42 just now
federaal 7.61 federal
frank 2.00 frank
geraken 15.91 to get
gij, ge 12.11 you
ginder 1.04 over there
goesting 1.31 fancy
job 7.10 job

kot 0.91 ~ student
   accommodation
onderzoeksrechter 2.30
   ~ examining magistrate
parket 5.91 public prosecutor
parking 3.58 car park
pint 1.96 pint
plezant 2.04 amusing
plots 10.29 sudden
proper 1.61 tidy, clean
schepen 7.00 local councillor
schepencollege 2.64 local
   college

sedert 2.01 since
stilaan 4.16 gradually
tof 3.52 great
vanop 2.76 from
vermits 1.44 since
verwittigen 2.42 to notify
vooraleer 3.20 before
vzw 4.41 non-profit
   organization
weeral 1.31 again
zever 1.67 nonsense
zot 2.08 foolish

---

352 klas *noun, de(f)* class
- Hij vindt de kinderen in zijn klas erg aardig.
  5.46

353 ofwel *conj* or
- Per jaar mag 12 procent ofwel anderhalf maandsalaris worden gespaard.
  5.46

354 praktisch *adj* practical
- Dat is geen praktische oplossing.
  5.45

355 uitslag *noun, de(m)* result
- We hebben direct na de scan de uitslag gehad.
  5.45

356 waaraan *adv* at which
- De kern van het stadje wordt gevormd door een plein waaraan het café ligt.
  5.45

357 uitbreiden *verb* to expand
- Zij breidden het aantal restaurants uit tot tien.
  5.44

358 landelijk *adj* national
- Er is nog geen landelijke registratie.
  5.43

359 doden *verb* to kill
- Adders mogen niet worden gevangen of gedood.
  5.42

360 meedoen *verb* to participate
- Doe je mee met het spelletje?
  5.42

361 qua *prep* qua
- Het zou anders een puinhoop worden qua besluitvorming.
  5.42

362 achttien *num* eighteen
- De jongen was achttien en kon zelf beslissen.
  5.41

363 kust *noun, de* coast
- In de loop van de voormiddag klaart het op aan de kust en in het westen.
  5.41

364 schitterend *adj* brilliant
- Op de top heb je een schitterend uitzicht.
  5.41

365 vis *noun, de(m)* fish
- Daar ontdeed een oud mannetje de vissen van schubben en ingewanden.
  5.39

366 storten *verb* to deposit
- Zij stortte geld op haar rekening.
  5.38

367 anderzijds *adv* on the other hand
- Anderzijds moeten we niet vergeten wat het gekost heeft.
  5.37

368 brug *noun, de* bridge
- De auto reed over de brug.
5.37

369 Duitser *noun, de(m)* German
- De Duitsers hebben meer vertrouwen in de economie.
5.37

370 visie *noun, de(f)* vision
- Ik vind zijn visie naïef.
5.37

371 vandaan *adv* from
- Waar halen de slagers hun vlees vandaan?
5.35

372 vrede *noun, de* peace
- Ze lagen acht dagen in bed voor de vrede.
5.34

373 invoeren *verb* to introduce
- De wet wordt ingevoerd op 1 januari.
5.33

374 ongeluk *noun, het* accident
- Het ongeluk viel gelukkig mee.
5.33

375 jagen *verb* to hunt
- Het is niet toegestaan om te jagen en te vissen.
5.32

376 lezer *noun, de(m)* reader
- Lezers verwachten dat de persoon van de dichter samenvalt met zijn werk.
5.30

377 opbouwen *verb* to construct
- Het huis werd van de grond af opgebouwd.
5.29

378 baby *noun, de(m)* baby
- De baby werd zaterdag geboren.
5.28

379 handig *adj* handy
- De handige man maakte een bootje.
5.27

380 papa *noun, de(m)* daddy
- Het was haar papa helemaal niet die ze bij de hand had gepakt.
5.27

381 verschillen *verb* to differ
- Sommige mensen verschillen gewoon gigantisch veel van elkaar.
5.26

382 erover *adv* about
- Zelfs de kranten schrijven erover.
5.25

383 techniek *noun, de(f)* technique
- De techniek berust op een nieuw idee.
5.25

384 uitgeven *verb* to spend
- We mogen niet te veel geld uitgeven.
5.25

385 verslag *noun, het* report
- In zijn verslag staat dat de situatie eigenlijk omgekeerd is.
5.24

386 gedeelte *noun, het* section
- Een gedeelte van mijn boeken staat nog thuis.
5.22

387 geheim *noun, het* secret
- Ze vertelde het geheim niet door.
5.22

388 enthousiast *adj* enthusiastic
- De enthousiaste menigte juichte hem toe.
5.21

389 wegen *verb* to weigh
- Ik weeg inmiddels 89 kilo.
5.21

390 koop *noun, de(m)* buy
- Hij was blij dat hij de koop had gesloten.
te koop: Het huis stond al maanden te koop.
5.20

391 voren *adv* forward
- Blind naar voren stormen is op dit niveau onhandig.
5.20

392 vluchten *verb* to flee
- Zij vluchtte naar het buitenland.
5.18

393 constant *adj* constant
- Hij werkte onder constante druk.
5.17

394 overwegen *verb* to consider
- Wij overwegen om te gaan verhuizen.
5.17

395 schatten *verb* to estimate
- Ik schat dat we nog zeven kilometer verder moeten.
5.17

396 vergadering *noun, de(f)* meeting
- De vergadering van de jury kon dit jaar kort zijn.
5.17

397 camera *noun, de* camera
- De journalisten maakten met een camera opnamen van het gebouw.
5.16

398 element *noun, het* element
- Dit is een belangrijk element.
5.16

399 gevoelig *adj* sensitive
- Het is een gevoelige jongen.
5.16

400 boot *noun, de* boat
- We voeren met de boot naar Antwerpen.
5.14

401 plus *adv* plus
- Hij kreeg 5000 euro plus een extra bonus per doelpunt.
5.14

402 test *noun, de(m)* test
- De test geeft het advies om minder te drinken.
5.14

403 voorspellen *verb* to predict
- Zij had de overwinning al voorspeld.
5.14

404 nauw *adj* tight
- We kropen door een nauwe gang.
5.13

405 schuldig *adj* guilty
- Hij was schuldig aan oplichting.
5.13

406 combineren *verb* to combine
- De meeste studenten combineren werken en studeren.
5.12

407 noteren *verb* to note
- Hij noteerde de bestelling.
5.12

408 scheppen *verb* a) to shovel b) to create
- a) Ik zag haar zeewier van het strand scheppen in een kruiwagen.
- b) Zuchtend begin ik orde te scheppen in de chaos.
een luchtje scheppen: Ik ging een luchtje scheppen in het gangpad.
5.12

409 beperkt *adj* limited
- Het is een speler met een beperkt loopvermogen.
5.11

410 kwartier *noun, het* quarter (of an hour)
- Ze slaapt maar een kwartier à een half uur.
5.11

411 blok *noun, het* block
- Het kind speelde met de blokken.
5.10

412 wisselen *verb* to exchange
- Hij wisselt een blik met zijn collega.
geld wisselen: Bij de grens wisselden ze hun geld.
5.09

413 boer *noun, de(m)* farmer
- De boeren klagen over de droogte.
5.08

414 grondig *adj* thorough
- Een grondige zoektocht leverde niets op.
5.08

415 aanvallen *verb* to attack
- Vanaf het begin viel de ploeg uit Leuven aan.
5.07

416 bod *noun, het* offer
- Manchester United aanvaardde gisteren het bod op de speler van 21 miljoen euro.
aan bod komen: Zijn schilderijen kwam nauwelijks aan bod.
5.07

417 pad *1) noun, het 2) noun, de* 1) path 2) toad
- 1) Centraal door dit park worden paden voor fietsers en voetgangers aangelegd.
- 2) De pad kroop elke avond in het felle licht tussen de onderkant van de achterdeur en de drempel naar binnen.
5.06

418 ambtenaar *noun, de(m)* civil servant
- De ambtenaren stelden richtlijnen op.
5.05

419 gezien *prep* considering
- Gezien de omstandigheden was het prettig dat de strafcorner weer liep.
5.05

420 handelen *verb* to act
- De bedoeling is dat men snel handelt en zich daarbij correct gedraagt.
5.05

421 ingaan *verb* to enter
- Hij zegt dat hij de laatste periode van zijn leven ingaat.
5.05

422 prins *noun, de(m)* prince
- Prins Philip heeft aan het onderzoek meegewerkt.
5.05

423 daarentegen *adv* on the other hand
- De redenen om de missie niet te verlengen zijn daarentegen onmiskenbaar en dwingend.
5.04

424 ondergaan *verb* to undergo
- In de loop der jaren heeft het model kleine wijzigingen ondergaan.
5.03

425 ondersteunen *verb* to support
- Een ondergrondse ring van bakstenen ondersteunt het monument.
5.03

426 opening *noun, de(f)* opening
- Die opening is het officiële startschot voor de eindejaarsfeesten.
5.03

427 pijnlijk *adj* painful
- Hij redde zijn team van een dreigende pijnlijke nederlaag.
5.00

428 eten *noun, het* food
- Voor 8 dollar krijg ik een flink bord eten opgeschept.
4.98

429 graad *noun, de(m)* degree
- Zondag zal het 28 graden worden.
4.98

430 juridisch *adj* juridical
- Zij spande een juridische procedure aan.
4.98

431 as *noun, de* a) axis b) ash
- a) Met 320 kilometer per uur spinde hij om zijn as.
- b) Na de brand resteerde een grote berg as.
in de as leggen: De school is volledig in de as gelegd.
4.97

432 benoemen *verb* to appoint
- De president benoemt de premier.
4.96

433 norm *noun, de* norm
- De norm voor een geweldig interview is nog altijd het interview zelf.
4.96

434 wild *adj* wild
- De leeuwen maken er jacht op wilde varkens.
4.96

435 aantreffen *verb* to find
- Ik trof mijn vader in de keuken aan.
4.95

436 afnemen *verb* to take (away)
- Er is bloed afgenomen bij de patiënt.
4.95

437 kritisch *adj* critical
- Met zijn kritische mening maakt hij weinig vrienden.
4.95

438 verzoek *noun, het* request
- Hij kreeg het verzoek het formulier in te vullen.
4.95

439 bestellen *verb* to order
- Even later wenkte hij de ober en bestelde wijn.
4.94

440 confronteren *verb* to confront
- Zij confronteerde hem met zijn gedrag.
4.94

441 troep *noun, de(m)* a) army b) mess
- a) De troepen lagen voor de stad.
- b) Wat maak je toch altijd een troep in je kamer!
4.94

442 vals *adj* false
- Hij betaalde met een vals biljet van 5 euro.
4.94

443 à *prep* to
- Ik passeer een groepje van tien à vijftien jongeren.
4.92

444 beslag *noun, het* a) batter b) fittings
- a) Hij maakte het beslag voor de pannenkoeken.
- b) Op de deuren zit koperen beslag.
in beslag nemen: De politie liet het voertuig in beslag nemen.
4.92

445 volwassen *adj* adult
- Heb jij wat dan met volwassen mannen en kinderen?
4.92

446 meester *noun, de(m)* master
- Hij is een meester in het gebruik van veelbelovende kleine details.
4.91

447 gezondheid *noun, de(f)* health
- Elke dag een stukje chocolade is goed voor de gezondheid.
4.90

448 hof *noun, het* court
- Hij trok met zijn leerlingen van hof tot hof.
4.90

449 tenzij *conj* unless
- Er mag in restaurants niet meer worden gerookt, tenzij dat in een aparte ruimte gebeurt.
4.90

450 verminderen *verb* to reduce
- Het aantal banen verminderde met 2 procent.
4.89

451 blazen *verb* to blow
- Hij blaast in zijn handen.
4.88

452 vertalen *verb* to translate
- Zijn boeken zijn in diverse talen vertaald.
4.88

453 overig *adj* remaining
- De overige woningen zijn nieuwbouw.
4.87

454 vlug *adj* quick
- Dankzij een vlugge start, reed hij al gauw voorop.
4.87

455 automatisch *adj* automatic
- Ik kreeg een automatische stem aan de lijn.
4.86

456 correct *adj* correct
- Hij leverde me correcte informatie.
4.86

457 omgaan *verb* to handle
- Zij gaat erg leuk met kinderen om.
4.85

458 toepassen *verb* to apply
- Deze wet wordt nooit toegepast.
4.85

459 afspreken *verb* to arrange
- We spreken af om volgende week bij elkaar te komen.
4.84

460 diezelfde *pron* the very same
- Diezelfde bui zette tien kilometer verderop verschillende huizen onder water.
4.84

461 meten *verb* to measure
- Morgenochtend meten ze de dikte van het ijs opnieuw.
4.83

462 binden *verb* to bind
- Hij bond de hond aan een boom.
4.82

463 veroveren *verb* to conquer
- Het leger veroverde de stad.
4.82

464 verzet *noun, het* resistance
- Het verzet tegen de nieuwe plannen is groot.
4.82

465 gezamenlijk *adj* joint
- Ze hebben een gezamenlijk optreden.
4.81

466 aantrekkelijk *adj* attractive
- De aantrekkelijke regeling werd gauw geschrapt.
4.80

467 drug *noun, de(m)* drug
- Drugs zijn niet vrij verkrijgbaar.
4.80

468 milieu *noun, het* environment
- Deze oplossing is beter voor het milieu.
4.78

469 signaal *noun, het* signal
- Het signaal klonk luid en duidelijk.
4.78

470 ondernemen *verb* to undertake
- Wat gaan we morgen ondernemen?
4.77

471 vak *noun, het* field, profession
- De bekroonde wetenschappers hebben passie voor hun vak.
4.77

472 vreselijk *adj* terrible
- Mijn zoontje heeft vreselijke eczeem gehad.
4.77

473 aanleggen *verb* to build
- Langs beide kanten wordt een autoweg aangelegd.
4.75

474 ontwerpen *verb* to design
- Zij ontwerpt een huis zonder drempels.
4.75

475 stelling *noun, de(f)* a) proposition
b) scaffolding
- a) Zij poneerde in een gesprek als stelling dat de samenleving infantiliseerde.
- b) Hij schuifelt met de fiets tussen twee houten stellingen door.
4.74

476 bestaan *noun, het* existence
- Deze mensen hebben een moeilijk bestaan.
4.73

477 appartement *noun, het* apartment
- De keuken is in ons appartement speciaal laag gebouwd.
4.72

478 cent *noun, de(m)* cent
- Dat betekent dat mijn brood één cent meer zal kosten.
4.72

479 pensioen *noun, het* pension
- Ze werkte door tot haar pensioen.
4.72

480 samenwerken *verb* to collaborate
- Beide rusthuizen gaan de komende tijd nog nauwer samenwerken.
4.70

481 scherm *noun, het* screen
- Hoe orden ik de informatie op het scherm zodat mijn lezers het overzicht houden?
4.70

482 intern *adj* internal
- Ze schreven een interne nota over het probleem.
4.69

483 park *noun, het* park
- Daarnaast bevinden ze zich soms in tuinen en parken.
4.68

484 opmerken *verb* to notice
- Hij merkte op dat Maria er nog niet was.
4.67

485 mengen *verb* to mix
- Zij mengde het blauw en rood tot een donker paars.
4.65

486 schelen *verb* to care
- Hem kon het allemaal niets meer schelen.
4.65

487 kapot *adj* broken
- De kapotte fiets verdween in de schuur.
4.64

488 onderling *adj* mutual
- Er is veel onderlinge rivaliteit tussen de vrijgezellen.
4.63

489 belachelijk *adj* ridiculous
- Wat een belachelijke opmerking!
4.61

490 doorgaans *adv* usually
- Nieuwe gebouwen zijn doorgaans uitgerust met moderne snufjes.
4.61

491 ramp *noun, de* disaster
- Hij doet aanbevelingen om de hulpverlening bij rampen te verbeteren.
4.61

492 vervelend *adj* annoying
- Het vervelende kind bleef jengelen.
4.61

493 achten *verb* to deem
- Hij ontsloeg de ambtenaren die hij overbodig achtte.
4.60

494 inkomen *noun, het* income
- Zij had een inkomen van ongeveer 2000 euro per maand.
4.60

495 nadeel *noun, het* disadvantage
- Het kleine beeldscherm heeft ook nadelen.
4.60

496 koken *verb* to cook
- Elke maandagavond koken wij om beurten.
4.59

497 opname *noun, de* shot, recording
- Ik was drie weken bezig met de opname van mijn nieuwe cd.
4.59

498 aanspreken *verb* a) to address b) to appeal to
- a) Zij spreekt het kind aan.
- b) Het is een ontwerp dat velen aanspreekt.
4.58

499 klimmen *verb* to climb
- Hij klimt door de schoorstenen van de huizen.
4.57

500 nabij *adj* near
- Er is geen bankautomaat in de nabije omgeving.
4.57

501 afleggen *verb* to do
- Zij legden een flinke afstand af.
4.56

502 bescherming *noun, de(f)* protection
- Ter bescherming van deze weg is hier een schans gebouwd.
4.56

503 evenveel *num* same
- Deze bron straalt in alle richtingen evenveel geluid uit.
4.56

504 hoogtepunt *noun, het* peak, highlight
- De hoogtepunten zijn tot nu toe zeer schaars.
4.55

505 roman *noun, de(m)* novel
- Voor de roman heeft de schrijver zich goed in de bronnen verdiept.
4.55

506 theater *noun, het* theatre
- De tournees deden altijd enige Nederlandse theaters aan.
4.54

507 prettig *adj* nice
- Zij heeft een prettige stem.
4.53

508 spijtig *adj* regrettable
- Het was een spijtige beslissing.
4.53

509 uitsluiten *verb* to exclude
- Hij sluit de valsspeler van deelname uit.
4.53

510 verwijten *verb* to blame
- Zij verwijt hem alleen maar aan zichzelf te denken.
4.53

511 omkeren *verb* to reverse
- Hij keert zijn tas om zodat alles eruit valt.
4.52

512 opgeven *verb* a) to give b) to give up
- a) Ik heb alle gegevens opgegeven.
- b) Ik weet het niet meer, ik geef het op.
4.52

513 sparen *verb* to save
- Zij sparen voor de studie van hun kinderen.
4.51

514 tijdschrift *noun, het* magazine
- Zij zit geboeid in het tijdschrift te lezen.
4.51

515 garanderen *verb* to guarantee
- Zo kunnen we de veiligheid van alle bezoekers garanderen.
4.50

516 integendeel *adv* (on the) contrary
- Het lijkt er niet op dat het druk wordt, integendeel.
4.50

517 rit *noun, de(m)* ride
- Hij maakte opnieuw de rit naar huis.
4.50

518 waarover *adv* about which
- Het is iets waarover we eindeloos kunnen filosoferen.
4.49

519 zijde, zij *noun, de* side
- Hij schaarde zich aan haar zijde.
- Hij ligt op zijn zij in bed.
4.49

520 agenda *noun, de* diary, agenda
- Mijn agenda staat tot 29 december volgeboekt.
4.48

521 beantwoorden *verb* to answer
- Elke vraag beantwoordde hij vaag met 'ja' of 'neen'.
4.48

522 plat *adj* flat
- Het is een relatief platte mandarijn met geen of weinig pitten.
4.46

523 stimuleren *verb* to stimulate
- Ze stimuleren hem om te gaan studeren.
4.46

524 betrekking *noun, de(f)* relation
- De betrekkingen tussen de verschillende afdelingen zijn goed.
4.45

525 drank *noun, de(m)* drink
- Gelukkig was er eten en drank in overvloed.
4.45

526 geheim *adj* secret
- Hij kreeg een geheim nummer.
4.44

527 lokken *verb* to lure
- De vrouw buigt zich door het raam en lokt de duiven.
4.43

528 loon *noun, het* wage
- Bij het loon van december krijgen we een extra toeslag.
4.43

529 ongelooflijk *adj* incredible
- Het was een ongelooflijke belevenis.
4.43

530 kilo *noun, de/het* kilo
- Zes weken later is ze drie kilo afgevallen.
4.42

531 pot *noun, de(f)* pot
- Neem 3 glazen potten met een inhoud van een liter.
4.42

532 daad *noun, de* act
- Het was een moedige daad.
4.41

533 ei *noun, het* egg
- De vogel legde drie eieren in het nest.
4.41

534 regen *noun, de(m)* rain
- Maandag toenemende bewolking, gevolgd door regen.
4.41

535 vermogen *noun, het* a) power b) fortune
- a) Deze auto heeft veel vermogen.
- b) Hij besteedt zijn hele vermogen aan de aankoop van een auto.
4.41

536 schrik *noun, de(m)* fright
- Het donker joeg hem schrik aan.
4.39

537 storen *verb* to disturb
- Het stoort mij dat hij er zo gemakkelijk over denkt.
4.39

538 ondervinden *verb* to experience
- Zijn plan ondervindt veel weerstand.
  4.38

539 trachten *verb* to attempt
- Na de rust trachtten de bezoekers druk te zetten.
  4.38

540 uitzending *noun, de(f)* broadcast
- In de uitzending kwam hij ook zelf aan het woord.
  4.38

541 vanzelf *adv* automatically
- Op een boerderij zie je vanzelf hoe de dieren met elkaar paren.
  4.38

542 haven *noun, de* harbour
- Het gaat om een twaalftal schepen die nu leeg in de haven liggen.
  4.37

543 professor *noun, de(m)* professor
- De professor gaf alleen op dinsdag college.
  4.37

544 aangenaam *adj* pleasant
- Er was een aangename sfeer op de training.
  4.36

545 bestrijden *verb* to dispute
- De deelgemeente bestrijdt dat het plan een probleem vormt.
  4.35

546 katholiek *adj* Catholic
- De paus is de leider van de katholieke kerk.
  4.35

547 verbazen *verb* to surprise
- Hij verbaasde me met zijn opmerking.
  4.35

548 waaruit *adv* from which
- Er is de hele dag veel bewolking waaruit soms regen valt.
  4.35

549 daaraan *adv* thereto
- Ik stoor me daaraan omdat ik het een idiote redenering vind.
  4.33

550 koningin *noun, de(f)* queen
- De koningin opende de tentoonstelling.
  4.33

551 oefenen *verb* to practise, to exercise
- Hij oefende net zolang tot hij het kon.
  4.33

552 onderscheiden *verb* to distinguish
- We onderscheiden korte en lange nummers.
  4.33

553 opkomen *verb* a) to come up b) to fight for
- a) Hij komt de trap op naar boven.
- b) Je moet voor je belangen opkomen.
  4.32

554 pikken *verb* a) to pinch b) to tolerate
- a) Hij pikte drie snoepjes.
- b) Brutaal gedrag hoef je niet te pikken.
  4.32

555 vastleggen *verb* to fix
- We leggen de afspraken vast in een overeenkomst.
  4.32

556 fabriek *noun, de(f)* factory
- Deze fabriek produceerde instrumenten voor de textielindustrie.
  4.31

557 uitsluitend *adv* exclusively
- De kleine veerpont kan uitsluitend door fietsers en voetgangers gebruikt worden.
  4.29

558 slikken *verb* to swallow
- Hij slikt zware medicijnen.
  4.28

559 vierkant *adj* square
- Daar staat een groot vierkant huis.
  4.28

560 krachtig *adj* powerful
- Er stond een krachtige wind.
  4.27

561 theorie *noun, de(f)* theory
- Of is dat slechts theorie en geen praktijk?
  4.27

562 terugkeer *noun, de(m)* return
- Zijn terugkeer was een feestelijke gebeurtenis.
  4.26

563 dikwijls *adv* often
- Zij is dikwijls ziek.
  4.25

564 innemen *verb* a) to swallow b) to take up
- a) Heb je vandaag je pillen ingenomen?
- b) Haar plaats was ingenomen door een oudere vrouw.
  4.25

565 leraar *noun, de(m)* teacher
- De leraar overhoorde de klas.
  4.25

566 **tempo** *noun, het* pace
- Het verschil in tempo is wel immens.
4.25

567 **toeval** *noun, het* coincidence
- Het toeval speelt een grote rol in zijn leven.
bij toeval: Bij toeval kwam hij erachter.
4.25

568 **streep** *noun, de* stripe
- Hij zette een streep door het werk.
4.24

569 **geboorte** *noun, de(f)* birth
- Haar geboorte betekende een grote verandering in hun leven.
4.23

570 **kortom** *adv* in short
- Tot dan toe had ik een goede baan, vrienden; kortom, een eigen leven.
4.23

571 **wil** *noun, de(m)* will
- Hij is hier uit vrije wil en had nochtans veel keuze om elders te tekenen.
4.23

572 **koppelen** *verb* to couple
- Ze koppelen een loterij aan het evenement.
4.22

573 **paal** *noun, de(m)* pole
- Zijn strafschop ging via de paal binnen.
4.22

574 **structuur** *noun, de(f)* structure
- De structuur van de film is ingrijpend veranderd.
4.22

575 **toerist** *noun, de(m)* tourist
- Hier komen veel toeristen.
4.22

576 **uitvoering** *noun, de(f)* implementation
- De uitvoering was een groot succes.
4.22

577 **inzicht** *noun, het* insight
- Zij heeft veel inzicht in deze materie.
4.21

578 **kat** *noun, de* cat
- Katten zijn ook goed om muizen of spinnen te vangen.
4.21

579 **tweemaal** *adv* twice
- Ze verloren nog geen enkele wedstrijd en speelden slechts tweemaal gelijk.
4.21

580 **verplaatsen** *verb* to move
- Hij verplaatste de bank naar de studeerkamer.
4.21

581 **echtgenote** *noun, de(f)* wife
- De president woont met zijn echtgenote in de ambtswoning.
4.2

582 **letter** *noun, de* letter
- Ze schrijft haar naam in grote letters op.
4.20

583 **schaal** *noun, de* a) dish b) scale
- a) Het fruit lag op een schaal.
- b) De aardbeving had een kracht van 5,2 op de schaal van Richter.
4.20

584 **afwachten** *verb* to wait
- We moeten afwachten of hij op tijd komt.
4.19

585 **bibliotheek** *noun, de(f)* library
- Zij leende de boeken in de bibliotheek.
4.19

586 **althans** *adv* at least
- Hij was er niet, althans ik heb hem niet gezien.
4.18

587 **huren** *verb* to rent
- Ze huren een kamer in een huis op de heuvel.
4.18

588 **kamp** *noun, het* camp
- Na een lange tocht bereiken ze het kamp.
4.18

589 **voedsel** *noun, het* food
- Vogels vormen het voedsel van deze roofvogel.
4.18

590 **zwanger** *adj* pregnant
- Tina werd na twee jaar zwanger.
4.18

591 **arbeider** *noun, de(m)* worker
- Arbeiders en boeren maken de grond gereed voor landbouw.
4.17

592 **excuus** *noun, het* excuse
- Hij zocht een excuus om weer te gaan roken.
4.17

593 **midden** *adv* in the middle of
- Midden in de nacht schrok ik wakker.
4.17

594 raden *verb* to guess
- Ze raadde niet wie er achter haar stond.
4.16

595 negeren *verb* to ignore
- Hij negeerde haar volkomen.
4.15

596 ophalen *verb* a) to collect b) to pull up
- a) De vuilniszakken worden 's morgens om acht uur opgehaald.
- b) Hij haalde zijn broek op.
4.15

597 accepteren *verb* to accept
- Zij accepteerde de aanbieding om te komen werken.
4.14

598 aspect *noun, het* aspect
- Er zijn verschillende aspecten die onderzocht moeten worden.
4.14

599 bodem *noun, de(m)* bottom
- Hij stond op de bodem van de put.
4.14

600 stom *adj* stupid
- Ik wil die stomme broek niet aan.
4.14

601 aard *noun, de(m)* nature
- Hier worden onderwerpen van allerlei aard besproken.
4.13

602 concentreren (zich) *verb* to concentrate
- Ik concentreerde me op de dingen die we zouden bespreken.
4.13

603 landschap *noun, het* landscape
- Het landschap is prachtig.
4.13

604 verwerven *verb* to acquire
- De auteur verwierf er internationale faam mee.
4.13

605 wekelijks *adj* weekly
- De architect houdt een wekelijks spreekuur.
4.13

606 literatuur *noun, de(f)* literature
- Wat hij schrijft is geen literatuur.
4.12

607 cadeau *noun, het* gift
- Iedereen krijgt graag een leuk cadeau.
4.11

608 lengte *noun, de(f)* length
- Er ontstond een file met een lengte van 13 kilometer.
4.11

609 document *noun, het* document
- Hij kwam het gevraagde document brengen.
4.10

610 onzin *noun, de(m)* nonsense
- Wat een onzin kraamt hij uit!
4.10

611 temperatuur *noun, de(f)* temperature
- De temperatuur is nu heerlijk.
4.10

612 terechtkomen *verb* to land
- Ik ben in een heel goede ploeg terechtgekomen.
4.10

613 bezwaar *noun, het* objection
- Ik heb geen bezwaar tegen publicatie.
4.09

614 christelijk *adj* Christian
- De christelijke traditie speelt nog steeds een rol.
4.09

615 nogmaals *adv* again
- Het is nogmaals gebleken dat we daar tekortschieten.
4.09

616 vervoer *noun, het* transport
- Het vervoer naar het stadion ging met bussen.
4.09

617 onderweg *adv* on the way
- Ik kwam onderweg twee vrouwen tegen.
4.08

618 strand *noun, het* beach
- Het strand lag er nog rustig bij.
4.08

619 zwemmen *verb* to swim
- De man zwemt met krachtige slagen naar de kant.
4.08

620 gewicht *noun, het* weight
- Het dier heeft een gewicht van ongeveer 500 gram.
4.07

621 toestemming *noun, de(f)* permission
- Hij kreeg toestemming om eerder te vertrekken.
4.05

18 Personal pronouns

As subject		Non-subject	
het 94.83 it	**wij** 46.81 we	**hem** 62.57 him	**je** 22.38 you
ze (pl) 92.30 they	**u** 34.15 you	**jullie** 53.11 you (pl)	**jou** 12.03 you
hij 91.11 he	**zij (sg)** 28.57 she	**me** 53.11 me	**hun** 4.97 them
ik 83.59 I	**jij** 21.10 you	**ons** 52.19 us	**'m** 2.90 him
we 82.33 we	**jullie** 17.06 you (pl)	**'t** 51.69 it	**ze** 0.65 them
je 79.51 you	**ge** 10.64 you	**mij** 51.69 me	**haar** 0.13 her
ze (sg) 61.68 she	**ie** 6.03 he	**hen** 36.45 them	**d'r** 0.10 her
zij (pl) 49.18 they	**gij** 5.76 you		**het** 0.09 it
	't 0.70 it		

622 **vernietigen** *verb* to destroy
- De munitie werd na inbeslagname vernietigd.
  4.04

623 **evenwicht** *noun, het* balance
- Hij verloor zijn evenwicht en viel tegen mij aan.
  4.03

624 **stroom** *noun, de(m)* a) flow b) stream c) electricity
- a) De stroom van gebeurtenissen hield niet op.
- b) Ze dreven voort op de stroom van de rivier.
- c) Ze presteerden het al een keer om de ambtswoning van de president zonder stroom te zetten.
  4.02

625 **zeventien** *num* seventeen
- De deelnemers konden kiezen uit zeventien verschillende sportactiviteiten.
  4.02

626 **kring** *noun, de(m)* circle
- Ze gingen in een kring zitten.
  4.01

627 **toepassing** *noun, de(f)* application
- Dit product heeft verschillende toepassingen.
  4.01

628 **vijand** *noun, de(m)* enemy
- Ze beschouwen de dorpelingen als hun vijand.
  4.01

629 **staatssecretaris** *noun, de(m)* Secretary of State
- Hij was als staatssecretaris belast met de financiën.
  4.00

630 **gunstig** *adj* favourable
- Zij kreeg de lening onder gunstige voorwaarden.
  3.99

631 **reclame** *noun, de* advertisement
- Zij maakt reclame voor haar boek.
  3.98

632 **doek** *noun, de(m)* cloth
- Hij veegde met een doek de tafel schoon.
  3.96

633 **oordeel** *noun, het* judgement
- De rechtbank zal over alle beklaagden een oordeel vellen.
  3.95

634 **pand** *noun, de(m)* property
- Het pand staat al maanden te koop.
  3.95

635 **vlag** *noun, de* flag
- De vlag wappert aan het huis.
  3.95

636 **toestel** *noun, het* appliance
- Het toestel is gemakkelijk te bedienen.
  3.94

637 **gedicht** *noun, het* poem
- De dichter droeg zijn mooiste gedicht voor.
  3.93

638 **ingang** *noun, de(m)* entrance
- Voor de ingang van het hotel wachtte ze op haar zoon.
  3.93

639 **olie** *noun, de* oil
- Wrijf het vlees in met 1 eetlepel olie.
  3.93

640 **schilderij** *noun, de(f)/het* painting
- Aan de muur in de wachtkamer hing een groot schilderij.
  3.93

641 college *noun, het* lecture
- Zijn colleges gingen echter meer over astronomie dan over wiskunde.
3.92

642 plein *noun, het* square
- Het plein is 880 meter lang en 500 meter breed.
3.92

643 datum *noun, de(m)* date
- Ik keek naar de datum van de krant.
3.91

644 emotioneel *adj* emotional
- De begrafenis was een emotionele gebeurtenis.
3.91

645 strijden *verb* to fight
- Ze strijden voor een rechtvaardige samenleving.
3.91

646 uitzonderlijk *adj* exceptional
- Zij geeft blijk van een uitzonderlijke creativiteit.
3.91

647 verlenen *verb* to grant
- De president verleent gratie aan de gevangenen.
3.91

648 vers *adj* fresh
- Ik eet veel fruit en verse groenten.
3.91

649 duur *noun, de(m)* duration
- De duur van het contract is vier jaar.
3.90

650 goud *noun, het* gold
- Het goud ligt in de kluis.
3.90

651 bovenop *adv* on top
- Hij stapte per ongeluk bovenop haar voet.
3.89

652 trappen *verb* a) to kick b) to cycle
- a) Hij trapte tegen het muurtje.
- b) Op de fiets moest hij hard tegen de wind in trappen.
3.89

653 hierover *adv* about this
- In september volgen hierover meer details.
3.88

654 bezetten *verb* a) to occupy b) to set
- a) De demonstranten bezetten de ambassade.
- b) De kroon is bezet met diamanten.
3.87

655 boel *noun, de(m)* lot
- Ze verkochten de hele boel.
3.87

656 fris *adj* fresh
- Ze deed het raam open voor wat frisse lucht.
3.87

657 staken *verb* a) to cease b) to strike c) to tie
- a) Ze staakt haar werkzaamheden per direct.
- b) Ze staken voor een hoger loon.
- c) De stemmen staken, dus er moet opnieuw gestemd worden.
3.87

658 verrichten *verb* to perform
- Voor deze partij verricht hij werk als lid van een aantal commissies.
3.86

659 gunnen *verb* to grant
- Ik gun hem zijn geluk.
3.85

660 methode *noun, de(f)* method
- Deze methode is goed beoordeeld.
3.85

661 vergroten *verb* to enlarge
- De maatregel vergroot de veiligheid.
3.85

662 status *noun, de(m)* status
- Zij ontleent haar status aan haar werk.
3.84

663 massa *noun, de* mass
- Er was een massa mensen op de been.
3.81

664 rondom *prep* all round
- De ouderwetse fauteuils zijn rondom afgezet met franje.
3.81

665 ton *noun, de* a) barrel b) 1000 kilo c) 100,000 euro
- a) Ze deden hun spullen in de ton.
- b) Experts schatten nu dat er 180 ton sneeuw op het dak lag.
- c) Hij heeft vier ton op de bank.
3.81

666 e-mail *noun, de(m)* e-mail
- Stuur maar een e-mail met je gegevens.
3.80

667 functioneren *verb* to function
- De laatste tijd functioneert hij goed.
3.80

668 nuttig *adj* useful
- Dat is nuttige informatie.
3.80

669 tocht *noun, de(m)* tour
- De tocht gaat dan verder naar het oude gedeelte van de stad.
3.80

670 aandoen *verb* a) to cause b) to put on
- a) Hiermee doen ze de geschiedenis geweld aan.
- b) Ik heb gewoon een broek aangedaan.
3.79

671 realiteit *noun, de(f)* reality
- Hij wil de realiteit niet onder ogen zien.
3.79

672 aanvullen *verb* to complement
- Elke week vullen we de voorraden aan.
3.78

673 dodelijk *adj* lethal
- Ze veroorzaakte een dodelijk ongeval.
3.78

674 verstand *noun, het* head
- Zij heeft een goed verstand.
3.78

675 bevallen *verb* a) to please b) to give birth
- a) Het luie leven bevalt ons wel.
- b) Ze is bevallen van een zoon.
3.77

676 uiten *verb* to express
- Ze uitten hun ongenoegen over de procedure.
3.77

677 begeleiding *noun, de(f)* supervision
- De hoogleraar zorgt voor de begeleiding van de promovendi.
3.76

678 gedeeltelijk *adj* partial
- Het bedrijf overweegt een gedeeltelijke verkoop.
3.76

679 registreren *verb* to register
- Een bewakingscamera registreerde de overval.
3.75

680 afbreken *verb* to break off/down
- Het vervallen huis wordt afgebroken.
3.74

681 informeren *verb* to inform
- Zij informeert naar zijn gezondheid.
3.74

682 permanent *adj* permanent
- Dit huis is niet geschikt voor permanente bewoning.
3.74

683 daartoe *adv* ~ to it
- Bert deelt zijn appel zonder dat hij daartoe wordt gedwongen.
3.73

684 agressief *adj* aggressive
- Ze vielen op door hun agressieve spel.
3.72

685 heus *adj* real
- Hij kwam thuis met een heuse taart.
3.72

686 lenen *verb* a) to borrow b) to lend
- a) Kan ik jouw fiets lenen?
- b) Ik leende hem mijn pen.
3.72

687 onschuldig *adj* innocent
- De onschuldige kinderen mochten gaan.
3.72

688 opvangen *verb* a) to take care of b) to catch
- a) Ik werd fantastisch opgevangen door de medespelers.
- b) Hij vangt de bal met gemak op.
3.72

689 vervullen *verb* to fulfil
- Zij vervult een belangrijke taak.
3.72

690 zenden *verb* to send
- Zij zendt hem een brief.
3.72

691 afronden *verb* a) to round up b) to finish
- a) Hij rondt de scherpe hoeken af.
- b) Zij wachten totdat hij zijn werk afgerond heeft.
3.71

692 familielid *noun, het* relative
- Haar familieleden gingen mee.
3.71

693 namiddag *noun, de(m)* (late) afternoon
- In de namiddag start het programma voor het grote publiek.
3.71

694 seksueel *adj* sexual
- Ze hebben een seksuele relatie.
3.71

695 bak *noun, de(m)* container
- Hij goot het in een ijzeren bak.
3.70

696 ondertekenen *verb* to sign
- Zij ondertekent de petitie.
3.70

697 aanwijzen *verb* to show to
- We laten ons een gedekte tafel aanwijzen.
3.69

698 beest *noun, het* beast
- Het beest liep grommend door zijn kooi.
3.69

699 verzetten *verb* to move
- Samen verzetten we de tafel.

3.69

700 bakken *verb* to bake
- De plakken kaas worden in de koekenpan gebakken.

3.68

701 verkeren *verb* to be
- Zij verkeren in de hoogste kringen.

3.68

702 hallo *interj* hello
- 'Hallo', zei ze, toen ze de deur opendeed.

3.67

703 overblijven *verb* a) to remain
b) to stay behind
- a) Er is aardig wat eten overgebleven.
- b) Tussen de middag blijven de kinderen over op school.

3.67

704 voornaam *adj* a) prominent b) main
- a) Hij komt uit een voorname familie.
- b) Haar voornaamste bezigheid is archiveren.

3.67

705 bijten *verb* to bite
- Zij bijt in een appel.

3.66

706 minimaal *adj* minimum
- De minimale wachttijd is drie maanden.

3.66

707 totdat *conj* until
- Hij blies de ballon op, totdat hij knalde.

3.66

708 vernemen *verb* to learn
- Hij vernam dat zijn auto bij de garage stond.

3.66

709 held *noun, de(m)* hero
- De held redt de bange kinderen.

3.65

710 meid *noun, de(f)* girl
- Ze is uitgegroeid tot een stoere meid.

3.65

711 daaruit *adv* from it
- Ze drongen het appartement binnen, maar daaruit werd niets gestolen.

3.64

712 regeling *noun, de(f)* regulation
- Deze regeling geldt nu ook voor commerciële stations.

3.64

713 ring *noun, de(m)* ring
- Ze draagt een gouden ring.

3.64

714 terugvinden *verb* to find again
- Kun je me helpen mijn jas terug te vinden?

3.63

715 verbetering *noun, de(f)* improvement
- De fabriek claimde een opmerkelijke verbetering van de prestaties.

3.63

716 vervolg *noun, het* continuation, sequel
- Dit is een vervolg op de campagne van vorig jaar.

3.63

717 humor *noun, de(m)* humour
- De humor is van uitstekende kwaliteit.

3.62

718 omvatten *verb* to include
- Het arrangement omvat een voorstelling en een diner.

3.62

719 vasthouden *verb* to hold
- Ik houd het kaartje goed vast.

3.62

720 onderhouden *verb* to maintain
- Zij onderhoudt de hele familie.

3.61

721 avontuur *noun, het* adventure
- Het was een spannend avontuur.

3.60

722 beheersen *verb* to command
- Zij beheerst vier talen.

3.60

723 vanzelfsprekend *adj* obvious
- Het leek een vanzelfsprekende zaak.

3.60

724 varen *verb* to sail
- Het is mooi om met een kajak of kano onder de brug door te varen.

3.60

725 constateren *verb* to ascertain
- De ziekte werd bij verschillende wilde zwijnen geconstateerd.

3.59

726 inrichten *verb* to furnish
- Het appartement op de benedenverdieping is modern ingericht.

3.58

727 louter *adj* mere
- Het gaat om veel meer dan het louter plaatsen van wegwijzers.
3.58

728 verderop *adv* further down
- Wij woonden een eindje verderop.
3.58

729 begraven *verb* to bury
- Haar moeder is vorige week begraven.
3.57

730 gerucht *noun, het* rumour
- Er deden vele geruchten de ronde.
3.57

731 machine *noun, de(f)* machine
- De nieuwe machine functioneerde goed.
3.57

732 symbool *noun, het* symbol
- De duif is het symbool van de vrede.
3.57

733 bocht *noun, de* curve, bend
- De auto vliegt uit de bocht.
3.56

734 instrument *noun, het* instrument
- De viool is een van de minder bekende instrumenten binnen de jazz.
3.56

735 spontaan *adj* spontaneous
- Hij maakte een spontaan gebaar.
3.56

736 cursus *noun, de(m)* course
- De cursus duurt zes dagen.
3.55

737 middelbaar *adj* a) middle b) secondary
- a) Zij is een vrouw van middelbare leeftijd.
- b) Hij zit nu in groep 8 en moet naar de middelbare school.
3.55

738 bevoegdheid *noun, de(f)* authority
- De minister heeft de bevoegdheid om onze plannen tegen te houden.
3.54

739 exact *adj* exact
- Het exacte aantal sprekers is niet bekend.
3.54

740 maximum *noun, het* maximum
- Zij kwam tot het maximum van zes pogingen.
3.54

741 seks *noun, de(m)* sex
- Na drie afspraakjes hadden ze voor de eerste keer seks.
3.54

742 studio *noun, de(m)* studio
- Vanuit de studio wordt er 24 uur per dag live radio gemaakt.
3.54

743 gans *adj* whole
- Ik heb de ganse morgen op je antwoord gewacht.
3.53

744 invullen *verb* to fill in
- U moet uiteraard wel een geldig e-mailadres invullen.
3.53

745 bende *noun, de* gang
- De dieven maken deel uit van een georganiseerde bende.
3.52

746 gigantisch *adj* gigantic
- Het was een gigantische puinhoop op zijn kamer.
3.52

747 mannelijk *adj* male
- De mannelijke studenten voelden zich achtergesteld.
3.52

748 communicatie *noun, de(f)* communication
- Er is meer communicatie nodig om de campagne bekend te maken.
3.51

749 lelijk *adj* ugly
- Het lelijke eendje werd een mooie zwaan.
3.51

750 afkomst *noun, de(f)* origin
- Zijn afkomst mag geen rol spelen.
3.49

751 bestuderen *verb* to study
- Zij bestuderen de nieuwe vondsten.
3.49

752 hoogleraar *noun, de(m)* professor
- De hoogleraar geeft vandaag zelf college.
3.49

753 gevecht *noun, het* fight
- Het gevecht werd gestaakt.
3.47

754 identiteit *noun, de(f)* identity
- De politie kent de identiteit van de dader.
3.47

755 overdag *adv* by day
- Alles was bijna net zo helder als overdag.
3.47

756 passagier *noun, de(m)* passenger
- De passagiers reisden zonder vertraging.
3.47

757 schakelen *verb* to switch
- Hij schakelt in een hogere versnelling.
  3.47

758 stemming *noun, de(f)* a) vote b) mood
- a) De stemming leverde een meerderheid op voor het voorstel.
- b) Na een paar drankjes zat de stemming er goed in.
  3.47

759 aanvragen *verb* to request, to apply for
- Hiervoor moet je een vergunning aanvragen.
  3.46

760 duidelijkheid *noun, de(f)* clearness
- Ik hoop dat je morgen meer duidelijkheid hebt.
  3.46

761 inspireren *verb* to inspire
- Ze laten zich inspireren door de traditionele bouwkunst.
  3.46

762 instellen *verb* to set
- Hij begon het apparaat in te stellen.
  3.46

763 alcohol *noun, de(m)* alcohol
- Dit is een drankje zonder alcohol.
  3.45

764 creatief *adj* creative
- Hij heeft altijd wel creatieve ideeën.
  3.45

765 hetgeen *pron* that which, what
- Dit is het resultaat van al hetgeen we hebben voorbereid.
  3.45

766 gsm *noun, de(m)* mobile phone
- Hij belde haar op met zijn gsm.
  3.44

767 rondlopen *verb* to walk about
- Ik wil graag even in het stadje rondlopen.
  3.44

768 aanbrengen *verb* to apply
- Het is beter om twee dunne lagen aan te brengen.
  3.43

769 langdurig *adj* prolonged
- Zij had last van een langdurige blessure.
  3.43

770 afvragen *verb* to wonder
- Ze vragen zich af wat er zal volgen.
  3.42

771 beoordelen *verb* to judge
- Een onafhankelijke jury zal alle voorgedragen publicaties beoordelen.
  3.42

772 trouw *adj* faithful
- Labradors zijn trouwe, rustige honden.
  3.42

773 afschaffen *verb* to abolish
- Het lost niet veel problemen op als we dit afschaffen.
  3.41

774 intensief *adj* intensive
- Na de intensieve training waren we erg moe.
  3.41

775 personage *noun, de(f)/het* person, character
- Hij heeft gemengde gevoelens over zijn personage.
  3.41

776 verlagen *verb* to lower
- De regering verlaagt de belastingen.
  3.41

777 wijden *verb* to devote
- Hij wijdt zijn leven aan de wetenschap.
  3.41

778 zwembad *noun, het* swimming pool
- Het water in het zwembad was nog erg koud.
  3.41

779 ingewikkeld *adj* complicated
- Zij maakte een ingewikkelde berekening.
  3.39

780 overdreven *adj* overdone
- Meteen waarschuwden ze voor overdreven enthousiasme.
  3.39

781 pauze *noun, de* break, half-time
- Kort voor de pauze kon de thuisploeg de wedstrijd definitief beslissen.
  3.39

782 verstandig *adj* wise
- Dat is een verstandige beslissing.
  3.39

783 vertrouwen *verb* to trust
- Ik vertrouw hem voor 100 procent.
  3.39

784 afleiden *verb* a) to distract b) to deduce
- a) Hij laat zich gemakkelijk afleiden van zijn werk.
- b) De uitkomst van de berekening was gemakkelijk af te leiden.
  3.38

785 **gas** *noun, het* gas
- De prijzen van olie en gas stijgen nog steeds.
3.38

786 **leerkracht** *noun, de* teacher
- De leerkrachten liepen op het plein.
3.38

787 **opeens** *adv* suddenly
- Hij kwam opeens binnen.
3.38

788 **paniek** *noun, de(f)* panic
- De vrouw raakte in paniek.
3.38

789 **verzinnen** *verb* to invent
- Zij verzint een verhaaltje voor de kinderen.
3.38

790 **doelstelling** *noun, de(f)* goal
- De doelstellingen van politiek en management liggen ver uit elkaar.
3.37

791 **strikt** *adj* strict
- Hij houdt zich strikt aan de voorwaarden.
3.37

792 **zodanig** *pron* such
- Het weer was zodanig dat we liever thuis bleven.
3.37

793 **bol** *noun, de(m)* sphere
- Het oog is een ronde bol met een diameter van circa 2,5 cm.
3.36

794 **hechten** *verb* to attach
- Hij hecht de blaadjes aan elkaar.
3.36

795 **kleuren** *verb* to colour
- Ze kleuren de plaatjes in het boek.
3.36

796 **tekening** *noun, de(f)* drawing
- De tekeningen en de vormgeving zijn erg mooi.
3.36

797 **bom** *noun, de* bomb
- De bom werd onschadelijk gemaakt.
3.34

798 **boord** *noun, het* collar
- De boord van zijn overhemd was vuil.
- **aan boord**: De schipper zei niets over de vangst die hij aan boord had.
3.34

799 **uitkijken** *verb* to watch
- We kijken over het stadje uit.
3.34

800 **zeldzaam** *adj* rare
- Zij heeft een zeldzame ziekte.
3.34

801 **alleszins** *adv* in every way
- Hij heeft alleszins gelijk.
3.33

802 **bedreiging** *noun, de(f)* threat
- De bedreiging werd serieus genomen.
3.33

803 **kleren** *noun, pl* clothes
- Zij koopt haar kleren in een dure zaak.
3.33

804 **medicijn** *noun, de/het* drug, medicine
- Hij neemt zijn medicijnen niet in.
3.33

805 **opzet** *noun, de(m)/het* a) planning, design b) intention
- a) De opzet van het stuk is simpel.
- b) De aanklager zag in het voorval geen kwade opzet.
- **met opzet**: Zij deed dat met opzet.
3.33

806 **uitbrengen** *verb* to publish, to release
- Ze gaan verslag uitbrengen van het bezoek.
3.33

807 **collectie** *noun, de(f)* collection
- Trots liet hij zijn collectie zien.
3.32

808 **wetgeving** *noun, de(f)* legislation
- Het was een foutje in de wetgeving.
3.32

809 **kleding** *noun, de(f)* clothing
- Zij dragen beschermende kleding.
3.31

810 **joods** *adj* Jewish
- Dit is een joodse gewoonte.
3.30

811 **kanaal** *noun, het* channel
- Er is veel scheepvaart op het kanaal.
3.30

812 **klimaat** *noun, het* climate
- Het klimaat is gematigd.
3.30

813 **regeren** *verb* to reign, to govern
- Hij regeert pas een paar maanden.
3.30

814 **terras** *noun, het* terrace
- Vanuit de woonkamer kan je het terras aan de achterkant bereiken.
3.30

815 aanzien *noun, het* respect
- Hij genoot veel aanzien in de gemeenschap.

  ten aanzien van: Ten aanzien van dit topic is dit niet relevant.

  3.29

816 bijeenkomst *noun, de(f)* meeting
- De bijeenkomst werd druk bezocht.

  3.29

817 doorbreken *verb* to break through
- We willen deze muur doorbreken.

  3.29

818 zuiver *adj* pure
- De ring was van zuiver goud.

  3.29

819 besparen *verb* to save
- Hij bespaart op de kosten van de verzekering.

  3.28

820 keuren *verb* to test, to taste
- Zij keurt de wijn.

  3.28

821 onthouden *verb* to remember
- Hij kon het recept niet onthouden.

  3.28

822 supermarkt *noun, de* supermarket
- Het was druk in de supermarkt.

  3.28

823 aanduiden *verb* to indicate
- Hij duidt aan wat dat woord betekent.

  3.27

824 tent *noun, de* tent
- Ik ritste mijn tent dicht en vertrok.

  3.27

825 vermoeden *noun, het* presumption
- Er was een vermoeden van omkoping.

  3.27

826 evenals *conj* as well as
- Hij lag evenals ik met zijn hoofd tegenover het grote raam.

  3.26

827 Grieks *adj* Greek
- We aten in het Griekse restaurant.

  3.26

828 ingrijpen *verb* to intervene
- Hij grijpt in om het verlies te beperken.

  3.26

829 kasteel *noun, het* castle
- De familie verliet het kasteel en ging in de bijgebouwen wonen.

  3.26

830 ruil *noun, de(m)* exchange
- In ruil voor geld kunnen de fans muziek aanvragen.

  3.26

831 bereiden *verb* to prepare
- Een kok bereidt de maaltijden aan boord.

  3.24

832 braaf *adj* good
- De brave kinderen eten hun bord leeg.

  3.24

833 neerleggen *verb* to put down
- Een fan legt een boeket witte rozen neer.

  3.24

834 berekenen *verb* to calculate
- Zij berekent de kosten van de transactie.

  3.23

835 moreel *adj* moral
- Zij is de morele winnaar.

  3.23

836 saai *adj* boring
- Wat een saai boek is dit!

  3.23

837 tegenkomen *verb* to encounter
- Ik ben haar in de stad tegengekomen.

  3.23

838 verdrag *noun, het* treaty
- Het verdrag werd ondertekend op 16 september.

  3.23

839 aanwijzing *noun, de(f)* sign, indication
- Deze aanwijzingen zijn onvoldoende om de precieze plek vast te stellen.

  3.22

840 echtgenoot *noun, de(m)* husband
- Mijn echtgenoot werkt in Den Haag.

  3.22

841 suggereren *verb* to suggest
- Hij suggereert dat ze samen kunnen gaan.

  3.22

842 uitwerken *verb* to elaborate
- We willen nieuwe frisse ideeën uitwerken.

  3.22

843 vrucht *noun, de* fruit
- Ze zoeken de grond af naar gevallen vruchten.

  3.22

844 allereerst *adj* first
- Zijn allereerste wedstrijd op het hoogste niveau werd een onvergetelijke belevenis.

  3.21

845 ruimen *verb* to clean up
- Ik ben de hele dag aan het ruimen geweest.
puin ruimen: Ze moeten het puin ruimen dat
ze zelf gemaakt hebben.
het veld ruimen: Uiteindelijk moesten ze
toch het veld ruimen.
3.21

846 voorganger *noun, de(m)* predecessor
- Vele voorgangers hebben gefaald.
3.21

847 burgerlijk *adj* civil
- De schadevergoedingen aan de burgerlijke
partijen werden wel teruggebracht.
3.20

848 wapenen (zich) *verb* to arm
- Hij wapent zich tegen haar scherpe kritiek.
3.20

849 adviseren *verb* to advise
- De commissie adviseert om extra onderzoek
te doen.
3.19

850 boeien *verb* to entertain
- Het spelletje boeit me nog altijd.
3.19

851 Duits *noun, het* German
- Haar lezing is in het Duits, maar de discussie
kan in het Nederlands worden gevoerd.
3.19

852 gebruikelijk *adj* usual
- Ze doorliepen de gebruikelijke procedure.
3.19

853 monument *noun, het* monument
- De stad telt vele monumenten.
3.19

854 namens *prep* on behalf of
- Hij onderhandelde namens de spits over het
contract.
3.19

855 opsluiten *verb* to lock up
- Ze sluiten hem op in de cel.
3.19

856 voeden *verb* to feed
- De moeder voedt haar kind.
3.19

857 gelijk *noun, het* right
- Mensen zijn vaak overtuigd van hun eigen
gelijk.
3.18

858 machtig *adj* powerful
- Ze is een machtige vrouw.
3.18

859 misdaad *noun, de* crime
- Hij kreeg een korte gevangenisstraf voor zijn
misdaad.
3.18

860 opduiken *verb* to emerge
- Ze zagen de walvis uit zee opduiken.
3.18

861 aanvraag *noun, de* application
- De aanvraag voor de vergunning werd
afgewezen.
3.17

862 architect *noun, de(m)* architect
- De architect maakt een nieuw ontwerp.
3.17

863 benaderen *verb* to approach
- Ik benader de zaak vrij nuchter.
3.17

864 overtuiging *noun, de(f)* conviction
- Ik reed naar huis in de overtuiging dat de
verkeerde had gewonnen.
3.17

865 scheiding *noun, de(f)* separation, divorce
- Ze heeft na een huwelijk van 10 jaar een
scheiding aangevraagd.
3.16

866 bezighouden *verb* to occupy
- Ik wil me wel bezighouden met de
inrichting.
3.15

867 vleugel *noun, de(m)* wing
- De vleugels van de vlinder hebben rode
vlekken.
3.15

868 falen *verb* to fail
- De sprinter faalde in het zicht van de
finish.
3.14

869 medaille *noun, de* medal
- Zondag loopt hij voor een gouden
medaille.
3.14

870 omvang *noun, de(m)* size
- De omvang van de buit is niet bekend.
3.13

871 straffen *verb* to punish
- De leraar straft de brutale leerling.
3.13

872 verblijf *noun, het* stay
- Na een verblijf van tien dagen in het
ziekenhuis mocht ze naar huis.
3.13

873 muzikant *noun, de(m)* musician
- De muzikanten repeteerden voor hun nieuwe album.
3.12

874 vereisen *verb* to require
- Deze sport vereist veel trainingsuren.
3.12

875 voorheen *adv* before
- De dreiging is groot en anders dan voorheen.
3.12

876 wezen *noun, het* being
- Het zit blijkbaar in de mens om in mystieke wezens te geloven.
3.10

877 blank *adj* white, blank
- Het water glanst op haar blanke huid.
3.09

878 opvatting *noun, de(f)* view, opinion
- De opvattingen liepen uiteen.
3.09

879 keihard *adj* hard
- Het meisje moet iedere dag keihard werken.
3.08

880 regenen *verb* to rain
- Tijdens de cross bleef het regenen.
3.08

881 waarderen *verb* to appreciate
- Zijn werk wordt weinig gewaardeerd.
3.08

882 fractie *noun, de(f)* a) ~ party, group b) fraction
- a) De fractie heeft in de gemeenteraad tegen gestemd.
- b) Het gebeurde in een fractie van een seconde.
3.07

883 gemeenschappelijk *adj* common
- Ze hebben een aantal gemeenschappelijke kenmerken.
3.07

884 generaal *noun, de(m)* general
- De generaal werkte bij de geheime dienst.
3.07

885 ongelukkig *adj* unhappy
- De ongelukkige man verloor ook nog zijn portemonnee.
3.07

886 opzoeken *verb* to visit
- Zij zoekt eenzame mensen op.
3.07

887 vrijwillig *adj* voluntary
- Het was een vrijwillige keuze.
3.07

888 bijeen *adv* together
- De stekels staan dicht bijeen en zijn tamelijk kort.
3.05

889 haat *noun, de(m)* hate
- De haat spatte uit zijn ogen.
3.05

890 kip *noun, de(f)* chicken
- Deze kippen leggen veel eieren.
3.05

891 literair *adj* literary
- De literaire avond was boeiend.
3.05

892 aanstellen *verb* to appoint
- Er is een deskundige aangesteld om het gebouw te beschrijven.
zich aanstellen: Hij kan zich verschrikkelijk aanstellen.
3.04

893 voorwerp *noun, het* object
- Er lagen drie voorwerpen op tafel.
3.04

894 enerzijds *adv* on the one hand
- Het gaat enerzijds over het teveel aan vrijheid en anderzijds over het gebrek daaraan.
3.03

895 garantie *noun, de(f)* guarantee
- Een goede voorbereiding geeft geen garantie op succes.
3.03

896 talloos *adj* countless
- Er kwamen talloze verzoeken binnen.
3.03

897 wandeling *noun, de(f)* walk
- We maken lange wandelingen langs de rivier.
3.03

898 toren *noun, de(m)* tower
- De hervormde kerk heeft een bijzondere toren.
3.02

899 bestemming *noun, de(f)* destination
- Wat is de bestemming van de reis?
3.01

900 openlijk *adj* open, public
- Het was een openlijke liefdesbetuiging.
3.01

901 uitgever *noun, de(m)* publisher
- De uitgever gaf me een contract.
3.01

19 Possessive pronouns

zijn 87.00 **his, its**	**mijn** 62.10 **my**	**jouw** 8.07 **your**
hun 82.85 **their**	**je** 33.69 **your**	**m'n** 5.24 **my**
ons, onze 64.35 **our**	**uw** 17.77 **your**	**jullie** 3.99 **your (pl)**
haar 62.36 **her**	**z'n** 11.10 **his, its**	**d'r** 0.21 **her**

902 **zitting** *noun, de(f)* a) seat b) session
- a) Het is een stoel met een comfortabele zitting.
- b) De zitting van het parlement werd voortgezet.
3.01

903 **armoede** *noun, de* poverty
- Er leven nog veel gezinnen in armoede.
3.00

904 **opmaken** *verb* to conclude
- Ik maak uit je verhaal op dat je weg wilt.
zich opmaken: Zij maakt zich voor de spiegel op.
3.00

905 **wennen** *verb* to get used to
- Het was wel even wennen aan haar nieuwe kapsel.
3.00

906 **gering** *adj* slight, little
- Er was slechts geringe belangstelling voor de bijeenkomst.
2.99

907 **invoering** *noun, de(f)* introduction
- De invoering van de euro heeft het zakgeld naar boven bijgesteld.
2.99

908 **onderscheid** *noun, het* distinction
- We moeten duidelijk een onderscheid maken tussen individualisme en egoïsme.
2.99

909 **opbrengen** *verb* to yield
- De verkoop brengt 50 euro op.
2.99

910 **bad** *noun, het* bath
- Zij laat het bad vollopen.
2.98

911 **prioriteit** *noun, de(f)* priority
- De winkeldiefstal kreeg van de politie geen prioriteit.
2.98

912 **protesteren** *verb* to protest
- Hij protesteerde tegen de afbraak van de twee gebouwen.
2.98

913 **allicht** *adv* probably
- Er wachten onze ploeg allicht nog mooie tijden.
2.97

914 **handhaven** *verb* to maintain
- We handhaven het logo.
2.97

915 **mail** *noun, de* e-mail
- Graag de gegevens per mail sturen.
2.97

916 **route** *noun, de* route
- Een brochure met een beschrijving van de route is niet beschikbaar.
2.97

917 **huisarts** *noun, de(m)* general practitioner
- De huisarts schreef een pijnstiller voor.
2.96

918 **ikzelf** *pron* (I) myself
- Men probeert leuker te zijn dan ikzelf.
2.96

919 **jood** *noun, de(m)* Jew
- Ik wil weten of ik een jood ben of een goj.
2.96

920 **pc** *noun, de(m)* personal computer
- Niet iedereen kan een pc of een internetaansluiting betalen.
2.96

921 **talrijk** *adj* numerous
- Talrijke supporters moedigen de club aan.
2.96

922 **toneel** *noun, het* stage
- Hij zat weggestopt in een hoekje van het toneel.
2.96

923 **vies** *adj* dirty
- Hij droeg vieze kleren.
2.96

924 **zelfmoord** *noun, de* suicide
- Het is onduidelijk waarom zij zelfmoord pleegde.
2.96

925 kassa *noun, de* cash desk
- Ze staat er niet aan de kassa, maar ze kent de caissière wel.
2.95

926 nadruk *noun, de(m)* emphasis
- Men wees met nadruk op het belang van het testen van pillen voor gebruik.
2.95

927 pech *noun, de(m)* bad luck
- Albert had het gevoel dat de wereldtitel hem door pech was ontglipt.
2.95

928 achterhalen *verb* a) to retrieve, to recover b) to overtake
- a) Hij kon niet achterhalen waar dat idee vandaan kwam.
- b) Zijn ideeën waren inmiddels achterhaald.
2.94

929 doorheen *prep* through
- Vrijdag kan de zon af en toe doorheen het wolkendek breken.
2.94

930 garage *noun, de(f)* garage
- De auto staat in de garage.
2.94

931 bedienen *verb* a) to serve b) to operate
- a) De ober bedient de gasten.
- b) De monteur bedient het apparaat.
2.93

932 formeel *adj* formal
- Wij hebben de formele belofte gekregen dat wij het huis mogen kopen.
2.93

933 landbouw *noun, de(m)* agriculture
- Landbouw en veeteelt zijn nog steeds belangrijk.
2.93

934 loopbaan *noun, de* career
- Begin jaren zestig begon hij zijn loopbaan als ontwerper.
2.93

935 nader *adj* further
- Hij kon geen nadere details geven.
- (adv) In de reeks werd het verschijnsel nader belicht.
2.93

936 neef *noun, de(m)* nephew, cousin
- Morgen komen mijn neef en mijn tante.
2.93

937 toezicht *noun, het* supervision
- De politie gaat er de komende tijd toezicht houden.
2.93

938 verloop *noun, het* course
- Het heeft geen invloed op het verloop van de oorlog gehad.
2.93

939 veronderstellen *verb* to suppose
- Een geheim bewaren veronderstelt toch een zekere psychologische sterkte.
2.93

940 geleidelijk *adj* gradual
- Van een geleidelijke toename was geen sprake meer.
2.92

941 inhouden *verb* a) to deduct b) to imply
- a) Ik houd het bedrag in op je zakgeld.
- b) Veel patiënten weten nauwelijks wat de ingreep inhoudt.
2.92

942 omzetten *verb* to convert
- Alle beloftes moeten nog in beslissingen worden omgezet.
2.92

943 afzien *verb* a) to forgo b) to have a hard time
- a) We zien van de koop af.
- b) Om te winnen moest hij flink afzien.
2.91

944 begaan *verb* to commit
- Daarmee begaat hij een fout.
2.91

945 behulp *noun, het* help
- Ze bekwaamt zich met behulp van een leraar verder in de wiskunde.
2.91

946 leed *noun, het* sorrow
- Deze familie heeft veel leed te verduren.
2.91

947 opgroeien *verb* to grow up
- Hij groeide op in een kunstzinnig milieu.
2.91

948 schoppen *verb* to kick
- Hij schopt tegen een steentje.
het ver schoppen: Ze heeft het in haar leven ver geschopt.
2.91

949 vertaling *noun, de(f)* translation
- Het viel op dat bij dit gedicht geen noten of vertalingen stonden.
2.91

950 afwijzen *verb* to reject
- De gemeente wijst het plan af.
2.90

951 neerzetten *verb* to put down
- Hij zet het kopje op tafel neer.
2.90

952 proeven *verb* to taste
- Hij proefde van het eten.
2.90

953 uiterlijk *noun, het* appearance
- Hij besteedt veel aandacht aan zijn uiterlijk.
2.90

954 vlakbij *adv* close
- Hij verborg zich in een gat vlakbij de deur.
2.90

955 zozeer *adv* so much
- Het is niet zozeer dat ik je niet vertrouw, maar ik ben graag voorzichtig.
2.89

956 apparaat *noun, het* device
- Het bijhorende apparaat wordt televisietoestel genoemd.
2.88

957 duiden *verb* to point at
- Dit duidt op onzekerheid.
2.87

958 geliefd *adj* beloved
- De geliefde president werd toegejuicht.
2.87

959 hooguit *adv* at most
- Hij is hooguit drie kilo aangekomen.
2.87

960 uitgeverij *noun, de(f)* publisher
- Het boek kreeg een prominente plaats in de winkels van de uitgeverij.
2.87

961 voordoen *verb* a) to occur b) to show c) to put on
- a) Beleggers verdienen een zeer aantrekkelijk rendement als zich geen rampen voordoen.
- b) Wil je het nog een keer voordoen?
- c) Zij doet haar schort voor en gaat naar de keuken.
2.87

962 dialoog *noun, de(m)* dialogue
- De partij gelooft in de dialoog tussen gemeenschappen.
2.86

963 mededeling *noun, de(f)* announcement
- Velen twijfelden aan de oprechtheid van de mededeling.
2.86

964 overbodig *adj* superfluous
- Ze blijven maar overbodige spullen kopen.
2.86

965 uitroepen *verb* to exclaim, to proclaim
- De film werd uitgeroepen tot de beste film van het jaar.
2.86

966 buitenlander *noun, de(m)* foreigner
- De buitenlander maakte zich moeizaam verstaanbaar.
2.85

967 aandringen *verb* to insist
- Zij dringen aan op hulp.
2.84

968 context *noun, de(m)* context
- Wat is de context van je vraag?
2.84

969 minister-president *noun, de(m)* prime minister
- De minister-president begroette het staatshoofd.
2.84

970 ontvangst *noun, de(f)* reception
- De dansgroep kreeg een officieel ontvangst op het gemeentehuis.
in ontvangst nemen: Lachend nam hij de beker in ontvangst.
2.84

971 opvoeding *noun, de(f)* upbringing
- De opvoeding van de kinderen laat ze aan hem over.
2.84

972 reserveren *verb* to reserve
- Het is verstandig vooraf te reserveren.
2.84

973 vervelen (zich) *verb* to be bored
- In de vakantie verveelt ze zich vaak.
2.84

974 heet *adj* hot
- Bak de uitjes in de hete olie.
2.83

975 video *noun, de(m)* video
- Er dook een video op met compromitterende beelden.
2.83

976 noodzaak *noun, de* need
- Ik zie de noodzaak van deze maatregel niet in.
2.82

977 presentatie *noun, de(f)* presentation
- Door de speelse presentatie is de tentoonstelling ook geschikt voor kinderen.
2.82

978 prinses *noun, de(f)* princess
- De prinses zwaaide vanuit de koets.
2.82

979 aangaan *verb* to start
- Ze ging een nieuwe relatie aan.
wat dat aangaat: Wat dat aangaat, ben ik het met je eens.
2.81

980 formuleren *verb* to formulate
- Hij formuleerde een reeks voorstellen.
2.81

981 grof *adj* coarse, gross
- Er zijn tijdens het onderzoek grove fouten gemaakt.
2.81

982 uitoefenen *verb* to exercise
- Hij kan hier naar hartelust zijn favoriete hobby uitoefenen.
2.81

983 enquête *noun, de* survey
- Een enquête wees uit dat 95 procent van de kijkers tevreden is.
2.80

984 flauw *adj* weak
- Dat is een zeer flauwe uitvlucht.
2.80

985 romantisch *adj* romantic
- Wie wil er zo niet tot rust komen tijdens een romantische citytrip?
2.80

986 trui *noun, de* sweater
- Ik heb spijt dat ik geen trui heb aangedaan.
2.80

987 poort *noun, de* gate
- De daders forceerden de poort.
2.79

988 uitvallen *verb* to drop/fall out
- Twee spelers vielen geblesseerd uit.
uitvallen tegen: Boos viel ze tegen hem uit.
2.79

989 elektrisch *adj* electric
- Het energieverbruik van elektrische apparaten neemt af.
2.78

990 omringen (zich) *verb* to surround
- Ze omringen zich met hun speelgoed.
2.78

991 pop *noun, de* doll
- Zij houdt er niet van om met poppen te spelen.
2.78

992 voortzetten *verb* to continue
- Ik wil de discussie een andere keer voortzetten.
2.78

993 vooruitgang *noun, de(m)* progress
- We zien ze elke week vooruitgang boeken.
2.78

994 examen *noun, het* examination
- Hij deed examen in de rechten.
2.77

995 failliet *adj* bankrupt
- De failliete keten maakt een doorstart.
2.77

996 meewerken *verb* to contribute
- Onze moeder heeft vroeger meegewerkt in het landbouwbedrijf.
2.77

997 melk *noun, de* milk
- Maak in het midden een kuiltje voor de eieren en de melk.
2.77

998 actueel *adj* current
- Naast actuele info vind je er ook heel wat informatie over vroeger.
2.76

999 eigenschap *noun, de(f)* property, characteristic
- Zijn sterkste eigenschappen zijn hard werken en doorzetten.
2.76

1000 meebrengen *verb* to bring
- Fietsen kan je huren of zelf meebrengen.
2.76

1001 nut *noun, het* use
- Ik zie het nut van deze behandeling niet in.
2.76

1002 uitgroeien *verb* to grow
- Dit idee kan uitgroeien tot een mooi project.
2.76

1003 vergissen (zich) *verb* to be mistaken
- Hij vergiste zich toen hij zei dat ze naar Frankrijk gingen.
2.76

1004 verplichting *noun, de(f)* obligation
- Er is wel een verplichting om te komen.
2.76

1005 dans *noun, de(m)* dance
- Deze dans is niet gemakkelijk.
2.75

1006 geduld *noun, het* patience
- Je moet het geduld opbrengen om er een eenheid van te maken.
2.75

1007 lichamelijk *adj* physical
- De verzekeringsarts bekijkt of er lichamelijke of psychische klachten zijn.
  2.75

1008 verwarren *verb* to confound
- Hij verwart mensen met robots.
  2.75

1009 achteraan *adv* behind
- Hij kreeg weer last van die verrekking achteraan in zijn bil.
  2.74

1010 paren *verb* to mate
- Alleen de dominante mannetjes mogen paren.
  gepaard gaan met: De brand ging gepaard met een sterke rookontwikkeling.
  2.74

1011 perspectief *noun, het* perspective
- Bekijk het eens vanuit een ander perspectief.
  2.74

1012 uitdelen *verb* to distribute
- Ze deelde pamfletten uit.
  2.74

1013 ultiem *adj* ultimate
- Dit is de ultieme poging om zich te kwalificeren.
  2.74

1014 inzien *verb* to see
- Mag ik jouw boek even inzien?
  2.73

1015 opheffen *verb* a) to lift b) to abolish
- a) Zij heft de beker juichend op.
- b) Met zijn vertrek wordt ook zijn functie opgeheven.
  2.73

1016 liefhebber *noun, de(m)* lover
- De liefhebbers van deze wijn zullen niet snel dronken worden.
  2.72

1017 afspelen (zich) *verb* to happen
- Alles wat er zich afspeelt in en rond het huis zal rechtstreeks te zien zijn.
  2.71

1018 feitelijk *adj* factual
- We moeten een oplossing vinden voor het feitelijke probleem.
  2.71

1019 kanker *noun, de(m)* cancer
- Er zijn verschillende behandelingen voor deze vorm van kanker.
  2.71

1020 pas *noun, de(m)* a) step b) pass(port)
- a) Ik maakte een paar verkeerde passen op de dansvloer.
- b) Heb je je pas bij je?
  2.71

1021 uitbreken *verb* to break out
- We breken de kamer uit, zodat hij groter wordt.
- De schapen zijn vannacht weer uitgebroken.
  2.71

1022 volstrekt *adv* absolutely
- Ik dacht er de volgende morgen volstrekt anders over.
  2.71

1023 aanzetten *verb* to encourage
- De campagne wil aanzetten tot meer wederzijds begrip.
  2.70

1024 groente *noun, de(f)* vegetable
- We moeten gemiddeld 300 gram groenten per dag eten.
  2.70

1025 koper *1) noun, de(m) 2) het* 1) buyer 2) copper
- 1) Bijna zeven op de tien potentiële kopers gebruiken het internet.
- 2) Vermoedelijk zijn de kabels gestolen voor het koper.
  2.70

1026 motief *noun, het* motive
- Ze geeft geen motief voor haar daad.
  2.70

1027 opleiden *verb* to train
- Samen met haar oudere zus was ze opgeleid als professionele zangeres.
  2.70

1028 revolutie *noun, de(f)* revolution
- Een revolutie impliceert een wisseling van de macht.
  2.70

1029 beëindigen *verb* to terminate
- Ze beëindigen de huidige contracten.
  2.69

1030 kwaad *noun, het* evil
- Zie je het verschil tussen goed en kwaad?
  2.69

1031 schilder *noun, de(m)* painter
- De schilder maakt een prachtig portret.
  2.69

1032 verstoppen *verb* to hide
- Paul was verstopt achter een paar dozen in de garage.
  2.69

1033 voorop *adv* ahead
- Zij stond voorop in de optocht.
  2.69

1034 afzetten *verb* a) to drop off b) to cheat
c) to turn off
- a) Ik zet hem voor de deur af.
- b) Hij heeft zich door die bende laten afzetten.
- c) Zij zet de radio af.
  2.68

1035 belasten *verb* a) to tax b) to overload
- a) Het bezit van een auto wordt zwaarder belast.
- b) Hij mag zijn been de komende weken niet belasten.
  2.68

1036 diploma *noun, het* diploma
- Zij slaagde en kreeg haar diploma.
  2.68

1037 herhaling *noun, de(f)* repetition
- Iedereen was het erover eens dat de dag voor herhaling vatbaar is.
  2.68

1038 onderuit *adv* ~ sprawled
- Hij ligt onderuit op de bank.
  2.68

1039 samenstellen *verb* to compose, to put together
- Het programma is evenwichtig samengesteld.
  2.68

1040 schetsen *verb* to sketch
- Hij schetst de kerk in enkele potloodstrepen.
  2.68

1041 verhinderen *verb* to prevent
- Agenten verhinderen de overval.
  2.68

1042 bitter *adj* bitter
- Dit kruid heeft een bittere smaak.
  2.67

1043 boerderij *noun, de(f)* farm
- Een varkentje huppelt vrolijk over het erf van een boerderij.
  2.67

1044 officier *noun, de(m)* officer
- De officier spreekt de manschappen toe.
  2.67

1045 overgaan *verb* a) to move up b) to pass
- a) Ze gaan over naar de volgende klas.
- b) De pijn moet langzamaan overgaan.
  2.67

1046 ertoe *adv* to
- Dit moet ertoe leiden dat we meer winst maken.
  2.66

1047 missie *noun, de(f)* mission
- Het is haar missie om iedereen te helpen.
  2.65

1048 vervallen *verb* to disappear
- Hierbij vervalt elk onderscheid op gebied van sociale waardering.
  2.65

1049 buitengewoon *adj* exceptional, extraordinary
- Hij beschikt over buitengewone talenten.
- (adv) Dit is een buitengewoon vervelende situatie.
  2.64

1050 dank *noun, de(m)* thanks
- Hartelijk dank voor uw aandacht.
  2.64

1051 hoofdstuk *noun, het* chapter
- De eerste twee hoofdstukken lezen vlot weg.
  2.64

1052 opgaan *verb* to merge
- Het is de kunst om op te gaan in de menigte.
  2.64

1053 terugtrekken *verb* to withdraw
- Zij trekt haar hand terug.
  zich terugtrekken: Mijn vader heeft zich inmiddels uit het bedrijf teruggetrokken.
  2.64

1054 balen *verb* to be fed up with
- De zwemmer baalde dat het experiment op de 50 meter vrij mislukte.
  2.63

1055 desnoods *adv* if necessary
- Hij zegt desnoods bereid te zijn om zijn rol als presentator op te geven.
  2.63

1056 kwetsbaar *adj* vulnerable
- De kwetsbare gebieden liggen onder de zeespiegel.
  2.63

1057 onzekerheid *noun, de(f)* uncertainty
- De onzekerheid over onze toekomst is vervelend.
  2.63

1058 proef *noun, de* test
- Ze doen een proef met de ballon.
  op de proef stellen: Zijn geduld werd danig op de proef gesteld.
  2.63

1059 uitkering *noun, de(f)* payment, benefit
- De langdurige werkloze kan van zijn uitkering trouwens niet leven.
  2.63

1060 wiel *noun, het* wheel
- Ik neem een fiets uit de auto en bevestig de wielen.
2.63

1061 individu *noun, het* individual
- Ik denk dat we de keuzevrijheid van individuen moeten vergroten.
2.62

1062 stress *noun, de(m)* stress
- De ene gaat bij stress veel eten en de andere krijgt geen hap door zijn keel.
2.62

1063 groots *adj* grand, ambitious
- Ze maken grootse plannen voor de toekomst.
2.61

1064 lezing *noun, de(f)* lecture
- Er is veel aandacht voor de lezing over het woordenboek.
2.61

1065 stilstaan *verb* to stop
- Blijven stilstaan in een bosbrand is gevaarlijk.
2.61

1066 toilet *noun, het* toilet
- Mag ik even naar het toilet?
2.61

1067 verzameling *noun, de(f)* collection
- Het is een verzameling mensen die zich met een bepaald doel georganiseerd heeft.
2.61

1068 vorderen *verb* a) to claim b) to progress
- a) Het openbaar ministerie vordert een boete.
- b) Het werk vordert goed.
2.61

1069 experiment *noun, het* experiment
- Het experiment was geslaagd.
2.60

1070 gezondheidszorg *noun, de* health care
- De kosten van de gezondheidszorg lopen elk jaar op.
2.60

1071 opvoeren *verb* a) to increase b) to stage
- a) In de tweede helft werd de druk opgevoerd.
- b) Maandag wordt het toneelstuk nog eens opgevoerd.
2.60

1072 pakket *noun, het* packet
- Morgen wordt je pakket bezorgd.
2.60

1073 pil *noun, de* pill
- Je gaat toch geen pillen innemen als je niet ziek bent?
2.60

1074 ritme *noun, het* rhythm
- Ze beweegt op het ritme van de muziek.
2.60

1075 uitschakelen *verb* to eliminate
- Ze waren uitgeschakeld voor de eindronde.
2.60

1076 vergoeding *noun, de(f)* compensation
- Hij komt voor een vergoeding in aanmerking.
2.60

1077 pen *noun, de* pen
- Pak je pen en schrijf op wat ik zeg.
2.59

1078 reiziger *noun, de(m)* traveller
- De reizigers liepen naar de bus.
2.59

1079 salaris *noun, het* salary
- Het salaris van december is verhoogd met een toeslag.
2.59

1080 kwetsen *verb* to hurt
- Ze kwetst hem met haar harde woorden.
2.58

1081 meer *num* more
- Ik heb liever wat meer keuze.
2.58

1082 fundamenteel *adj* fundamental
- Iedereen heeft enkele fundamentele rechten.
2.57

1083 geestelijk *adj* mental
- Zijn geestelijke vermogens worden toch langzaam minder.
2.57

1084 oma *noun, de(f)* grandma
- We hebben bij opa en oma gegeten.
2.57

1085 storm *noun, de(m)* storm
- De storm trok over het land.
2.57

1086 vanochtend *adv* this morning
- Vanochtend is er nog wat regen.
2.57

1087 verzekering *noun, de(f)* insurance
- De verzekering keerde de claim uit.
2.57

1088 appel *noun, de(m)* apple
- Deze taart bevat friszure appels.
2.56

1089 bereikbaar *adj* reachable
- Tijdens het weekend was er niemand bereikbaar.
2.56

1090 chaos *noun, de(m)* chaos
- Het is een grote chaos in zijn kamer.
2.56

1091 gezag *noun, het* authority
- Een echte leider dwingt gezag af.
2.56

1092 onderschatten *verb* to underestimate
- Ze onderschatten hun tegenstander niet.
2.56

1093 zielig *adj* pathetic
- Het was een zielig gezicht.
2.56

1094 desondanks *adv* nevertheless
- Het was koud, maar desondanks trokken ze er toch op uit.
2.55

1095 plicht *noun, de* duty
- Tegenover rechten staan ook plichten.
2.55

1096 betaling *noun, de(f)* payment
- We stellen prijs op een contante betaling.
2.54

1097 plukken *verb* to pick
- Plant een fruitboom en pluk de vruchten.
2.54

1098 vervoeren *verb* to transport
- De goederen worden over de weg vervoerd.
2.54

1099 beïnvloeden *verb* to influence
- De zon beïnvloedt het humeur van de mensen.
2.53

1100 doorlopen *verb* a) to keep on walking b) to go through
- a) Jullie moeten wel een beetje doorlopen.
- b) Ze doorloopt het hele proces.
2.53

1101 duurzaam *adj* durable
- We zoeken naar een duurzame oplossing.
2.53

1102 fruit *noun, het* fruit
- Ik raad je aan veel groenten en fruit te eten.
2.53

1103 hobby *noun, de(m)* hobby
- Koken is zijn hobby.
2.53

1104 kapitein *noun, de(m)* captain
- De kapitein besliste om niet verder te varen.
2.53

1105 luxe *noun, de(m)* luxury
- Hij houdt van luxe.
2.53

1106 uitrusten *verb* a) to equip b) to rest
- a) De expeditie is met goed materiaal uitgerust.
- b) Haar moeder had haar langer laten slapen en Louisa was goed uitgerust.
2.53

1107 werkzaamheden *noun, pl* activities
- De werkzaamheden vorderen goed.
2.53

1108 wortel *noun, de(m)* a) carrot b) root
- a) Wij eten vanavond wortelen.
- b) Trek het onkruid er met wortel en al uit.
2.53

1109 intrekken *verb* a) to retract b) to withdraw
- a) Hij trok zijn lange benen in.
- b) Het voorstel werd door de partijen ingetrokken.
2.52

1110 paars *adj* purple
- Tussen de kaarsen wordt een paars lint gedraaid.
2.52

1111 bizar *adj* bizarre
- We kwamen in een bizarre situatie terecht.
2.51

1112 citeren *verb* to quote
- Hij citeert een beroemde dichtregel.
2.51

1113 voorafgaan *verb* to precede
- Aan de vloedgolf ging een lange periode van regen vooraf.
2.51

1114 aansluiting *noun, de(f)* connection
- Vanaf Leiden is er een goede aansluiting.
2.50

1115 betrouwbaar *adj* reliable
- De gegevens komen uit betrouwbare bronnen.
2.50

1116 net *noun, het* net
- De dolfijn raakte verstrikt in de netten van de vissers.
2.50

1117 verstoren *verb* to disturb
- De man verstoorde de openbare orde.
2.50

1118 waarschuwing *noun, de(f)* warning
- Ze kregen een waarschuwing van de scheidsrechter.
2.50

1119 arbeid *noun, de(m)* labour
- De kosten van arbeid zijn flink gestegen.
2.49

1120 bestemmen *verb* to intend
- De opbrengst van de verkoop is bestemd voor de kinderen.
2.49

1121 frustratie *noun, de(f)* frustration
- De frustratie bij de thuisploeg resulteerde in twee rode kaarten.
2.49

1122 tegenhouden *verb* to stop
- De politie kon de twee winkeldieven tegenhouden.
2.49

1123 administratie *noun, de(f)* administration
- De administratie van het bedrijf is in orde.
2.48

1124 evolueren *verb* to evolve
- Het is te hopen dat de resultaten in stijgende lijn zullen evolueren.
2.48

1125 nadrukkelijk *adj* emphatic
- Hij heeft geprobeerd de al te nadrukkelijke symboliek eruit weg te werken.
2.48

1126 vet *adj* fat
- Ik maak eenvoudige en niet te vette gerechten.
2.48

1127 vloeien *verb* to flow
- Het zilver vloeit over het oppervlak van het product.
2.48

1128 duivel *noun, de(m)* devil
- De duivel wordt met twee hoorntjes afgebeeld.
2.47

1129 herkenbaar *adj* recognizable
- Zij beschrijft herkenbare situaties.
2.47

1130 verf *noun, de* paint
- Het voertuig werd met verf beklad.
2.47

1131 financieren *verb* to finance
- Het gemeentebestuur zal het nieuwe magazijn financieren.
2.46

1132 suggestie *noun, de(f)* suggestion
- Er kwamen enkele goede suggesties uit het publiek.
2.46

1133 greep *noun, de* grab
- Hij deed een greep in de snoepjespot.
greep hebben op: Zij had geen greep op de situatie.
2.45

1134 tarief *noun, het* rate
- Jouw tarief is wat jij per uur waard bent.
2.45

1135 uitkomst *noun, de(f)* result
- De uitkomst van het experiment is gunstig.
2.45

1136 kleinkind *noun, het* grandchild
- Het echtpaar heeft vijf kleinkinderen en één achterkleinkind.
2.44

1137 ontdekking *noun, de(f)* discovery
- Zijn ontdekking trok veel aandacht.
2.44

1138 vergen *verb* to require
- Het bergop lopen vergt veel energie.
2.44

1139 bezetting *noun, de(f)* a) occupation b) cast
- a) De bezetting duurde vijf jaar.
- b) Het orkest had een goede bezetting.
2.43

1140 leugen *noun, de* lie
- Uw beweringen zijn complete leugens.
2.43

1141 psychologisch *adj* psychological
- Zijn psychologische voordeel is niet te onderschatten.
2.43

1142 jarig *adj* celebrating a birthday
- Mijn moeder is morgen jarig.
2.42

1143 nagenoeg *adv* almost
- Het was zonnig en nagenoeg windstil.
2.42

1144 waardevol *adj* valuable
- In het archief bevinden zich waardevolle documenten.
2.42

1145 kelder *noun, de(m)* basement
- Een souterrain is een kelder die niet geheel onder het maaiveld ligt.
2.41

1146 optimaal *adj* optimal
- Ze streven naar een optimale balans.
  2.40

1147 opvoeden *verb* to raise
- Ze voeden hun kinderen in alle rust op.
  2.40

1148 accent *noun, het* a) accent b) emphasis
- a) Het accent van de bootsman was lastig te verstaan.
- b) Iedereen legt het accent op een ander aspect van de kwestie.
  2.39

1149 doorgeven *verb* to pass on
- Kun je het zout even doorgeven?
  2.39

1150 formule *noun, de* formula
- De formule van het gala sloeg aan bij het publiek.
  2.39

1151 handicap *noun, de(m)* handicap
- Personen met een handicap mogen gratis naar binnen.
  2.39

1152 jacht *noun, de* a) hunt(ing) b) yacht
- a) De eigenaar vertelt over de jacht op wild.
- b) In de haven lag een aantal jachten voor anker.
  2.39

1153 laag *noun, de* layer
- Ook het wegdek krijgt een nieuwe laag asfalt.
  2.39

1154 moordenaar *noun, de(m)* murderer, killer
- De moordenaar werd opgepakt door de politie.
  2.39

1155 passie *noun, de(f)* passion
- Dansen is echt mijn grote passie.
  2.39

1156 som *noun, de* sum
- Wiskunde is meer dan sommen maken.
  2.39

1157 getal *noun, het* number
- Het getal begint met een 2.
  2.38

1158 klikken *verb* to click
- Klik hier voor meer informatie.
  2.38

1159 naarmate *conj* as
- De spelregels worden moeilijker naarmate de kinderen ouder worden.
  2.38

1160 onderbrengen *verb* to accommodate, to lodge
- Ze brengen de kinderen onder bij haar ouders.
  2.38

1161 opvang *noun, de(m)* care
- Voor de 760 bewoners is opvang geregeld in een sporthal.
  2.38

1162 trek *noun, de(m)* appetite
- Ik heb trek in een hamburger.
  in trek zijn: Het terras is erg in trek bij de klanten.
  2.38

1163 inhoudelijk *adj* substantive, concerning content
- Hij had veel inhoudelijke kritiek op het plan.
  2.37

1164 onthullen *verb* to reveal
- De burgemeester onthulde het standbeeld.
  2.37

1165 overgang *noun, de(m)* transition
- De overgang van de derde naar de tweede klasse is groot.
  2.37

1166 voorziening *noun, de(f)* facility
- Op deze camping zijn de voorzieningen goed.
  2.37

1167 snelweg *noun, de(m)* motorway
- Er stond een file op de snelweg.
  2.36

1168 discipline *noun, de(f)* discipline
- Doorzettingskracht en discipline zijn belangrijke eigenschappen.
- Kogelstoten is een discipline binnen de atletiek.
  2.35

1169 particulier *adj* private
- De particuliere ziektekostenverzekering gaan op in de nieuwe zorgverzekering.
  2.35

1170 slopen *verb* to demolish
- De houten huizen worden gesloopt.
  2.35

1171 uitrekenen *verb* to calculate
- Ik heb uitgerekend dat ik zo'n zeventigduizend gulden heb gewonnen.
  2.35

1172 enkel *noun, de(m)* ankle
- De man brak zijn enkel.
  2.34

1173 filosofie *noun, de(f)* philosophy
- Hij studeert filosofie.
  2.34

20 Forms of the verb *zijn*

is 99.28 **is**	**zijn** 83.33 **to be**	**geweest** 39.35 **been**
zijn 96.55 **are**	**waren** 63.91 **were**	**bent** 21.85 **are**
was 94.61 **was**	**ben** 56.55 **am**	**wees** 1.05 **be**

1174 oranje *adj* orange
- De oranje vlaggen wapperen aan de huizen.
  2.34

1175 part *noun, het* part
- Snij de appel in vier parten.
  parten spelen: Het slechte weer speelde de
  favorieten parten.
  voor mijn part: Voor mijn part kom je
  morgen niet.
  2.34

1176 steevast *adv* invariably
- Hij draagt steevast een rood mutsje.
  2.34

1177 verschijnsel *noun, het* phenomenon
- Telewerken is een relatief nieuw verschijnsel.
  2.34

1178 verstrekken *verb* to provide
- Zij verstrekte alle gegevens die ik nodig had.
  2.34

1179 bevoegd *adj* competent
- Er staat een bevoegde trainer voor het team.
  2.33

1180 smaken *verb* to taste
- Welke saus smaakt het best op je frieten?
  2.33

1181 verbranden *verb* to burn
- Ze verbranden het hout in de tuin.
  2.33

1182 voorgaan *verb* to let go first
- Bij het binnenlopen laat ze de anderen
  voorgaan.
  2.33

1183 illusie *noun, de(f)* illusion
- Het is een illusie dat hij daardoor harder
  gaat werken.
  2.32

1184 neiging *noun, de(f)* tendency
- Ze hebben de neiging om anderen de
  schuld te geven.
  2.32

1185 stal *noun, de(m)* stable
- De koeien staan nog in de stal.
  2.32

1186 verlichting *noun, de(f)* light(ing)
- De verlichting gaat aan.
  2.32

1187 wijken *verb* to disappear
- Alle gevaar is intussen geweken.
  2.32

1188 hoofdredacteur *noun, de(m)* editor-in-chief
- De hoofdredacteur schrijft het inleidende artikel.
  2.31

1189 volhouden *verb* to maintain
- Hij blijft volhouden dat het om politieke
  druk ging.
  2.31

1190 wacht *1) noun, de 2) noun, de(m)*
  1) watch 2) guard
- 1) Zijn wacht duurde tot middernacht.
- 2) Bij de deur staat een wacht.
  op wacht: Hij staat bij het paleis op wacht.
  de wacht aanzeggen: Na tien jaar werd hem
  de wacht aangezegd.
  2.31

1191 zakelijk *adj* business
- Kom bij een zakelijke afspraak liefst
  ongeveer vijf minuten te vroeg.
  2.31

1192 afzonderlijk *adj* separate
- Het zijn afzonderlijke boeken, maar ze
  vormen wel een reeks.
  2.30

1193 ondersteuning *noun, de(f)* support
- Hij kreeg veel ondersteuning van zijn ouders.
  2.30

1194 toespraak *noun, de* speech
- De toespraak van de koning werd live
  uitgezonden.
  2.30

1195 waarnemen *verb* to observe
- De verandering in zijn houding is goed waar
  te nemen.
  2.30

1196 goedkeuring *noun, de(f)* approval
- Heb je zijn goedkeuring nodig om weg te
  mogen?
  2.29

1197 installeren *verb* to install
- Je moet de spellen op je harde schijf installeren.
2.29

1198 tijdstip *noun, het* (point of/in) time
- Ze zenden de films nu op een beter tijdstip uit.
2.29

1199 analyseren *verb* to analyse
- Wij gaan dat water laten analyseren om te zien of het gedronken kan worden.
2.28

1200 afwijken *verb* to deviate
- De piloot was van zijn parcours afgeweken.
2.27

1201 gids *noun, de(m)* guide
- Een gids geeft deskundige uitleg bij alle plekken die worden aangedaan.
2.27

1202 laden *verb* to load
- Ik laad de spullen achterin de laadbak.
2.27

1203 opruimen *verb* to tidy up
- Afgelopen weekend hebben we alle rommel opgeruimd.
2.27

1204 opstand *noun, de(m)* rebellion
- Er brak een opstand uit toen dat bekend werd.
in opstand: De werknemers kwamen in opstand tegen het besluit.
2.27

1205 uitgangspunt *noun, het* starting point
- Het uitgangspunt is dat we willen winnen.
2.27

1206 vocht *1) noun, de/het 2) noun, het*
1) moisture 2) liquid
- 1) De muren waren klam van het vocht.
- 2) Let erop dat u voldoende vocht binnenkrijgt.
2.27

1207 bevel *noun, het* command
- Zij gaf het bevel om te vertrekken.
2.26

1208 bloeien *verb* to bloom
- De plant bloeit van mei tot september.
2.26

1209 docent *noun, de(m)* teacher, lecturer
- De docenten worden door hun studenten beoordeeld.
2.26

1210 dreiging *noun, de(f)* threat
- Bij dreiging van oorlog wordt de noodtoestand uitgeroepen.
2.26

1211 gedoe *noun, het* hassle
- Het inchecken was nog een heel gedoe.
2.26

1212 lente *noun, de* spring
- Als je nu plant, kun je de uien vroeg in de lente oogsten.
2.26

1213 minimum *noun, het* minimum
- Met een minimum aan moeite krijg je een enorme hoeveelheid informatie.
2.26

1214 beloning *noun, de(f)* reward
- Hij kreeg een mooie beloning voor zijn harde werk.
2.25

1215 compenseren *verb* to compensate
- De vergoeding compenseert mijn onkosten precies.
2.24

1216 datzelfde *pron* the same
- In datzelfde jaar ging de krant over op een kleiner formaat.
2.24

1217 dichter *noun, de(m)* poet
- De dichter las voor uit eigen werk.
2.24

1218 noot *noun, de* a) note b) nut
- a) Zij zong slechts een enkele valse noot.
- b) Wij eten graag noten.
2.24

1219 paleis *noun, het* palace
- Het paleis is geopend voor publiek.
2.24

1220 priester *noun, de(m)* priest
- De priester ging voor in de mis.
2.24

1221 vluchteling *noun, de(m)* refugee
- De vluchtelingen worden goed opgevangen.
2.24

1222 bladzijde *noun, de* page
- Ik ben tot bladzijde 15 van het boek gekomen.
2.23

1223 grootte *noun, de(f)* size
- De grootte van de kamer viel wat tegen.
2.23

1224 kaas *noun, de(m)* cheese
- De melk voor deze kaas komt van koeien uit de bergen.
  2.23

1225 kleuter *noun, de(m)* infant
- De basisscholen beginnen een experiment met Engelstalige les voor kleuters.
  2.23

1226 mentaliteit *noun, de(f)* mentality
- De nieuwkomers hebben een goede mentaliteit.
  2.23

1227 ondergronds *adj* underground
- De ondergrondse wortels overleven de winter en lopen in het voorjaar opnieuw uit.
  2.23

1228 onwaarschijnlijk *adj* unlikely
- Dat is een onwaarschijnlijk scenario.
  2.23

1229 uitnodiging *noun, de(f)* invitation
- De winnaar krijgt een uitnodiging voor volgend jaar.
  2.23

1230 verwijt *noun, het* reproach
- Hij kreeg het verwijt altijd te laat te zijn.
  2.23

1231 weerstand *noun, de(m)* resistance
- Ik heb inmiddels weerstand tegen deze ziekte.
  2.23

1232 afmaken *verb* to finish
- Hij maakte het werk netjes af.
  2.22

1233 afval *noun, de(m)/het* waste
- Zij zet het afval op straat.
  2.22

1234 huwen *verb* to marry
- Ze is gehuwd en moeder van drie kinderen.
  2.22

1235 omtrent *prep* about
- Er zijn veel vragen omtrent spelling.
  2.21

1236 verwerpen *verb* to reject
- Hij verwerpt het voorstel en vraagt aanpassingen.
  2.21

1237 interpretatie *noun, de(f)* interpretation
- De interpretatie van de uitkomsten is onzeker.
  2.20

1238 lading *noun, de(f)* load
- Een lading beton stroomde door de middenberm.
  2.20

1239 redenering *noun, de(f)* reasoning
- Die redenering past goed in mijn betoog.
  2.20

1240 stoer *adj* tough
- De stoere motoragent moet een traantje wegpinken.
  2.20

1241 tram *noun, de(m)* tram
- Jaar na jaar stijgen de reizigersaantallen op trein, tram en bus.
  2.20

1242 versieren *verb* to decorate
- Ze versieren het huis voor zijn verjaardag.
  2.20

1243 buurman *noun, de(m)* neighbour
- Een buurman merkte de brand in de villa op.
  2.19

1244 intelligent *adj* intelligent
- Het is een intelligent meisje.
  2.19

1245 kapitaal *noun, het* capital
- Zij creëren die winst door de combinatie van arbeid en kapitaal.
  2.19

1246 lawaai *noun, het* noise
- Het stampen op de houten tribunes zorgde er voor een hels lawaai.
  2.19

1247 objectief *adj* objective
- Ik hoop op een objectieve beoordeling.
  2.19

1248 rel *noun, de(m)* riot
- In april braken rellen uit tussen Singalezen en Tamils.
  2.18

1249 zonde *noun, de* sin
- Een smoesje verzinnen is meestal geen grote zonde.
  2.18

1250 affaire *noun, de* affair
- De officier gaat de affaire onderzoeken.
  2.17

1251 begrijpelijk *adj* understandable, comprehensible
- Bij de cursus hoort een syllabus in begrijpelijke taal.
  2.17

1252 biologisch *adj* biological
- Biologisch voedsel is erg in trek.
  2.17

1253 communistisch *adj* communist
- De communistische partij is nu minder dominant.
  2.17

1254 dagblad *noun, het* newspaper
- In de dagbladen staat niets nieuws.
  2.17

1255 flat *noun, de(m)* flat
- Ze heeft een flat gekocht in de stad.
  2.17

1256 kogel *noun, de(m)* bullet
- De kogel raakte gelukkig niemand.
  2.17

1257 schande *noun, de* shame, disgrace
- Het is geen schande om alleen te zijn.
  2.17

1258 frustreren *verb* to frustrate
- Met zijn leugens frustreert hij het onderzoek.
  gefrustreerd raken: Door het mislopen van die promotie raakte hij gefrustreerd.
  2.16

1259 opletten *verb* to pay attention
- Je moet wel opletten of iedereen het naar zijn zin heeft.
  2.16

1260 persoonlijkheid *noun, de(f)* personality
- Mike heeft een sterke persoonlijkheid.
  2.16

1261 traject *noun, het* route
- Het verkeer moet op dat traject tijdelijk over één rijstrook.
  2.16

1262 bioscoop *noun, de(m)* cinema
- Het is de bedoeling dat de film vanaf augustus in de bioscopen draait.
  2.15

1263 feestdag *noun, de(m)* holiday
- De verjaardag van de koning is een nationale feestdag.
  2.15

1264 integreren *verb* to integrate
- De nieuwkomers integreren goed in het team.
  2.15

1265 recept *noun, het* recipe
- Ik heb een lekker recept voor gehaktbrood.
  2.15

1266 rijp *adj* ripe
- Er stond een schaal rijpe druiven op tafel.
  2.15

1267 ronduit *adv* outright, simply
- De resultaten waren ronduit teleurstellend.
  2.15

1268 tijdig *adj* timely
- Dankzij de tijdige waarschuwing raakte er niemand gewond.
  2.15

1269 archief *noun, het* archive
- Het document ligt in het archief van het koninklijk paleis.
  2.14

1270 gitaar *noun, de* guitar
- Hij leerde verschillende instrumenten spelen, zoals gitaar en bas.
  2.14

1271 put *noun, de(m)* well
- De put is 7 meter diep en heeft een diameter van 30 meter.
  2.14

1272 rond *adj* round
- Ze maakten een perfect ronde cirkel.
  2.14

1273 concentratie *noun, de(f)* concentration
- Golf is een sport die veel concentratie vergt.
  2.13

1274 dagen *verb* a) to summon b) to dawn
- a) Het bedrijf zal voor de rechtbank worden gedaagd.
- b) Het begint hem langzaam te dagen.
  2.13

1275 koor *noun, het* choir
- Het plaatselijke koor luisterde de viering op met mooie gezangen.
  2.13

1276 neigen *verb* to incline
- We neigen ernaar de kachel aan te steken.
  2.13

1277 oefening *noun, de(f)* exercise
- Ze deden een inspannende oefening.
  2.13

1278 schitteren *verb* to shine
- Het zonlicht schitterde op het water.
  2.13

1279 uithalen *verb* a) to lash out b) to be up to
- a) Hij haalde hard naar haar uit.
- b) De jongetjes halen rare streken uit.
  2.13

1280 aanvoeren *verb* to supply, to bring
- Ze voerden schalen vol eten aan.
2.12

1281 glazen *adj* glass
- In de glazen vaas staan mooie bloemen.
2.12

1282 progressief *adj* progressive
- Ze voeren een progressief beleid.
2.12

1283 uitpakken *verb* a) to unpack b) to turn out
- a) Ik ga straks even m'n tas uitpakken en de vieze kleren in de was gooien.
- b) Hoe de nieuwe wet uitpakt voor bijstandsgerechtigden kan niemand zeggen.
2.12

1284 vreemdeling *noun, de(m)* stranger
- Iemand vroeg hoe je kon zien of het om een vreemdeling ging.
2.12

1285 evengoed *adv* as well
- Als ze er toch voor betalen, dan kunnen ze evengoed mee beslissen.
2.11

1286 kweken *verb* to cultivate, to grow
- Veel bewoners hebben een tuintje waar ze groenten kweken.
2.11

1287 middernacht *noun, de(m)* midnight
- Het ongeval gebeurde woensdagavond kort voor middernacht.
2.11

1288 munt *noun, de* coin
- De eerste munten werden in 1972 in omloop gebracht.
2.11

1289 opslaan *verb* to store
- We slaan de spullen in de kelder op.
2.11

1290 uitdrukken *verb* to stub out
- Zij drukt haar sigaret in de asbak uit.
zich uitdrukken: Voor zo'n klein meisje kan ze zich al goed uitdrukken.
2.11

1291 afhangen *verb* to depend
- Als het van mij afhangt komen er best nog enkele versterkingen bij tijdens de winterstop.
2.10

1292 filmen *verb* to film
- De trainer filmt de hele wedstrijd.
2.10

1293 overleggen *verb* to consult
- Ik wil eerst even met je overleggen.
2.10

1294 versnellen *verb* to accelerate
- Vlak voor de finish versnelde hij nog.
2.10

1295 verwoesten *verb* to destroy
- De fabriek werd verwoest door een explosie.
2.10

1296 aantasten *verb* to affect
- De vorst tastte de bloesem aan.
2.09

1297 bewerken *verb* to work
- Ze bewerken de muur met een borstel.
2.09

1298 doorvoeren *verb* to carry out
- We gaan een paar veranderingen doorvoeren.
2.09

1299 feliciteren *verb* to congratulate
- Van harte gefeliciteerd met jullie verjaardag.
2.09

1300 fier *adj* proud
- Het is totaal niet iets om fier op te zijn.
2.09

1301 handeling *noun, de(f)* action
- Het is een kwestie van alle handelingen in de goede volgorde uitvoeren.
2.09

1302 weleens *adv* sometimes, ever
- Heb jij weleens gerookt?
2.09

1303 zuur *adj* acid
- Voor zure dressing wordt vaak azijn of citroensap gebruikt.
2.09

1304 ambassadeur *noun, de(m)* ambassador
- Pakistan riep zijn ambassadeur uit Denemarken terug.
2.08

1305 neutraal *adj* neutral
- De wedstrijd wordt op neutraal terrein gespeeld.
2.08

1306 nuchter *adj* a) empty, sober b) plain
- a) Ik dronk een biertje op mijn nuchtere maag.
- b) We gaan morgen proberen een nuchtere analyse te maken.
2.08

1307 vooraan *adv* in front
- Ik sta liever helemaal vooraan in de rij dan helemaal achteraan.
2.08

1308 fataal *adj* fatal
- Het ongeval had een fatale afloop.
2.07

1309 intellectueel *adj* intellectual
- Ons onderwijs is in intellectueel opzicht nogal schraal.
2.07

1310 maandelijks *adj* monthly
- Ik wil ook een fulltime baan en een maandelijks loon.
2.07

1311 mode *noun, de* fashion
- Ze interesseert zich in mode.
2.07

1312 verkondigen *verb* to proclaim, to put forward
- Zij verkondigt graag haar mening.
2.07

1313 woonplaats *noun, de* residence
- Zijn woonplaats lag ergens in historisch Mesopotamië.
2.07

1314 beslist *adj* decisive, resolute
- Met een besliste beweging sloot hij de deur.
2.06

1315 bovenaan *adv* at the top
- Hij stond bovenaan de trap.
2.06

1316 dijk *noun, de(m)* dike
- De dijk beschermt de polder.
2.06

1317 gieten *verb* to pour
- Hij giet het glas vol water.
2.06

1318 misverstand *noun, het* misunderstanding
- We moeten zo'n misverstand in de toekomst zien te vermijden.
2.06

1319 omkomen *verb* to die
- Bij de aardbeving zijn 352 mensen omgekomen.
2.06

1320 trouw *noun, de* faith(fulness)
- Zijn trouw aan zijn baas is onvoorwaardelijk.
2.06

1321 afvoeren *verb* to transport
- Het afval wordt met drie wagens afgevoerd.
2.05

1322 eng *adj* scary
- Zij vertelde de kinderen een eng verhaal.
2.05

1323 ontploffen *verb* to explode
- De bom ontploft in het weiland.
2.05

1324 rang *noun, de(m)* rank
- Zij heeft in het leger een hoge rang.
2.05

1325 richtlijn *noun, de* guideline
- We kregen goede richtlijnen mee.
2.05

1326 ruilen *verb* to exchange
- Wil je je boek ruilen voor een film?
2.05

1327 straf *adj* hard
- De gast deed een paar straffe uitspraken.
2.05

1328 deugd *noun, de* virtue
- Eerlijkheid en betrouwbaarheid zijn mooie deugden.
deugd doen: Het deed hem zichtbaar deugd dat ze meegekomen was.
2.04

1329 discussiëren *verb* to discuss
- Ik vind het leuk om te discussiëren.
2.04

1330 essentieel *adj* essential
- Wat zijn de essentiële kenmerken van dit tijdperk?
2.04

1331 evident *adj* evident
- Het is evident dat het om meer gaat dan om een biologisch verschil.
2.04

1332 genezen *verb* to cure
- Het wondje in haar borst is nog steeds niet genezen.
2.04

1333 inrichting *noun, de(f)* design
- De inrichting van het hele huis is smaakvol en sober.
2.04

1334 jaloers *adj* jealous
- Mijn jaloerse zusje liep boos weg.
2.04

1335 motto *noun, het* motto
- Het motto is dat de aanval de beste verdediging is.
2.04

1336 naïef *adj* naive
- Hij deed een naïeve uitspraak.
2.04

1337 nicht *noun, de(f)* niece, cousin
- De meeste mensen hebben ook ooms en tantes, neven en nichten.
2.04

1338 plezant *adj* amusing
- Het was plezant en iedereen voelde zich goed en nuttig en gewaardeerd.
2.04

1339 gruwelijk *adj* horrible
- Ik kijk niet naar die gruwelijke beelden op de televisie.
2.03

1340 kabel *noun, de(m)* cable
- Het schip werd gesleept met een dikke kabel.
2.03

1341 schaap *noun, het* sheep
- De schapen leveren de wol voor een soort alternatieve bontjassen.
2.03

1342 tienduizend *num* ten thousand
- Zij ontvangen een subsidie van tienduizend euro.
2.03

1343 zolang *adv* as long as
- Het mag een wonder heten dat ik het zolang heb volgehouden.
2.03

1344 aanraden *verb* to recommend
- De gemeente raadt iedereen aan om voorlopig binnen te blijven.
2.02

1345 bui *noun, de* shower, rain
- Er is toenemende bewolking vanuit het westen, gevolgd door een enkele bui.
2.02

1346 medewerking *noun, de(f)* collaboration
- De medewerking van alle leden van de werkgroep is verzekerd.
2.02

1347 opinie *noun, de(f)* opinion
- Ik hoor graag eerst jouw opinie.
2.02

1348 piano *noun, de* piano
- De piano staat in de huiskamer.
2.02

1349 afwisselen *verb* to alternate
- Overdag worden wolkenvelden afgewisseld met een aantal opklaringen.
2.01

1350 financiering *noun, de(f)* financing
- De financiering van het project is nog niet rond.
2.01

1351 merendeel *noun, het* most, majority
- Het merendeel van de bochten loopt naar links.
2.01

1352 receptie *noun, de(f)* reception
- Ze kreeg een receptie aangeboden door het bestuur.
2.01

1353 sedert *prep* since
- De overheid doet sedert dit jaar het nodige om de situatie te verbeteren.
2.01

1354 staking *noun, de(f)* strike
- Het doel van stakingen is immers het bedrijf duidelijk maken dat bepaalde zaken zo niet verder kunnen.
2.01

1355 verschaffen *verb* to provide
- Hij verschaft voedsel en onderdak.
2.01

1356 versturen *verb* to send
- Ik heb een brief verstuurd en wacht op antwoord.
2.01

1357 voltooien *verb* to complete
- Ze willen het project volgend jaar voltooien.
2.01

1358 absurd *adj* absurd
- Wat een absurde opmerking is dat!
2.00

1359 communiceren *verb* to communicate
- We communiceren meer dan ooit, maar hebben we ook wat te zeggen?
2.00

1360 levenslang *adj* lifelong
- Hij kreeg een levenslange gevangenisstraf.
2.00

1361 signaleren *verb* to signal, to observe
- We signaleren drie everzwijnen met hun jongen.
2.00

1362 vet *noun, het* fat
- Het vet druipt uit het vlees.
2.00

1363 zogezegd *adj* so to speak
- Aan deze zogezegde vrienden heb je weinig.
2.00

1364 afgeven *verb* to deliver
- Ik geef het pakje aan de deur af.
1.99

1365 bijnaam *noun, de(m)* nickname
- Zijn bijnaam kreeg hij van zijn vrienden.
1.99

1366 verbouwen *verb* a) to renovate
b) to cultivate
- a) We zijn het huis aan het verbouwen.
- b) In de tuinen worden groenten verbouwd.
1.99

1367 bedriegen *verb* to cheat
- Het is niet netjes om je vrienden te bedriegen.
1.98

1368 code *noun, de(m)* code
- Ouders krijgen een code waarmee ze kunnen inloggen.
1.98

1369 herfst *noun, de(m)* autumn
- Rode klaver bloeit van juni tot in de herfst.
1.98

1370 meespelen *verb* to take part, to play
- Hij was geblesseerd aan zijn been en kon daardoor niet meespelen.
1.98

1371 orkest *noun, het* orchestra
- Verschillende orkesten zorgen voor de nodige muzikale ambiance.
1.98

1372 uiting *noun, de(f)* expression
- Het was een spontane uiting van vreugde.
1.98

1373 verdienste *noun, de(f)* merit
- Dit kampioenschap is volledig zijn verdienste.
1.98

1374 bisschop *noun, de(m)* bishop
- De bisschop reisde af naar Rome.
1.97

1375 onnodig *adj* unnecessary
- Zij maakte een onnodige opmerking.
1.97

1376 profiel *noun, het* profile
- Hij maakte een analyse van het profiel van de dader.
1.97

1377 toestaan *verb* to allow
- Het is niet toegestaan om hetzelfde onderwerp in verschillende forums te posten.
1.97

1378 transport *noun, het* transport
- Het transport van de goederen liep enige vertraging op.
1.97

1379 beledigen *verb* to offend
- Je moet ervoor zorgen niemand te beledigen.
1.96

1380 compromis *noun, het* compromise
- Ze kwamen tot een mooi compromis.
1.96

1381 motivatie *noun, de(f)* motivation
- Haar motivatie is de laatste tijd flink verbeterd.
1.96

1382 pint *noun, de* pint, (glass of) beer
- Ga eens een pint drinken met die gast.
1.96

1383 reëel *adj* real
- Er kwamen enkele reële bezwaren op tafel.
1.96

1384 zinloos *adj* meaningless
- Je kunt beter ophouden met deze zinloze actie.
1.96

1385 zout *noun, het* salt
- Voeg wat zout aan het water toe.
1.96

1386 aanstaand *adj* next, this
- Ze komen aanstaande zaterdag eten.
1.95

1387 buis *noun, de* tube
- Er loopt wat water door de buis.
1.95

1388 deftig *adj* distinguished
- Hier woont een deftige familie.
1.95

1389 fascineren *verb* to fascinate
- Het verleden fascineert haar.
1.95

1390 inval *noun, de(m)* raid
- De politie deed een inval in het pand.
1.95

1391 opdoen *verb* to gain
- Zij deed in Italië inspiratie op voor haar nieuwe roman.
1.95

1392 passage *noun, de(f)* passage
- Deze passage bezorgt de kritische lezer flink de kriebels.
1.95

1393 **schooljaar** *noun, het* school year
- Op het einde van het schooljaar kunnen alle kinderen zwemmen.
1.95

1394 **weekblad** *noun, het* weekly magazine
- Het dagblad werd omgezet in een weekblad.
1.95

1395 **filosoof** *noun, de(m)* philosopher
- Er wordt een uitspraak van een beroemde filosoof geciteerd.
1.94

1396 **industrieel** *adj* industrial
- In geraffineerde vorm wordt de olie ook voor industriële doeleinden gebruikt.
1.94

1397 **ingenieur** *noun, de(m)* engineer
- Technici en ingenieurs bekijken de resultaten van de metingen.
1.94

1398 **voorraad** *noun, de(m)* stock
- De voorraden kunnen nog tot april gebruikt worden.
1.94

1399 **muis** *noun, de* mouse
- De meeste van die dieren waren muizen.
1.93

1400 **baat** *noun, de* benefit
- Hebben de patiënten baat bij de voorgeschreven behandeling?
1.92

1401 **bakker** *noun, de(m)* baker
- Naar de bakker of de slager rijd ik wel met de fiets.
1.92

1402 **front** *noun, het* front
- Het is op een aantal fronten misgegaan.
1.92

1403 **logica** *noun, de(f)* logic
- Zit er enige vorm van logica achter?
1.92

1404 **overeenkomen** *verb* to correspond, to match
- Ze maken geluiden die overeenkomen met die van de kat.
1.92

1405 **voorschrijven** *verb* to prescribe
- De huisarts schrijft een alternatief geneesmiddel voor.
1.92

1406 **aanslaan** *verb* a) to be successful b) to tax
- a) Het spel zal vooral aanslaan in scholen.
- b) De belastingen sloegen haar voor drie ton aan.
1.91

1407 **beogen** *verb* to aim
- De regering beoogt daarmee een cultuuromslag tot stand te brengen.
1.91

1408 **betwijfelen** *verb* to doubt
- Men betwijfelt of de weg voldoet aan de normen.
1.91

1409 **onderdak** *noun, het* accommodation, shelter
- Ze vonden onderdak voor de nacht.
1.91

1410 **staf** *noun, de(m)* a) staff (object) b) staff (people)
- a) De herder leunde op zijn staf.
- b) Dit besluit is genomen door de voltallige staf.
1.91

1411 **telefonisch** *adj* telephonic
- Na een telefonisch gesprek werd ze aangenomen.
1.91

1412 **verschuiven** *verb* to move
- Hij verschoof de boeken op tafel.
1.91

1413 **zilver** *noun, het* silver
- Er werden grote hoeveelheden goud en zilver gevonden.
1.91

1414 **bespreking** *noun, de(f)* discussion
- Er is een bespreking over het komende seizoen.
1.90

1415 **fuif** *noun, de* party
- Ik organiseer dit weekend een fuif.
1.90

1416 **illustreren** *verb* to illustrate
- Hij illustreert veel van zijn werk zelf.
1.90

1417 **nagaan** *verb* to check
- Je moet even nagaan of dat klopt.
1.90

1418 **raadplegen** *verb* to consult
- Hij raadpleegt zijn gegevens.
1.90

1419 **soepel** *adj* flexible, smooth
- Kneed het deeg tot het soepel is.
1.90

1420 **vrijkomen** *verb* a) to be set free b) to be released
- a) Na twee jaar gevangenis kwam hij vrij.
- b) Bij de ontploffing kwamen giftige stoffen vrij.
1.90

1421 zonnig *adj* sunny
- Morgen meestal droog met zonnige perioden.
1.90

1422 ambassade *noun, de(f)* embassy
- Leden van ambassades kunnen niet strafrechtelijk vervolgd worden door het land waar ze werken.
1.89

1423 bevriend *adj* friendly
- Een bevriende fotograaf was hem te hulp geschoten.
1.89

1424 doodschieten *verb* to shoot (dead)
- Je wilt toch niet dat ze worden doodgeschoten?
1.89

1425 homo *noun, de(m)* gay
- Het merendeel van de homo's leidt een doorsnee leven.
1.89

1426 patroon *noun, het* pattern
- Het patroon blijft zich herhalen.
1.89

1427 planeet *noun, de* planet
- De planeten vormen met elkaar het zonnestelsel dat de zon als kern heeft.
1.89

1428 toewijzen *verb* to assign
- Alle exposanten krijgen op het plein een ruimte van twee bij twee meter toegewezen.
1.89

1429 uitzetten *verb* a) to turn off b) to deport, to throw out
- a) Hij had de radio niet uitgezet.
- b) Ze zijn het gebied uitgezet.
1.89

1430 afkomen *verb* to come down
- Tania zag hem toen ze de trap afkwam en langs de voordeur liep.
1.88

1431 afleveren *verb* to deliver
- Na ontvangst van de betaling wordt uw bestelling zonder verdere kosten bij u thuis afgeleverd.
1.88

1432 alvorens *conj* before
- Laat het eens bezinken alvorens er op te antwoorden.
1.88

1433 leeuw *noun, de(m)* lion
- De leukste dieren vind ik de tijgers en de leeuwen!
1.88

1434 systematisch *adj* systematic
- Er dient op een systematische wijze gegevens te worden verzameld.
1.88

1435 verdrijven *verb* to expel
- De mens werd uit het paradijs verdreven.
1.88

1436 verwennen *verb* to pamper
- Verder worden de winnaars verwend met een aantal leuke prijzen.
1.88

1437 waardering *noun, de(f)* appreciation
- Naast waardering voor het gevarieerde aanbod was er ook kritiek.
1.88

1438 alleenstaand *adj* single
- De alleenstaande ouder mag niet aan haar of zijn lot worden overgelaten.
1.87

1439 eenmalig *adj* one-off
- Deze musical wordt echt een unieke en eenmalige belevenis.
1.87

1440 eenzelfde *pron* same
- Het kan voorkomen dat twee verschillende groepen eenzelfde feit tegenovergesteld waarderen.
1.87

1441 haken *verb* to catch, to hook
- Tijdens het strijken bleef ze soms met haar ring achter de kleren haken.
1.87

1442 onderaan *adv* at the bottom
- De ploeg staat onderaan in het klassement.
1.87

1443 terugbrengen *verb* to return
- Wie gaat mijn boeken terugbrengen naar de bibliotheek?
1.87

1444 uitbouwen *verb* to extend
- De zijgevel is uitgebouwd op de uitstekende balken.
1.87

1445 vondst *noun, de(f)* find
- Archeologen hebben in de buurt nog een tweede historische vondst gedaan.
1.87

1446 weghalen *verb* to remove
- Hij moet bovendien ten laatste over een jaar een hut en een stalling weghalen.
1.87

21 Forms of the verb *hebben*

heeft 94.90 has   **heb** 63.10 have   **hebt** 26.84 have

hebben 89.02 have   **hebben** 48.62 to have   **gehad** 22.43 had

had 77.96 had   **hadden** 44.83 had

1447 uittrekken *verb* to take off
- Ze hadden hun natte kleren uitgetrokken.
1.86

1448 dienstverlening *noun, de(f)* service(s)
- De burger verwacht een dienstverlening die klantgericht georganiseerd is.
1.85

1449 immens *adj* immense
- De immense ruimte wordt omgebouwd tot een gezellig jeugdhuis.
1.85

1450 korting *noun, de(f)* discount
- De kortingen zouden in een enkel geval oplopen tot 20 procent.
1.85

1451 stroming *noun, de(f)* current, movement
- Het christendom is de grootste religieuze stroming ter wereld.
1.85

1452 verkrachten *verb* to rape
- De vier meisjes zouden verkracht zijn.
1.85

1453 vliegveld *noun, het* airport
- Op het vliegveld zijn helikopters gestationneerd.
1.85

1454 beletten *verb* to prevent
- Niets belet ons om de publieke gegevens te gebruiken die er zijn.
1.84

1455 benadering *noun, de(f)* approximation, approach
- Wat was nou de beste benadering van het leven?
1.84

1456 consequentie *noun, de(f)* consequence
- Sommige daden wegen zwaarder dan hun consequenties.
1.84

1457 fungeren *verb* to function
- Tegenwoordig fungeert de school steeds meer als dagverblijf.
1.84

1458 helling *noun, de(f)* slope
- De helling die naar de tempel leidde, was niet zo steil.
1.84

1459 politieagent *noun, de(m)* police officer
- Buiten waakte een groepje politieagenten over de orde.
1.84

1460 ras *noun, het* race, breed
- Het ras werd hier altijd gefokt.
1.84

1461 relevant *adj* relevant
- De enige relevante vraag is wie zijn opvolger zal worden.
1.84

1462 stempel *noun, de(m)/het* stamp
- Op alle verpakkingen staan stempels van de kwaliteitscontrole.
1.84

1463 uitvinden *verb* to invent
- Het lijkt alsof de evolutie tweemaal hetzelfde concept heeft uitgevonden.
1.84

1464 werkgroep *noun, de* working group
- Een werkgroep gaat zich buigen over nieuwe eisen op het gebied van fietsverlichting.
1.84

1465 afstuderen *verb* to graduate
- Haar zoon is net afgestudeerd als psycholoog.
1.83

1466 bekleden *verb* to occupy
- Hij bekleedde functies binnen de communistische jeugdbeweging.
1.83

1467 kroon *noun, de* crown
- De koning nam zijn kroon af.
1.83

1468 schrijfster *noun, de(f)* writer, authoress
- Hoeveel boeken had je van die schrijfster al gelezen?
1.83

1469 tegenvallen *verb* to disappoint
- Ze hadden in München een beurs bezocht die was tegengevallen.
1.83

1470 toer *noun, de(m)* tour
- Ik hield er niet van om meteen op de tragische toer te gaan.
1.83

1471 vergezellen *verb* to accompany
- De kinderen worden door hun ouders en andere familieleden vergezeld.
1.83

1472 verkennen *verb* to explore
- Vorige week verkenden we de omloop met de ploeg.
1.83

1473 achterkant *noun, de(m)* back
- De achterkant van de auto kwam tegen de voordeur van het huis terecht.
1.82

1474 bekomen *verb* to recover
- Ik ben nog niet helemaal van de schrik bekomen.
1.82

1475 expliciet *adj* explicit
- Onderzoek vereist een expliciete probleemstelling.
1.82

1476 minst *num* least
- De combinatie die de minste strafpunten behaalt over de drie onderdelen is de winnaar.
- Wat vind je het minst erg?
1.82

1477 opera *noun, de(m)* opera
- Hij componeerde vorig najaar een opera voor de koninklijke familie van Qatar.
1.82

1478 service *noun, de(m)* service
- Kennelijk ligt het in onze volksaard dat we minder aan service hechten dan aan de prijs.
1.82

1479 middeleeuws *adj* medieval
- Aan de middeleeuwse universiteiten was de theologie nog de koningin van de wetenschappen.
1.81

1480 object *noun, het* object
- Alle objecten die zich aan het aardoppervlak bevinden, stralen energie uit.
1.81

1481 overschot *noun, het* surplus
- Vorig jaar was er een overschot van 43 miljard dollar.
1.81

1482 psychisch *adj* psychological
- Hierdoor raakten zij in psychische en economische problemen.
1.81

1483 rijkdom *noun, de(m)* wealth
- Hij leefde in enorme rijkdom.
1.81

1484 suiker *noun, de(m)* sugar
- In principe is het beter om geen suiker of stroop te gebruiken.
1.81

1485 tegendeel *noun, het* opposite
- Een stelling wordt als juist beschouwd tot het moment dat het tegendeel bewezen wordt.
1.81

1486 vergoeden *verb* to reimburse
- Ze beloven je zelfs de reiskosten te vergoeden.
1.81

1487 aanbieding *noun, de(f)* offer
- Ik wil graag weer aan het werk en sta voor iedere aanbieding open.
1.80

1488 ban *noun, de(m)* ban
- Niettemin is de dreigende ban hard aangekomen vanwege de symbolische schade voor de toekomst.
1.80

1489 bijhouden *verb* to keep (up)
- Ik heb een dagboek moeten bijhouden toen ik klein was.
1.80

1490 depressie *noun, de(f)* depression
- Medicijnen tegen depressie helpen maar bij 20 à 30 procent van de zieken.
1.80

1491 graven *verb* to dig
- De archeologen graven vier tot zes meter diep.
1.80

1492 marge *noun, de* margin
- De marge is tien kilometer per uur.
1.80

1493 onszelf *pron* ourselves
- Bedoeling is dat we onszelf op termijn overbodig maken.
1.80

1494 opa *noun, de(m)* grandpa
- Die opa en oma zijn ook aardige mensen.
1.80

1495 virus *noun, het* virus
- Het risico op het overdragen van het virus is klein.
1.80

1496 biografie *noun, de(f)* biography
- Binnenkort brengt ze haar biografie uit.
1.79

1497 overdragen *verb* to pass on, to transfer
- Zij droeg het dossier over aan de rechtbank.
1.79

1498 schandaal *noun, het* scandal
- Het schandaal dateert van begin dit jaar.
1.79

1499 advertentie *noun, de(f)* advertisement
- De advertentie stond in alle kranten.
1.78

1500 bewaken *verb* to guard
- De politie bewaakte de loods.
1.78

1501 bundel *noun, de(m)* edited volume
- Hoort deze bundel thuis in uw boekenkast?
1.78

1502 herkomst *noun, de(f)* origin
- De herkomst van de plant is onduidelijk.
1.78

1503 klooster *noun, het* monastery
- Hij werd begraven in een crypte onder het altaar van het klooster.
1.78

1504 peil *noun, het* level
- Het peil van het water is gestegen.
1.78

1505 stadium *noun, het* stage
- In een later stadium vragen we de kandidaten een uitgebreider plan op te stellen.
1.78

1506 berekening *noun, de(f)* calculation
- Nu blijkt dat de hele berekening gemaakt werd op basis van foute gegevens.
1.77

1507 continu *adj* continuous
- Het is een continue race tegen de klok.
1.77

1508 monster *noun, het* a) monster b) sample
- a) Hij vond het monster in de film niet echt eng.
- b) We nemen een aantal monsters die we analyseren op de samenstelling.
1.77

1509 paspoort *noun, het* passport
- Tijd om visum en paspoort in orde te brengen was er nauwelijks.
1.77

1510 tunnel *noun, de(m)* tunnel
- Het perron kan bereikt worden door tunnels aan beide uiteinden van het station.
1.77

1511 tweetal *noun, het* two
- Zij speelde een tweetal wedstrijden.
1.77

1512 lekken *verb* to leak
- Het dak van het gebouw lekt.
1.76

1513 onbegrijpelijk *adj* incomprehensible
- De keuze is totaal onbegrijpelijk.
1.76

1514 onderwerpen *verb* to subject
- De politie onderwierp de bestuurder aan een ademtest.
1.76

1515 pakweg *adv* roughly
- Het kind was pakweg vijf jaar oud.
1.76

1516 subtiel *adj* subtle
- In de detailhandel maken subtiele veranderingen een groot verschil.
1.76

1517 triest *adj* sad
- Het was een triest gezicht.
1.76

1518 verzoeken *verb* to request
- Wij verzoeken iedereen rustig te blijven.
1.76

1519 waardig *adj* worthy
- Ze vond het zelfs een waardig eerbetoon aan onze pa.
1.76

1520 Bijbel *noun, de(m)* bible
- De zondvloed is een verhaal uit de Bijbel.
1.75

1521 bijwonen *verb* to attend
- Kinderen kunnen de voorstelling gratis bijwonen.
1.75

1522 geldig *adj* valid
- Kritiek kun je alleen met geldige argumenten ontkrachten.
1.75

1523 meevallen *verb* to turn out not too bad
- De verliezen vielen mee.
1.75

1524 pond *noun, het* pound
- Bij zijn geboorte woog hij 8 pond.
1.75

1525 sloot *noun, de* ditch
- Naast de weg ligt een brede sloot.
1.75

1526 verwaarlozen *verb* to neglect
- De deelgemeenten werden daarbij grotendeels verwaarloosd.
1.75

1527 aanvang *noun, de(m)* commencement
- Ze maakten een aanvang met het plaatsen van de eerste tenten.
1.74

1528 cliché *noun, het* cliché
- Schoolboeken bevestigen inderdaad de stereotiepe clichés.
1.74

1529 ophangen *verb* to hang
- Nog even gordijnen ophangen en de laatste dingen wassen.
1.74

1530 orgaan *noun, het* organ
- Het hart is een essentieel orgaan.
1.74

1531 rechtvaardigen *verb* to justify
- Dat rechtvaardigt nog niet zijn overtrokken reactie.
1.74

1532 tropisch *adj* tropical
- De tropische storm richtte veel verwoestingen aan.
1.74

1533 bon *noun, de(m)* a) coupon b) ticket
- a) Als je de bon inlevert, krijg je korting.
- b) Foutparkeerders krijgen een bon van de politie.
1.73

1534 citaat *noun, het* quote
- Het citaat haalde alle voorpagina's.
1.73

1535 comfortabel *adj* comfortable
- We hadden een comfortabele reis.
1.73

1536 continent *noun, het* continent
- Alle mensen op dat continent zijn daarnaartoe geëmigreerd.
1.73

1537 formaat *noun, het* format
- De hal had het formaat van enkele sportvelden.
1.73

1538 identificeren *verb* to identify
- De drie daders konden geïdentificeerd worden.
1.73

1539 indertijd *adv* at the time
- Ik vond het indertijd de mooiste wandeling die er te maken viel.
1.73

1540 kunstmatig *adj* artificial
- Er wordt veel onderzoek gedaan naar kunstmatige intelligentie.
1.73

1541 landgenoot *noun, de(m)* countryman
- Zijn landgenoot eindigde op de tweede plaats.
1.73

1542 taboe *noun, de(m)/het* taboo
- Het taboe zou doorbroken moeten worden.
1.73

1543 theoretisch *adj* theoretical
- De theoretische studie is heel anders dan de dagelijkse praktijk.
1.73

1544 verhuren *verb* to let
- Zij verhuren hun flat.
1.73

1545 welvaart *noun, de* prosperity
- Men wilde de groei van de welvaart in het land stimuleren.
1.73

1546 willekeurig *adj* arbitrary
- Je kan een willekeurige site niet als maatgevend beschouwen.
1.73

1547 herhaaldelijk *adv* repeatedly
- Hij is herhaaldelijk met politie en justitie in aanraking geweest.
1.72

1548 pensioneren *verb* to retire
- Ze zijn gepensioneerd en hebben allebei 43 jaar lang gewerkt.
1.72

1549 wederzijds *adj* mutual
- Zonder wederzijds respect is er geen solide samenleving op te bouwen.
1.72

1550 wegnemen *verb* to take away
- Zij nam het eten van de tafel weg.
1.72

1551 academie *noun, de(f)* academy
- Hij moest het gymnasium afmaken alvorens naar de academie te gaan.
1.71

1552 gehandicapt *adj* handicapped
- De Paralympics zijn de Olympische Spelen voor gehandicapte sporters.
1.71

1553 hekel *noun, de(m)* dislike
- Ik heb een hekel aan negatieve mensen.
1.71

1554 ietwat *adv* somewhat
- Zijn ietwat lichtvoetige aanpak sloeg aan.
1.71

1555 ongewenst *adj* unwanted, undesirable
- Ze kreeg enkele jaren geleden ook al ongewenst bezoek.
1.71

1556 overhouden *verb* to have left
- Ze houden veel geld over aan deze deal.
1.71

1557 pastoor *noun, de(m)* pastor
- De pastoor leidde de mis.
1.71

1558 schriftelijk *adj* written
- Het is een schriftelijke bevestiging van wat er de voorbije maanden is gezegd.
1.71

1559 teleurstelling *noun, de(f)* disappointment
- Ze liet haar teleurstelling duidelijk blijken.
1.71

1560 agressie *noun, de(f)* aggression
- De agressie op straat neemt een beetje af.
1.70

1561 andersom *adv* vice versa
- De oudste heeft totaal geen last van de jongste en andersom ook niet.
1.70

1562 opblazen *verb* to blow
- Hij blies de ballon op.
1.70

1563 platteland *noun, het* countryside
- Veel volk trekt van het platteland naar de grote steden.
1.70

1564 rot *adj* a) rotten b) rotten, awful
- a) De rotte groente werd weggegooid.
- b) Ze zaten in een rotte situatie.
1.70

1565 universitair *adj* university
- Momenteel ontvangen meer meisjes dan jongens een universitaire beurs.
1.70

1566 verwelkomen *verb* to welcome
- De ober verwelkomt zijn klanten.
1.70

1567 wraak *noun, de* revenge
- Na het gebeurde, zinde hij lange tijd op wraak.
1.70

1568 aankunnen *verb* to manage
- Kan hij die drukte wel aan?
1.69

1569 aap *noun, de(m)* monkey
- De apen klommen in de boom.
1.69

1570 actualiteit *noun, de(f)* current event
- De kijkers kregen een samenvatting van één week actualiteit geserveerd.
1.69

1571 beleggen *verb* a) to convene b) to invest
- a) Ze belegden een vergadering om de zaak te bespreken.
- b) Hij belegt al jaren in aandelen.
1.69

1572 besmetten *verb* to infect
- Ze is bang dat ik haar besmet.
1.69

1573 bevelen *verb* to order, to command
- De rechter beval ook de onmiddellijke aanhouding van de man.
1.69

1574 bewonen *verb* to live in, to inhabit
- In de herfst zullen de serviceflats bewoond kunnen worden.
1.69

1575 cool *adj* cool
- Is het zo cool om haar slecht te vinden?
1.69

1576 diplomatiek *adj* diplomatic
- Hij bekleedde een groot aantal diplomatieke functies.
1.69

1577 geregeld *adv* regularly
- Zij gaan geregeld naar Spanje.
1.69

1578 huur *noun, de* rent
- De huur gaat omhoog met drie procent.
1.69

1579 sympathiek *adj* sympathetic
- Hij is sympathiek en bescheiden.
  1.69

1580 toneelstuk *noun, het* play
- Het toneelstuk was een groot succes.
  1.69

1581 trakteren *verb* to treat
- Hij trakteerde op chocolademelk en pannenkoeken.
  1.68

1582 variatie *noun, de(f)* variation
- De besproken theorieën hebben vaak nog een enorme variatie.
  1.68

1583 wc *noun, de(m)* toilet
- Hij moest heel nodig naar de wc.
  1.68

1584 wederom *adv* again
- Het initiatief is wederom voor herhaling vatbaar.
  1.68

1585 werkdag *noun, de(m)* working day
- De werken zullen 125 werkdagen in beslag nemen.
  1.68

1586 afgaan *verb* a) to fail b) to go off
- a) De wereldkampioen mag niet afgaan.
- b) Ze hoorden een schot afgaan.
  1.67

1587 gehoor *noun, het* hearing
- Zijn gehoor gaat achteruit.
  1.67

1588 invallen *verb* to stand in
- In die zestien wedstrijden ben ik vaak ingevallen.
  1.67

1589 mits *conj* provided that
- Vanaf ongeveer zes jaar kunnen kinderen buitenspelen, mits je afspreekt tot hoever ze mogen.
  1.67

1590 tijdperk *noun, het* era
- Het was het einde van het tijdperk Van Basten.
  1.67

1591 T-shirt *noun, het* T-shirt
- De jongeren hebben allemaal een T-shirt in vrolijke kleuren.
  1.67

1592 allesbehalve *adv* anything but
- Rechtvaardigheid en gelijkheid zijn allesbehalve synoniemen.
  1.66

1593 consequent *adj* consistent
- Al haar beslissingen zijn consequent.
  1.66

1594 politieman *noun, de(m)* policeman
- De man moest voor de rechter verschijnen, omdat hij een politieman geslagen heeft.
  1.66

1595 software *noun, de(m)* software
- Kopers moeten de software activeren door via internet een code op te vragen.
  1.66

1596 uitsterven *verb* to die (out)
- Vele gevonden fossielen behoren tot soorten die uitgestorven zijn.
  1.66

1597 allerhande *pron* all kinds of
- Ze verrichten allerhande klusjes voor de mensen.
  1.65

1598 bevriezen *verb* to freeze
- Vlees kan perfect bevroren worden.
  1.65

1599 fragment *noun, het* fragment
- De leukste fragmenten passeren de revue tijdens een speciale uitzending.
  1.65

1600 sympathie *noun, de(f)* sympathy
- Wij hebben zeker sympathie voor elkaar.
  1.65

1601 vooroordeel *noun, het* prejudice
- Dit idee steunde op een aantal vooroordelen.
  1.65

1602 begeleider *noun, de(m)* supervisor
- De begeleider zorgde ervoor dat jongeren veilig konden oversteken.
  1.64

1603 hogeschool *noun, de* college
- Vorig jaar meldden zich veel studenten bij de hogescholen.
  1.64

1604 integraal *adj* integral
- Ik had liever een integrale heruitgave van al haar werk gelezen.
  1.64

1605 lof *noun, de(m)* praise
- Zing hier uw lof over deze grote artiest.
  1.64

1606 opbouw *noun, de(m)* construction
- De opbouw van de stad was in volle gang.
  1.64

1607 oversteken *verb* to cross
- De vrouw stak de straat over.
1.64

1608 problematiek *noun, de(f)* problems
- De stad vraagt aandacht voor de problematiek van de ouderen.
1.64

1609 uitvoerig *adj* detailed
- Zij doen uitvoerig marktonderzoek voordat ze een nieuwe vestiging opzetten.
1.64

1610 verkoper *noun, de(m)* seller
- De verkoper vroeg of hij kon helpen.
1.64

1611 waartoe *adv* to which
- De belastingverlagingen waartoe de president besloot, vielen goed.
1.64

1612 aanmoedigen *verb* to encourage
- Ik moedig mijn clubje graag aan.
1.63

1613 achterin *adv* in the back
- De kinderen zaten achterin.
1.63

1614 bestand *noun, het* a) file b) truce
- a) Het virus wordt geactiveerd als je het besmette bestand opent.
- b) De partijen sloten een bestand.
1.63

1615 ongeacht *adv* regardless
- Iedereen heeft er recht op, ongeacht zijn herkomst.
1.63

1616 ontlenen *verb* to derive
- De naam van het dorp is ontleend aan de berg.
1.63

1617 overstappen *verb* to change over
- Ik stap over naar een andere leverancier.
1.63

1618 vijver *noun, de(m)* pond
- Ik wil volgend jaar een vijver in de tuin.
1.63

1619 voorval *noun, het* incident
- Ik heb aan het voorval toch een vervelend gevoel overgehouden.
1.63

1620 weduwe *noun, de(f)* widow
- Ze is sinds enkele jaren weduwe.
1.63

1621 wegleggen *verb* to put away
- Zij legde het boek weg.
1.63

1622 aanrichten *verb* to cause
- Zij richtten flinke vernielingen aan.
1.62

1623 bijstaan *verb* to assist
- De raad moet de huidige directie bijstaan bij de verzelfstandiging van het museum.
1.62

1624 overwinnen *verb* to overcome
- Hij overwon alle tegenslagen.
1.62

1625 schijf *noun, de* a) slice b) disk
- a) De tomaat kan in schijven worden gesneden.
- b) Hij zette de documenten op de schijf.
1.62

1626 vorst *1) noun, de 2) noun, de(m)* 1) monarch 2) frost
- 1) Onze vorst kan nog steeds weigeren om ministers te benoemen.
- 2) In het oosten komt het tot lichte vorst.
1.62

1627 bevestiging *noun, de(f)* confirmation
- De bevestiging van het nieuws kwam snel.
1.61

1628 fatsoenlijk *adj* decent
- Hij is een fatsoenlijke jongen.
1.61

1629 geruim *adj* considerable
- Het zal nog geruime tijd duren.
1.61

1630 kledij *noun, de(f)* clothing
- De aankoop van mijn kledij laat ik volledig over aan de goede smaak van mijn vrouw.
1.61

1631 planten *verb* to plant
- Ik heb viooltjes geplant in de tuin.
1.61

1632 proper *adj* tidy, clean
- Er was een propere keuken.
1.61

1633 restaureren *verb* to restore
- Het paleis is grotendeels gerestaureerd en open voor het publiek.
1.61

1634 zelfvertrouwen *noun, het* self-confidence
- Hij gaf haar zelfvertrouwen.
1.61

1635 hopeloos *adj* hopeless
- Het was een hopeloze situatie.
1.60

1636 tank *noun, de(m)* a) (fuel) tank
b) tank (army vehicle)
- a) Ik vertrek liever met een volle tank.
- b) De tank reed over de heide.
1.60

1637 uiterlijk *adj* external
- Aan uiterlijke kenmerken kun je niets afleiden.
1.60

1638 verleiden *verb* to seduce
- Zij verleidde hem tot een dure aankoop.
1.60

1639 vuurwerk *noun, het* firework
- Het vuurwerk is in de wijde omgeving te zien.
1.60

1640 zuinig *adj* frugal
- De zuinige man gaf zijn kinderen weinig zakgeld.
1.60

1641 afstaan *verb* to give up
- De regerende landskampioen moet zijn kroon afstaan.
1.59

1642 architectuur *noun, de(f)* architecture
- Door de kleurige belichting krijgt elk detail van de architectuur nadruk.
1.59

1643 evaluatie *noun, de(f)* evaluation
- De evaluatie bleek niet positief.
1.59

1644 folder *noun, de(m)* leaflet
- In het rek lagen enkele folders.
1.59

1645 gunst *noun, de(f)* favour
- Hij beloofde gunsten om verkozen te worden.
1.59

1646 kermis *noun, de* fair
- Het stadsbestuur raadt iedereen aan om met de fiets naar de kermis te komen.
1.59

1647 leer *1) noun, het 2) noun, de* 1) leather
2) doctrine
- 1) Hij droeg schoenen van leer.
- 2) Leven volgens een bepaalde leer is net zoals de regels van een maatschappij opvolgen.
1.59

1648 sprong *noun, de(m)* jump
- Met een enorme sprong bereikte hij de overkant.
1.59

1649 varken *noun, het* pig
- Veel boeren hebben zich gespecialiseerd in het houden van varkens.
1.59

1650 verwoorden *verb* to articulate
- Hij heeft het vermogen ragfijn te kunnen verwoorden wat zijn pupil voelt.
1.59

1651 essentie *noun, de(f)* essence
- Zijn doel is om aan te tonen dat alle religies in essentie hetzelfde doel nastreven.
1.58

1652 kar *noun, de* cart
- Voordien vervoerden ze met paard en kar bouwmaterialen.
1.58

1653 kijk *noun, de(m)* look
- Zij had een klare kijk op de kwestie.
1.58

1654 overeenstemming *noun, de(f)* agreement
- Er werd geen overeenstemming bereikt over de regels voor verder overleg.
1.58

1655 overweging *noun, de(f)* consideration
- Mijn overwegingen zijn simpel.
1.58

1656 psycholoog *noun, de(m)* psychologist
- Psychologen proberen wereldwijd in het hoofd van hun cliënten te kruipen.
1.58

1657 spot *noun, de(m)* a) spotlight b) ridicule
- a) Ze was prachtig in het licht van de spot.
- b) Zij dreef de spot met zijn gestotter.
1.58

1658 winkelen *verb* to shop
- Volgens mij kun je in elke grotere stad tegenwoordig wel leuk winkelen.
1.58

1659 bel *noun, de* bell
- De bel gaat en twee jongetjes komen de kamer binnen.
1.57

1660 keten *noun, de* chain
- De keten van 126 winkels kwam in de problemen.
1.57

1661 oppassen *verb* to babysit
- Mijn oma kwam oppassen en maakte heerlijke boterhammetjes hagelslag.
  1.57

1662 pompen *verb* to pump
- Bij structurele hartziekten pompt het hart onvoldoende krachtig.
  1.57

1663 schenden *verb* to harm
- Een arts mag de integriteit van het lichaam niet schenden.
  1.57

1664 stop *noun, de(m)* stop
- We maakten halverwege een stop.
  1.57

1665 vraagteken *noun, het* question mark
- Achter deze zin hoort een vraagteken.
  1.57

1666 corrigeren *verb* to correct
- Nu krijg ik de kans dingen te corrigeren die misgelopen zijn.
  1.56

1667 echo *noun, de(m)* echo
- In de verte hoor ik een echo.
  1.56

1668 geschrift *noun, het* writing
- Hij besteedde zijn tijd aan het bestuderen van boeddhistische geschriften.
  1.56

1669 inlichting *noun, de(f)* information
- Voor meer inlichtingen kunt u bellen.
  1.56

1670 menu *noun, het* menu
- In een luxe restaurant bestaat een gastronomisch menu soms uit zeven gangen.
  1.56

1671 taart *noun, de* cake
- Laat het deeg opstijven in de ijskast alvorens de taart te bakken.
  1.56

1672 aanschaffen *verb* to purchase
- Ik schafte een nieuwe computer aan.
  1.55

1673 ethisch *adj* ethical
- Als minister maak ik een maatschappelijke en ethische afweging.
  1.55

1674 kopie *noun, de(f)* copy
- Hij maakt een kopie van het document.
  1.55

1675 levendig *adj* lively
- Ik maak van de vader een levendige figuur.
  1.55

1676 vaderland *noun, het* (native) country
- Hij speelde graag voor zijn vaderland.
  1.55

1677 standaard *noun, de(m)* standard
- De microfoon stond op een standaard.
  1.55

1678 baren *verb* to bear
- Ze baarde een tweeling en legde die in een rieten mandje in de rivier.
  1.54

1679 contrast *noun, het* contrast
- Dit staat in schril contrast met hoe managers over zichzelf denken.
  1.54

1680 ferm *adj* firm
- Tijdens het debat bleef er van die ferme taal weinig over.
  1.54

1681 genetisch *adj* genetic
- Het genetisch verschil tussen mensen en fruitvliegjes is relatief klein.
  1.54

1682 globaal *adj* rough
- Een globale schets van het gebouw maakte veel duidelijk.
  1.54

1683 pesten *verb* to bully
- Mijn dochter is vorig jaar behoorlijk gepest.
  1.54

1684 privacy *noun, de(f)* privacy
- Hij klaagde erover dat zijn privacy geschonden was.
  1.54

1685 uitlopen *verb* a) to sprout b) to lead to
- a) In de lente liepen de planten weer uit.
- b) Uit betrouwbare bronnen is gebleken dat het onderhoud op niets is uitgelopen.
  1.54

1686 dosis *noun, de(f)* dose
- Hij nam een flinke dosis vitamine C.
  1.53

1687 krap *adj* tight
- Ze draagt altijd iets te krappe kleding.
  1.53

1688 overheersen *verb* to dominate
- Opluchting overheerste toch het lichte gevoel van teleurstelling.
  1.53

1689 truc *noun, de(m)* trick
- De goochelaar deed de truc met het konijn.
1.53

1690 vaardigheid *noun, de(f)* skill
- De behandeling vereist specifieke vaardigheden.
1.53

1691 associëren *verb* to associate
- Ik associeer je niet met een vechtsport.
1.52

1692 bestraffen *verb* to punish
- Ze bestrafte hem voor zijn lompe gedrag.
1.52

1693 deal *noun, de(m)* deal
- De deal is meer dan 10 miljoen euro waard.
1.52

1694 erfenis *noun, de(f)* heritage, inheritance
- Alle familieleden hebben vrede met de eerlijke verdeling van de erfenis.
1.52

1695 invulling *noun, de(f)* interpretation, filling-in
- De invulling van het programma komt later.
1.52

1696 psychiater *noun, de(m)* psychiatrist
- Ze raakte afhankelijk van psychiaters en antidepressiva.
1.52

1697 speelgoed *noun, het* toys
- Leg wat speelgoed in zijn kamer.
1.52

1698 zeil *noun, het* sail
- Ik keek naar een zeilschip met een bruin zeil.
1.52

1699 apparatuur *noun, de(f)* equipment
- In allerlei moderne apparatuur worden digitale schakelaars toegepast.
1.51

1700 inbouwen *verb* to build in
- Philips komt met een tv die ingebouwd is in een spiegel.
1.51

1701 isoleren *verb* to isolate
- Ze isoleerden het huis en bezuinigden op de stookkosten.
iemand isoleren van: Ze isoleerden hem van zijn vrienden.
1.51

1702 metro *noun, de(m)* metro
- Ze gingen met de metro naar de stad.
1.51

1703 overtreffen *verb* to surpass
- De vraag naar beleggingen in vastgoed overtreft het aanbod.
1.51

1704 piloot *noun, de(m)* pilot
- De piloot zette het toestel aan de grond.
1.51

1705 redding *noun, de(f)* rescue
- De redding van de kinderen was voorpaginanieuws.
1.51

1706 schema *noun, het* scheme
- De bouw duurde lang en raakte achter op schema.
1.51

1707 toekomen *verb* to get round to
- Ik ben nog niet aan het nakijken van de proefwerken toegekomen.
1.51

1708 uitverkopen *verb* to sell out
- Ook de 6000 exemplaren van de tweede druk waren binnen drie dagen uitverkocht.
1.51

1709 vacature *noun, de(f)* vacancy
- Vooral in de dienstverlening nam het aantal vacatures toe.
1.51

1710 afkeuren *verb* to disapprove
- De regeling werd door de rechter afgekeurd.
1.50

1711 dal *noun, het* valley
- Tussen 1953 en 1958 werd een stuwdam aangelegd aan het eind van het dal.
1.50

1712 experimenteren *verb* to experiment
- In die tijd begon hij ook te experimenteren met drugs.
1.50

1713 idioot *adj* idiot
- Hoeveel van die idiote verhaaltjes gaan hier nog opduiken?
1.50

1714 inschatten *verb* to assess, to estimate
- Ik kan een beetje inschatten wat ik ga overhouden.
1.50

1715 introductie *noun, de(f)* introduction
- Dit festival betekende de introductie van een nieuw puntensysteem.
1.50

22 Forms of the verb *worden*

wordt 87.31 becomes   **worden** 58.16 become   **word** 11.42 become

worden 84.26 to become   **werden** 47.99 became

werd 78.67 became   **geworden** 27.06 become

1716 kerst *noun, de* Christmas
- Hij wenste iedereen een goede kerst en een gelukkig nieuwjaar.
1.50

1717 meer *noun, het* lake
- De stadswijk aan de oever van het meer werd in de 18e en 19e eeuw gebouwd.
1.50

1718 overdrijven *verb* to exaggerate
- Volgens mij overdrijf je een beetje.
1.50

1719 rauw *adj* raw
- De kaas wordt gemaakt van rauwe geitenmelk.
1.50

1720 slordig *adj* untidy, sloppy
- Zij kon zijn slordige handschrift niet lezen.
1.50

1721 verleden *adj* past, last
- Verleden jaar is het café verbouwd.
1.50

1722 verlof *noun, het* leave
- Zij kreeg drie weken verlof.
1.50

1723 zaaien *verb* to sow
- Hij zaait de worteltjes en de boontjes.
1.50

1724 beschaving *noun, de(f)* civilization
- Dit is onze beschaving onwaardig.
1.49

1725 demonstreren *verb* a) to show b) to protest
- a) Ze demonstreerde dat ze een bal hoog in de tribune kon trappen.
- b) In het land gingen veel mensen de straat op om te demonstreren.
1.49

1726 dirigent *noun, de(m)* conductor
- De leden van het orkest waren betrokken bij de benoeming van hun dirigent.
1.49

1727 tweeling *noun, de(m)* twins
- De tweeling zat in verschillende klassen.
1.49

1728 veelvuldig *adj* frequent
- De Europese Commissie maakt zich zorgen over het veelvuldige gebruik van draagbare telefoons door kinderen.
- (adv) Ze stak haar kin omhoog, terwijl ze veelvuldig met haar ogen knipperde.
1.49

1729 woestijn *noun, de* desert
- Er liep een lange weg door de woestijn.
1.49

1730 zinvol *adj* meaningful
- Het was een zinvolle bijeenkomst.
1.49

1731 aanmelden (zich) *verb* to sign up
- Ik meldde me aan als lid van de club.
1.48

1732 bruikbaar *adj* useful
- Dit is een bruikbare oplossing.
1.48

1733 camping *noun, de(m)* camp site
- Ze logeren in kleine tentjes op de camping.
1.48

1734 compliment *noun, het* compliment
- Ik wil je een compliment maken voor je betrokkenheid.
1.48

1735 dopen *verb* to baptize
- De koning was in dit klooster gedoopt.
1.48

1736 kappen *verb* to cut (down)
- Voor de aanleg werden vijftig bomen gekapt.
1.48

1737 moedig *adj* brave
- De moedige jongen sprak de leraar tegen.
1.48

1738 opknappen *verb* a) to do up, to restore b) to recover
- a) Ze knapten het oude huis helemaal op.
- b) Ik hoop dat hij snel opknapt en vlug naar huis mag.
1.48

1739 vlakte *noun, de(f)* plain
- Zij keek uit over de vlakte.
1.48

1740 bewering *noun, de(f)* assertion
- Of haar bewering nu waar was of niet doet dus feitelijk niet zoveel ter zake.
1.47

1741 erna *adv* after (it)
- Dit nummer werd in de jaren erna in tientallen landen uitgebracht.
1.47

1742 interviewen *verb* to interview
- De journalist interviewde de schrijver.
1.47

1743 kalender *noun, de(m)* calendar
- Zijn verjaardag stond nog niet op de kalender.
1.47

1744 ongelijk *adj* unequal
- Ik klaagde over de ongelijke behandeling.
1.47

1745 sprookje *noun, het* fairy tale
- Ik wist niet dat u nog in sprookjes of fabeltjes geloofde.
1.47

1746 uitstap, uitstapje *noun, de(m)/het* trip
- Een leuke uitstap naar de dierentuin.
- Het uitstapje ging naar Deventer.
1.47

1747 buurvrouw *noun, de(f)* neighbour, woman next door
- Ik bezocht de buurvrouw in het ziekenhuis.
1.46

1748 chocolade *noun, de(m)* chocolate
- Hij is dol op chocolade.
1.46

1749 hoofddoek *noun, de(m)* headscarf
- Ze droeg een kleurige hoofddoek.
1.46

1750 inhalen *verb* to overtake
- Hij haalde het voertuig met een behoorlijke snelheid in.
1.46

1751 kleintje *noun, het* little one
- Voor de kleintjes is er een kinderprogramma.
1.46

1752 mythe *noun, de* myth
- Ze vertelt hem haar favoriete Griekse mythe, over Theseus en Ariadne.
1.46

1753 schandalig *adj* scandalous
- De scheidsrechter nam een schandalige beslissing.
1.46

1754 verouderen *verb* to age
- De software veroudert snel.
1.46

1755 volgorde *noun, de* order
- Je kunt de volgorde van de nummers wijzigen.
1.46

1756 bevrijding *noun, de(f)* liberation
- Een snelle actie leidde tot de bevrijding van de gijzelaars.
1.45

1757 inspecteur *noun, de(m)* inspector
- De inspecteur leidde het onderzoek.
1.45

1758 manipuleren *verb* to manipulate
- Hij manipuleerde de verkiezingen.
1.45

1759 opgave *noun, de* task
- Het afspreken van een vergadering was een lastige opgave.
1.45

1760 vissen *verb* to fish
- Rondom de plas wordt voornamelijk gewandeld en gevist.
1.45

1761 ideaal *noun, het* ideal
- De utopische idealen van de jaren zestig maakten plaats voor ironie en sarcasme.
1.44

1762 ironisch *adj* ironic
- Hij gaf haar een ironische knipoog.
1.44

1763 kopiëren *verb* to copy
- Zij kopieerde de akte.
1.44

1764 opeisen *verb* to claim
- Zijn broer eiste de titel op.
1.44

1765 strip *noun, de(m)* cartoon
- Van deze strips verschijnen ook regelmatig albums.
1.44

1766 troon *noun, de(m)* throne
- Het prinsesje belandde toch nog op de troon.
1.44

1767 uitermate *adv* extremely
- Het is vandaag uitermate somber en er zijn perioden met regen.
  1.44

1768 vergaderen *verb* to meet
- De gemeente vergaderde met de middenstand.
  1.44

1769 vermits *conj* since
- Maar vermits ik nogal allergisch ben, kan ik daar 's zomers niet naartoe.
  1.44

1770 wegvallen *verb* to be lost
- Pas wel op als er te veel inkomsten wegvallen.
  1.44

1771 bestelling *noun, de(f)* order
- Uw bestelling wordt zonder verdere kosten bij u thuis afgeleverd.
  1.43

1772 boeiend *adj* fascinating
- Het was een boeiende wedstrijd.
  1.43

1773 bronzen *adj* bronze
- De 18-jarige kaapte de bronzen medaille weg bij de junioren.
  1.43

1774 diagnose *noun, de(f)* diagnosis
- De arts stelde de diagnose.
  1.43

1775 driekwart *adj* three-quarter
- Kenny was op driekwart minuut tweede.
  1.43

1776 lief *noun, het* beloved
- Ik leerde er ook mijn lief kennen, die later mijn vrouw is geworden.
  1.43

1777 materie *noun, de(f)* matter
- Deze materie is te moeilijk voor hem.
  1.43

1778 ontnemen *verb* to deprive
- Je mag hem dat plezier niet ontnemen.
  1.43

1779 afstemmen *verb* to tune, to adjust
- Ze moet haar communicatie op die groep mensen afstemmen.
  1.42

1780 helikopter *noun, de(m)* helicopter
- De helikopter vloog een rondje.
  1.42

1781 indelen *verb* to classify, to group
- Ze werden ingedeeld op leeftijd.
  1.42

1782 inleiding *noun, de(f)* introduction
- Aan de bibliografie gaat een uitvoerige inleiding vooraf.
  1.42

1783 lek *adj* leaky, flat
- Hij was te laat vanwege een lekke band.
  1.42

1784 metaal *noun, het* metal
- De zon scheen op het metaal van de brug.
  1.42

1785 uitkiezen *verb* to pick
- De mooiste dieren werden uitgekozen door de jury.
  1.42

1786 afbeelden *verb* to depict
- Men heeft de heilige vaak afgebeeld met een wit lam.
  1.41

1787 afdoen *verb* a) to take off b) to dismiss
- a) Zij doen hun blinddoeken af.
- b) De zaak werd als onbelangrijk afgedaan.
  1.41

1788 afrekenen *verb* a) to settle the bill b) to judge (on)
- a) Zij rekent het eten af.
- b) We worden afgerekend op onze prestaties.
  1.41

1789 benzine *noun, de* petrol
- Ferdi leende de auto en zorgde voor benzine.
  1.41

1790 bezien *verb* to see
- We zullen bezien hoe we dat gaan doen.
  1.41

1791 bont *adj* (multi)coloured
- Ze droegen bonte kleding.
  1.41

1792 conferentie *noun, de(f)* conference
- Er was een conferentie over de nieuwe spelling.
  1.41

1793 juf *noun, de(f)* (female) teacher
- Ik moet de juf nog eens vragen hoe het nu op school gaat.
  1.41

1794 medium *noun, het* medium
- Radio was het populairste medium.
  1.41

1795 pijl *noun, de(m)* arrow
- Ze jagen met pijlen met een sterk gif.
  1.41

1796 pittig *adj* spicy
- Dit is lekker met veel knapperige groenten en pittige uitjes!
  1.41

1797 planning *noun, de(f)* plan(ning)
- Door mijn studies kan ik moeilijk een planning opstellen.
  1.41

1798 razend *adj* a) furious (*adv*) b) very
- a) Hij was razend over hun beslissing.
- b) Ze vond hem ook razend knap in zijn hippe blauwe trui.
  1.41

1799 allerlaatst *adj* very last
- In de allerlaatste regel stond pas iets over zijn debuut.
  1.40

1800 explosie *noun, de(f)* explosion
- De explosie richtte een ravage aan in het appartement.
  1.40

1801 portie *noun, de(f)* serving
- Hij nam nog een portie vlees.
  1.40

1802 slang *noun, de* a) snake b) hose
- a) De slang lag in een hoek van het terrarium.
- b) Spuit met de slang de tegels schoon.
  1.40

1803 toets *noun, de(m)* key
- Ik loop naar mijn oude piano en druk op een van de witte toetsen.
  1.40

1804 verpakking *noun, de(f)* packing
- De cd zit in een stevige verpakking.
  1.40

1805 hoeverre *adv* to what extent
- Het was nog onduidelijk in hoeverre de partijen willen meewerken.
  1.39

1806 journaal *noun, het* news
- Op de televisie wordt het journaal uitgezonden.
  1.39

1807 kapel *noun, de* chapel
- Er komt een wandelpad langs de kapel.
  1.39

1808 paradijs *noun, het* paradise
- Het eiland is een paradijs voor pinguïns en andere vogels.
  1.39

1809 plak *noun, de* slice
- Zij nam een plak cake.
  1.39

1810 revolutionair *adj* revolutionary
- Het was een revolutionaire ontwikkeling.
  1.39

1811 voorin *adv* in (the) front
- Op de achterbank zit je bijna net zo lekker als voorin.
  1.39

1812 afhalen *verb* to pick up, to collect
- De boeken kunnen afgehaald worden op het secretariaat.
  1.38

1813 fanatiek *adj* fanatic
- De acteur geldt als een fanatiek aanhanger van het godsdienstig gezelschap.
  1.38

1814 hakken *verb* to cut/hew (out)
- Hij is beeldhouwer en staat in de tuin achter zijn huis te hakken.
  1.38

1815 luik *noun, het* a) shutter b) part
- a) Alle luiken zijn dicht en de bel wordt niet beantwoord.
- b) Het tweede luik van de opnames volgt de jongeren.
  1.38

1816 stammen *verb* to date
- Het huidige gebouw stamt uit 1916.
  1.38

1817 afwijking *noun, de(f)* deviation
- Hij had een kleine afwijking.
  1.37

1818 checken *verb* to check
- Nu kan je ook hotels checken op ligging.
  1.37

1819 drang *noun, de(m)* urge
- Zij voelde de drang om weg te lopen.
  1.37

1820 duister *adj* dark
- Zijn films gaan over duistere kanten van de menselijke natuur.
  1.37

1821 regelmaat *noun, de* regularity
- Hij had veel gevoel voor orde en regelmaat.
  1.37

1822 verantwoording *noun, de(f)* responsibility
- Zij nam de verantwoording op zich.
  1.37

1823 **volume** *noun, het* volume
- Jack zette het volume van de radio weer op nul.
1.37

1824 **boter** *noun, de* butter
- Smelt de helft van de boter in een koekenpan.
1.36

1825 **identiek** *adj* identical
- Hier deed zich tien dagen geleden een identiek ongeval voor.
1.36

1826 **onnozel** *adj* silly
- Hij maakte een onnozele opmerking.
1.36

1827 **pogen** *verb* to attempt
- Ze poogden hem tevreden te stellen.
1.36

1828 **profeet** *noun, de(m)* prophet
- Nostradamus is misschien de bekendste profeet van de hedendaagse tijd.
1.36

1829 **prooi** *noun, de* prey
- De leeuw loerde naar zijn prooi.
1.36

1830 **voornemen** *verb* to plan
- Ze heeft zich voorgenomen komende winter harder te trainen.
1.36

1831 **wantrouwen** *noun, het* distrust
- Er was wat wantrouwen tijdens de verkennende gesprekken.
1.36

1832 **wetsvoorstel** *noun, het* bill
- Het federale parlement keurde het wetsvoorstel goed.
1.36

1833 **wijsheid** *noun, de(f)* wisdom
- Gelukkig hoeft niet alle wijsheid uit één enkele bron te komen.
1.36

1834 **zodoende** *adv* consequently
- De opvattingen van het kabinet zijn zodoende niet anders dan een bouwsteen voor de kabinetsformatie.
1.36

1835 **landen** *verb* to land
- Het vliegtuig landde op de luchthaven.
1.35

1836 **mist** *noun, de(m)* fog
- Woensdag is het rustig en droog met eerst nevel of mist.
1.35

1837 **nachtmerrie** *noun, de* nightmare
- Hij heeft regelmatig nachtmerries over vleermuizen.
1.35

1838 **ondergang** *noun, de(m)* (down)fall, destruction
- Het bedrijf zit uiteraard niet rustig te wachten op zijn ondergang.
1.35

1839 **rat** *noun, de* rat
- Katten worden gehouden, omdat ze muizen en ratten vangen.
1.35

1840 **bereik** *noun, het* reach
- De vragen liggen binnen ieders bereik.
1.34

1841 **beschouwing** *noun, de(f)* consideration, view
- Is een beschouwing niet een subjectieve opvatting?
1.34

1842 **betoog** *noun, het* argument, plea
- De argumenten in uw betoog overtuigen mij niet.
1.34

1843 **binnenland** *noun, het* inland
- Het binnenland van het bergachtige kleine eiland is ronduit fantastisch.
1.34

1844 **buitenkant** *noun, de(m)* outside
- Aan de buitenkant van het gebouw was niets te zien.
1.34

1845 **chic** *adj* chic
- Ik kijk in de catalogus van de chique meubelzaak.
1.34

1846 **eend** *noun, de* duck
- Ze zag de vijver waar de eenden zwommen.
1.34

1847 **gokken** *verb* to gamble
- Zij gingen naar het casino om te gokken.
1.34

1848 **instorten** *verb* to collapse
- Een stuk van de gevel stortte in.
1.34

1849 **order** *noun, de/het* order
- Er zijn minder orders vanwege de huidige recessie.
1.34

1850 **rede** *noun, de* speech
- Hij hield zijn rede met de verkiezingen in het achterhoofd.
1.34

1851 regelrecht *adj* straight
- Het was een regelrechte ramp.
1.34

1852 uitdrukkelijk *adj* explicit
- Dat was hun uitdrukkelijke wens.
- (adv) Zij beloofde uitdrukkelijk om terug te komen.
1.34

1853 beer *noun, de(m)* bear
- De beer liep grommend door zijn hok.
1.33

1854 komisch *adj* comic
- Hij maakt er een komisch schouwspel van.
1.33

1855 redeneren *verb* to reason
- Hij redeneerde dat hij dan beter thuis kon blijven.
1.33

1856 verwarming *noun, de(f)* heating
- De verwarming is kapot.
1.33

1857 woeden *verb* to rage
- Voor zover bekend woedde de tornado kort en krachtig over enkele velden.
1.33

1858 communist *noun, de(m)* communist
- De motie was ingediend door de communisten.
1.32

1859 daaronder *adv* thereunder
- De spreker legt uit wat daaronder wordt verstaan.
1.32

1860 doortrekken *verb* a) to extend b) to flush
- a) Ze trokken de weg door tot aan Voorburg.
- b) Hij vergat de wc door te trekken.
1.32

1861 harmonie *noun, de(f)* harmony
- Er heerste harmonie in de kleedkamer.
1.32

1862 puber *noun, de* adolescent
- Mijn puber gaat vanaf de brugklas echt niet meer in sandalen lopen.
1.32

1863 rijst *noun, de(m)* rice
- Hij schepte een bord bonen, kip en rijst op.
1.32

1864 spreker *noun, de(m)* speaker
- De sprekers hielden het kort en sober.
1.32

1865 kantine *noun, de(f)* canteen
- De kantine is voor een voetbalploeg een belangrijke bron van inkomsten.
1.31

1866 molen *noun, de(m)* mill
- Zondag wordt de molen opengesteld voor het publiek.
1.31

1867 zijkant *noun, de(m)* side
- De kaas wordt uit de vorm gehaald en aan de bovenkant en zijkant gezouten.
1.31

1868 kas *noun, de* a) greenhouse b) cash
- a) De tomaten staan in de kas.
- b) Uit de boekhouding bleek dat hij met de kas gesjoemeld had.
1.30

1869 kerkelijk *adj* ecclesiastical, church
- In kerkelijke kringen is behoudend gereageerd.
1.30

1870 verslaafd *adj* addicted
- De verslaafde man beroofde een voorbijganger.
1.30

1871 breedte *noun, de(f)* width
- De verhouding van hoogte en breedte van de vlag is 7 staat tot 12.
1.29

1872 erdoor *adv* through it
- Zou bij jouw taart gehakt erdoor ook lekker zijn?
1.29

1873 koelkast *noun, de* refrigerator
- De vruchten zijn buiten de koelkast slechts één week houdbaar.
1.29

1874 kwijtraken *verb* to lose
- We zijn in de brand al onze inboedel kwijtgeraakt.
1.29

1875 meegeven *verb* to give
- Hoeveel brood geef jij hem mee?
1.29

1876 opeten *verb* to eat
- Hij at de banaan helemaal op.
1.29

1877 sporten *verb* to play sport, to exercise
- Zij gaat elke dag sporten.
1.29

1878 verbond *noun, het* treaty, covenant
- De beide landen sloten een verbond.
1.29

1879 verpakken *verb* to wrap up
- Daarna werd alles opnieuw verpakt en teruggestuurd.
1.29

1880 voortkomen *verb* to result
- Het was woede die voortkwam uit zijn frustraties.
1.29

1881 weerhouden *verb* to withhold
- Dat weerhield de dieven er niet van om het huis binnen te dringen.
1.29

1882 beton *noun, het* concrete
- De meeste gebouwen in de stad zijn gemaakt van beton.
1.28

1883 box *noun, de(m)* speaker
- Uit enorme boxen kwam de stem van een Franse zanger.
1.28

1884 eergisteren *adv* day before yesterday
- Toevallig is mijn baby eergisteren vijf maanden geworden.
1.28

1885 heden *noun, het* today
- Het verleden is van belang voor het heden.
1.28

1886 pap *noun, de* porridge
- De baby kreeg 's middags een flesje pap.
1.28

1887 wezenlijk *adj* substantial
- Ik raakte geboeid door de wezenlijke verschillen tussen standaardtaal en dialect.
1.28

1888 alsmaar *adv* ever
- De kloof tussen burger en politiek wordt alsmaar breder.
1.27

1889 giftig *adj* toxic
- Bij de brand kwamen mogelijk giftige stoffen vrij.
1.27

1890 hieruit *adv* from this
- Mag ik hieruit afleiden dat je meegaat?
1.27

1891 boren *verb* to drill
- Hij boort een gat in de muur.
1.26

1892 doorstaan *verb* to endure
- Ze doorstonden de zware proef.
1.26

1893 gelovig *adj* faithful
- Als gelovig moslim blijf ik optimistisch.
1.26

1894 kruid *noun, het* herb
- Dit is gekruid met peper en kruiden.
1.26

1895 moraal *noun, de* moral
- Een moraal is een achterliggende gedachte in een verhaal.
1.26

1896 oftewel *conj* i.e.
- Dat is 300 gram extra oftewel voor 48 cent gratis friet.
1.26

1897 beslaan *verb* to cover
- De inzendingen beslaan een breed scala aan onderwerpen.
1.25

1898 jegens *prep* towards
- Kinderen zijn meestal loyaal jegens hun ouders.
1.25

1899 meekrijgen *verb* to get, to receive
- Ik heb van de fysio geen oefeningen meegekregen.
1.25

1900 steil *adj* steep
- Zij kwamen hollend langs de steile helling naar omlaag.
1.25

1901 strook *noun, de* strip
- Er ontstond een open strook van 2 meter tussen renners en supporters.
1.25

1902 blijk *noun, het* token
- Het was een blijk van waardering.
1.24

1903 omgang *noun, de(m)* contact
- De omgang tussen hem en mij was er een zonder al te veel verplichtingen.
1.23

1904 opdringen *verb* to impose
- Democratie kan je niet opdringen.
1.23

1905 shit *noun, de(m)* shit
- Zij kijken op tv alleen maar naar shit.
in de shit: na het faillissement raakte hij helemaal in de shit.
1.23

1906 uitwerking *noun, de(f)* effect
- De beslissing miste zijn uitwerking niet.
1.23

1907 brein *noun, het* brain
- Het brein van pubers blijft een mysterie.
1.22

1908 friet *noun, de* French fries, chips
- Waarom blijft friet duur als aardappel goedkoper wordt?
1.22

1909 microfoon *noun, de(m)* microphone
- Bij de radio was ik echt verliefd geworden op de microfoon.
1.22

1910 opvatten *verb* to take
- Je moet dat niet verkeerd opvatten.
1.22

1911 tegenaan *adv* against it, for it
- Ik ga er voor tweehonderd procent tegenaan.
1.22

1912 tegenovergesteld *adj* opposite
- Zij hadden tegenovergestelde meningen.
1.22

1913 lui *adj* lazy
- Dat betekent niet dat ik een luie werknemer ben.
1.21

1914 rolstoel *noun, de(m)* wheelchair
- Na een hartaanval was zij al een tijdje aan de rolstoel gekluisterd.
1.21

1915 verwarmen *verb* to warm, to heat
- Het gebouw wordt tijdelijk verwarmd met kachels.
1.21

1916 abstract *adj* abstract
- Het blijven abstracte begrippen.
1.20

1917 ridder *noun, de(m)* knight
- De hegemonie van de ridder te paard was ten einde.
1.20

1918 toetsen *verb* to test
- De verteller toetst zijn herinneringen aan de werkelijkheid.
1.20

1919 vastzitten *verb* to get stuck
- Hij zat vast in het dakraam.
1.20

1920 afvallen *verb* a) to fall down b) to lose weight
- a) Hij is van het dak afgevallen.
- b) Ik ben bijna 8 kilo afgevallen.
1.19

1921 betrekkelijk *adv* relatively
- De ingrediënten van de roman zijn eigenlijk betrekkelijk eenvoudig.
1.19

1922 etiket *noun, het* label
- Op elke doos kleefde een getypt etiket waarop de inhoud vermeld stond.
1.19

1923 inzitten *verb* to sit in, to contain
- Sommige van haar nummers hebben er wel een lekkere beat inzitten.
ergens over inzitten: Over dat verlies moet je maar niet te veel inzitten.
1.19

1924 overlaten *verb* to leave
- Zij lieten de geldzaken aan de penningmeester over.
1.19

1925 permitteren *verb* to afford
- Wij kunnen ons niet permitteren om grote transfers te realiseren.
1.19

1926 vanwaar *adv* from where, why
- Vanwaar komt het idee dat we weggaan?
1.19

1927 weggooien *verb* to throw away
- Hij gooide de lege verpakking weg.
1.19

1928 brievenbus *noun, de* letterbox
- Wij willen haar verrassen met een brievenbus vol kaartjes.
1.18

1929 formulier *noun, het* form
- De formulieren moeten correct worden ingevuld.
1.18

1930 goed *noun, het* good
- Democratie is een groot goed.
1.18

1931 kostuum *noun, het* suit
- Zij ontwierp voor negen personages de kostuums.
1.18

1932 onbelangrijk *adj* unimportant
- Het was maar een onbelangrijk detail.
1.18

1933 vlinder *noun, de(m)* butterfly
- De vlinder zit graag op klaprozen en boterbloemen.
1.18

1934 zegen *noun, de(m)* blessing
- Gods zegen en vrede toegewenst.
1.18

1935 samenvatten *verb* to summarize
- Zij vatte de resultaten kort samen.
1.17

1936 daarbuiten *adv* outside
- Wat hij daarbuiten doet, moet ie zelf weten.
1.16

1937 standbeeld *noun, het* statue
- Het standbeeld werd door de burgemeester onthuld.
1.16

1938 taalgebruik *noun, het* language usage
- Zijn taalgebruik is aardig grof geworden.
1.16

1939 duw *noun, de(m)* push
- Zij gaf hem een harde duw.
1.15

1940 oppikken *verb* to pick up
- Waar heb je dat woord opgepikt?
1.15

1941 prent *noun, de* print
- In vroeger eeuwen werden de mooiste plekjes op prent of tekening vastgelegd.
1.15

1942 zagen *verb* to saw
- Het schip wordt bij de berging in negen stukken gezaagd.
1.15

1943 hoelang *adv* how long
- Ik vraag me af hoelang parfum gemiddeld houdbaar is.
1.14

1944 ijzer *noun, het* iron
- Het zijn constructies in hout of ijzer die je laat begroeien door klimplanten.
1.14

1945 koorts *noun, de* fever
- De koorts loopt op tot tegen de 40 graden.
1.14

1946 poster *noun, de(m)* poster
- Ze hangen overal posters op.
1.14

1947 wolf *noun, de(m)* wolf
- De weerwolf is een mens die bij tijd en wijle in een wolf verandert.
1.14

1948 worst *noun, de* sausage
- De slager maakt deze worst zelf.
1.14

1949 christen *noun, de(m)* Christian
- Christenen doen ook niet alles goed.
1.13

1950 nota *noun, de* note, bill
- Over die nota hebben we in het parlement heel lang gediscussieerd.
1.13

1951 snoep *noun, de(m)* sweets
- Het ventje had zijn moeder de oren van het hoofd gezeurd om snoep.
1.13

1952 zeilen *verb* to sail
- Hij zeilt zijn zeilboot deze week al terug naar Engeland.
1.13

1953 bezitting *noun, de(f)* possession
- Deze man toont geen enkel respect voor andermans bezittingen.
1.12

1954 onderkant *noun, de(m)* underside
- Ze zitten zowel aan de onderkant als aan de bovenkant van het blad.
1.12

1955 viool *noun, de* violin
- Ik speelde dertien jaar viool en ging naar de muziekacademie.
1.12

1956 ontspanning *noun, de(f)* relaxation
- Voetballen vind ik een vorm van ontspanning.
1.11

1957 piek *noun, de* peak
- Het was de piek van zijn loopbaan als dichter.
1.11

1958 portemonnee *noun, de(m)* wallet
- Ze had honderd gulden in zijn portemonnee gedaan.
1.11

1959 slijten *verb* to wear (out)
- Zijn broek slijt flink bij dit zware werk.
1.11

1960 veronderstelling *noun, de(f)* hypothesis
- Klopt mijn veronderstelling een beetje?
1.11

1961 vers *noun, het* verse
- Hij debuteerde met romantische verzen.
1.11

1962 solliciteren *verb* to apply
- Hij solliciteerde naar de mooie functie.
1.10

1963 kathedraal *noun, de* cathedral
- De bisschop betrad de kathedraal.
1.09

1964 saus *noun, de* sauce
- Het enige wat jij moet doen is pasta koken en de saus opwarmen.
  1.09

1965 babbelen *verb* to chat
- Wij hebben heel lang samen gebabbeld.
  1.08

1966 knal *noun, de(m)* bang
- Een knal is een hard geluid dat over het algemeen ontstaat bij een explosie.
  1.08

1967 huiswerk *noun, het* homework
- Hij maakte zijn huiswerk zelden.
  1.07

1968 deugen *verb* to be good
- Eigenlijk is er maar één ding dat niet deugt aan dit boek.
  1.06

1969 drieduizend *num* three thousand
- Het boekje verscheen in een oplage van ongeveer drieduizend exemplaren.
  1.06

1970 kapper *noun, de(m)* hairdresser
- De kapper vroeg hoe kort hij zijn haar wilde.
  1.06

1971 omslag *1) noun, de(m)/het 2) noun, de(m)*
1) cover 2) change
- 1) Het boek heeft een mooie omslag.
- 2) De omslag van zomer naar herfst vond plotseling plaats.
  1.06

1972 onvoorstelbaar *adj* unimaginable
- Het was een onvoorstelbare middag.
  1.06

1973 terzijde *adv* aside
- Hij schoof de groente terzijde.
  1.06

1974 datgene *pron* what
- Dat is niet datgene waar het om gaat.
  1.05

1975 naar *adj* nasty
- Zij heeft wel wat nare trekjes.
  1.05

1976 oven *noun, de(m)* oven
- Zij bakte de taart in de oven.
  1.05

1977 plassen *verb* to have a pee
- Het kind moest nodig plassen.
  1.05

1978 pardon *noun, het* pardon
- Er werd een algemeen pardon uitgevaardigd.
  zonder pardon: Hij duwde haar zonder pardon opzij.
  1.03

1979 woordenboek *noun, het* dictionary
- Zoek jij soms gewone woorden op in een woordenboek?
  1.03

1980 tomaat *noun, de* tomato
- Snij de mozzarella en tomaten in schijfjes en hak de basilicum fijn.
  1.02

1981 aansteken *verb* to light
- Het meisje stak het vuurwerk aan.
  1.01

1982 goddelijk *adj* divine
- In een visioen zag hij een goddelijke figuur.
  1.01

1983 nimmer *adv* never
- De overwinning was nimmer in zicht.
  1.01

1984 samenwonen *verb* to live together, to cohabit
- Zij gingen in Amsterdam samenwonen.
  1.01

1985 honderdduizend *num* hundred thousand
- Het ziekenfonds telt meer dan honderdduizend verzekerden.
  1.00

1986 map *noun, de* folder
- De boekhouder kwam binnen met een map onder zijn arm.
  0.99

1987 uzelf *pron* yourself
- Misschien ziet u nu in dat tegenwerking alleen uzelf zal schaden?
  0.99

1988 achterop *adv* on the back
- De fietser knalde achterop een auto.
  0.98

1989 uithangen *verb* to hang out
- De oranje vlag is uitgehangen.
  0.98

1990 verschieten *verb* to go pale
- Ik verschiet niet van je mededeling.
  0.98

1991 vijfduizend *num* five thousand
- Omwonenden verzamelden vijfduizend handtekeningen.
  0.98

1992 tandarts *noun, de(m)* dentist
- De tandarts vulde het gaatje.
  0.94

1993 zoal *adv* what (kind of things)
- Wat eten kindjes van die leeftijd zoal?
  0.93

1994 eer *conj* before
- Het duurde lang eer de hervorming werd doorgevoerd.
  0.92

1995 kap *noun, de* hood
- Ze droegen een kap en een masker.
  0.92

1996 onderwijzer *noun, de(m)* teacher
- De onderwijzer staat bij het bord.
  0.92

1997 kot *noun, het* student accommodation
- Zij heeft een kot in Leuven.
  0.91

1998 akelig *adj* nasty
- We kregen een akelig bericht.
  0.88

1999 hol *noun, het* hole
- Zij legt haar eieren in ondiepe holen bij het water.
  0.85

2000 vermaken *verb* to entertain
- De clown vermaakte de kinderen.
  0.85

2001 ontbijten *verb* to have breakfast
- Vanochtend hebben we lekker ontbeten met het hele gezin.
  0.84

2002 überhaupt *adv* anyway, at all
- Ik vind dat überhaupt geen goed idee.
  0.84

2003 telefoneren *verb* to phone
- Ik telefoneerde dagelijks met haar.
  0.81

2004 stenen *adj* stone
- De stenen muur voelt warm aan.
  0.71

Alphabetical index

afspelen (zich) *verb* to happen general (1017)

afspraak *noun, de* appointment core (773)

afspreken *verb* to arrange general (459)

afstaan *verb* to give up general (1641)

afstand *noun, de(m)* distance core (718)

afstemmen *verb* to tune, to adjust general (1779)

afstuderen *verb* to graduate general (1465)

aftrap *noun, de(m)* kick-off newspapers (621)

afval *noun, de(m)/het* waste general (1233)

afvallen *verb* a) to fall down b) to lose weight

general (1920)

afvoeren *verb* to transport general (1321)

afvragen *verb* to wonder general (770)

afwachten *verb* to wait general (584)

afwachting *noun, de(f)* expectation

fiction (1052) | newspapers (890)

afwerken *verb* to finish, to work through

newspapers (466)

afwezig *adj* absent fiction (513) | newspapers (948)

afwezigheid *noun, de(f)* absence

fiction (762) | newspapers (743)

afwijken *verb* to deviate general (1200)

afwijking *noun, de(f)* deviation general (1817)

afwijzen *verb* to reject general (950)

afwisselen *verb* to alternate general (1349)

afzetten *verb* a) to drop off b) to cheat

c) to turn off general (1034)

afzien *verb* a) to forgo b) to have a hard time

general (943)

afzonderlijk *adj* separate general (1192)

agenda *noun, de* diary, agenda general (520)

agent *noun, de(m)* policeman newspapers (151)

agressie *noun, de(f)* aggression general (1560)

agressief *adj* aggressive general (684)

ah *interj* oh spoken (4)

aha *interj* aha spoken (50)

akelig *adj* nasty general (1998)

akkoord *noun, het* a) agreement b) chord general (147)

al *adv* already core (38)

al *pron* all core (70)

alarm *noun, het* alarm newspapers (986)

album *noun, het* album web (136)

alcohol *noun, de(m)* alcohol general (763)

aldus *adv* thus newspapers (5)

algemeen *adj* general core (449)

alhoewel *conj* although spoken (65) | web (131)

allang *adv* a long time ago fiction (210)

allebei *num* both core (927)

allee *interj* ~ come on spoken (8)

alleen *adv* alone core (87)

alleenstaand *adj* single general (1438)

allemaal *adv* all core (206)

allereerst *adj* first general (844)

allerhande *pron* all kinds of general (1597)

allerlaatst *adj* very last general (1799)

allerlei *pron* all kinds of core (708)

allerminst *adv* not in the least

fiction (1068) | newspapers (1007)

alles *pron* everything core (142)

allesbehalve *adv* anything but general (1592)

alleszins *adv* in every way general (801)

allicht *adv* probably general (913)

allochtoon *adj* foreign newspapers (670) | web (416)

allochtoon *noun, de* immigrant newspapers (688) | web (327)

almaar *adv* constantly, all the time

fiction (1056) | newspapers (856)

als *conj* when core (18)

alsmaar *adv* ever general (1888)

alsnog *adv* yet general (238)

alsof *conj* as if core (533)

alstublieft, alsjeblieft, a.u.b. please

fiction (426) | web (244)

alternatief *adj* alternative newspapers (715) | web (328)

alternatief *noun, het* alternative

newspapers (349) | web (190)

althans *adv* at least general (586)

altijd *adv* always core (116)

alvast *adv* meanwhile newspapers (102) | web (81)

alvorens *conj* before general (1432)

alweer *adv* again core (786)

amai *interj* ~ oh my (God) spoken (64)

ambassade *noun, de(f)* embassy general (1422)

ambassadeur *noun, de(m)* ambassador general (1304)

ambitie *noun, de(f)* ambition newspapers (225)

ambitieus *adj* ambitious newspapers (626)

ambtenaar *noun, de(m)* civil servant general (418)

Amerikaan *noun, de(m)* American newspapers (152)

Amerikaans *adj* American newspapers (14)

amper *adv* barely newspapers (100)

Amsterdams *adj* Amsterdam newspapers (336)

amuseren (zich) *verb* to amuse fiction (522)

analist *noun, de(m)* analyst newspapers (577)

analyse *noun, de(f)* analysis newspapers (570) | web (245)

analyseren *verb* to analyse general (1199)

ander *adj* other core (51)

anderhalf *num* one and a half

newspapers (217) | spoken (51)

anders *adv* otherwise general (3)

andersom *adv* vice versa general (1561)

anderzijds *adv* on the other hand general (367)

angst *noun, de(m)* fear core (853)

angstig *adj* anxious fiction (380)

anno *prep* anno, in the year newspapers (1111) | web (353)

anoniem *adj* anonymous newspapers (495)

Antwerps *adj* Antwerp newspapers (171)

antwoord *noun, het* answer core (489)

antwoorden *verb* to answer core (858)

apart *adj* separate core (844)

apparaat *noun, het* device general (956)

apparatuur *noun, de(f)* equipment general (1699)

appartement *noun, het* apartment general (477)

appel *noun, de(m)* apple general (1088)

applaus *noun, het* applause fiction (944) | newspapers (1088)

april *noun, de(m)* April newspapers (46) | web (30)

Arabisch *adj* Arabic newspapers (748) | web (460)

arbeid *noun, de(m)* labour general (1119)

arbeider *noun, de(m)* worker general (591)

arbeidsmarkt *noun, de* labour market
newspapers (866) | web (511)

archief *noun, het* archive general (1269)

architect *noun, de(m)* architect general (862)

architectuur *noun, de(f)* architecture general (1642)

argument *noun, het* argument general (279)

arm *adj* poor general (315)

arm *noun, de(m)* arm core (685)

armoede *noun, de* poverty general (903)

arrestatie *noun, de(f)* arrest newspapers (726)

arresteren *verb* to arrest newspapers (419)

arriveren *verb* to arrive fiction (491) | newspapers (700)

artiest *noun, de(m)* artist newspapers (533) | web (183)

artikel *noun, het* a) article b) product, object core (335)

artistiek *adj* artistic newspapers (728)

arts *noun, de(m)* physician general (255)

as *noun, de* a) axis b) ash general (431)

asfalt *noun, het* asphalt fiction (1006) | newspapers (1110)

asielzoeker *noun, de(m)* asylum seeker newspapers (858)

aspect *noun, het* aspect general (598)

assistent *noun, de(m)* assistant newspapers (955)

associëren *verb* to associate general (1691)

atelier *noun, het* studio fiction (1048) | newspapers (1066)

augustus *noun, de(m)* August newspapers (70) | web (38)

auteur *noun, de(m)* author general (235)

authentiek *adj* authentic newspapers (995)

auto *noun, de(m)* car core (364)

automatisch *adj* automatic general (455)

automobilist *noun, de(m)* motorist, driver
newspapers (646)

autoriteit *noun, de(f)* authority newspapers (415)

avond *noun, de(m)* evening core (513)

avontuur *noun, het* adventure general (721)

awel *interj* oh well spoken (29)

Bb

baan *noun, de* job core (610)

baard *noun, de(m)* beard fiction (594)

baas *noun, de(m)* boss core (889)

baat *noun, de* benefit general (1400)

babbelen *verb* to chat general (1965)

baby *noun, de(m)* baby general (378)

bad *noun, het* bath general (910)

badkamer *noun, de* bathroom fiction (334)

bagage *noun, de(f)* luggage fiction (901)

bah *interj* yuck spoken (76)

bak *noun, de(m)* container general (695)

bakken *verb* to bake general (700)

bakker *noun, de(m)* baker general (1401)

baksteen *noun, de(m)/het* brick fiction (1007)

bal *noun, de(m)* ball core (738)

balans *noun, de* balance newspapers (751)

balen *verb* to be fed up with general (1054)

balk *noun, de(m)* beam fiction (1017)

balkon *noun, het* balcony fiction (623)

ban *noun, de(m)* ban general (1488)

band *noun, de(m)* bond core (573)

bang *adj* afraid, frightened core (697)

bank *noun, de* a) bank b) bench, sofa core (588)

bar *noun, de* bar fiction (251)

baren *verb* to bear general (1678)

barst *noun, de* crack fiction (972)

barsten *verb* to crack fiction (197)

baseren *verb* to base (on) newspapers (253) | web (69)

basis *noun, de(f)* basis newspapers (38) | web (21)

basisschool *noun, de* primary school newspapers (433)

baten *verb* to avail newspapers (924)

beamen *verb* to endorse fiction (903) | newspapers (1029)

beantwoorden *verb* to answer general (521)

bed *noun, het* bed core (689)

bedanken *verb* to thank general (169)

bedekken *verb* to cover fiction (274)

bedenken *verb* to think (up) core (793)

bederven *verb* a) to rot b) to spoil fiction (886)

bediende *noun, de* servant, waiter
fiction (809) | newspapers (960)

bedienen *verb* a) to serve b) to operate general (931)

bedoelen *verb* to intend general (21)

bedoeling *noun, de(f)* intention core (581)

bedrag *noun, het* amount, sum newspapers (124)

bedragen *verb* to amount (to) newspapers (155) | web (73)

bedreigen *verb* to threaten newspapers (226)

bedreiging *noun, de(f)* threat general (802)

bedriegen *verb* to cheat general (1367)

bedrijf *noun, het* business core (326)

bedrijfsleven *noun, het* business world newspapers (707)

bedwingen *verb* to suppress fiction (816)

beëindigen *verb* to terminate general (1029)

beek *noun, de* stream fiction (1011)

beeld *noun, het* statue core (433)

been *noun, het* leg core (660)

beer *noun, de(m)* bear general (1853)

beest *noun, het* beast general (698)

beetje *noun, het* bit core (270)

begaan *verb* to commit general (944)

begeleiden *verb* to accompany, to coach general (282)

begeleider *noun, de(m)* supervisor general (1602)

begeleiding *noun, de(f)* supervision general (677)

begeven *verb* to break down fiction (399)

begin *noun, het* start core (260)

beginnen *verb* to start core (120)

begrafenis *noun, de(f)* funeral fiction (533)

begraven *verb* to bury general (729)

begrijpelijk *adj* understandable, comprehensible
general (1251)

begrijpen *verb* to understand core (371)

begrip *noun, het* understanding core (847)

begroeten *verb* to greet fiction (560)

begroting *noun, de(f)* budget newspapers (526)

behalen *verb* to gain, to achieve
newspapers (204) | web (145)

behalve *conj* except core (587)

behandelen *verb* to treat core (823)

behandeling *noun, de(f)* treatment general (303)

beheer *noun, het* management newspapers (989) | web (435)

beheersen *verb* to command general (722)

beheren *verb* to manage newspapers (854) | web (396)

behoefte *noun, de(f)* need core (926)

behoorlijk *adj* decent, considerable core (832)

behoren *verb* to belong general (14)

behoud *noun, het* preservation newspapers (484)

behouden *verb* to keep general (144)

behulp *noun, het* help general (945)

beide *num* both core (277)

beïnvloeden *verb* to influence general (1099)

bejaard *adj* elderly, aged fiction (801) | newspapers (908)

bek *noun, de(m)* mouth fiction (523)

bekend *adj* (well-)known core (211)

bekendheid *noun, de(f)* fame newspapers (1106) | web (376)

bekendmaken *verb* to announce newspapers (291)

bekennen *verb* to confess fiction (417) | newspapers (797)

beker *noun, de(m)* cup fiction (808) | newspapers (366)

bekijken *verb* to look at core (507)

beklagen (zich) *verb* to pity, to complain
fiction (1070) | newspapers (847)

bekleden *verb* to occupy general (1466)

beklimmen *verb* to climb fiction (907)

bekomen *verb* to recover general (1474)

bel *noun, de* bell general (1659)

belachelijk *adj* ridiculous general (489)

belanden *verb* to end up newspapers (174)

belang *noun, het* importance core (461)

belangrijk *adj* important core (189)

belangstelling *noun, de(f)* interest general (283)

belasten *verb* a) to tax b) to overload general (1035)

belasting *noun, de(f)* tax general (314)

beledigen *verb* to offend general (1379)

beleggen *verb* a) to convene b) to invest general (1571)

belegger *noun, de(m)* investor newspapers (498)

beleid *noun, het* policy general (64)

beletten *verb* to prevent general (1454)

beleven *verb* to go through general (140)

Belg *noun, de(m)* Belgian general (84)

Belgisch *adj* Belgian newspapers (12) | web (8)

bellen *verb* to ring, to call core (594)

belofte *noun, de(f)* promise newspapers (223)

belonen *verb* to reward newspapers (628)

beloning *noun, de(f)* reward general (1214)

beloven *verb* to promise core (717)

beluisteren *verb* to listen web (235)

bemoeien (zich) *verb* to interfere fiction (503)

benaderen *verb* to approach general (863)

benadering *noun, de(f)* approximation, approach
general (1455)

benadrukken *verb* to emphasize newspapers (236)

benaming *noun, de(f)* name web (290)

benauwd *adj* stuffy fiction (735)

bende *noun, de* gang general (745)

beneden *prep* under, down core (836)

benieuwd *adj* curious spoken (82) | web (114)

benoemen *verb* to appoint general (432)

benoeming *noun, de(f)* appointment
newspapers (1038) | web (516)

benutten *verb* to make use of newspapers (954)

benzine *noun, de* petrol general (1789)

beogen *verb* to aim general (1407)

beoordelen *verb* to judge general (771)

bepaald *adj* certain core (469)

bepalen *verb* to determine core (475)

beperken *verb* to limit general (23)

beperking *noun, de(f)* restriction newspapers (787) | web (355)

beperkt *adj* limited general (409)

bereid *adj* prepared, ready general (122)

bereiden *verb* to prepare general (831)

bereik *noun, het* reach general (1840)

bereikbaar *adj* reachable general (1089)

bereiken *verb* to reach core (448)

berekenen *verb* to calculate general (834)

berekening *noun, de(f)* calculation general (1506)

berg *noun, de(m)* mountain fiction (155)

bericht *noun, het* message core (603)

berichtgeving *noun, de(f)* coverage newspapers (832)

beroemd *adj* famous general (301)

beroep *noun, het* profession core (701)

beroerd *adj* miserable fiction (683)

beroven *verb* to rob fiction (1065) | newspapers (1015)

berucht *adj* notorious newspapers (916) | web (475)

berusten *verb* to resign oneself to fiction (758)

beschaafd *adj* civilized fiction (880)

beschadigen *verb* to damage newspapers (449)

beschaving *noun, de(f)* civilization general (1724)

bescheiden *adj* modest fiction (500) | newspapers (458)

beschermen *verb* to protect general (86)

bescherming *noun, de(f)* protection general (502)

beschikbaar *adj* available newspapers (257) | web (134)

beschikken *verb* to have at one's disposal

newspapers (103)

beschikking *noun, de(f)* disposal newspapers (369)

beschouwen *verb* to consider core (667)

beschouwing *noun, de(f)* consideration, view

general (1841)

beschrijven *verb* to describe core (862)

beschrijving *noun, de(f)* description web (199)

beschuldigen *verb* to accuse newspapers (313)

beschuldiging *noun, de(f)* accusation newspapers (656)

besef *noun, het* understanding fiction (395)

beseffen *verb* to realize core (707)

beslaan *verb* to cover general (1897)

beslag *noun, het* a) batter b) fittings general (444)

beslissen *verb* to decide core (474)

beslissing *noun, de(f)* decision core (636)

beslist *adj* decisive, resolute general (1314)

besluit *noun, het* decision general (87)

besluiten *verb* to decide core (409)

besmetten *verb* to infect general (1572)

besparen *verb* to save general (819)

bespeuren *verb* to sense, to find fiction (962)

bespreken *verb* to discuss core (940)

bespreking *noun, de(f)* discussion general (1414)

best *adj* best general (6)

bestaan *noun, het* existence general (476)

bestaan *verb* to exist core (179)

bestand *noun, het* a) file b) truce general (1614)

besteden *verb* to spend core (864)

bestellen *verb* to order general (439)

bestelling *noun, de(f)* order general (1771)

bestemmen *verb* to intend general (1120)

bestemming *noun, de(f)* destination general (899)

bestempelen *verb* to label newspapers (1045) | web (486)

bestraffen *verb* to punish general (1692)

bestrijden *verb* to dispute general (545)

bestuderen *verb* to study general (751)

besturen *verb* to govern | to drive

newspapers (681) | web (429)

bestuur *noun, het* board newspapers (61)

bestuurder *noun, de(m)* manager newspapers (77)

bestuurlijk *adj* administrative newspapers (1094) | web (448)

betaalbaar *adj* affordable newspapers (938) | web (515)

betalen *verb* to pay core (285)

betaling *noun, de(f)* payment general (1096)

betekenen *verb* to mean core (340)

betekenis *noun, de(f)* meaning general (300)

betogen *verb* to argue newspapers (946)

beton *noun, het* concrete general (1882)

betonnen *adj* concrete fiction (990) | newspapers (1084)

betoog *noun, het* argument, plea general (1842)

betrappen *verb* to catch fiction (346) | newspapers (292)

betreden *verb* to enter fiction (488)

betreffen *verb* to concern core (518)

betrekkelijk *adv* relatively general (1921)

betrekken *verb* to involve core (599)

betrekking *noun, de(f)* relation general (524)

betreuren *verb* to regret newspapers (734)

betrokkenheid *noun, de(f)* involvement

newspapers (685)

betrouwbaar *adj* reliable general (1115)

betwijfelen *verb* to doubt general (1408)

beu *adj* tired newspapers (979) | web (332)

beurs *noun, de* stock market, exchange market

newspapers (279)

beurt *noun, de* turn core (834)

bevallen *verb* a) to please b) to give birth general (675)

bevalling *noun, de(f)* delivery web (339)

bevatten *verb* to contain general (89)

bevel *noun, het* command general (1207)

bevelen *verb* to order, to command general (1573)

beven *verb* to tremble fiction (449)

bevestigen *verb* to confirm general (27)

bevestiging *noun, de(f)* confirmation general (1627)

bevinden (zich) *verb* to find general (38)

bevoegd *adj* competent general (1179)

bevoegdheid *noun, de(f)* authority general (738)

bevolking *noun, de(f)* population

newspapers (116) | web (37)

bevorderen *verb* to promote newspapers (823) | web (321)

bevriend *adj* friendly general (1423)

bevriezen *verb* to freeze general (1598)

bevrijden *verb* to free fiction (364) | newspapers (548)

bevrijding *noun, de(f)* liberation general (1756)

bewaken *verb* to guard general (1500)

bewaren *verb* to keep core (928)

bewegen *verb* to move core (891)

beweging *noun, de(f)* movement core (801)

beweren *verb* to claim general (45)

bewering *noun, de(f)* assertion general (1740)

bewerken *verb* to work general (1297)

bewijs *noun, het* proof general (120)

bewijzen *verb* to prove core (561)

bewind *noun, het* government, regime

newspapers (1052) | web (441)

bewonderen *verb* to admire fiction (312)

bewondering *noun, de(f)* admiration fiction (544)

bewonen *verb* to live in, to inhabit general (1574)

bewoner *noun, de(m)* occupant newspapers (83)

bewust *adj* conscious, aware core (726)

bewustzijn *noun, het* awareness fiction (701)

bezetten *verb* a) to occupy b) to set general (654)

bezetting *noun, de(f)* a) occupation b) cast

general (1139)

bezien *verb* to see general (1790)

bezig *adj* busy core (341)

bezigheid *noun, de(f)* activity fiction (850)

bezighouden *verb* to occupy general (866)

bezit *noun, het* possession general (274)

bezitten *verb* to possess fiction (165)

bezitting *noun, de(f)* possession general (1953)

bezoek *noun, het* visit core (614)

bezoeken *verb* to visit core (720)

bezoeker *noun, de(m)* visitor newspapers (52)

bezorgd *adj* concerned fiction (331)

bezorgen *verb* to give fiction (384) | newspapers (416)

bezwaar *noun, het* objection general (613)

bezweren *verb* to swear fiction (914)

bibliotheek *noun, de(f)* library general (585)

bidden *verb* to pray fiction (485)

bieden *verb* to offer core (363)

bier *noun, het* beer fiction (163)

bij *prep* near (to) core (27)

Bijbel *noun, de(m)* bible general (1520)

bijdrage *noun, de* contribution newspapers (287) | web (119)

bijdragen *verb* to contribute newspapers (664) | web (349)

bijeen *adv* together general (888)

bijeenkomst *noun, de(f)* meeting general (816)

bijgevolg *adv* as a consequence web (273)

bijhouden *verb* to keep (up) general (1489)

bijkomen *verb* a) to add b) to come round

general (297)

bijna *adv* almost core (193)

bijnaam *noun, de(m)* nickname general (1365)

bijstaan *verb* to assist general (1623)

bijten *verb* to bite general (705)

bijvoorbeeld, bv. *adv* for example core (263)

bijwonen *verb* to attend general (1521)

bijzonder *adj* special core (414)

bil *noun, de* buttock fiction (306)

binden *verb* to bind general (462)

binnen *prep* within core (154)

binnenhalen *verb* to bring in newspapers (885)

binnenkant *noun, de(m)* inside fiction (872)

binnenkomen *verb* to enter fiction (105) | spoken (55)

binnenkort *adv* shortly general (52)

binnenland *noun, het* inland general (1843)

binnenlands *adj* domestic newspapers (532)

binnenstad *noun, de* town centre

fiction (1063) | newspapers (874)

biografie *noun, de(f)* biography general (1496)

biologisch *adj* biological general (1252)

bioscoop *noun, de(m)* cinema general (1262)

bisschop *noun, de(m)* bishop general (1374)

bitter *adj* bitter general (1042)

bizar *adj* bizarre general (1111)

blad *noun, het* a) journal, magazine b) leaf core (901)

bladeren *verb* to glance through fiction (553)

bladzijde *noun, de* page general (1222)

blaffen *verb* to bark fiction (699)

blank *adj* white, blank general (877)

blauw *adj* blue core (838)

blazen *verb* to blow general (451)

bleek *adj* pale fiction (842)

blesseren *verb* to injure newspapers (567)

blessure *noun, de(f)* injury newspapers (318)

blij *adj* happy core (539)

blijk *noun, het* token general (1902)

blijkbaar *adv* apparently core (553)

blijken *verb* to prove core (164)

blijven *verb* to remain core (76)

blik *noun, de(m)* look fiction (1)

blind *adj* blind fiction (222)

blinken *verb* to shine fiction (659)

bloed *noun, het* blood core (884)

bloeden *verb* to bleed fiction (676)

bloeien *verb* to bloom general (1208)

bloem *noun, de* flower core (917)

blok *noun, het* block general (411)

blokkeren *verb* to block newspapers (744)

blond *adj* blond fiction (128)

bloot *adj* bare fiction (90)

blozen *verb* to blush fiction (484)

bocht *noun, de* curve, bend general (733)

bod *noun, het* offer general (416)

bodem *noun, de(m)* bottom general (599)

boeien *verb* to entertain general (850)

boeiend *adj* fascinating general (1772)

boek *noun, het* book core (336)

boeken *verb* to book newspapers (200)

boel *noun, de(m)* lot general (655)

boer *noun, de(m)* farmer general (413)

boerderij *noun, de(f)* farm general (1043)

boete *noun, de* fine newspapers (127)

bol *noun, de(m)* sphere general (793)

bom *noun, de* bomb general (797)

bon *noun, de(m)* a) coupon b) ticket general (1533)

bond *noun, de(m)* union newspapers (383)

bondscoach *noun, de(m)* national coach
newspapers (465)

bont *adj* (multi)coloured general (1791)

boodschap 1) *noun, de(f)* 2) *noun, pl*
1) message 2) purchase, shopping core (780)

boog *noun, de(m)* a) arch b) bend fiction (866)

boom *noun, de(m)* tree core (797)

boord *noun, het* collar general (798)

boos *adj* angry core (902)

boot *noun, de* boat general (400)

bord *noun, het* plate general (185)

boren *verb* to drill general (1891)

borrel *noun, de(m)* drink fiction (807)

borst *noun, de* chest fiction (21)

bos 1) *noun, het* 2) *noun, de(m)* 1) forest
2) bunch core (903)

bot *noun, het* bone fiction (579)

boter *noun, de* butter general (1824)

boterham *noun, de* sandwich fiction (482)

botsen *verb* to clash newspapers (351)

botsing *noun, de(f)* collision newspapers (774)

bouw *noun, de(m)* construction newspapers (256) | web (208)

bouwen *verb* to build core (436)

boven *prep* above core (300)

bovenaan *adv* at the top general (1315)

bovendien *adv* also core (274)

bovenop *adv* on top general (651)

box *noun, de(m)* speaker general (1883)

braaf *adj* good general (832)

brand *noun, de(m)* fire general (97)

branden *verb* to burn fiction (71)

brandstof *noun, de* fuel newspapers (1086) | web (490)

brandweer *noun, de* fire department newspapers (158)

breed *adj* wide core (672)

breedte *noun, de(f)* width general (1871)

brein *noun, het* brain general (1907)

breken *verb* to break core (516)

brengen *verb* to bring core (133)

breuk *noun, de* fracture newspapers (883)

brief *noun, de(m)* letter core (658)

brievenbus *noun, de* letterbox general (1928)

bril *noun, de(m)* (pair of) glasses fiction (199)

Brits *adj* British newspapers (65) | web (85)

broeder *noun, de(m)* brother fiction (941)

broek *noun, de* trousers fiction (47)

broer *noun, de(m)* brother core (662)

brok *noun, de/het* piece fiction (697)

brommen *verb* to mutter fiction (783)

bron *noun, de* source web (20)

bronzen *adj* bronze general (1773)

brood *noun, het* bread fiction (75)

brug *noun, de* bridge general (368)

bruikbaar *adj* useful general (1732)

bruin *adj* brown fiction (52)

brullen *verb* to roar fiction (494)

Brussels *adj* Brussels newspapers (143)

brutaal *adj* cheeky fiction (812) | newspapers (1035)

btw *noun, de(f)* VAT web (170)

budget *noun, het* budget newspapers (493)

bui *noun, de* shower, rain general (1345)

buigen (zich) *verb* to bend fiction (11)

buik *noun, de(m)* belly fiction (45)

buis *noun, de* tube general (1387)

buit *noun, de(m)* booty newspapers (421)

buiten *prep* outside core (266)

buitengewoon *adj* exceptional, extraordinary
general (1049)

buitenkant *noun, de(m)* outside general (1844)

buitenland *noun, het* foreign country, abroad

general (71)

buitenlander *noun, de(m)* foreigner general (966)

buitenlands *adj* foreign newspapers (78)

buitenwereld *noun, de* outside world

fiction (918) | newspapers (1001)

bukken (zich) *verb* to bend fiction (376)

bundel *noun, de(m)* edited volume general (1501)

bundelen *verb* to bundle newspapers (953) | web (523)

bureau *noun, het* desk core (790)

burgemeester *noun, de(m)* mayor newspapers (20)

burger *noun, de(m)* citizen newspapers (144) | web (112)

burgerlijk *adj* civil general (847)

burgeroorlog *noun, de(m)* civil war

newspapers (1062) | web (413)

bus *noun, de* bus core (805)

buur *noun, de(m)* neighbour general (241)

buurland *noun, het* neighbouring country newspapers

(987) | web (509)

buurman *noun, de(m)* neighbour general (1243)

buurt *noun, de* neighbourhood core (504)

buurtbewoner *noun, de(m)* local resident

newspapers (537)

buurvrouw *noun, de(f)* neighbour, woman next

door general (1747)

Cc

cadeau *noun, het* gift general (607)

café *noun, het* café, pub fiction (108) | newspapers (146)

camera *noun, de* camera general (397)

campagne *noun, de* campaign newspapers (237)

camping *noun, de(m)* camp site general (1733)

capaciteit *noun, de(f)* capability newspapers (794) | web (444)

carrière *noun, de* career newspapers (168) | web (140)

categorie *noun, de(f)* category newspapers (518) | web (267)

cc CC web (204)

cd *noun, de(m)* CD spoken (93)

cel *noun, de* cell newspapers (104)

celstraf *noun, de* imprisonment newspapers (490)

cent *noun, de(m)* cent general (478)

centimeter, cm *noun, de(m)* centimetre general (261)

centraal *adj* central newspapers (84) | web (90)

centrum *noun, het* centre core (564)

champagne *noun, de(m)* champagne

fiction (887) | newspapers (1031)

chaos *noun, de(m)* chaos general (1090)

charme *noun, de(m)* charm fiction (1037) | newspapers (1124)

chauffeur *noun, de(m)* driver fiction (354) | newspapers (247)

checken *verb* to check general (1818)

chef *noun, de(m)* manager fiction (978) | newspapers (926)

chemisch *adj* chemical newspapers (988) | web (338)

chic *adj* chic general (1845)

Chinees *adj* Chinese newspapers (486)

chocolade *noun, de(m)* chocolate general (1748)

christelijk *adj* Christian general (614)

christen *noun, de(m)* Christian general (1949)

christendom *noun, het* Christianity web (392)

cijfer *noun, het* a) figure, number b) mark

newspapers (63) | web (36)

circa, ca. *adv* approximately newspapers (546) | web (102)

circuit *noun, het* circuit newspapers (978)

cirkel *noun, de(m)* circle fiction (704)

citaat *noun, het* quote general (1534)

citeren *verb* to quote general (1112)

cliché *noun, het* cliché general (1528)

cliënt *noun, de(m)* client newspapers (523)

club *noun, de* club newspapers (24)

coach *noun, de(m)* coach newspapers (166)

coalitie *noun, de(f)* coalition newspapers (504)

code *noun, de(m)* code general (1368)

collectie *noun, de(f)* collection general (807)

collectief *adj* collective newspapers (501)

collega *noun, de(m)* colleague core (606)

college *noun, het* lecture general (641)

column *noun, de(m)* column newspapers (1078) | web (506)

combinatie *noun, de(f)* combination general (125)

combineren *verb* to combine general (406)

comfortabel *adj* comfortable general (1535)

comité *noun, het* committee newspapers (781) | web (485)

commentaar *noun, de(m)/het* comment general (191)

commercieel *adj* commercial web (80)

commissaris *noun, de(m)* commissioner

newspapers (496)

commissie *noun, de(f)* committee newspapers (179)

communicatie *noun, de(f)* communication

general (748)

communiceren *verb* to communicate general (1359)

communist *noun, de(m)* communist general (1858)

communistisch *adj* communist general (1253)

compenseren *verb* to compensate general (1215)

competitie *noun, de(f)* competition newspapers (164)

compleet *adj* complete general (93)

complex *adj* complex newspapers (822) | web (358)

complex *noun, het* complex newspapers (855)

compliment *noun, het* compliment general (1734)

componist *noun, de(m)* composer

newspapers (1011) | web (304)

compromis *noun, het* compromise general (1380)

dank *noun, de(m)* thanks general (1050)

dankbaar *adj* grateful fiction (336)

danken *verb* to thank, to owe core (770)

dankzij *prep* thanks to newspapers (64)

dans *noun, de(m)* dance general (1005)

dansen *verb* to dance fiction (89)

dapper *adj* brave fiction (915)

dat *conj* that core (21)

dat *pron* that core (24)

data *noun, pl* data web (409)

dateren *verb* to date (from) newspapers (434) | web (292)

datgene *pron* what general (1974)

datum *noun, de(m)* date general (643)

datzelfde *pron* the same general (1216)

de *art* the core (1)

deal *noun, de(m)* deal general (1693)

debat *noun, het* debate general (213)

debuut *noun, het* debut newspapers (663) | web (469)

december *noun, de(m)* December

newspapers (59) | web (22)

decennium *noun, het* decade newspapers (471) | web (281)

decor *noun, het* décor, setting fiction (977) | newspapers (817)

deel *noun, het* part core (188)

deelgemeente *noun, de(f)* borough newspapers (585)

deelname *noun, de* participation

newspapers (482) | web (381)

deelnemen *verb* to participate newspapers (193)

deelnemer *noun, de(m)* participant newspapers (170)

deels *adv* partly newspapers (573) | web (313)

deelstaat *noun, de(m)* (federal) state web (120)

defensie *noun, de(f)* defence newspapers (436)

definiëren *verb* to define web (388)

definitie *noun, de(f)* definition web (191)

definitief *adj* final newspapers (120)

deftig *adj* distinguished general (1388)

degelijk *adj* sound core (763)

degene *pron* the one, those general (259)

deken *noun, de* blanket fiction (219)

dekken *verb* to cover fiction (516)

deksel *noun, de(m)/het* lid fiction (744)

delegatie *noun, de(f)* delegation newspapers (956)

delen *verb* to share core (712)

democratie *noun, de(f)* democracy

newspapers (475) | web (179)

democratisch *adj* democratic newspapers (396) | web (181)

demonstratie *noun, de(f)* demonstration

newspapers (897)

demonstreren *verb* a) to show b) to protest

general (1725)

denken *verb* to think core (112)

departement *noun, het* department web (213)

depressie *noun, de(f)* depression general (1490)

derde *num* third web (149)

dergelijk *adj* such core (604)

derhalve *adv* therefore web (380)

dertien *num* thirteen newspapers (273) | spoken (48)

dertig *num* thirty general (29)

deskundig *adj* expert newspapers (679)

desnoods *adv* if necessary general (1055)

desondanks *adv* nevertheless general (1094)

destijds *adv* at the time general (268)

detail *noun, het* detail general (263)

deugd *noun, de* virtue general (1328)

deugen *verb* to be good general (1968)

deur *noun, de* door core (438)

deuropening *noun, de(f)* doorway fiction (510)

deze *pron* this, these core (65)

dezelfde *pron* same core (309)

diagnose *noun, de(f)* diagnosis general (1774)

dialect *noun, het* dialect spoken (150) | web (378)

dialoog *noun, de(m)* dialogue general (962)

dicht *adj* closed core (520)

dichtbij *adv* close fiction (146)

dichter *noun, de(m)* poet general (1217)

die *pron* a) that, those b) that, who core (10)

dief *noun, de(m)* thief newspapers (163)

diefstal *noun, de(m)* theft newspapers (289)

diegene *pron* he, she, those who spoken (105) | web (156)

dienen *verb* to serve (as) core (480)

dienst *noun, de(m)* service core (392)

dienstverlening *noun, de(f)* service(s) general (1448)

diep *adj* deep core (545)

diepte *noun, de(f)* depth fiction (428)

dier *noun, het* animal core (735)

dierbaar *adj* dear fiction (971)

diezelfde *pron* the very same general (460)

digitaal *adj* digital newspapers (509) | web (223)

dij *noun, de* thigh fiction (311)

dijk *noun, de(m)* dike general (1316)

dik *adj* thick core (630)

dikwijls *adv* often general (563)

diner *noun, het* dinner fiction (985)

ding *noun, het* thing core (290)

dinges *noun, de* what-d'you-call-it, thingy spoken (107)

dinsdag *noun, de(m)* Tuesday general (31)

dinsdagavond *noun, de(m)* Tuesday evening

newspapers (779)

diploma *noun, het* diploma general (1036)

drijven *verb* to float general (150)

dringen *verb* to push fiction (50) | newspapers (186)

dringend *adj* urgent general (324)

drinken *verb* to drink core (642)

drogen *verb* to dry fiction (489)

dromen *verb* to dream fiction (131) | newspapers (407)

dronken *adj* drunk fiction (137)

droog *adj* dry core (920)

droom *noun, de(m)* dream general (158)

drug *noun, de(m)* drug general (467)

druipen *verb* to drip fiction (613)

druk *adj* busy core (522)

druk *noun, de(m)* pressure general (33)

drukken *verb* to print core (798)

drukte *noun, de(f)* bustle, commotion fiction (119)

druppel *noun, de(m)* drop fiction (350)

dubbel *adj* double core (799)

duel *noun, het* duel, match newspapers (255)

duidelijk *adj* clear core (215)

duidelijkheid *noun, de(f)* clearness general (760)

duiden *verb* to point at general (957)

duif *noun, de* pigeon fiction (931)

duiken *verb* to dive fiction (182) | newspapers (300)

duim *noun, de(m)* thumb fiction (299)

duin *noun, het/de* dune fiction (945)

duister *adj* dark general (1820)

duister *noun, het* dark fiction (709)

duisternis *noun, de(f)* darkness fiction (438)

Duits *adj* German core (535)

Duits *noun, het* German general (851)

Duitser *noun, de(m)* German general (369)

duivel *noun, de(m)* devil general (1128)

duizend *num* thousand core (605)

dumpen *verb* to dump newspapers (1096) | web (518)

dun *adj* thin fiction (98)

duo *noun, het* duo newspapers (359)

duren *verb* to last core (416)

durven *verb* to dare core (571)

dus *adv* so core (97)

duur *adj* expensive core (559)

duur *noun, de(m)* duration general (649)

duurzaam *adj* durable general (1101)

duw *noun, de(m)* push general (1939)

duwen *verb* to push fiction (26)

dwaas *adj* foolish fiction (881)

dwalen *verb* to wander fiction (497)

dwars *adj* diagonal fiction (218)

dwingen *verb* to force general (47)

Ee

echo *noun, de(m)* echo general (1667)

echt *adj* real core (124)

echter *adv* however general (4)

echtgenoot *noun, de(m)* husband general (840)

echtgenote *noun, de(f)* wife general (581)

echtpaar *noun, het* couple fiction (693) | newspapers (763)

economie *noun, de(f)* economy newspapers (159) | web (96)

economisch *adj* economic newspapers (81) | web (60)

editie *noun, de(f)* edition newspapers (280) | web (160)

een *art* a core (8)

een, één *num* one core (73)

eend *noun, de* duck general (1846)

eender *adj* (the) same fiction (1084) | web (457)

eenentwintig *num* twenty-one spoken (90)

eenheid *noun, de(f)* unit, unity newspapers (695) | web (243)

eenmaal *adv* a) just b) once core (653)

eenmalig *adj* one-off general (1439)

eens *adv* once, (not) even core (102)

eentje *num* one newspapers (382) | web (144)

eenvoudig *adj* simple core (739)

eenzaam *adj* lonely fiction (272)

eenzaamheid *noun, de(f)* loneliness fiction (455)

eenzelfde *pron* same general (1440)

eenzijdig *adj* unilateral, one-sided

   newspapers (1071) | web (510)

eer *conj* before general (1994)

eer *noun, de* honour general (219)

eerder *adv* sooner core (225)

eergisteren *adv* day before yesterday general (1884)

eerlijk *adj* honest, fair core (721)

eerst *adv* first core (167)

eerste *num* first newspapers (1) | web (1)

eeuw *noun, de* century core (517)

eeuwig *adj* eternal fiction (262)

eeuwigheid *noun, de(f)* eternity fiction (740)

effect *noun, het* a) effect b) share general (104)

effectief *adj* effective general (231)

efficiënt *adj* efficient newspapers (592) | web (330)

ei *noun, het* egg general (533)

eigen *adj* own core (129)

eigenaar *noun, de(m)* owner newspapers (107)

eigenaardig *adj* peculiar fiction (572)

eigendom *noun, het* property newspapers (613) | web (301)

eigenlijk *adv* actually core (222)

eigenschap *noun, de(f)* property, characteristic

   general (999)

eiland *noun, het* island general (206)

eveneens *adv* also general (67)

evenement *noun, het* event newspapers (333)

evengoed *adv* as well general (1285)

evenmin *adv* as little as, nor fiction (318) | newspapers (431)

eventjes *adv* quickly spoken (21)

eventueel *adj* potential general (56)

evenveel *num* same general (503)

evenwel *adv* nevertheless newspapers (335)

evenwicht *noun, het* balance general (623)

evident *adj* evident general (1331)

evolueren *verb* to evolve general (1124)

evolutie *noun, de(f)* evolution newspapers (704) | web (239)

ex *noun, de* ex web (294)

exact *adj* exact general (739)

examen *noun, het* examination general (994)

exclusief *adj* exclusive newspapers (638) | web (386)

excuus *noun, het* excuse general (592)

exemplaar *noun, het* copy general (328)

experiment *noun, het* experiment general (1069)

experimenteren *verb* to experiment general (1712)

expert *noun, de(m)* expert newspapers (610)

expliciet *adj* explicit general (1475)

explosie *noun, de(f)* explosion general (1800)

extern *adj* external newspapers (1000) | web (415)

extra *adj* additional core (348)

extreem *adj* extreme newspapers (410) | web (148)

Ff

fabriek *noun, de(f)* factory general (556)

fabrikant *noun, de(m)* manufacturer

newspapers (901) | web (499)

factor *noun, de(m)* factor newspapers (566) | web (282)

failliet *adj* bankrupt general (995)

faillissement *noun, het* bankruptcy newspapers (877)

falen *verb* to fail general (868)

familie *noun, de(f)* family core (367)

familielid *noun, het* relative general (692)

fan *noun, de(m)* fan newspapers (270) | web (133)

fanatiek *adj* fanatic general (1813)

fantasie *noun, de(f)* fantasy fiction (436)

fantastisch *adj* fantastic general (277)

fascineren *verb* to fascinate general (1389)

fase *noun, de(f)* phase general (296)

fataal *adj* fatal general (1308)

fatsoenlijk *adj* decent general (1628)

favoriet *adj* favourite newspapers (453) | web (225)

favoriet *noun, de(m)* favourite newspapers (571) | web (383)

februari *noun, de(m)* February newspapers (72) | web (43)

federaal *adj* federal newspapers (210) | web (175)

federatie *noun, de(f)* federation

newspapers (1003) | web (492)

feest *noun, het* party core (728)

feestdag *noun, de(m)* holiday general (1263)

feestelijk *adj* festive fiction (993) | newspapers (992)

feit *noun, het* fact core (311)

feitelijk *adj* factual general (1018)

fel *adj* fierce general (198)

feliciteren *verb* to congratulate general (1299)

fenomeen *noun, het* phenomenon

newspapers (619) | web (309)

ferm *adj* firm general (1680)

festival *noun, het* festival newspapers (450) | web (277)

fier *adj* proud general (1300)

fiets *noun, de* bicycle core (865)

fietsen *verb* to cycle general (271)

fietser *noun, de(m)* cyclist newspapers (430)

fietspad *noun, het* cycle lane newspapers (766)

figuur *noun, de/het* figure core (934)

fijn *adj* nice core (816)

file *noun, de* traffic jam newspapers (756) | spoken (123)

film *noun, de(m)* film core (527)

filmen *verb* to film general (1292)

filosofie *noun, de(f)* philosophy general (1173)

filosoof *noun, de(m)* philosopher general (1395)

finale *noun, de* final newspapers (68)

financieel *adj* financial newspapers (30)

financiën *noun, pl* finance(s) newspapers (659) | web (437)

financieren *verb* to finance general (1131)

financiering *noun, de(f)* financing general (1350)

firma *noun, de* company newspapers (437)

fiscaal *adj* fiscal newspapers (731) | web (491)

fit *adj* fit newspapers (528)

flard *noun, de* fragment fiction (789)

flat *noun, de(m)* flat general (1255)

flauw *adj* weak general (984)

fles *noun, de* bottle fiction (46)

flink *adj* significant core (692)

flits *noun, de(m)* flash fiction (855)

flitsen *verb* to flash fiction (891) | newspapers (1107)

fluisteren *verb* to whisper fiction (28)

fluit *noun, de* flute fiction (1003)

fluiten *verb* to whistle fiction (422)

folder *noun, de(m)* leaflet general (1644)

fonds *noun, het* fund newspapers (522)

forceren *verb* to force newspapers (544)

formaat *noun, het* format general (1537)

formeel *adj* formal general (932)

formule *noun, de* formula general (1150)

geliefd *adj* beloved general (958)

gelijk *adj* equal core (446)

gelijk *conj* just as spoken (68) | web (288)

gelijk *noun, het* right general (857)

gelijkaardig *adj* similar newspapers (816) | web (449)

gelijknamig *adj* of the same name
newspapers (945) | web (334)

gelijkspel *noun, het* draw newspapers (650)

geloof *noun, het* faith, religion fiction (102)

geloven *verb* to believe core (357)

gelovig *adj* faithful general (1893)

geluid *noun, het* sound core (900)

geluk *noun, het* happiness, luck core (811)

gelukken *verb* to succeed spoken (125)

gelukkig *adj* happy core (397)

gemak *noun, het* ease fiction (264)

gemakkelijk, makkelijk *adj* easy core (330)

gemeen *adj* mean fiction (470)

gemeenschap *noun, de(f)* community
newspapers (261) | web (100)

gemeenschappelijk *adj* common general (883)

gemeente *noun, de(f)* municipality
newspapers (16) | web (7)

gemeentebestuur *noun, het* local authority
newspapers (214)

gemeentehuis *noun, het* local government offices
newspapers (555)

gemeentelijk *adj* municipal newspapers (282)

gemeenteraad *noun, de(m)* local council newspapers (183)

gemeenteraadslid *noun, het* local councillor
newspapers (541)

gemeenteraadsverkiezing *noun, de(f)* local
election newspapers (370)

gemiddeld *adj* average newspapers (80) | web (78)

gen *noun, het* gene web (433)

genaamd *adj* called fiction (1081) | web (348)

generaal *noun, de(m)* general general (884)

generatie *noun, de(f)* generation general (186)

genetisch *adj* genetic general (1681)

genezen *verb* to cure general (1332)

genieten *verb* to enjoy core (580)

genoeg *adv* enough core (249)

genoegen *noun, het* pleasure fiction (343)

genot *noun, het* delight fiction (643)

genre *noun, het* genre newspapers (906) | web (196)

Gents *adj* Ghent newspapers (299)

geografie *noun, de(f)* geography web (224)

geografisch *adj* geographic(al) web (251)

geraken *verb* to get core (532)

gerecht *noun, het* a) dish b) law court newspapers (310)

gerechtelijk *adj* judicial newspapers (616)

geregeld *adv* regularly general (1577)

gering *adj* slight, little general (906)

gerucht *noun, het* rumour general (730)

geruim *adj* considerable general (1629)

gerust *adj* calm general (203)

geruststellen *verb* to reassure fiction (913)

geschenk *noun, het* gift fiction (943) | newspapers (1056)

geschiedenis *noun, de(f)* history core (557)

geschikt *adj* suitable general (264)

geschrift *noun, het* writing general (1668)

geslacht *noun, het* sex fiction (480) | web (130)

gespannen *adj* tense fiction (307)

gesprek *noun, het* conversation core (549)

gestalte *noun, de(f)* shape fiction (353)

getal *noun, het* number general (1157)

getuige *noun, de* witness general (225)

getuigen *verb* to witness newspapers (521)

geur *noun, de(m)* odour fiction (65)

gevaar *noun, het* danger general (55)

gevaarlijk *adj* dangerous core (769)

geval *noun, het* case core (214)

gevangenis *noun, de(f)* prison newspapers (281)

gevangenisstraf *noun, de* imprisonment
newspapers (472)

gevecht *noun, het* fight general (753)

gevel *noun, de(m)* façade fiction (577) | newspapers (892)

geven *verb* to give core (75)

gevoel *noun, het* feeling core (432)

gevoelig *adj* sensitive general (399)

gevolg *noun, het* result core (342)

geweer *noun, het* gun fiction (790)

geweld *noun, het* violence general (73)

gewelddadig *adj* violent newspapers (813)

geweldig *adj* great core (913)

gewest *noun, het* region newspapers (574) | web (300)

gewicht *noun, het* weight general (620)

gewond *adj* injured newspapers (121)

gewoon *adj* usual, normal core (155)

gewoonlijk *adv* usually fiction (411)

gewoonte *noun, de(f)* habit fiction (252)

gewoonweg *adv* simply web (347)

gezag *noun, het* authority general (1091)

gezamenlijk *adj* joint general (465)

gezellig *adj* enjoyable, cosy core (916)

gezelschap *noun, het* company
fiction (101) | newspapers (357)

gezicht *noun, het* face core (547)

gezien *prep* considering general (419)

gezin *noun, het* family core (628)

gezond *adj* healthy core (818)

gezondheid *noun, de(f)* health general (447)

gezondheidszorg *noun, de* health care general (1070)

gids *noun, de(m)* guide general (1201)

giechelen *verb* to giggle fiction (515)

gieren *verb* to scream fiction (830)

gieten *verb* to pour general (1317)

giftig *adj* toxic general (1889)

gigantisch *adj* gigantic general (746)

gij, ge *pron* you spoken (7) | web (3)

gillen *verb* to scream fiction (283)

ginder *adv* over there spoken (101)

gisteravond *adv* last night general (149)

gisteren *adv* yesterday core (229)

gistermiddag *adv* yesterday afternoon newspapers (848)

gitaar *noun, de* guitar general (1270)

glad *adj* smooth fiction (387)

glans *noun, de(m)* shine fiction (906)

glanzen *verb* to shine fiction (172)

glas *noun, het* glass fiction (6)

glazen *adj* glass general (1281)

glijden *verb* to slide fiction (33)

glimlach *noun, de(m)* smile fiction (72)

glimlachen *verb* to smile fiction (13)

glimmen *verb* to glow, to shine fiction (270)

glippen *verb* to slip fiction (805)

globaal *adj* rough general (1682)

gloeien *verb* to glow fiction (498)

goal *noun, de(m)* goal newspapers (320)

god *noun, de(m)* god core (733)

goddelijk *adj* divine general (1982)

godsdienst *noun, de(m)* religion web (230)

goed *adj* good core (41)

goed *noun, het* good general (1930)

goederen *noun, pl* goods newspapers (875)

goedkeuren *verb* to approve general (330)

goedkeuring *noun, de(f)* approval general (1196)

goedkoop *adj* cheap core (750)

goesting *noun, de(f)* fancy spoken (146) | web (404)

goh *interj* ~ gosh spoken (11)

gokken *verb* to gamble general (1847)

golf *noun, de* wave fiction (289)

golven *verb* to wave, to flow fiction (828)

gooien *verb* to throw core (639)

gordijn *noun, het* curtain fiction (129)

goud *noun, het* gold general (650)

gouden *adj* gold general (242)

gouverneur *noun, de(m)* governor
newspapers (811) | web (454)

graad *noun, de(m)* degree general (429)

graag *adv* gladly, with pleasure core (276)

gracht *noun, de* canal fiction (754) | newspapers (1064)

graf *noun, het* grave fiction (458)

gram *noun, het* gram newspapers (915) | web (356)

grap *noun, de* joke fiction (134)

grappig *adj* funny spoken (27) | web (86)

gras *noun, het* grass fiction (145)

gratis *adj* free general (20)

grauw *adj* grey fiction (583)

graven *verb* to dig general (1491)

greep *noun, de* grab general (1133)

grens *noun, de* border core (634)

grenzen *verb* to border web (233)

gretig *adj* eager fiction (650) | newspapers (964)

Grieks *adj* Greek general (827)

grijns *noun, de* grin fiction (792)

grijnzen *verb* to grin fiction (369)

grijpen *verb* to grab core (755)

grijs *adj* grey fiction (32)

grinniken *verb* to chuckle fiction (432)

groei *noun, de(m)* growth newspapers (252) | web (205)

groeien *verb* to grow core (455)

groen *adj* green core (566)

groente *noun, de(f)* vegetable general (1024)

groep *noun, de* group core (245)

groepering *noun, de(f)* group, grouping
newspapers (1093) | web (497)

groet *noun, de(m)* greeting web (16)

groeten *verb* to greet fiction (541)

grof *adj* coarse, gross general (981)

grommen *verb* to growl fiction (629)

grond *noun, de(m)* ground core (434)

grondgebied *noun, het* territory
newspapers (834) | web (324)

grondig *adj* thorough general (414)

grondwet *noun, de* constitution newspapers (808) | web (257)

groot *adj* a) big b) great core (61)

grootmoeder *noun, de(f)* grandmother fiction (520)

groots *adj* grand, ambitious general (1063)

grootschalig *adj* large-scale newspapers (923) | web (521)

grootte *noun, de(f)* size general (1223)

grootvader *noun, de(m)* grandfather fiction (406)

grotendeels *adv* largely newspapers (539) | web (201)

gruwelijk *adj* horrible general (1339)

gsm *noun, de(m)* mobile phone general (766)

gulden *noun, de(m)* guilder fiction (233) | spoken (28)

gunnen *verb* to grant general (659)

gunst *noun, de(f)* favour general (1645)

gunstig *adj* favourable general (630)

Hh

ha *interj* ah spoken (38)

Haags *adj* Hague newspapers (815)

haak *noun, de(m)* hook fiction (445)

haal *noun, de* ~ run off with newspapers (542)

haalbaar *adj* feasible newspapers (720)

haar *noun, de/het* hair core (893)

haar *pron* a) her b) her (poss) core (98)

haard *noun, de(m)* fireplace fiction (916)

haast *adv* almost fiction (38)

haasten (zich) *verb* to hurry fiction (531)

haastig *adj* hasty fiction (258)

haat *noun, de(m)* hate general (889)

haha *interj* haha web (171)

hak *noun, de* heel fiction (550)

haken *verb* to catch, to hook general (1441)

hakken *verb* to cut/hew (out) general (1814)

hal *noun, de* hall fiction (250)

halen *verb* to get core (161)

half *adj* half core (320)

halfjaar *noun, het* six months, half a year
fiction (1022) | newspapers (1040)

halfuur *noun, het* half (an) hour
fiction (554) | newspapers (683)

hallo *interj* hello general (702)

hals *noun, de(m)* neck fiction (97)

halt *noun, de/het* stop fiction (1039) | newspapers (1108)

halverwege *adv* halfway fiction (338)

hand *noun, de* hand core (175)

handdoek *noun, de(m)* towel fiction (576)

handel *noun, de(m)* trade general (337)

handelaar *noun, de(m)* trader newspapers (545)

handelen *verb* to act general (420)

handeling *noun, de(f)* action general (1301)

handhaven *verb* to maintain general (914)

handicap *noun, de(m)* handicap general (1151)

handig *adj* handy general (379)

handschoen *noun, de* glove fiction (873)

handschrift *noun, het* handwriting fiction (935)

handtas *noun, de* handbag fiction (1080) | newspapers (1034)

handtekening *noun, de(f)* signature newspapers (752)

handvol *noun, de* handful fiction (1060) | newspapers (1067)

hangen *verb* to hang core (344)

hanteren *verb* to employ newspapers (535) | web (259)

hap *noun, de(m)* bite fiction (337)

hard *adj* hard core (310)

hardnekkig *adj* persistent fiction (984) | newspapers (1074)

hardop *adv* aloud fiction (309)

harmonie *noun, de(f)* harmony general (1861)

hart *noun, het* heart core (593)

hartelijk *adj* warm fiction (465) | spoken (126)

hartstikke *adv* terribly spoken (23)

haten *verb* to hate fiction (351)

haven *noun, de* harbour general (542)

he *interj* hey fiction (85) | web (6)

hé *interj* ~ hey spoken (6)

hè *interj* ~ isn't it, don't I spoken (2)

hebben *verb* to have core (13)

hechten *verb* to attach general (794)

hectare *noun, de* hectare newspapers (741)

heden *adv* today fiction (939) | web (279)

heden *noun, het* today general (1885)

hedendaags *adj* contemporary newspapers (631) | web (326)

heel *adj* whole core (74)

heer *noun, de(m)* gentleman core (886)

heerlijk *adj* lovely core (939)

heersen *verb* a) to be b) to dominate general (347)

heet *adj* hot general (974)

heffen *verb* to lift fiction (158)

heftig *adj* violent fiction (374)

heilig *adj* holy fiction (235) | web (202)

heimwee *noun, de/het* homesickness fiction (804)

hek *noun, het* fence fiction (342)

hekel *noun, de(m)* dislike general (1553)

hel *noun, de* hell fiction (530)

helaas *adv* unfortunately core (796)

held *noun, de(m)* hero general (709)

helder *adj* clear fiction (170)

heleboel *noun, de(m)* a lot spoken (54)

helemaal *adv* completely core (208)

helft *noun, de* half core (428)

helikopter *noun, de(m)* helicopter general (1780)

helling *noun, de(f)* slope general (1458)

helm *noun, de(m)* helmet fiction (994)

helpen *verb* to help core (305)

hem, 'm *pron* him core (108)

hemd *noun, het* vest, shirt fiction (423)

hemel *noun, de(m)* sky fiction (55)

hen *pron* them core (233)

herfst *noun, de(m)* autumn general (1369)

herhaaldelijk *adv* repeatedly general (1547)

herhalen *verb* to repeat core (918)

herhaling *noun, de(f)* repetition general (1037)

herinneren *verb* to remember core (716)

horloge *noun, het* watch fiction (281)

hotel *noun, het* hotel general (266)

houden *verb* to hold core (89)

houding *noun, de(f)* attitude general (284)

hout *noun, het* wood fiction (202)

houten *adj* wooden fiction (92)

hu *interj* ugh spoken (20)

huid *noun, de* skin fiction (62)

huidig *adj* current newspapers (21) | web (15)

huilen *verb* to cry fiction (25)

huis *noun, het* house core (213)

huisarts *noun, de(m)* general practitioner general (917)

huishouden *noun, het* household web (161)

huiskamer *noun, de* living room fiction (537)

huiswerk *noun, het* homework general (1967)

huiveren *verb* to shiver fiction (687)

hullen *verb* to wrap fiction (769)

hulp *noun, de* help core (675)

hulpeloos *adj* helpless fiction (738)

humor *noun, de(m)* humour general (717)

hun *pron* a) their b) (to) them core (63)

huren *verb* to rent general (587)

hut *noun, de* hut fiction (897)

huur *noun, de* rent general (1578)

huwelijk *noun, het* marriage general (189)

huwen *verb* to marry general (1234)

Ii

ideaal *adj* ideal general (159)

ideaal *noun, het* ideal general (1761)

idee *noun, de(f)/het* idea core (354)

identiek *adj* identical general (1825)

identificeren *verb* to identify general (1538)

identiteit *noun, de(f)* identity general (754)

ideologie *noun, de(f)* ideology web (391)

idioot *adj* idiot general (1713)

ieder *pron* each core (293)

iedereen *pron* everyone core (192)

iemand *pron* someone core (224)

iets *pron* something core (110)

ietwat *adv* somewhat general (1554)

ijs *noun, het* ice fiction (396)

ijzer *noun, het* iron general (1944)

ijzeren *adj* iron fiction (348)

ik *pron* I core (64)

ikzelf *pron* (I) myself general (918)

illegaal *adj* illegal newspapers (286)

illusie *noun, de(f)* illusion general (1183)

illustreren *verb* to illustrate general (1416)

imago *noun, het* image newspapers (476)

immens *adj* immense general (1449)

immers *adv* indeed general (8)

impact *noun, de(m)* impact newspapers (899) | web (422)

impuls *noun, de(m)* impulse newspapers (910)

in *prep* in core (3)

inbouwen *verb* to build in general (1700)

inbraak *noun, de* burglary newspapers (395)

inbreken *verb* to break into newspapers (480)

inbreker *noun, de(m)* burglar newspapers (605)

incident *noun, het* incident newspapers (354)

inclusief *adv* including newspapers (560) | web (229)

indelen *verb* to classify, to group general (1781)

indeling *noun, de(f)* division web (266)

inderdaad *adv* indeed core (318)

indertijd *adv* at the time general (1539)

indien *conj* if web (45)

indienen *verb* to present, to file newspapers (245)

individu *noun, het* individual general (1061)

individueel *adj* individual general (249)

indruk *noun, de(m)* impression core (665)

indrukwekkend *adj* impressive newspapers (478)

industrie *noun, de(f)* industry newspapers (637) | web (260)

industrieel *adj* industrial general (1396)

ineens *adv* suddenly core (859)

informatie, info *noun, de(f)* information core (531)

informeren *verb* to inform general (681)

infrastructuur *noun, de(f)* infrastructure
newspapers (775) | web (484)

ingaan *verb* to enter general (421)

ingang *noun, de(m)* entrance general (638)

ingenieur *noun, de(m)* engineer general (1397)

ingewikkeld *adj* complicated general (779)

ingreep *noun, de(m)* a) operation b) intervention
newspapers (557)

ingrijpen *verb* to intervene general (828)

ingrijpend *adj* radical newspapers (991)

inhalen *verb* to overtake general (1750)

inhoud *noun, de(m)* content core (921)

inhoudelijk *adj* substantive, concerning content
general (1163)

inhouden *verb* a) to deduct b) to imply general (941)

initiatief *noun, het* initiative general (54)

inkomen *noun, het* income general (494)

inkomsten *noun, pl* revenues, income newspapers (524)

inleiding *noun, de(f)* introduction general (1782)

inleveren *verb* a) to hand in b) to sacrifice
newspapers (740) | spoken (116)

inlichting *noun, de(f)* information general (1669)

Jj

jegens *prep* towards general (1898)

jeugd *noun, de* youth general (70)

jeugdig *adj* youthful fiction (1075) | newspapers (1081)

jezelf *pron* yourself general (290)

jij, je *pron* you core (67)

job *noun, de(m)* job newspapers (235) | web (184)

joh *interj* ~ mate, you spoken (22)

jong *adj* young core (160)

jongeman *noun, de(m)* young man

fiction (339) | newspapers (477)

jongen *noun, de(m)* boy core (390)

jood *noun, de(m)* Jew general (919)

joods *adj* Jewish general (810)

jou *pron* you general (25)

journaal *noun, het* news general (1806)

journalist *noun, de(m)* journalist general (148)

jouw *pron* your spoken (17) | web (29)

juf *noun, de(f)* (female) teacher general (1793)

juffrouw *noun, de(f)* a) lady b) teacher fiction (371)

juichen *verb* to cheer fiction (856) | newspapers (928)

juist *adv* really; on the contrary core (383)

juli *noun, de(m)* July newspapers (58) | web (27)

jullie *pron* you core (462)

juni *noun, de(m)* June newspapers (43) | web (13)

junior *noun, de(m)* junior newspapers (497)

juridisch *adj* juridical general (430)

jurk *noun, de* dress fiction (141)

jury *noun, de* jury newspapers (558)

justitie *noun, de(f)* justice newspapers (206)

juweel *noun, het* jewel newspapers (871)

Kk

kaak *noun, de* jaw fiction (634)

kaal *adj* bald fiction (268)

kaars *noun, de* candle fiction (555)

kaart *noun, de* map core (511)

kaas *noun, de(m)* cheese general (1224)

kabel *noun, de(m)* cable general (1340)

kabinet *noun, het* cabinet newspapers (180)

kachel *noun, de* stove, heater fiction (674)

kader *noun, het* frame(work) general (162)

kalender *noun, de(m)* calendar general (1743)

kalm *adj* calm fiction (226)

kalmeren *verb* to calm fiction (863)

kamer *noun, de* room core (616)

kameraad *noun, de(m)* comrade fiction (870)

kamp *noun, het* camp general (588)

kampen *verb* to cope with, to struggle with

newspapers (389)

kampioen *noun, de(m)* champion newspapers (162)

kampioenschap *noun, het* championship

newspapers (394)

kanaal *noun, het* channel general (811)

kandidaat *noun, de(m)* candidate newspapers (108)

kanker *noun, de(m)* cancer general (1019)

kans *noun, de* chance core (253)

kant *noun, de(m)* side core (327)

kantine *noun, de(f)* canteen general (1865)

kantoor *noun, het* office general (320)

kap *noun, de* hood general (1995)

kapel *noun, de* chapel general (1807)

kapitaal *noun, het* capital general (1245)

kapitein *noun, de(m)* captain general (1104)

kapot *adj* broken general (487)

kappen *verb* to cut (down) general (1736)

kapper *noun, de(m)* hairdresser general (1970)

kar *noun, de* cart general (1652)

karakter *noun, het* character general (138)

kartel *noun, het* cartel newspapers (768) | web (480)

kas *noun, de* a) greenhouse b) cash general (1868)

kassa *noun, de* cash desk general (925)

kast *noun, de* cupboard fiction (79)

kasteel *noun, het* castle general (829)

kat *noun, de* cat general (578)

kater *noun, de(m)* tomcat fiction (1005)

kathedraal *noun, de* cathedral general (1963)

katholiek *adj* Catholic general (546)

kauwen *verb* to chew fiction (711)

keel *noun, de* throat fiction (82)

keeper *noun, de(m)* (goal)keeper newspapers (932)

keer *noun, de(m)* time, occasion core (125)

kei *noun, de(m)* cobble(-stone) fiction (1047)

keihard *adj* hard general (879)

keizer *noun, de(m)* emperor web (248)

kelder *noun, de(m)* basement general (1145)

kenmerk *noun, het* characteristic web (197)

kenmerken *verb* to characterize web (246)

kennelijk *adv* obviously fiction (152)

kennen *verb* to know core (210)

kennis *noun, de(f)* a) knowledge b) acquantaince

core (691)

kerel *noun, de(m)* guy fiction (157)

keren *verb* to turn core (625)

kerk *noun, de* church core (700)

kerkelijk *adj* ecclesiastical, church general (1869)

kerkhof *noun, het* cemetery fiction (818) | newspapers (1102)

kermis *noun, de* fair general (1646)

kern *noun, de* core general (207)

kerst *noun, de* Christmas general (1716)

keten *noun, de* chain general (1660)

ketting *noun, de* chain fiction (635)

keuken *noun, de* kitchen fiction (18)

keuren *verb* to test, to taste general (820)

keurig *adj* neat fiction (255)

keuze *noun, de* choice core (536)

kier *noun, de* crack fiction (626)

kiezen *verb* to choose core (278)

kiezer *noun, de(m)* voter newspapers (342) | web (311)

kijk *noun, de(m)* look general (1653)

kijken *verb* to look core (158)

kijker *noun, de(m)* viewer general (306)

kil *adj* chilly fiction (765)

kilo *noun, de/het* kilo general (530)

kilometer *noun, de(m)* kilometre core (464)

kin *noun, de* chin fiction (201)

kind *noun, het* child core (171)

kinderlijk *adj* childlike fiction (847)

kip *noun, de(f)* chicken general (890)

kist *noun, de* chest fiction (330)

klaar *adj* ready core (499)

klaarmaken *verb* to prepare fiction (1026) | spoken (141)

klacht *noun, de* complaint newspapers (129)

klagen *verb* to complain general (106)

klank *noun, de(m)* sound fiction (400)

klant *noun, de(m)* customer general (35)

klap *noun, de(m)* blow fiction (103) | newspapers (212)

klappen *verb* to clap fiction (466)

klas *noun, de(f)* class general (352)

klasse *noun, de(f)* class newspapers (139)

klassement *noun, het* list of rankings newspapers (780)

klassiek *adj* classic general (129)

klassieker *noun, de(m)* classic newspapers (870) | web (494)

kleden *verb* to dress fiction (68)

kledij *noun, de(f)* clothing general (1630)

kleding *noun, de(f)* clothing general (809)

kleedkamer *noun, de* dressing room newspapers (738)

klein *adj* little core (138)

kleinkind *noun, het* grandchild general (1136)

kleintje *noun, het* little one general (1751)

klem *noun, de* trap fiction (940) | newspapers (1126)

klemmen *verb* to stick, to jam fiction (327)

kleren *noun, pl* clothes general (803)

kletsen *verb* to chat fiction (768) | spoken (113)

kleur *noun, de* colour core (749)

kleuren *verb* to colour general (795)

kleuter *noun, de(m)* infant general (1225)

kleven *verb* to stick fiction (705)

klikken *verb* to click general (1158)

klimaat *noun, het* climate general (812)

klimmen *verb* to climb general (499)

klinken *verb* to sound core (425)

klok *noun, de* clock fiction (214)

kloof *noun, de* cleavage, gap newspapers (485)

klooster *noun, het* monastery general (1503)

kloppen *verb* to knock, to beat core (551)

klus *noun, de(m)* job newspapers (665)

knaap *noun, de(m)* boy fiction (708)

knal *noun, de(m)* bang general (1966)

knallen *verb* to pop, to bang fiction (1057) | newspapers (648)

knap *adj* a) good-looking b) smart, clever, able
core (904)

knappen *verb* to crack fiction (976)

knie *noun, de* knee fiction (29)

knielen *verb* to kneel fiction (645)

knijpen *verb* to pinch fiction (135)

knikken *verb* to nod fiction (7)

knippen *verb* to cut fiction (271)

knipperen *verb* to blink fiction (726)

knoop *noun, de(m)* knot, button fiction (325)

knop *noun, de(m)* button fiction (401)

knopen *verb* to knot, to tie fiction (612)

koe *noun, de(f)* cow fiction (394)

koek, koekje *noun, de(m)/het* biscuit fiction (602)

koel *adj* cool fiction (212)

koelkast *noun, de* refrigerator general (1873)

koers *noun, de(m)* rate newspapers (191)

koesteren *verb* to cherish fiction (389) | newspapers (677)

koffer *noun, de(m)* suitcase fiction (215)

koffie *noun, de(m)* coffee fiction (20)

kogel *noun, de(m)* bullet general (1256)

kok *noun, de(m)* cook fiction (1077) | newspapers (1118)

koken *verb* to cook general (496)

kolonie *noun, de(f)* colony web (393)

komedie *noun, de(f)* comedy newspapers (982)

komen *verb* to come core (32)

komisch *adj* comic general (1854)

komma *noun, de/het* comma spoken (81)

komst *noun, de(f)* advent general (240)

konijn *noun, het* rabbit fiction (803)

koning *noun, de(m)* king general (85)

koningin *noun, de(f)* queen general (550)

koninklijk *adj* royal newspapers (381)

koninkrijk *noun, het* kingdom web (153)

kont *noun, de* bottom fiction (517)

kooi *noun, de* cage fiction (862)

koop *noun, de(m)* buy general (390)

koor *noun, het* choir general (1275)

koorts *noun, de* fever general (1945)

kop *noun, de(m)* a) head b) cup core (519)

kopen *verb* to buy core (338)

koper *1) noun, de(m) 2) het* 1) buyer 2) copper
general (1025)

koperen *adj* copper fiction (665)

kopie *noun, de(f)* copy general (1674)

kopiëren *verb* to copy general (1763)

koppel *noun, het* couple newspapers (352)

koppelen *verb* to couple general (572)

koppig *adj* stubborn fiction (946)

kort *adj* short core (218)

korting *noun, de(f)* discount general (1450)

kortom *adv* in short general (570)

kost, kosten *noun, de(m)* cost(s) core (925)

kostbaar *adj* expensive, valuable
fiction (898) | newspapers (1022)

kosten *noun, pl* costs newspapers (69)

kosten *verb* to cost core (410)

kostprijs *noun, de(m)* cost price newspapers (736)

kostuum *noun, het* suit general (1931)

kot *noun, het* student accommodation general (1997)

kou *noun, de(f)* cold fiction (439)

koud *adj* cold core (866)

kous *noun, de* stocking fiction (851)

kraag *noun, de(m)* collar fiction (685)

kraan *noun, de* tap, crane fiction (563)

krabben *verb* to scratch fiction (671)

kracht *noun, de* strength core (578)

krachtig *adj* powerful general (560)

kraken *verb* to crunch, to crack fiction (261)

krankzinnig *adj* insane fiction (698)

krant *noun, de* newspaper core (458)

krap *adj* tight general (1687)

kreet *noun, de(m)* cry fiction (373)

kreunen *verb* to groan fiction (431)

krijgen *verb* to get core (59)

krijsen *verb* to shriek, to scream fiction (656)

krimpen *verb* to shrink fiction (814)

kring *noun, de(m)* circle general (626)

kritiek *noun, de(f)* criticism general (39)

kritisch *adj* critical general (437)

kroeg *noun, de* pub fiction (696)

krom *adj* crooked, curved fiction (1010)

kroon *noun, de* crown general (1467)

kruid *noun, het* herb general (1894)

kruipen *verb* to crawl fiction (53)

kruis *noun, het* cross fiction (297)

kruisen *verb* to cross fiction (661)

kruispunt *noun, het* crossing newspapers (355)

kruk *noun, de* stool fiction (737)

krul *noun, de* curl fiction (514)

kuil *noun, de(m)* pit, hole fiction (800)

kunnen *verb* to be able core (20)

kunst *noun, de(f)* art general (116)

kunstenaar *noun, de(m)* artist newspapers (290)

kunstmatig *adj* artificial general (1540)

kunstwerk *noun, het* work of art newspapers (668)

kus *noun, de(m)* kiss fiction (388) | web (323)

kussen *noun, het* pillow fiction (180)

kussen *verb* to kiss fiction (232)

kust *noun, de* coast general (363)

kwaad *adj* a) angry b) evil core (775)

kwaad *noun, het* evil general (1030)

kwalificatie *noun, de(f)* qualification newspapers (821)

kwalijk *adj* evil, bad fiction (378)

kwaliteit *noun, de(f)* quality general (59)

kwart *noun, het* quarter general (335)

kwartaal *noun, het* quarter newspapers (520)

kwartfinale *noun, de* quarter-finals newspapers (793)

kwartier *noun, het* quarter (of an hour) general (410)

kweken *verb* to cultivate, to grow general (1286)

kwestie *noun, de(f)* question, issue core (730)

kwetsbaar *adj* vulnerable general (1056)

kwetsen *verb* to hurt general (1080)

kwijt *adj* lost core (706)

kwijtraken *verb* to lose general (1874)

Ll

laag *adj* low core (376)

laag *noun, de* layer general (1153)

laars *noun, de* boot fiction (467)

laat *adj* late core (280)

laatst *adj* last core (187)

lach *noun, de(m)* laugh, smile fiction (60)

lachen *verb* to laugh core (454)

ladder *noun, de* ladder fiction (1018)

laden *verb* to load general (1202)

lading *noun, de(f)* load general (1238)

laken *noun, het* sheet fiction (244)

lamp *noun, de* lamp fiction (216)

lanceren *verb* to launch newspapers (307) | web (291)

land *noun, het* country core (173)

landbouw *noun, de(m)* agriculture general (933)

landelijk *adj* national general (358)

landen *verb* to land general (1835)

landgenoot *noun, de(m)* countryman general (1541)

landschap *noun, het* landscape general (603)

lang *adj* long, tall core (94)

langdurig *adj* prolonged general (769)

langs *prep* past core (323)

langskomen *verb* to pass by, to come round

  fiction (911) | spoken (132)

langzaam *adj* slow core (861)

langzamerhand *adv* gradually fiction (508) | spoken (130)

lap *noun, de(m)* rag fiction (566)

last *noun, de(m)* load core (611)

lastig *adj* difficult core (848)

lat *noun, de* bar newspapers (735)

laten *verb* to let core (69)

later *adj* later, subsequent newspapers (4) | web (5)

lawaai *noun, het* noise general (1246)

leed *noun, het* sorrow general (946)

leeftijd *noun, de(m)* age core (584)

leeg *adj* empty core (806)

leegte *noun, de(f)* emptiness fiction (757)

leer *1) noun, het 2) noun, de* 1) leather 2) doctrine

  general (1647)

leerkracht *noun, de* teacher general (786)

leerling *noun, de(m)* pupil core (820)

leeuw *noun, de(m)* lion general (1433)

legendarisch *adj* legendary newspapers (798) | web (470)

leger *noun, het* army general (119)

leggen *verb* to put core (255)

leiden *verb* to lead core (294)

leider *noun, de(m)* leader newspapers (56)

leiding *noun, de(f)* leadership general (48)

lek *adj* leaky, flat general (1783)

lekken *verb* to leak general (1512)

lekker *adj* tasty core (591)

lelijk *adj* ugly general (749)

lenen *verb* a) to borrow b) to lend general (686)

lengte *noun, de(f)* length general (608)

lening *noun, de(f)* loan newspapers (873) | web (508)

lente *noun, de* spring general (1212)

lepel *noun, de(m)* spoon fiction (715)

leraar *noun, de(m)* teacher general (565)

leren *verb* to learn core (308)

les *noun, de* lesson core (762)

lesgeven *verb* to teach spoken (87)

letter *noun, de* letter general (582)

letterlijk *adj* literal general (245)

leugen *noun, de* lie general (1140)

leuk *adj* nice core (362)

leunen *verb* to lean fiction (106)

Leuvens *adj* Leuven newspapers (515)

leven *noun, het* life core (176)

leven *verb* to live core (312)

levend *adj* living, alive fiction (1072) | web (456)

levendig *adj* lively general (1675)

levenslang *adj* lifelong general (1360)

leverancier *noun, de(m)* supplier newspapers (918)

leveren *verb* to supply core (375)

lezen *verb* to read core (283)

lezer *noun, de(m)* reader general (376)

lezing *noun, de(f)* lecture general (1064)

liberaal *adj* liberal newspapers (586) | web (272)

liberaal *noun, de(m)* liberal newspapers (861) | web (385)

lichaam *noun, het* body core (702)

lichamelijk *adj* physical general (1007)

licht *adj* light core (629)

licht *noun, het* light core (498)

lichten *verb* to lift fiction (532) | newspapers (810)

lichtgewond *adj* slightly injured newspapers (578)

lid *noun, het* member core (374)

lidstaat *noun, de(m)* member state newspapers (749)

lied *noun, het* song core (830)

lief *adj* nice core (682)

lief *noun, het* beloved general (1776)

liefde *noun, de(f)* love core (751)

liefhebber *noun, de(m)* lover general (1016)

liefst *adv* preferably general (22)

liegen *verb* to lie fiction (260)

liever *adv* rather core (502)

lift *noun, de(m)* lift fiction (487) | newspapers (927)

liggen *verb* to lie core (96)

ligging *noun, de(f)* location newspapers (1128) | web (427)

lijden *verb* to suffer core (860)

lijf *noun, het* body fiction (58)

lijk *noun, het* corpse fiction (223)

lijken *verb* to seem core (162)

lijn *noun, de* line core (620)

lijst *noun, de* list core (542)

lijsttrekker *noun, de(m)* party leader newspapers (674)

likken *verb* to lick fiction (512)

Limburgs *adj* Limburg newspapers (442)

link *noun, de(m)* link web (18)

linkerhand *noun, de* left hand fiction (627)

links *adj* a) left b) left-wing core (732)

lint *noun, het* ribbon fiction (908)

lip *noun, de* lip fiction (15)

liter *noun, de(m)* litre newspapers (699)

literair *adj* literary general (891)

literatuur *noun, de(f)* literature general (606)

live *adj* live newspapers (636) | web (124)

locatie *noun, de(f)* location newspapers (258) | web (165)

loeren *verb* to peek fiction (766)

lof *noun, de(m)* praise general (1605)

logeren *verb* to stay fiction (379)

logica *noun, de(f)* logic general (1403)

logisch *adj* logical general (181)

lokaal *adj* local newspapers (71) | web (75)

lokaal *noun, het* classroom newspapers (538)

lokken *verb* to lure general (527)

long *noun, de* lung fiction (775)

loon *noun, het* wage general (528)

loop *noun, de(m)* course core (825)

loopbaan *noun, de* career general (934)

lopen *verb* to walk core (137)

los *adj* loose core (656)

loslaten *verb* to let go, to release fiction (559)

losmaken *verb* to release, to undo fiction (896)

lossen *verb* to unload general (258)

lot *noun, het* fate fiction (269) | newspapers (372)

louter *adj* mere general (727)

lucht *noun, de* air core (674)

luchthaven *noun, de* airport newspapers (550)

luchtig *adj* light, airy fiction (932)

lui *adj* lazy general (1913)

lui *noun, pl* people fiction (442)

luid *adj* loud fiction (112)

luiden *verb* to read, to be newspapers (192)

luidruchtig *adj* noisy fiction (917)

luik *noun, het* a) shutter b) part general (1815)

luisteraar *noun, de(m)* listener web (194)

luisteren *verb* to listen core (644)

lukken *verb* to succeed core (526)

lul *noun, de(m)* dick fiction (995)

lullig *adj* silly fiction (1082) | spoken (139)

lunch *noun, de(m)* lunch fiction (965)

lusten *verb* to like fiction (548)

luxe *noun, de(m)* luxury general (1105)

Mm

maag *noun, de* stomach fiction (295)

maal 1) *noun, de/het* 2) *noun, het* 1) time
2) meal general (102)

maaltijd *noun, de(m)* meal fiction (397)

maan *noun, de* moon fiction (375)

maand *noun, de* month core (159)

maandag *noun, de(m)* Monday general (12)

maandagavond *noun, de(m)* Monday evening
newspapers (865)

maandelijks *adj* monthly general (1310)

maandenlang *adj* for months
fiction (1071) | newspapers (1060)

maar *adv* but, only, just core (84)

maar *conj* but core (26)

maart *noun, de(m)* March newspapers (47) | web (25)

maat 1) *noun, de* 2) *noun, de* 3) *noun, de(m)*
1) size 2) rhythm 3) mate core (890)

maatregel *noun, de(m)* measure newspapers (86)

maatschappelijk *adj* social general (209)

maatschappij *noun, de(f)* society general (94)

machine *noun, de(f)* machine general (731)

macht *noun, de* power core (699)

machteloos *adj* powerless fiction (815)

machtig *adj* powerful general (858)

mager *adj* lean fiction (184)

mail *noun, de* e-mail general (915)

mailen *verb* to mail, to post spoken (127) | web (337)

maja *interj* but then web (61)

maken *verb* a) to make b) to repair core (43)

maker *noun, de(m)* creator newspapers (806)

mama *noun, de(f)* mummy core (694)

man *noun, de(m)* man core (121)

management *noun, het* management newspapers (936)

manager *noun, de(m)* manager newspapers (266)

mand *noun, de* basket fiction (587)

mandaat *noun, het* mandate newspapers (844)

manier *noun, de* way core (237)

manipuleren *verb* to manipulate general (1758)

mankeren *verb* to be wrong fiction (974)

mannelijk *adj* male general (747)

mantel *noun, de(m)* overcoat fiction (869)

map *noun, de* folder general (1986)

marge *noun, de* margin general (1492)

markt *noun, de* market core (529)

Marokkaans *adj* Moroccan newspapers (635)

masker *noun, het* mask fiction (1001)

massa *noun, de* mass general (663)

massaal *adj* massive general (291)

mat *noun, de* mat fiction (651)

match *noun, de* match newspapers (79)

materiaal *noun, het* material general (153)

materie *noun, de(f)* matter general (1777)

matig *adj* mediocre newspapers (785)

matigen *verb* to moderate newspapers (1097) | web (397)

matras *noun, de/het* mattress fiction (791)

maximaal *adj* maximum newspapers (315) | web (182)

maximum *noun, het* maximum general (740)

medaille *noun, de* medal general (869)

mede *adv* also newspapers (384) | web (176)

mededeling *noun, de(f)* announcement general (963)

medelijden *noun, het* pity fiction (363)

medewerker *noun, de(m)* employee newspapers (113)

medewerking *noun, de(f)* collaboration general (1346)

media *noun, de* media newspapers (136) | web (70)

medicijn *noun, de/het* drug, medicine general (804)

medisch *adj* medical general (193)

medium *noun, het* medium general (1794)

mee *adv* with core (109)

meebrengen *verb* to bring general (1000)

meedelen *verb* to announce fiction (1066) | newspapers (1048)

meedoen *verb* to participate general (360)

meegaan *verb* to go (along) with fiction (588) | spoken (71)

meegeven *verb* to give general (1875)

meekrijgen *verb* to get, to receive general (1899)

meemaken *verb* to experience core (869)

meenemen *verb* to take general (215)

meer *noun, het* lake general (1717)

meer *num* more general (1081)

meerder *num* more general (128)

meerderheid *noun, de(f)* majority

newspapers (145) | web (104)

meespelen *verb* to take part, to play general (1370)

meest *num* most general (5)

meestal *adv* mostly core (407)

meester *noun, de(m)* master general (446)

meevallen *verb* to turn out not too bad general (1523)

meewerken *verb* to contribute general (996)

mei *noun, de(m)* May newspapers (37) | web (14)

meid *noun, de(f)* girl general (710)

meisje *noun, het* girl core (441)

mekaar *pron* each other spoken (9)

melden *verb* to report core (523)

melding *noun, de(f)* report newspapers (672)

melk *noun, de* milk general (997)

melodie *noun, de(f)* melody fiction (1025)

men *pron* one, you core (209)

meneer *noun, de(m)* Mr, sir fiction (12) | spoken (12)

menen *verb* to believe, to think core (635)

mengen *verb* to mix general (485)

menigte *noun, de(f)* crowd fiction (724)

mening *noun, de(f)* opinion core (632)

mens *noun, de(m)* human core (85)

menselijk *adj* human general (216)

mensheid *noun, de(f)* humankind fiction (909) | web (401)

mentaal *adj* mental newspapers (514)

mentaliteit *noun, de(f)* mentality general (1226)

menu *noun, het* menu general (1670)

merendeel *noun, het* most, majority general (1351)

merk *noun, het* brand web (109)

merken *verb* to notice core (427)

merkwaardig *adj* curious fiction (280)

mes *noun, het* knife fiction (259) | newspapers (500)

met *prep* with core (11)

metaal *noun, het* metal general (1784)

metalen *adj* metal fiction (834)

meteen *adv* immediately core (273)

meten *verb* to measure general (461)

meter *noun, de(m)* metre core (384)

methode *noun, de(f)* method general (660)

metro *noun, de(m)* metro general (1702)

meubel *noun, het* piece of furniture fiction (610)

mevrouw *noun, de(f)* madam fiction (37) | spoken (30)

microfoon *noun, de(m)* microphone general (1909)

middag *noun, de(m)* afternoon fiction (17) | spoken (24)

middel *noun, het* means core (627)

middelbaar *adj* a) middle b) secondary general (737)

middeleeuws *adj* medieval general (1479)

midden *adv* in the middle of general (593)

midden *noun, het* middle core (822)

middenveld *noun, het* midfield newspapers (753)

middenvelder *noun, de(m)* midfielder newspapers (412)

middernacht *noun, de(m)* midnight general (1287)

mij, me *pron* me core (101)

mijden *verb* to avoid fiction (1061) | newspapers (1125)

mijn, m'n *pron* my core (106)

mijzelf, mezelf *pron* myself core (777)

mikken *verb* to aim newspapers (469)

mild *adj* mild fiction (1013) | newspapers (973)

milieu *noun, het* environment general (468)

militair *adj* military newspapers (243) | web (138)

militair *noun, de(m)* soldier newspapers (424)

miljard *num* billion newspapers (126)

miljoen *num* million core (286)

min *adv* minus core (932)

minder *num* less general (1)

minderheid *noun, de(f)* minority

newspapers (863) | web (258)

minderjarig *adj* underage newspapers (710)

minimaal *adj* minimum general (706)

minimum *noun, het* minimum general (1213)

minister *noun, de(m)* minister newspapers (7)

ministerie *noun, het* ministry newspapers (723)

minister-president *noun, de(m)* prime minister

general (969)

minnaar *noun, de(m)* lover fiction (638)

minst *num* least general (1476)

minstens *adv* at least general (44)

minuut *noun, de* minute core (402)

mis *adv* wrong core (872)

misbruik *noun, het* abuse newspapers (684) | web (395)

misbruiken *verb* to abuse newspapers (967) | web (462)

misdaad *noun, de* crime general (859)

misdrijf *noun, het* crime newspapers (980)

mislukken *verb* to fail general (309)

misschien *adv* maybe core (190)

misselijk *adj* sick fiction (733)

missen *verb* to miss, to lack core (487)

missie *noun, de(f)* mission general (1047)

mist *noun, de(m)* fog general (1836)

misverstand *noun, het* misunderstanding general (1318)

mits *conj* provided that general (1589)

mix *noun, de(m)* mix newspapers (869) | web (458)

mobiel *adj* mobile newspapers (502)

mobiliteit *noun, de(f)* mobility newspapers (696)

modder *noun, de(m)* mud fiction (841)

mode *noun, de* fashion general (1311)

model *noun, het* a) model b) model (person) general (236)

modern *adj* modern core (752)

moe *adj* tired general (281)

moed *noun, de(m)* courage fiction (225)

moeder *noun, de(f)* mother core (372)

moedig *adj* brave general (1737)

moeilijk *adj* difficult core (238)

moeilijkheid *noun, de(f)* difficulty fiction (419)

moeite *noun, de(f)* difficulty core (609)

moeiteloos *adj* effortless fiction (1041) | newspapers (1103)

moeizaam *adj* laborious fiction (393) | newspapers (805)

moeten *verb* to have to, must core (36)

mogelijk *adj* possible core (169)

mogelijkheid *noun, de(f)* possibility core (528)

mogen *verb* to be allowed core (91)

molen *noun, de(m)* mill general (1866)

moment *noun, het* time, moment core (236)

momenteel *adv* currently newspapers (45) | web (79)

mompelen *verb* to mumble fiction (80)

mond *noun, de(m)* mouth core (742)

monster *noun, het* a) monster b) sample general (1508)

monument *noun, het* monument general (853)

mooi *adj* nice core (226)

moord *noun, de* murder general (99)

moordenaar *noun, de(m)* murderer, killer general (1154)

mopperen *verb* to grumble fiction (920)

moraal *noun, de* moral general (1895)

moreel *adj* moral general (835)

morgen *adv* tomorrow core (488)

morgen *noun, de(m)* morning fiction (167) | spoken (32)

morgenavond *adv* tomorrow spoken (124)

moskee *noun, de(f)* mosque newspapers (1050) | web (522)

moslim *noun, de(m)* Muslim newspapers (439) | web (139)

motief *noun, het* motive general (1026)

motivatie *noun, de(f)* motivation general (1381)

motiveren *verb* to motivate newspapers (553)

motor *noun, de(m)* engine, motorcycle general (349)

motorfiets *noun, de* motorcycle web (146)

motto *noun, het* motto general (1335)

mouw *noun, de* sleeve fiction (287)

muis *noun, de* mouse general (1399)

munt *noun, de* coin general (1288)

museum *noun, het* museum general (246)

muts *noun, de* hat fiction (957)

muur *noun, de(m)* wall core (778)

muziek *noun, de(f)* music core (500)

muzikaal *adj* musical newspapers (454) | web (280)

muzikant *noun, de(m)* musician general (873)

mysterieus *adj* mysterious fiction (1040) | newspapers (1069)

mythe *noun, de* myth general (1752)

Nn

na *prep* after core (62)

naaien *verb* to sew fiction (973)

naakt *adj* nude, naked fiction (253)

naald *noun, de* needle fiction (992)

naam *noun, de(m)* name core (186)

naar *adj* nasty general (1975)

naar *prep* to core (29)

naarmate *conj* as general (1159)

naartoe *adv* to there spoken (13)

naast *prep* next to core (262)

nabij *adj* near general (500)

nabijheid *noun, de(f)* proximity fiction (1009)

nacht *noun, de(m)* night core (443)

nachtmerrie *noun, de* nightmare general (1837)

nadat *conj* after core (350)

nadeel *noun, het* disadvantage general (495)

nadenken *verb* to think core (910)

nader *adj* further general (935)

naderen *verb* to approach fiction (153)

nadien *adv* after(wards) newspapers (133)

nadruk *noun, de(m)* emphasis general (926)

nadrukkelijk *adj* emphatic general (1125)

nagaan *verb* to check general (1417)

nagel *noun, de(m)* nail fiction (308)

nagenoeg *adv* almost general (1143)

naïef *adj* naive general (1336)

Oo

och *interj* oh spoken (35)

ochtend *noun, de(m)* morning core (922)

oefenen *verb* to practise, to exercise general (551)

oefening *noun, de(f)* exercise general (1277)

oei *interj* oops spoken (33)

oever *noun, de(m)* bank fiction (861)

of *conj* or core (34)

officieel *adj* official core (544)

officier *noun, de(m)* officer general (1044)

ofschoon *conj* although fiction (749)

oftewel *conj* i.e. general (1896)

ofwel *conj* or general (353)

ogen *verb* to look newspapers (803)

ogenblik *noun, het* moment fiction (16)

oh *interj* oh core (538)

oké, OK *interj* OK spoken (5)

oktober *noun, de(m)* October newspapers (32) | web (23)

olie *noun, de* oil general (639)

olympisch *adj* Olympic newspapers (649)

om *prep* (a)round core (22)

oma *noun, de(f)* grandma general (1084)

omdat *conj* because core (86)

omdraaien (zich) *verb* to turn (round) fiction (382)

omgaan *verb* to handle general (457)

omgang *noun, de(m)* contact general (1903)

omgeven *verb* to surround fiction (895)

omgeving *noun, de(f)* environment, surroundings
   core (661)

omheen *adv* around fiction (833) | spoken (151)

omhelzen *verb* to embrace fiction (633)

omhoog *adv* up fiction (22)

omkeren *verb* to reverse general (511)

omkomen *verb* to die general (1319)

omlaag *adv* down fiction (341)

omringen (zich) *verb* to surround general (990)

omroep *noun, de(m)* broadcasting company
   newspapers (719) | web (178)

omschrijven *verb* to describe newspapers (481) | web (263)

omslag 1) *noun, de(m)/het* 2) *noun, de(m)*
   1) cover 2) change general (1971)

omstandigheid *noun, de(f)* circumstance general (83)

omstreden *adj* controversial newspapers (602)

omstreeks *prep* about newspapers (530)

omtrent *prep* about general (1235)

omvang *noun, de(m)* size general (870)

omvatten *verb* to include general (718)

omzet *noun, de(m)* turnover newspapers (298)

omzetten *verb* to convert general (942)

onaangenaam *adj* unpleasant fiction (835)

onafhankelijk *adj* independent newspapers (271) | web (88)

onafhankelijkheid *noun, de(f)* independence
   web (209)

onbegrijpelijk *adj* incomprehensible general (1513)

onbekend *adj* unknown general (82)

onbelangrijk *adj* unimportant general (1932)

onbewust *adj* unconscious fiction (925)

ondanks *prep* in spite of core (501)

onder *prep* under core (80)

onderaan *adv* at the bottom general (1442)

onderbreken *verb* to interrupt fiction (273)

onderbrengen *verb* to accommodate, to lodge
   general (1160)

onderbroek *noun, de* underpants fiction (781)

onderdak *noun, het* accommodation, shelter
   general (1409)

onderdeel *noun, het* part general (79)

onderdrukken *verb* to suppress fiction (511)

ondergaan *verb* to undergo general (424)

ondergang *noun, de(m)* (down)fall, destruction
   general (1838)

ondergronds *adj* underground general (1227)

onderhandelen *verb* to negotiate newspapers (392)

onderhandeling *noun, de(f)* negotiation newspapers (295)

onderhoud *noun, het* maintenance newspapers (624)

onderhouden *verb* to maintain general (720)

onderkant *noun, de(m)* underside general (1954)

onderling *adj* mutual general (488)

ondernemen *verb* to undertake general (470)

ondernemer *noun, de(m)* entrepreneur newspapers (598)

onderneming *noun, de(f)* enterprise newspapers (308)

onderschatten *verb* to underestimate general (1092)

onderscheid *noun, het* distinction general (908)

onderscheiden *verb* to distinguish general (552)

ondersteunen *verb* to support general (425)

ondersteuning *noun, de(f)* support general (1193)

onderstrepen *verb* to underline newspapers (944)

ondertekenen *verb* to sign general (696)

ondertussen *adv* meanwhile core (569)

onderuit *adv* ~ sprawled general (1038)

ondervinden *verb* to experience general (538)

ondervragen *verb* to interrogate, to question
   newspapers (729)

onderweg *adv* on the way general (617)

onderwerp *noun, het* topic core (767)

onderwerpen *verb* to subject general (1514)

onderwijs *noun, het* education general (60)

onderwijzer *noun, de(m)* teacher general (1996)

onderzoek *noun, het* research core (337)

onderzoeken *verb* to investigate core (666)

onderzoeker *noun, de(m)* researcher newspapers (312)

onderzoeksrechter *noun, de(m)* ~ examining
magistrate newspapers (694)

onduidelijk *adj* unclear newspapers (426)

oneindig *adj* infinite fiction (642)

ongeacht *adv* regardless general (1615)

ongeduldig *adj* impatient fiction (478)

ongelijk *adj* unequal general (1744)

ongelooflijk *adj* incredible general (529)

ongelovig *adj* disbelieving | unbelieving
fiction (889) | web (512)

ongeluk *noun, het* accident general (374)

ongelukkig *adj* unhappy general (885)

ongemakkelijk *adj* uncomfortable fiction (874)

ongerust *adj* anxious fiction (621)

ongetwijfeld *adv* undoubtedly
fiction (282) | newspapers (388)

ongeval *noun, het* accident newspapers (172)

ongeveer *adv* about core (353)

ongewenst *adj* unwanted, undesirable general (1555)

ongewoon *adj* unusual fiction (771) | newspapers (1049)

onhandig *adj* awkward fiction (682)

onlangs *adv* recently newspapers (53)

onmiddellijk *adj* immediate core (664)

onmogelijk *adj* impossible core (813)

onnodig *adj* unnecessary general (1375)

onnozel *adj* silly general (1826)

onrecht *noun, het* injustice fiction (924)

onrust *noun, de* unrest fiction (681) | newspapers (895)

onrustig *adj* restless fiction (536)

ons *pron* a) us b) our core (79)

onschuld *noun, de* innocence
fiction (1024) | newspapers (1109)

onschuldig *adj* innocent general (687)

onszelf *pron* ourselves general (1493)

ontbijt *noun, het* breakfast fiction (367)

ontbijten *verb* to have breakfast general (2001)

ontbreken *verb* to lack general (69)

ontdekken *verb* to discover core (638)

ontdekking *noun, de(f)* discovery general (1137)

ontdoen *verb* to remove, to discard fiction (714)

onterecht *adj* unfair, undeserved newspapers (911) | web (505)

ontevreden *adj* dissatisfied fiction (1083) | newspapers (1027)

ontgaan *verb* to escape fiction (589)

ontgoocheld *adj* disillusioned newspapers (667)

onthouden *verb* to remember general (821)

onthullen *verb* to reveal general (1164)

ontkennen *verb* to deny newspapers (173)

ontkomen *verb* to escape fiction (923) | newspapers (1023)

ontlenen *verb* to derive general (1616)

ontmoeten *verb* to meet core (896)

ontmoeting *noun, de(f)* meeting
fiction (392) | newspapers (565)

ontnemen *verb* to deprive general (1778)

ontploffen *verb* to explode general (1323)

ontroeren *verb* to move fiction (521)

ontslaan *verb* to dismiss, to fire newspapers (323)

ontslag *noun, het* resignation, dismissal newspapers (304)

ontsnappen *verb* to escape fiction (246) | newspapers (364)

ontspannen *verb* to relax fiction (402)

ontspanning *noun, de(f)* relaxation general (1956)

ontstaan *verb* to start core (440)

onttrekken (zich) *verb* to withdraw fiction (636)

ontvangen *verb* to receive core (585)

ontvangst *noun, de(f)* reception general (970)

ontvoeren *verb* to abduct newspapers (975)

ontwaken *verb* to wake up fiction (551)

ontwerp *noun, het* design newspapers (629) | web (342)

ontwerpen *verb* to design general (474)

ontwijken *verb* to avoid fiction (545)

ontwikkelen *verb* to develop core (704)

ontwikkeling *noun, de(f)* development general (37)

ontzettend *adj* tremendous, terrible spoken (25)

onveilig *adj* unsafe newspapers (1017)

onvermijdelijk *adj* inevitable fiction (639) | newspapers (721)

onverschillig *adj* indifferent fiction (630)

onverwacht *adj* unexpected fiction (181) | newspapers (399)

onvoldoende *adj* insufficient newspapers (334)

onvoorstelbaar *adj* unimaginable general (1972)

onwaarschijnlijk *adj* unlikely general (1228)

onzeker *adj* uncertain fiction (385) | newspapers (534)

onzekerheid *noun, de(f)* uncertainty general (1057)

onzichtbaar *adj* invisible fiction (416)

onzin *noun, de(m)* nonsense general (610)

oog *noun, het* eye core (269)

ooit *adv* one day core (289)

ook *adv* also core (16)

oom *noun, de(m)* uncle fiction (171)

oor *noun, het* ear core (845)

oordeel *noun, het* judgement general (633)

oordelen *verb* to judge newspapers (348)

oorlog *noun, de(m)* war core (567)

oorsprong *noun, de(m)* origin web (173)

oorspronkelijk *adj* original newspapers (339) | web (63)

oorzaak *noun, de* cause general (103)

oostelijk *adj* east, eastern newspapers (727) | web (414)

oosten *noun, het* east web (150)

op *prep* on core (5)

opa *noun, de(m)* grandpa general (1494)

opbellen *verb* to call (up) fiction (575) | spoken (103)

opbergen *verb* to store fiction (1004)

opblazen *verb* to blow general (1562)

opbouw *noun, de(m)* construction general (1606)

opbouwen *verb* to construct general (377)

opbrengen *verb* to yield general (909)

opbrengst *noun, de(f)* proceeds newspapers (380)

opdagen *verb* to turn up fiction (1062) | newspapers (996)

opdat *conj* so that fiction (713)

opdoen *verb* to gain general (1391)

opdracht *noun, de* task core (645)

opdringen *verb* to impose general (1904)

opduiken *verb* to emerge general (860)

opeens *adv* suddenly general (787)

opeisen *verb* to claim general (1764)

open *adj* open core (321)

openbaar *adj* public newspapers (29)

opendoen *verb* to open fiction (664) | spoken (143)

openen *verb* to open core (484)

opengaan *verb* to open fiction (949)

opening *noun, de(f)* opening general (426)

openlijk *adj* open, public general (900)

openstaan *verb* to be open fiction (772)

opera *noun, de(m)* opera general (1477)

operatie *noun, de(f)* operation newspapers (284)

opereren *verb* to operate newspapers (451)

opeten *verb* to eat general (1876)

opgaan *verb* to merge general (1052)

opgave *noun, de* task general (1759)

opgelucht *adj* relieved fiction (404)

opgeven *verb* a) to give b) to give up general (512)

opgewekt *adj* cheerful fiction (332)

opgroeien *verb* to grow up general (947)

ophalen *verb* a) to collect b) to pull up general (596)

ophangen *verb* to hang general (1529)

opheffen *verb* a) to lift b) to abolish general (1015)

ophouden *verb* to stop fiction (109)

opinie *noun, de(f)* opinion general (1347)

opkijken *verb* to look up fiction (496)

opknappen *verb* a) to do up, to restore
b) to recover general (1738)

opkomen *verb* a) to come up b) to fight for
general (553)

opkomst *noun, de(f)* turnout newspapers (802) | web (430)

opleggen *verb* to impose general (338)

opleiden *verb* to train general (1027)

opleiding *noun, de(f)* training general (154)

opletten *verb* to pay attention general (1259)

opleveren *verb* to yield newspapers (199)

oplopen *verb* to increase newspapers (184)

oplossen *verb* to solve core (892)

oplossing *noun, de(f)* solution core (600)

opluchting *noun, de(f)* relief fiction (556)

opmaken *verb* to conclude general (904)

opmerkelijk *adj* striking, remarkable newspapers (198)

opmerken *verb* to notice general (484)

opmerking *noun, de(f)* remark core (933)

opname *noun, de* shot, recording general (497)

opnemen *verb* to record core (541)

opnieuw *adv* again core (240)

oppakken *verb* to arrest newspapers (175)

oppassen *verb* to babysit general (1661)

opperen *verb* to put forward fiction (989) | newspapers (1065)

oppervlakte *noun, de(f)* surface web (31)

oppikken *verb* to pick up general (1940)

oppositie *noun, de(f)* opposition newspapers (385)

oprapen *verb* to pick up fiction (673)

oprecht *adj* sincere fiction (719)

oprichten *verb* to establish, to found
newspapers (230) | web (54)

oprichter *noun, de(m)* founder newspapers (1072) | web (447)

oprichting *noun, de(f)* foundation, establishment
newspapers (804) | web (297)

oproep *noun, de(m)* call newspapers (408) | web (298)

oproepen *verb* to call general (285)

opruimen *verb* to tidy up general (1203)

opschieten *verb* to hurry up fiction (721)

opschrijven *verb* to write down fiction (732) | spoken (66)

opslaan *verb* to store general (1289)

opsluiten *verb* to lock up general (855)

opstaan *verb* to stand up fiction (124)

opstand *noun, de(m)* rebellion general (1204)

opstappen *verb* to go away, to step down newspapers (905)

opstarten *verb* to start (up) newspapers (919) | web (440)

opsteken *verb* to light up fiction (462)

opstellen *verb* to draw up core (840)

opstelling *noun, de(f)* line-up newspapers (983)

opstijgen *verb* to rise fiction (927)

opsturen *verb* to send spoken (137)

optie *noun, de(f)* option newspapers (386) | web (220)

optimaal *adj* optimal general (1146)

optimistisch *adj* optimistic newspapers (867)

optreden *noun, het* action, performance general (302)

optreden *verb* to appear core (727)

optrekken *verb* a) to accelerate b) to put up
fiction (224) | newspapers (561)

opvallen *verb* to strike, to catch the eye core (935)

opvallend *adj* striking newspapers (185)

opvang *noun, de(m)* care general (1161)

opvangen *verb* a) to take care of b) to catch
general (688)

opvatten *verb* to take general (1910)

opvatting *noun, de(f)* view, opinion general (878)

opvoeden *verb* to raise general (1147)

opvoeding *noun, de(f)* upbringing general (971)

opvoeren *verb* a) to increase b) to stage general (1071)

opvolgen *verb* to succeed, to follow
newspapers (750) | web (214)

opvolger *noun, de(m)* successor newspapers (337) | web (180)

opwinden (zich) *verb* to get excited, to get worked
up fiction (196)

opwinding *noun, de(f)* excitement fiction (407)

opzet *noun, de(m)/het* a) planning, design
b) intention general (805)

opzettelijk *adj* deliberate fiction (1054) | newspapers (1101)

opzetten *verb* to set up core (430)

opzicht *noun, het* regard core (879)

opzij *adv* aside fiction (95)

opzoeken *verb* to visit general (886)

oranje *adj* orange general (1174)

orde *noun, de* order core (619)

order *noun, de/het* order general (1849)

orgaan *noun, het* organ general (1530)

organisatie *noun, de(f)* organization general (10)

organisator *noun, de(m)* organizer newspapers (322)

organiseren *verb* to organize core (413)

origineel *adj* original newspapers (448) | web (151)

orkest *noun, het* orchestra general (1371)

oud *adj* old core (147)

ouder *noun, de(m)* parent core (412)

ouderlijk *adj* parental fiction (996)

ouderwets *adj* old-fashioned fiction (359)

oven *noun, de(m)* oven general (1976)

over *prep* a) over b) about core (35)

overal *adv* everywhere core (624)

overblijven *verb* a) to remain b) to stay behind
general (703)

overbodig *adj* superfluous general (964)

overbrengen *verb* to transfer newspapers (296)

overdag *adv* by day general (755)

overdragen *verb* to pass on, to transfer general (1497)

overdreven *adj* overdone general (780)

overdrijven *verb* to exaggerate general (1718)

overeenkomen *verb* to correspond, to match
general (1404)

overeenkomst *noun, de(f)* agreement
newspapers (393) | web (275)

overeenstemming *noun, de(f)* agreement
general (1654)

overeind *adv* up fiction (73)

overgaan *verb* a) to move up b) to pass
general (1045)

overgang *noun, de(m)* transition general (1165)

overgeven *verb* a) to surrender b) to vomit
fiction (1008)

overhandigen *verb* to hand (over)
fiction (688) | newspapers (824)

overheen *adv* across, over fiction (637) | spoken (120)

overheersen *verb* to dominate general (1688)

overheid *noun, de(f)* government general (11)

overhemd *noun, het* shirt fiction (434)

overhouden *verb* to have left general (1556)

overig *adj* remaining general (453)

overigens *adv* anyway core (534)

overkant *noun, de(m)* other side fiction (187)

overkomen *verb* to happen to core (938)

overlast *noun, de(m)* nuisance newspapers (693)

overlaten *verb* to leave general (1924)

overleg *noun, het* consultation general (256)

overleggen *verb* to consult general (1293)

overleven *verb* to survive general (173)

overlijden *verb* to die core (574)

overname *noun, de* takeover newspapers (479)

overnemen *verb* to take over general (139)

overschot *noun, het* surplus general (1481)

overschrijden *verb* to exceed, to step over
newspapers (930)

overslaan *verb* to miss (out), to skip fiction (926)

overstap *noun, de(m)* switch(-over) newspapers (888)

overstappen *verb* to change over general (1617)

oversteken *verb* to cross general (1607)

overtreding *noun, de(f)* violation, offence newspapers (703)

overtreffen *verb* to surpass general (1703)

overtuigen *verb* to convince core (608)

overtuiging *noun, de(f)* conviction general (864)

overval *noun, de(m)* raid newspapers (872)

overvallen *verb* to surprise, to overtake | to raid,
to assault fiction (507) | newspapers (809)

overwegen *verb* to consider general (394)

overweging *noun, de(f)* consideration general (1655)

overwinnen *verb* to overcome general (1624)

overwinning *noun, de(f)* victory newspapers (142)

overzicht *noun, het* survey newspapers (675) | web (137)

overzien *verb* to overlook fiction (982)

Pp

paal *noun, de(m)* pole general (573)

paar *noun, het* couple core (231)

paard *noun, het* horse fiction (147)

paars *adj* purple general (1110)

pad *1) noun, het 2) noun, de* 1) path 2) toad
general (417)

pagina *noun, de* page general (167)

pak *1) noun, het 2) noun, de(m)* 1) suit 2) bunch
core (846)

pakken *verb* to take core (349)

pakket *noun, het* packet general (1072)

pakweg *adv* roughly general (1515)

pal *adv* directly fiction (967) | newspapers (1105)

paleis *noun, het* palace general (1219)

pan *noun, de* pan fiction (457)

pand *noun, de(m)* property general (634)

paniek *noun, de(f)* panic general (788)

pap *noun, de* porridge general (1886)

papa *noun, de(m)* daddy general (380)

papier *noun, het* paper general (199)

paradijs *noun, het* paradise general (1808)

parcours *noun, het* trail newspapers (776)

pardon *noun, het* pardon general (1978)

paren *verb* to mate general (1010)

parfum *noun, de(m)/het* perfume fiction (987)

park *noun, het* park general (483)

parkeerplaats *noun, de* car park, parking space
fiction (1046) | newspapers (818)

parkeren *verb* to park fiction (446) | newspapers (309)

parket *noun, het* a) parquet b) public prosecutor
newspapers (216)

parking *noun, de(m)* car park newspapers (418)

parlement *noun, het* parliament
newspapers (213) | web (106)

parlementair *adj* parliamentary
newspapers (904) | web (473)

parlementslid *noun, het* member of parliament
newspapers (887) | web (517)

part *noun, het* part general (1175)

particulier *adj* private general (1169)

partij *noun, de(f)* party core (287)

partner *noun, de(m)* partner newspapers (197) | web (128)

pas *adv* only core (207)

pas *noun, de(m)* a) step b) pass(port) general (1020)

paspoort *noun, het* passport general (1509)

passage *noun, de(f)* passage general (1392)

passagier *noun, de(m)* passenger general (756)

passen *verb* to suit core (450)

passeren *verb* to pass general (275)

passie *noun, de(f)* passion general (1155)

pastoor *noun, de(m)* pastor general (1557)

patiënt *noun, de(m)* patient general (344)

patroon *noun, het* pattern general (1426)

paus *noun, de(m)* pope web (265)

pauze *noun, de* break, half-time general (781)

pc *noun, de(m)* personal computer general (920)

pech *noun, de(m)* bad luck general (927)

peil *noun, het* level general (1504)

peiling *noun, de(f)* poll newspapers (882) | web (507)

peinzen *verb* to ponder fiction (427)

peloton *noun, het* peloton newspapers (770)

pen *noun, de* pen general (1077)

pensioen *noun, het* pension general (479)

pensioneren *verb* to retire general (1548)

per *prep* by, per core (198)

percentage *noun, het* percentage
newspapers (846) | web (382)

perfect *adj* perfect core (731)

periode *noun, de(f)* period core (426)

permanent *adj* permanent general (682)

permitteren *verb* to afford general (1925)

pers *noun, de* a) press (journalists) b) press general (318)

persconferentie *noun, de(f)* press conference
newspapers (761)

persen *verb* to press fiction (585)

personage *noun, de(f)/het* person, character
general (775)

personeel *noun, het* staff newspapers (149)

personeelslid *noun, het* employee newspapers (673)

persoon *noun, de(m)* person core (421)

persoonlijk *adj* personal core (491)

persoonlijkheid *noun, de(f)* personality general (1260)

perspectief *noun, het* perspective general (1011)

pest *noun, de* plague fiction (811)

pesten *verb* to bully general (1683)

pet *noun, de* cap, hat fiction (475)

pff *interj* whew spoken (69)

piano *noun, de* piano general (1348)

piek *noun, de* peak general (1957)

piepen *verb* to squeak fiction (561)

pijl *noun, de(m)* arrow general (1795)

pijn *noun, de* pain core (809)

pijnlijk *adj* painful general (427)

pijp *noun, de* pipe fiction (386)

pikken *verb* a) to pinch b) to tolerate general (554)

pil *noun, de* pill general (1073)

prijzen *verb* a) to price b) to praise

    fiction (836) | newspapers (837)

prikkelen *verb* a) to stimulate b) to irritate

    fiction (848) | newspapers (1085)

prikken *verb* to prick fiction (546)

prima *adj* excellent core (907)

principe *noun, het* principle general (105)

prins *noun, de(m)* prince general (422)

prinses *noun, de(f)* princess general (978)

prioriteit *noun, de(f)* priority general (911)

privacy *noun, de(f)* privacy general (1684)

privé *adj* private web (325)

proberen *verb* to try core (203)

probleem *noun, het* problem core (194)

problematiek *noun, de(f)* problems general (1608)

procedure *noun, de* procedure newspapers (401)

procent *noun, het* per cent newspapers (6)

proces *noun, het* trial general (95)

producent *noun, de(m)* producer newspapers (556)

produceren *verb* to produce newspapers (347) | web (97)

product *noun, het* product general (63)

productie *noun, de(f)* production

    newspapers (229) | web (125)

proef *noun, de* test general (1058)

proeven *verb* to taste general (952)

prof *noun, de(m)* professional, pro newspapers (920)

profeet *noun, de(m)* prophet general (1828)

professioneel *adj* professional general (327)

professor *noun, de(m)* professor general (543)

profiel *noun, het* profile general (1376)

profiteren *verb* to benefit newspapers (358)

programma *noun, het* programme, program core (453)

progressief *adj* progressive general (1282)

project *noun, het* project newspapers (39)

prominent *adj* prominent newspapers (886) | web (501)

promoten *verb* to promote newspapers (835) | web (432)

promotie *noun, de(f)* promotion newspapers (661)

promoveren *verb* a) to obtain one's doctoral

    degree b) to be promoted newspapers (909) | web (417)

prompt *adj* immediate fiction (854) | newspapers (990)

prooi *noun, de* prey general (1829)

proper *adj* tidy, clean general (1632)

protest *noun, het* protest newspapers (409)

protesteren *verb* to protest general (912)

provinciaal *adj* provincial newspapers (135)

provincie *noun, de(f)* province newspapers (125) | web (11)

psychiater *noun, de(m)* psychiatrist general (1696)

psychiatrisch *adj* psychiatric newspapers (1010)

psychisch *adj* psychological general (1482)

psychologisch *adj* psychological general (1141)

psycholoog *noun, de(m)* psychologist general (1656)

puber *noun, de* adolescent general (1862)

publicatie *noun, de(f)* publication

    newspapers (697) | web (285)

publiceren *verb* to publish newspapers (242) | web (118)

publiciteit *noun, de(f)* publicity newspapers (1033)

publiek *adj* public newspapers (288) | web (132)

publiek *noun, het* public core (530)

punt *noun, de(m)* a) full stop b) item c) point

    core (306)

put *noun, de(m)* well general (1271)

puur *adj* pure general (166)

Qq

qua *prep* qua general (361)

Rr

raad *noun, de(m)* advice general (16)

raadplegen *verb* to consult general (1418)

raadsel *noun, het* mystery fiction (680)

raak *adj* ~ home, telling newspapers (772)

raam *noun, het* window fiction (3)

raar *adj* strange core (843)

race *noun, de(m)* race newspapers (801)

racisme *noun, het* racism newspapers (999) | web (310)

racistisch *adj* racist newspapers (1030) | web (354)

raden *verb* to guess general (594)

radicaal *adj* radical newspapers (660) | web (373)

radio *noun, de(m)* radio core (876)

radiostation *noun, het* radio station web (228)

raken *verb* to touch, to hit core (307)

ramp *noun, de* disaster general (491)

rand *noun, de(m)* edge core (930)

rang *noun, de(m)* rank general (1324)

rap *adj* fast, quick(ly) spoken (89) | web (157)

rapport *noun, het* report newspapers (233)

ras *noun, het* race, breed general (1460)

rat *noun, de* rat general (1839)

rauw *adj* raw general (1719)

razen *verb* a) to race b) to rage fiction (662)

razend *adj* a) furious b) (adv) very general (1798)

reactie *noun, de(f)* reaction core (506)

reageren *verb* to react core (388)

realiseren *verb* to realize core (854)

realistisch *adj* realistic newspapers (733) | web (389)

realiteit *noun, de(f)* reality general (671)

rebel *noun, de(m)* rebel newspapers (1024)

recent *adj* recent newspapers (114) | web (110)

recept *noun, het* recipe general (1265)

receptie *noun, de(f)* reception general (1352)

recht *adj* straight core (914)

recht *noun, het* right core (429)

rechtbank *noun, de* court newspapers (95)

rechter *noun, de(m)* judge newspapers (49)

rechterhand *noun, de* right hand fiction (453)

rechtop *adv* upright fiction (305)

rechts *adj* a) right b) right-wing core (824)

rechtstreeks *adj* direct general (160)

rechtszaak *noun, de* trial newspapers (708)

rechtvaardigen *verb* to justify general (1531)

reclame *noun, de* advertisement general (631)

record *noun, het* record newspapers (456)

redacteur *noun, de(m)* editor newspapers (176)

redactie *noun, de(f)* editorial staff newspapers (138)

redden *verb* to save core (745)

redding *noun, de(f)* rescue general (1705)

rede *noun, de* speech general (1850)

redelijk *adj* reasonable core (827)

reden *noun, de* reason core (314)

redeneren *verb* to reason general (1855)

redenering *noun, de(f)* reasoning general (1239)

reeds *adv* already general (88)

reëel *adj* real general (1383)

reeks *noun, de* series newspapers (50)

referendum *noun, het* referendum

    newspapers (1025) | web (476)

regel *noun, de(m)* rule core (673)

regelen *verb* to regulate, to arrange core (705)

regeling *noun, de(f)* regulation general (712)

regelmaat *noun, de* regularity general (1821)

regelmatig *adj* regular core (687)

regelrecht *adj* straight general (1851)

regen *noun, de(m)* rain general (534)

regenen *verb* to rain general (880)

regeren *verb* to reign, to govern general (813)

regering *noun, de(f)* government newspapers (27) | web (24)

regie *noun, de(f)* direction newspapers (876)

regime *noun, het* regime newspapers (652) | web (307)

regio *noun, de* region newspapers (54) | web (19)

regionaal *adj* regional newspapers (403) | web (155)

regisseur *noun, de(m)* director, producer

    newspapers (377)

registreren *verb* to register general (679)

regulier *adj* regular newspapers (1053) | web (451)

reiken *verb* to reach fiction (265)

reis *noun, de* trip, journey core (833)

reizen *verb* to travel general (179)

reiziger *noun, de(m)* traveller general (1078)

rek *noun, het* rack fiction (730)

rekenen *verb* to count core (537)

rekening *noun, de(f)* bill core (515)

rekken (zich) *verb* to stretch fiction (921)

rel *noun, de(m)* riot general (1248)

relatie *noun, de(f)* relation core (696)

relatief *adj* relative newspapers (306) | web (117)

relativeren *verb* to put in perspective newspapers (985)

relevant *adj* relevant general (1461)

religie *noun, de(f)* religion newspapers (914) | web (200)

religieus *adj* religious newspapers (529) | web (206)

remmen *verb* to brake fiction (853) | newspapers (993)

rennen *verb* to run fiction (59)

renner *noun, de(m)* rider, runner newspapers (297)

rente *noun, de* interest newspapers (971)

reportage *noun, de(f)* report newspapers (851) | web (387)

republiek *noun, de(f)* republic web (172)

reputatie *noun, de(f)* reputation newspapers (600)

reserve *noun, de* substitute newspapers (773)

reserveren *verb* to reserve general (972)

resoluut *adj* resolute fiction (1031) | newspapers (1092)

respect *noun, het* esteem general (112)

respecteren *verb* to respect newspapers (589) | web (253)

respectievelijk *adv* respectively newspapers (506) | web (252)

rest *noun, de* rest core (365)

restaurant *noun, het* restaurant general (221)

restaureren *verb* to restore general (1633)

resteren *verb* to remain newspapers (788)

resultaat *noun, het* result core (401)

resulteren *verb* to result newspapers (963) | web (367)

reusachtig *adj* huge fiction (824) | newspapers (1114)

revolutie *noun, de(f)* revolution general (1028)

revolutionair *adj* revolutionary general (1810)

richten (zich) *verb* to focus core (451)

richting *noun, de(f)* direction core (482)

richtlijn *noun, de* guideline general (1325)

ridder *noun, de(m)* knight general (1917)

riem *noun, de(m)* a) belt b) oar fiction (785)

rij *noun, de* row core (759)

rijbewijs *noun, het* driving licence newspapers (653)

rijden *verb* to drive core (329)

rijk *adj* rich core (703)

rijk *noun, het* state (kingdom, empire) web (198)

rijkdom *noun, de(m)* wealth general (1483)

rijp *adj* ripe general (1266)

rijst *noun, de(m)* rice general (1863)

rijzen *verb* to rise, to arise fiction (831) | newspapers (1002)

rillen *verb* to shiver fiction (678)

ring *noun, de(m)* ring general (713)

rinkelen *verb* to ring fiction (542)

risico *noun, de(m)/het* risk newspapers (115)

riskeren *verb* to risk newspapers (614)

rit *noun, de(m)* ride general (517)

ritme *noun, het* rhythm general (1074)

ritueel *noun, het* ritual fiction (894)

rivier *noun, de* river fiction (310) | web (135)

roepen *verb* to call core (395)

roeren *verb* to stir fiction (779)

roerloos *adj* motionless fiction (440)

rok *noun, de(m)* skirt fiction (245)

roken *verb* to smoke fiction (88)

rol *noun, de* role core (385)

rollen *verb* to roll fiction (133)

rolstoel *noun, de(m)* wheelchair general (1914)

roman *noun, de(m)* novel general (505)

romantisch *adj* romantic general (985)

Romeins *adj* Roman web (269)

rommel *noun, de(m)* clutter fiction (797)

rommelen *verb* to rummage, to fiddle fiction (942)

rond *adj* round general (1272)

rond *prep* around core (180)

rond, rondje *noun, het* round fiction (741) | newspapers (601)

ronde *noun, de* round newspapers (75)

rondlopen *verb* to walk about general (767)

rondom *prep* all round general (664)

ronduit *adv* outright, simply general (1267)

rood *adj* red core (439)

rook *noun, de(m)* smoke fiction (104)

roos *noun, de* rose fiction (502)

rot *adj* a) rotten b) rotten, awful general (1564)

rots *noun, de* rock fiction (746)

Rotterdams *adj* Rotterdam newspapers (633)

rotzooi *noun, de* junk, mess fiction (959) | spoken (154)

route *noun, de* route general (916)

roze *adj* pink fiction (256)

rubriek *noun, de(f)* column | section
newspapers (1042) | web (303)

rug *noun, de(m)* back core (586)

rugzak *noun, de(m)* backpack fiction (988) | spoken (119)

ruiken *verb* to smell fiction (159)

ruil *noun, de(m)* exchange general (830)

ruilen *verb* to exchange general (1326)

ruim *adj* spacious core (351)

ruimen *verb* to clean up general (845)

ruimte *noun, de(f)* space core (570)

ruimtelijk *adj* spatial newspapers (765)

ruit *noun, de* window fiction (329)

ruk *noun, de(m)* jerk fiction (456)

rukken *verb* to snatch, to tear fiction (231)

Russisch *adj* Russian general (339)

rust *noun, de* rest core (550)

rusten *verb* to rest fiction (204)

rustig *adj* quiet core (612)

ruw *adj* rough fiction (528)

ruzie *noun, de(f)* quarrel, row core (936)

Ss

's avonds *adv* in the evening, at night
newspapers (248) | web (231)

's morgens *adv* in the morning newspapers (799) | web (471)

's ochtends *adv* in the morning newspapers (725)

saai *adj* boring general (836)

salaris *noun, het* salary general (1079)

salon *noun, de(m)/het* salon fiction (948)

samen *adv* together core (170)

samenleving *noun, de(f)* society newspapers (215) | web (115)

samenstellen *verb* to compose, to put together
general (1039)

samenstelling *noun, de(f)* composition
newspapers (966) | web (363)

samenvatten *verb* to summarize general (1935)

samenwerken *verb* to collaborate general (480)

samenwerking *noun, de(f)* collaboration
newspapers (106) | web (99)

samenwonen *verb* to live together, to cohabit
general (1984)

sanctie *noun, de(f)* sanction newspapers (852)

saus *noun, de* sauce general (1964)

scenario *noun, het* scenario newspapers (494)

scène *noun, de* scene fiction (647) | newspapers (698)

schaal *noun, de* a) dish b) scale general (583)

schaamte *noun, de(f)* shame fiction (524)

schaap *noun, het* sheep general (1341)

schaars *adj* scarce fiction (953) | newspapers (1061)

schade *noun, de* damage newspapers (119)

schadelijk *adj* harmful newspapers (1041) | web (465)

schadevergoeding *noun, de(f)* compensation
newspapers (536)

schaduw *noun, de* shadow fiction (111)

schakelen *verb* to switch general (757)

schamen (zich) *verb* to be ashamed fiction (266)

schandaal *noun, het* scandal general (1498)

schandalig *adj* scandalous general (1753)

schande *noun, de* shame, disgrace general (1257)

schat *noun, de(m)* treasure, dear fiction (205)

schatten *verb* to estimate general (395)

sigaret *noun, de* cigarette fiction (61)

signaal *noun, het* signal general (469)

signaleren *verb* to signal, to observe general (1361)

simpel *adj* simple core (835)

simpelweg *adv* simply newspapers (1083) | web (452)

sinds *prep* since core (196)

sindsdien *adv* since general (187)

single *noun, de(m)* single web (216)

sissen *verb* to hiss fiction (471)

site *noun, de* site newspapers (338) | web (51)

situatie *noun, de(f)* situation core (463)

sjaal *noun, de(m)* scarf fiction (843)

sla *noun, de* lettuce fiction (756)

slaaf *noun, de(m)* slave fiction (1079) | web (468)

slaan *verb* to hit core (315)

slaap *noun, de(m)* sleep fiction (39)

slaapkamer *noun, de* bedroom fiction (139)

slachtoffer *noun, het* victim core (505)

slag *noun, de(m)* blow core (602)

slagen *verb* to succeed core (494)

slang *noun, de* a) snake b) hose general (1802)

slank *adj* slim fiction (728)

slap *adj* weak fiction (377)

slapen *verb* to sleep core (698)

slecht *adj* bad core (264)

slechts *adv* only core (295)

slepen *verb* to drag fiction (239) | newspapers (367)

sleuren *verb* to drag fiction (839)

sleutel *noun, de(m)* key fiction (200)

slijten *verb* to wear (out) general (1959)

slikken *verb* to swallow general (558)

slim *adj* smart, clever core (943)

slingeren *verb* to swing fiction (464)

slogan *noun, de(m)* slogan newspapers (970) | web (504)

slok *noun, de(m)* sip fiction (275)

sloot *noun, de* ditch general (1525)

slopen *verb* to demolish general (1170)

slordig *adj* untidy, sloppy general (1720)

slot *noun, het* lock core (817)

slotfase *noun, de(f)* final phase newspapers (564)

sluipen *verb* to sneak fiction (429)

sluiten *verb* to close core (299)

sluiting *noun, de(f)* closure newspapers (903)

smaak *noun, de(m)* taste general (247)

smaken *verb* to taste general (1180)

smal *adj* narrow fiction (74)

smeken *verb* to beg fiction (317)

smelten *verb* to melt fiction (764)

smeren *verb* to spread, to butter fiction (632)

smerig *adj* dirty fiction (707)

smijten *verb* to throw, to fling fiction (499)

snappen *verb* to understand spoken (16) | web (53)

sneeuw *noun, de* snow fiction (381)

snel *adj* fast core (157)

snelheid *noun, de(f)* speed general (248)

snelweg *noun, de(m)* motorway general (1167)

sneuvelen *verb* a) to fall b) to break newspapers (760)

snijden *verb* to cut, to slice fiction (127)

snikken *verb* to sob fiction (657)

snoep *noun, de(m)* sweets general (1951)

snor *noun, de(m)* moustache fiction (582)

snuiven *verb* to sniff fiction (506)

sociaal *adj* social newspapers (25) | web (35)

socialist *noun, de(m)* socialist newspapers (881) | web (352)

socialistisch *adj* socialist newspapers (838) | web (331)

soep *noun, de* soup fiction (616)

soepel *adj* flexible, smooth general (1419)

software *noun, de(m)* software general (1595)

sok *noun, de* sock fiction (538)

soldaat *noun, de(m)* soldier general (348)

solidariteit *noun, de(f)* solidarity
newspapers (984) | web (399)

solliciteren *verb* to apply general (1962)

som *noun, de* sum general (1156)

somber *adj* gloomy fiction (365)

sommige *pron* some core (292)

soms *adv* sometimes core (244)

song *noun, de(m)* song newspapers (977) | web (446)

soort *noun, de/het* kind of core (288)

soortgelijk *adj* similar newspapers (998) | web (482)

sorry *interj* sorry spoken (26) | web (41)

sowieso *adv* anyway spoken (34)

Spaans *adj* Spanish newspapers (265) | web (82)

spannen (zich) *verb* to tense, to tighten fiction (615)

spannend *adj* exciting general (278)

spanning *noun, de(f)* tension general (265)

sparen *verb* to save general (513)

speciaal *adj* special core (473)

specialiseren *verb* to specialize newspapers (488)

specialist *noun, de(m)* specialist newspapers (606)

specifiek *adj* specific general (316)

spectaculair *adj* spectacular newspapers (455)

speeldag *noun, de(m)* match day newspapers (473)

speelgoed *noun, het* toys general (1697)

speels *adj* playful fiction (1036) | newspapers (1121)

spel *noun, het* game core (652)

spelen *verb* to play core (145)

speler *noun, de(m)* player newspapers (17)

stil *adj* silent core **(647)**

stilaan *adv* gradually newspapers **(417)**

stilstaan *verb* to stop general **(1065)**

stilstand *noun, de(m)* standstill

fiction **(821)** | newspapers **(1095)**

stilte *noun, de(f)* silence fiction **(23)**

stimuleren *verb* to stimulate general **(523)**

stinken *verb* to smell fiction **(257)**

stoel *noun, de(m)* chair fiction **(5)**

stoep *noun, de* pavement fiction **(383)**

stoer *adj* tough general **(1240)**

stoet *noun, de(m)* procession fiction **(981)** | newspapers **(1076)**

stof *noun, het* dust core **(897)**

stok *noun, de(m)* stick fiction **(315)**

stom *adj* stupid general **(600)**

stop *noun, de(m)* stop general **(1664)**

stoppen *verb* to stop core **(373)**

storen *verb* to disturb general **(537)**

storm *noun, de(m)* storm general **(1085)**

stormen *verb* to be stormy fiction **(823)**

storten *verb* to deposit general **(366)**

stoten *verb* to bump, to knock fiction **(156)**

straal *noun, de* beam fiction **(580)**

straat *noun, de* street core **(411)**

straf *adj* hard general **(1327)**

straf *noun, de* punishment general **(157)**

straffen *verb* to punish general **(871)**

strafschop *noun, de(m)* penalty kick newspapers **(563)**

strak *adj* tight fiction **(123)**

straks *adv* later core **(668)**

stralen *verb* to shine fiction **(211)**

strand *noun, het* beach general **(618)**

stranden *verb* to run ashore newspapers **(959)**

strategie *noun, de(f)* strategy newspapers **(682)** | web **(421)**

strategisch *adj* strategic newspapers **(859)** | web **(479)**

streek *noun, de* a) region b) trick general **(280)**

streep *noun, de* stripe general **(568)**

strekken *verb* to straighten fiction **(189)**

strelen *verb* to caress, to stroke fiction **(164)**

streng *adj* severe general **(114)**

stress *noun, de(m)* stress general **(1062)**

streven *verb* to pursue, to strive (for)

newspapers **(507)** | web **(189)**

strijd *noun, de(m)* battle newspapers **(42)**

strijden *verb* to fight general **(645)**

strijken *verb* to brush, to stroke fiction **(300)**

strikt *adj* strict general **(791)**

strip *noun, de(m)* cartoon general **(1765)**

stromen *verb* to flow fiction **(292)**

stroming *noun, de(f)* current, movement general **(1451)**

strook *noun, de* strip general **(1901)**

stroom *noun, de(m)* a) flow b) stream c) electricity

general **(624)**

structureel *adj* structural newspapers **(862)** | web **(445)**

structuur *noun, de(f)* structure general **(574)**

struik *noun, de(m)* bush fiction **(454)**

struikelen *verb* to stumble fiction **(543)**

student *noun, de(m)* student core **(841)**

studeren *verb* to study core **(828)**

studie *noun, de(f)* study core **(746)**

studio *noun, de(m)* studio general **(742)**

stuiten *verb* to encounter | to stop

fiction **(753)** | newspapers **(599)**

stuk *noun, het* piece core **(250)**

stunt *noun, de(m)* stunt newspapers **(898)**

sturen *verb* to send core **(398)**

stuur *noun, het* steering wheel, handlebars

fiction **(347)** | newspapers **(640)**

subsidie *noun, de(f)* subsidy newspapers **(343)**

subsidiëren *verb* to subsidize newspapers **(1014)** | web **(503)**

subtiel *adj* subtle general **(1516)**

succes *noun, het* success core **(408)**

succesvol *adj* successful newspapers **(254)** | web **(143)**

suggereren *verb* to suggest general **(841)**

suggestie *noun, de(f)* suggestion general **(1132)**

suiker *noun, de(m)* sugar general **(1484)**

sukkelen *verb* to trudge, to trot newspapers **(845)**

super *adj* super web **(152)**

supermarkt *noun, de* supermarket general **(822)**

supporter *noun, de(m)* supporter newspapers **(278)**

sussen *verb* to soothe fiction **(859)**

symbolisch *adj* symbolic newspapers **(969)**

symbool *noun, het* symbol general **(732)**

sympathie *noun, de(f)* sympathy general **(1600)**

sympathiek *adj* sympathetic general **(1579)**

systeem *noun, het* system general **(36)**

systematisch *adj* systematic general **(1434)**

Tt

taak *noun, de* task core **(808)**

taal *noun, de* language core **(669)**

taalgebruik *noun, het* language usage general **(1938)**

taart *noun, de* cake general **(1671)**

taboe *noun, de(m)/het* taboo general **(1542)**

tachtig *num* eighty newspapers **(219)** | spoken **(40)**

tafel *noun, de* table core **(626)**

tafereel *noun, het* scene fiction **(689)**

tak *noun, de(m)* branch fiction **(243)**

ticket *noun, het* ticket newspapers (402)

tien *num* ten core (257)

tienduizend *num* ten thousand general (1342)

tiener *noun, de(m)* teenager newspapers (790)

tiental *noun, het* ten core (744)

tijd *noun, de(m)* time core (93)

tijdelijk *adj* temporary general (110)

tijdens *prep* during core (150)

tijdig *adj* timely general (1268)

tijdperk *noun, het* era general (1590)

tijdschrift *noun, het* magazine general (514)

tijdstip *noun, het* (point of/in) time general (1198)

tik *noun, de(m)* tap fiction (677)

tikken *verb* to tap fiction (122)

tillen *verb* to lift fiction (183)

tip *noun, de(m)* tip newspapers (432) | web (76)

titel *noun, de(m)* title core (313)

tja *interj* well spoken (60) | web (47)

toch *adv* yet core (78)

tocht *noun, de(m)* tour general (669)

toe *adv* towards core (123)

toegang *noun, de(m)* access general (227)

toegankelijk *adj* accessible newspapers (505) | web (368)

toegeven *verb* to admit general (286)

toekennen *verb* to award newspapers (714) | web (312)

toekijken *verb* to watch fiction (922) | newspapers (1119)

toekomen *verb* to get round to general (1707)

toekomst *noun, de(f)* future core (465)

toekomstig *adj* future newspapers (428) | web (302)

toelaten *verb* to allow general (331)

toen *adv* then core (165)

toen *conj* when core (152)

toename *noun, de* increase newspapers (828) | web (488)

toenemen *verb* to increase general (101)

toenmalig *adj* former, then newspapers (368) | web (222)

toepassen *verb* to apply general (458)

toepassing *noun, de(f)* application general (627)

toer *noun, de(m)* tour general (1470)

toerisme *noun, het* tourism newspapers (836) | web (481)

toerist *noun, de(m)* tourist general (575)

toeristisch *adj* tourist newspapers (655)

toernooi *noun, het* tournament newspapers (423)

toeschouwer *noun, de(m)* spectator newspapers (374)

toespraak *noun, de* speech general (1194)

toestaan *verb* to allow general (1377)

toestand *noun, de(m)* state core (882)

toestel *noun, het* appliance general (636)

toestemming *noun, de(f)* permission general (621)

toets *noun, de(m)* key general (1803)

toetsen *verb* to test general (1918)

toeval *noun, het* coincidence general (567)

toevallig *adj* accidental core (885)

toevoegen *verb* to add general (332)

toewijzen *verb* to assign general (1428)

toezicht *noun, het* supervision general (937)

tof *adj* great spoken (72) | web (158)

toilet *noun, het* toilet general (1066)

tomaat *noun, de* tomato general (1980)

ton *noun, de* a) barrel b) 1000 kilo c) 100,000 euro general (665)

toneel *noun, het* stage general (922)

toneelstuk *noun, het* play general (1580)

tonen *verb* to show core (377)

tong *noun, de* tongue fiction (114)

toon *noun, de(m)* tone fiction (64)

toonbank *noun, de* counter fiction (929)

top *noun, de(m)* top core (690)

topic *noun, de/het* topic web (44)

topman *noun, de(m)* executive newspapers (470)

topper *noun, de(m)* top-class match newspapers (324)

toren *noun, de(m)* tower general (898)

tot *prep* to core (44)

totaal *adj* total core (406)

totaal *noun, het* total general (91)

totdat *conj* until general (707)

touw *noun, het* rope fiction (291)

traag *adj* slow fiction (125)

traan *noun, de* tear fiction (43)

trachten *verb* to attempt general (539)

traditie *noun, de(f)* tradition general (311)

traditioneel *adj* traditional newspapers (207) | web (159)

tragisch *adj* tragic fiction (1034) | newspapers (1079)

trainen *verb* to train newspapers (128)

trainer *noun, de(m)* trainer newspapers (35)

training *noun, de* training, practice newspapers (165)

traject *noun, het* route general (1261)

trakteren *verb* to treat general (1581)

tram *noun, de(m)* tram general (1241)

transfer *noun, de(m)/het* transfer newspapers (654)

transport *noun, het* transport general (1378)

trap *noun, de(m)* stairs fiction (14)

trappen *verb* a) to kick b) to cycle general (652)

treden *verb* to step general (24)

treffen *verb* to hit, to strike core (617)

treffer *noun, de(m)* goal newspapers (595)

trein *noun, de(m)* train core (906)

trek *noun, de(m)* appetite general (1162)

trekken *verb* to draw core (182)

trend *noun, de(m)* trend newspapers (487)

treurig *adj* sad fiction (644)

tribune *noun, de* stand newspapers (718)

triest *adj* sad general (1517)

trillen *verb* to tremble, to shake fiction (84)

trio *noun, het* trio newspapers (902)

triomfantelijk *adj* triumphant fiction (729)

troef *noun, de* ace newspapers (782)

troep *noun, de(m)* a) army b) mess general (441)

troon *noun, de(m)* throne general (1766)

troost *noun, de(m)* comfort fiction (593)

troosten *verb* to comfort fiction (433)

tropisch *adj* tropical general (1532)

trots *adj* proud general (223)

trots *noun, de(m)* pride fiction (1058) | newspapers (1075)

trouw *adj* faithful general (772)

trouw *noun, de* faith(fulness) general (1320)

trouwen *verb* to marry core (771)

trouwens *adv* anyway core (370)

truc *noun, de(m)* trick general (1689)

trui *noun, de* sweater general (986)

T-shirt *noun, het* T-shirt general (1591)

tuin *noun, de(m)* garden core (850)

tunnel *noun, de(m)* tunnel general (1510)

turen *verb* to stare fiction (479)

Turks *adj* Turkish newspapers (362)

tussen *prep* between core (100)

tussendoor *adv* in between spoken (99)

twaalf *num* twelve core (646)

twee *num* two core (72)

tweede *num* second newspapers (3) | web (2)

tweeduizend *num* two thousand spoken (39)

tweeëntwintig *num* twenty-two spoken (91)

tweehonderd *num* two hundred spoken (37)

tweeling *noun, de(m)* twins general (1727)

tweemaal *adv* twice general (579)

tweetal *noun, het* two general (1511)

twijfel *noun, de(m)* doubt general (123)

twijfelen *verb* to doubt core (919)

twintig *num* twenty core (503)

type *noun, het* type core (909)

typen *verb* to type web (375)

typisch *adj* typical general (211)

Uu

u *pron* you core (232)

überhaupt *adv* anyway, at all general (2002)

uh *interj* er spoken (1)

ui *noun, de(m)* onion fiction (938)

uit *prep* from core (30)

uitbater *noun, de(m)* manager newspapers (531)

uitbouwen *verb* to extend general (1444)

uitbreiden *verb* to expand general (357)

uitbreiding *noun, de(f)* expansion
newspapers (390) | web (289)

uitbreken *verb* to break out general (1021)

uitbrengen *verb* to publish, to release general (806)

uitbundig *adj* exuberant fiction (904) | newspapers (1116)

uitdaging *noun, de(f)* challenge newspapers (446)

uitdelen *verb* to distribute general (1012)

uitdrukkelijk *adj* explicit general (1852)

uitdrukken *verb* to stub out general (1290)

uitdrukking *noun, de(f)* expression fiction (304)

uiteindelijk *adj* final core (325)

uiten *verb* to express general (676)

uiteraard *adv* of course, naturally core (618)

uiterlijk *adj* external general (1637)

uiterlijk *noun, het* appearance general (953)

uitermate *adv* extremely general (1767)

uiterst *adv* extremely general (175)

uitgaan *verb* to go out core (942)

uitgang *noun, de(m)* exit fiction (858)

uitgangspunt *noun, het* starting point general (1205)

uitgave *noun, de* a) expense b) edition
newspapers (623) | web (306)

uitgebreid *adj* extensive general (161)

uitgeput *adj* exhausted fiction (540)

uitgeven *verb* to spend general (384)

uitgever *noun, de(m)* publisher general (901)

uitgeverij *noun, de(f)* publisher general (960)

uitgroeien *verb* to grow general (1002)

uithalen *verb* a) to lash out b) to be up to
general (1279)

uithangen *verb* to hang out general (1989)

uiting *noun, de(f)* expression general (1372)

uitkering *noun, de(f)* payment, benefit general (1059)

uitkiezen *verb* to pick general (1785)

uitkijken *verb* to watch general (799)

uitkomen *verb* to come out core (870)

uitkomst *noun, de(f)* result general (1135)

uitlaten *verb* a) to take out b) to express (oneself)
fiction (840)

uitleg *noun, de(m)* explanation general (253)

uitleggen *verb* to explain core (929)

uitlopen *verb* a) to sprout b) to lead to general (1685)

uitmaken *verb* a) to decide b) to break up general (178)

uitnodigen *verb* to invite core (887)

uitnodiging *noun, de(f)* invitation general (1229)

uitoefenen *verb* to exercise general (982)

uitpakken *verb* a) to unpack b) to turn out
general (1283)

uitreiken *verb* to present newspapers (893) | web (472)

uitrekenen *verb* to calculate general (1171)

uitroepen *verb* to exclaim, to proclaim general (965)

uitrusten *verb* a) to equip b) to rest general (1106)

uitschakelen *verb* to eliminate general (1075)

uitslag *noun, de(m)* result general (355)

uitsluiten *verb* to exclude general (509)

uitsluitend *adv* exclusively general (557)

uitspraak *noun, de* statement general (32)

uitspreken *verb* to pronounce general (326)

uitstap, uitstapje *noun, de(m)/het* trip general (1746)

uitstappen *verb* to get off fiction (1012)

uitsteken *verb* a) to hold out b) to stick/stand out
fiction (568)

uitstekend *adj* excellent general (171)

uitstel *noun, het* delay newspapers (429)

uitstellen *verb* to delay newspapers (552)

uitsterven *verb* to die (out) general (1596)

uitstraling *noun, de(f)* radiation, look newspapers (961)

uitstrekken *verb* to reach out fiction (622)

uittrekken *verb* to take off general (1447)

uitvallen *verb* to drop/fall out general (988)

uitverkopen *verb* to sell out general (1708)

uitvinden *verb* to invent general (1463)

uitvoeren *verb* to perform general (17)

uitvoerig *adj* detailed general (1609)

uitvoering *noun, de(f)* implementation general (576)

uitwerken *verb* to elaborate general (842)

uitwerking *noun, de(f)* effect general (1906)

uitwijzen *verb* to show newspapers (1021)

uitzenden *verb* to broadcast newspapers (527) | web (111)

uitzending *noun, de(f)* broadcast general (540)

uitzetten *verb* a) to turn off b) to deport, to throw
out general (1429)

uitzicht *noun, het* view fiction (328) | newspapers (609)

uitzien *verb* to look fiction (144)

uitzoeken *verb* to select, to choose
fiction (788) | spoken (102)

uitzondering *noun, de(f)* exception general (233)

uitzonderlijk *adj* exceptional general (646)

ultiem *adj* ultimate general (1013)

unie *noun, de(f)* union newspapers (276) | web (226)

uniek *adj* unique newspapers (241) | web (195)

uniform *noun, de/het* uniform fiction (451)

universitair *adj* university general (1565)

universiteit *noun, de(f)* university core (760)

urenlang *adj* endless, for hours fiction (706)

uur *noun, het* hour core (146)

uw *pron* your core (445)

uzelf *pron* yourself general (1987)

Vv

vaag *adj* vague fiction (126)

vaak *adv* often core (181)

vaardigheid *noun, de(f)* skill general (1690)

vaart *noun, de* speed fiction (435) | newspapers (894)

vaas *noun, de* vase fiction (864)

vacature *noun, de(f)* vacancy general (1709)

vader *noun, de(m)* father core (366)

vaderland *noun, het* (native) country
general (1676)

vak *noun, het* field, profession general (471)

vakantie *noun, de(f)* holiday core (785)

vakbond *noun, de(m)* trade union newspapers (272)

val *noun, de* fall general (204)

vallen *verb* to fall core (141)

vals *adj* false general (442)

van *prep* of core (4)

vanachter *adv* from behind fiction (979) | spoken (155)

vanaf *prep* from core (220)

vanavond *adv* tonight core (768)

vandaag *adv* today core (234)

vandaan *adv* from general (371)

vandaar *adv* hence core (894)

vandoor *adv* off, away fiction (1014) | newspapers (1020)

vangen *verb* to catch general (288)

vanmiddag *adv* this afternoon fiction (421) | spoken (42)

vanmorgen *adv* this morning fiction (474) | spoken (52)

vannacht *adv* tonight, last night fiction (459) | spoken (98)

vanochtend *adv* this morning general (1086)

vanop *prep* from newspapers (643)

vanuit *prep* from general (7)

vanwaar *adv* from where, why general (1926)

vanwege *prep* because of core (686)

vanzelf *adv* automatically general (541)

vanzelfsprekend *adj* obvious general (723)

varen *verb* to sail general (724)

variant *noun, de* variant newspapers (860) | web (238)

variatie *noun, de(f)* variation general (1582)

variëren *verb* to vary newspapers (833) | web (287)

varken *noun, het* pig general (1649)

vast *adj* fixed, certain core (261)

vasthouden *verb* to hold general (719)

vastleggen *verb* to fix general (555)

vaststellen *verb* to determine general (127)

vaststelling *noun, de(f)* conclusion
newspapers (759) | web (474)

vastzitten *verb* to get stuck general (1919)

vat *noun, het* a) barrel b) grip fiction (878) | newspapers (711)

vatten *verb* to catch, to grasp fiction (391) | newspapers (345)

vechten *verb* to fight general (180)

veel *num* much core (19)

veelal *adv* often newspapers (841) | web (250)

veelvuldig *adj* frequent general (1728)

veer *noun, de* a) feather b) spring fiction (720)

veertien *num* fourteen general (234)

veertig *num* forty general (135)

vegen *verb* to sweep fiction (130)

veilig *adj* safe core (723)

veiligheid *noun, de(f)* safety newspapers (160)

vel *noun, het* sheet fiction (230)

veld *noun, het* field general (49)

venster *noun, het* window fiction (565)

vensterbank *noun, de* windowsill fiction (700)

vent *noun, de(m)* fellow, bloke fiction (186)

ver *adj* far core (248)

veranderen *verb* to change core (361)

verandering *noun, de(f)* change core (874)

verantwoordelijk *adj* responsible general (43)

verantwoordelijkheid *noun, de(f)* responsibility
general (151)

verantwoorden (zich) *verb* to justify newspapers (467)

verantwoording *noun, de(f)* responsibility general (1822)

verbaasd *adj* surprised, amazed fiction (117)

verband *noun, het* a) link b) bandage core (810)

verbazen *verb* to surprise general (547)

verbazing *noun, de(f)* amazement fiction (176)

verbeelden (zich) *verb* to imagine fiction (782)

verbeelding *noun, de(f)* imagination fiction (518)

verbergen *verb* to hide fiction (63)

verbeteren *verb* to improve general (100)

verbetering *noun, de(f)* improvement general (715)

verbieden *verb* to prohibit general (224)

verbijsteren *verb* to bewilder fiction (571)

verbinden *verb* a) to link b) to bandage core (803)

verbinding *noun, de(f)* connection spoken (49)

verblijf *noun, het* stay general (872)

verblijven *verb* to stay general (307)

verbod *noun, het* ban, prohibition
newspapers (671) | web (423)

verbond *noun, het* treaty, covenant general (1878)

verbouwen *verb* a) to renovate b) to cultivate
general (1366)

verbranden *verb* to burn general (1181)

verbreken *verb* to break up/off fiction (596) | spoken (63)

verdedigen *verb* to defend general (76)

verdediger *noun, de(m)* defender newspapers (302)

verdediging *noun, de(f)* defence newspapers (330)

verdelen *verb* to divide core (819)

verdeling *noun, de(f)* distribution | division
newspapers (1046) | web (420)

verdenken *verb* to suspect newspapers (122)

verdenking *noun, de(f)* suspicion newspapers (857)

verder *adj* further general (2)

verder *adv* further fiction (10)

verderop *adv* further down general (728)

verdienen *verb* to earn core (456)

verdienste *noun, de(f)* merit general (1373)

verdiepen (zich) *verb* to go into, to be caught up
in fiction (648)

verdieping *noun, de(f)* floor fiction (234) | newspapers (420)

verdomd *adj* damn(ed) fiction (558)

verdomme *interj* damn fiction (408)

verdrag *noun, het* treaty general (838)

verdragen *verb* to bear fiction (776)

verdriet *noun, het* sadness fiction (150)

verdrietig *adj* sad fiction (865)

verdrijven *verb* to expel general (1435)

verdringen *verb* to push away fiction (832)

verdrinken *verb* to drown fiction (802)

verdubbelen *verb* to double newspapers (584)

verduidelijken *verb* to clarify newspapers (807)

verdwalen *verb* to get lost fiction (799)

verdwijnen *verb* to disappear core (404)

vereisen *verb* to require general (874)

verenigen (zich) *verb* to unite web (57)

vereniging *noun, de(f)* club newspapers (141) | web (141)

verf *noun, de* paint general (1130)

vergaan *verb* to perish fiction (695)

vergaderen *verb* to meet general (1768)

vergadering *noun, de(f)* meeting general (396)

vergeefs *adj* vain fiction (905)

vergelijkbaar *adj* comparable newspapers (590) | web (256)

vergelijken *verb* to compare core (740)

vergelijking *noun, de(f)* comparison
newspapers (251) | web (142)

vergen *verb* to require general (1138)

vergeten *verb* to forget core (447)

vergeven *verb* to forgive fiction (591)

vergezellen *verb* to accompany general (1471)

vergissen (zich) *verb* to be mistaken general (1003)

vergissing *noun, de(f)* mistake fiction (813)

vergoeden *verb* to reimburse general (1486)

vergoeding *noun, de(f)* compensation general (1076)

vergroten *verb* to enlarge general (661)

vergunning *noun, de(f)* permit newspapers (608)

verhaal *noun, het* story core (334)

verheffen (zich) *verb* to rise fiction (564)

verheugen (zich) *verb* to be happy fiction (640)

verhinderen *verb* to prevent general (1041)

verhogen *verb* to increase newspapers (190) | web (166)

verhoging *noun, de(f)* increase newspapers (968) | web (483)

verhoor *noun, het* interrogation newspapers (921)

verhouding *noun, de(f)* a) ratio b) affair general (313)

verhuizen *verb* to move (house) core (788)

verhuren *verb* to let general (1544)

verjaardag *noun, de(m)* birthday core (923)

verkeer *noun, het* traffic newspapers (134)

verkeerd *adj* wrong core (601)

verkennen *verb* to explore general (1472)

verkeren *verb* to be general (701)

verkiezen *verb* a) to prefer b) to elect
   newspapers (328) | web (164)

verkiezing *noun, de(f)* election newspapers (74) | web (77)

verklaren *verb* to explain core (467)

verklaring *noun, de(f)* statement general (96)

verkondigen *verb* to proclaim, to put forward
   general (1312)

verkoop *noun, de(m)* sale newspapers (188)

verkopen *verb* to sell core (400)

verkoper *noun, de(m)* seller general (1610)

verkrachten *verb* to rape general (1452)

verkrijgbaar *adj* available newspapers (965) | web (407)

verkrijgen *verb* to obtain newspapers (705) | web (154)

verlagen *verb* to lower general (776)

verlammen *verb* to paralyse fiction (868)

verlangen *noun, het* desire fiction (113)

verlangen *verb* to long fiction (179)

verlaten *verb* to leave core (554)

verleden *adj* past, last general (1721)

verleden *noun, het* past core (648)

verlegen *adj* shy fiction (286)

verleiden *verb* to seduce general (1638)

verlenen *verb* to grant general (647)

verlengen *verb* to extend newspapers (317)

verlichten *verb* to light, to illuminate fiction (358)

verlichting *noun, de(f)* light(ing) general (1186)

verliefd *adj* in love fiction (173)

verlies *noun, het* loss newspapers (150)

verliezen *verb* to lose core (265)

verlof *noun, het* leave general (1722)

verloop *noun, het* course general (938)

verlopen *verb* to go core (776)

verlossen *verb* to release, to free
   fiction (716) | newspapers (1016)

vermaken *verb* to entertain general (2000)

vermeend *adj* supposed newspapers (880) | web (520)

vermelden *verb* to mention general (292)

vermijden *verb* to avoid general (202)

verminderen *verb* to reduce general (450)

vermits *conj* since general (1769)

vermoedelijk *adj* supposed, suspected general (176)

vermoeden *noun, het* presumption general (825)

vermoeden *verb* to presume general (182)

vermoeid *adj* tired fiction (760)

vermoeidheid *noun, de(f)* fatigue fiction (966)

vermoeien *verb* to tire (out) fiction (731)

vermogen *noun, het* a) power b) fortune general (535)

vermoorden *verb* to murder general (190)

vernemen *verb* to learn general (708)

vernielen *verb* to destroy newspapers (680)

vernietigen *verb* to destroy general (622)

vernieuwen *verb* to renew newspapers (314)

vernieuwing *noun, de(f)* renewal newspapers (639)

vernoemen *verb* to name web (319)

veronderstellen *verb* to suppose general (939)

veronderstelling *noun, de(f)* hypothesis general (1960)

verontrusten *verb* to worry fiction (910) | newspapers (1036)

verontschuldigen (zich) *verb* to excuse (oneself)
   fiction (410)

verontwaardigd *adj* outraged, indignant fiction (670)

verontwaardiging *noun, de(f)* outrage, indignation
   fiction (999) | newspapers (1112)

veroordelen *verb* to condemn newspapers (76)

veroordeling *noun, de(f)* conviction newspapers (792)

veroorloven (zich) *verb* to permit
   fiction (1023) | newspapers (1087)

veroorzaken *verb* to cause general (34)

verouderen *verb* to age general (1754)

veroveren *verb* to conquer general (463)

verpakken *verb* to wrap up general (1879)

verpakking *noun, de(f)* packing general (1804)

verplaatsen *verb* to move general (580)

verplaatsing *noun, de(f)* move(ment) newspapers (562)

verpleegster *noun, de(f)* nurse fiction (767)

verplichten *verb* to oblige core (741)

verplichting *noun, de(f)* obligation general (1004)

verraden *verb* to betray fiction (412)

verrassen *verb* to surprise fiction (209) | newspapers (131)

verrassing *noun, de(f)* surprise fiction (539) | newspapers (346)

verrichten *verb* to perform general (658)

verzoeken *verb* to request general (1518)

verzoenen (zich) *verb* to reconcile

    fiction (1051) | newspapers (1117)

verzorgen *verb* to care for general (217)

verzorging *noun, de(f)* care newspapers (939)

verzwijgen *verb* to keep silent about, to conceal

    fiction (937)

vestigen *verb* to set general (78)

vestiging *noun, de(f)* establishment newspapers (575)

vet *adj* fat general (1126)

vet *noun, het* fat general (1362)

via *prep* through core (223)

video *noun, de(m)* video general (975)

vier *num* four core (195)

vierde *num* fourth newspapers (36)

vieren *verb* to celebrate core (800)

vierentwintig *num* twenty-four spoken (73)

vierhonderd *num* four hundred spoken (97)

vierkant *adj* square general (559)

vies *adj* dirty general (923)

vijand *noun, de(m)* enemy general (628)

vijf *num* five core (228)

vijfde *num* fifth newspapers (167)

vijfduizend *num* five thousand general (1991)

vijfendertig *num* thirty-five spoken (96)

vijfentwintig *num* twenty-five spoken (31)

vijfenveertig *num* forty-five spoken (110)

vijfhonderd *num* five hundred spoken (79)

vijftien *num* fifteen general (53)

vijftig *num* fifty general (68)

vijver *noun, de(m)* pond general (1618)

villa *noun, de* villa fiction (669) | newspapers (934)

vinden *verb* to find core (68)

vinger *noun, de(m)* finger core (837)

vingertop *noun, de(m)* fingertip fiction (652)

viool *noun, de* violin general (1955)

virus *noun, het* virus general (1495)

vis *noun, de(m)* fish general (365)

visie *noun, de(f)* vision general (370)

vissen *verb* to fish general (1760)

Vlaams *adj* Flemish newspapers (11) | web (4)

vlag *noun, de* flag general (635)

vlak *adv* right core (725)

vlak *noun, het* plane general (136)

vlakbij *adv* close general (954)

vlakte *noun, de(f)* plain general (1739)

vlam *noun, de* flame fiction (469) | newspapers (777)

Vlaming *noun, de(m)* Fleming newspapers (411) | web (92)

vlees *noun, het* meat fiction (120)

vlek *noun, het/de* stain fiction (276)

vleugel *noun, de(m)* wing general (867)

vliegen *verb* to fly core (713)

vliegtuig *noun, het* plane general (298)

vliegveld *noun, het* airport general (1453)

vlinder *noun, de(m)* butterfly general (1933)

vloeien *verb* to flow general (1127)

vloeken *verb* to curse, to swear fiction (335)

vloer *noun, de(m)* floor fiction (57)

vlot *adj* quick newspapers (238)

vlucht *noun, de* a) flight b) escape general (163)

vluchteling *noun, de(m)* refugee general (1221)

vluchten *verb* to flee general (392)

vluchtig *adj* brief, quick fiction (584)

vlug *adj* quick general (454)

VN *noun, pl* UN newspapers (783)

vocht 1) *noun, de/het* 2) *noun, het* 1) moisture

    2) liquid general (1206)

vochtig *adj* moist fiction (495)

voeden *verb* to feed general (856)

voeding *noun, de(f)* nutrition, food

    newspapers (1019) | web (322)

voedsel *noun, het* food general (589)

voegen *verb* to add general (132)

voelen *verb* to feel core (258)

voeren *verb* to have, to carry out core (352)

voertuig *noun, het* vehicle newspapers (220)

voet *noun, de(m)* foot core (514)

voetbal *noun, het/de(m)* football newspapers (91)

voetbalclub *noun, de* football club newspapers (712)

voetballen *verb* to play football newspapers (232)

voetballer *noun, de(m)* football player newspapers (404)

voetstap *noun, de(m)* footstep fiction (567)

vogel *noun, de(m)* bird fiction (107)

voilà *interj* there you are spoken (67)

vol *adj* full core (281)

voldoen *verb* to satisfy, to fulfil newspapers (285) | web (188)

voldoende *adj* sufficient core (650)

volgen *verb* to follow core (103)

volgend *adj* next spoken (114)

volgens *prep* according to core (128)

volgorde *noun, de* order general (1755)

volhouden *verb* to maintain general (1189)

volk *noun, het* people core (680)

volkomen *adv* completely fiction (178)

volksgezondheid *noun, de(f)* public health

    newspapers (864)

volledig *adj* full core (317)

volmaakt *adj* perfect fiction (601)

vreemdeling *noun, de(m)* stranger general (1284)

vrees *noun, de* fear newspapers (896)

vreselijk *adj* terrible general (472)

vreten *verb* to stuff fiction (691)

vreugde *noun, de(f)* joy fiction (450)

vrezen *verb* to fear core (607)

vriend *noun, de(m)* friend core (322)

vriendelijk *adj* friendly fiction (42)

vriendin *noun, de(f)* a) (female) friend b) girlfriend

    core (688)

vriendschap *noun, de(f)* friendship fiction (444)

vrij *adj* free core (332)

vrijdag *noun, de(m)* Friday general (9)

vrijdagavond *noun, de(m)* Friday evening newspapers

    (554) | spoken (117)

vrijen *verb* to make love fiction (606)

vrijheid *noun, de(f)* freedom general (124)

vrijkomen *verb* a) to be set free b) to be released

    general (1420)

vrijlaten *verb* to release newspapers (689)

vrijmaken *verb* to set free, to keep free

    newspapers (1018)

vrijwel *adv* almost general (98)

vrijwillig *adj* voluntary general (887)

vrijwilliger *noun, de(m)* volunteer newspapers (525)

vroeg *adj* early core (219)

vrolijk *adj* cheerful, merry fiction (78)

vrouw *noun, de(f)* woman core (174)

vrouwelijk *adj* female general (334)

vrucht *noun, de* fruit general (843)

vuil *adj* dirt fiction (249)

vuist *noun, de* fist fiction (241)

vullen *verb* to fill core (743)

vurig *adj* fiery fiction (956)

vuur *noun, het* fire fiction (93) | newspapers (169)

vuurwerk *noun, het* firework general (1639)

vzw *noun, de(f)* non-profit organization

    newspapers (340)

Ww

waaien *verb* to blow fiction (370)

Waals *adj* Walloon newspapers (513) | web (255)

waanzinnig *adj* mad fiction (991)

waar *adj* true core (595)

waar *adv* where core (77)

waaraan *adv* at which general (356)

waarbij *adv* in which core (378)

waard *adj* worth core (842)

waarde *noun, de(f)* value core (597)

waarderen *verb* to appreciate general (881)

waardering *noun, de(f)* appreciation general (1437)

waardevol *adj* valuable general (1144)

waardig *adj* worthy general (1519)

waardoor *adv* as a result of which core (424)

waarheid *noun, de(f)* truth general (230)

waarin *adv* wherein core (256)

waarmee *adv* with which core (471)

waarna *adv* after which general (156)

waarnemen *verb* to observe general (1195)

waarom *adv* why core (235)

waaronder *adv* including newspapers (221) | web (67)

waarop *adv* on which core (391)

waarover *adv* about which general (518)

waarschijnlijk *adv* probably core (422)

waarschuwen *verb* to warn fiction (185) | newspapers (177)

waarschuwing *noun, de(f)* warning general (1118)

waartoe *adv* to which general (1611)

waaruit *adv* from which general (548)

waarvan *adv* whose core (389)

waarvoor *adv* what for core (875)

wacht *1) noun, de 2) noun, de(m)* 1) watch 2) guard

    general (1190)

wachten *verb* to wait core (297)

wagen *noun, de(m)* car fiction (115) | newspapers (40)

wagen *verb* to risk newspapers (742)

wagen (zich) *verb* to risk fiction (625)

waken *verb* to watch fiction (900) | newspapers (1100)

wakker *adj* awake core (849)

wal *noun, de(m)* quay fiction (628)

wand *noun, de(m)* wall fiction (192)

wandelen *verb* to walk general (293)

wandeling *noun, de(f)* walk general (897)

wang *noun, de* cheek fiction (44)

wanhoop *noun, de* despair fiction (547)

wanhopig *adj* desperate fiction (344)

wankelen *verb* to stagger fiction (654)

wanneer *conj* when core (346)

want *conj* because core (114)

wantrouwen *noun, het* distrust general (1831)

wapen *noun, het* weapon general (205)

wapenen (zich) *verb* to arm general (848)

wapperen *verb* to blow fiction (710)

warenhuis *noun, het* department store

    fiction (1078) | newspapers (1082)

warm *adj* hot core (677)

warmte *noun, de(f)* heat fiction (237)

wassen *verb* to wash fiction (118)

wat *pron* what core (46)

water *noun, het* water core (417)

wc *noun, de(m)* toilet general (1583)

website *noun, de* website newspapers (132) | web (39)

wederom *adv* again general (1584)

wederzijds *adj* mutual general (1549)

wedstrijd *noun, de(m)* match newspapers (8)

weduwe *noun, de(f)* widow general (1620)

week *noun, de* week core (122)

weekblad *noun, het* weekly magazine general (1394)

weekeinde *noun, het* weekend newspapers (406)

weekend *noun, het* weekend core (493)

weer *adv* again core (92)

weer *noun, het* weather spoken (19)

weeral *adv* again spoken (138) | web (320)

weergeven *verb* to represent web (390)

weerhouden *verb* to withhold general (1881)

weerstand *noun, de(m)* resistance general (1231)

weg *adv* gone core (221)

weg *noun, de(m)* road core (291)

wegen *verb* to weigh general (389)

wegens *prep* because of newspapers (34)

weggaan *verb* to leave fiction (207) | spoken (56)

weggooien *verb* to throw away general (1927)

weghalen *verb* to remove general (1446)

wegleggen *verb* to put away general (1621)

weglopen *verb* to walk away, to run away fiction (501)

wegnemen *verb* to take away general (1550)

wegvallen *verb* to be lost general (1770)

wei *noun, de* pasture, field fiction (936)

weigeren *verb* to refuse general (28)

weiland *noun, het* meadow fiction (838)

weinig *num* little, few core (166)

wekelijks *adj* weekly general (605)

wekken *verb* to wake up fiction (160) | newspapers (413)

wel *adv* ~ rather core (42)

weleens *adv* sometimes, ever general (1302)

weliswaar *adv* admittedly general (201)

welk *pron* which core (298)

welkom *adj* welcome general (243)

wellicht *adv* possibly, perhaps core (579)

welvaart *noun, de* prosperity general (1545)

welzijn *noun, het* welfare newspapers (976) | web (450)

wenden (zich) *verb* to turn fiction (213)

wenkbrauw *noun, de* eyebrow fiction (188)

wenken *verb* to beckon fiction (660)

wennen *verb* to get used to general (905)

wens *noun, de(m)* wish general (289)

wensen *verb* to wish core (774)

wereld *noun, de* world core (239)

wereldkampioen *noun, de(m)* world champion newspapers (508)

wereldkampioenschap *noun, het* world championship newspapers (228)

wereldoorlog *noun, de(m)* world war web (87)

wereldwijd *adj* worldwide newspapers (319) | web (215)

weren *verb* to keep out newspapers (925)

werk *noun, het* work core (172)

werkdag *noun, de(m)* working day general (1585)

werkelijk *adj* real core (839)

werkelijkheid *noun, de(f)* reality general (276)

werken *verb* to work core (127)

werkgelegenheid *noun, de(f)* employment newspapers (949) | web (513)

werkgever *noun, de(m)* employer newspapers (301)

werkgroep *noun, de* working group general (1464)

werking *noun, de(f)* effect | functioning newspapers (400) | web (193)

werkloos *adj* unemployed newspapers (651) | web (254)

werkloosheid *noun, de(f)* unemployment newspapers (839) | web (341)

werknemer *noun, de(m)* employee newspapers (93)

werkzaam *adj* employed, active newspapers (997) | web (329)

werkzaamheden *noun, pl* activities general (1107)

werpen *verb* to throw fiction (36)

westelijk *adj* west, western newspapers (1129) | web (412)

westen *noun, het* west web (123)

westers *adj* Western newspapers (483) | web (210)

West-Vlaams *adj* West Flemish newspapers (110)

wet *noun, de* law core (641)

weten *verb* to know core (81)

wetenschap *noun, de(f)* science general (345)

wetenschappelijk *adj* scientific general (269)

wetenschapper *noun, de(m)* scientist, scholar newspapers (559) | web (335)

wetgeving *noun, de(f)* legislation general (808)

wethouder *noun, de(m)* alderman, councillor newspapers (974)

wetsvoorstel *noun, het* bill general (1832)

wettelijk *adj* legal newspapers (492) | web (276)

wezen *noun, het* being general (876)

wezenlijk *adj* substantial general (1887)

whisky *noun, de(m)* whisky fiction (667)

wie *pron* who core (126)

wieg *noun, de* cradle, cot fiction (1021)

wiel *noun, het* wheel general (1060)

wielrennen *noun, het* cycle racing newspapers (900) | web (438)

wielrenner *noun, de(m)* cyclist newspapers (1058) | web (364)

wij, we *pron* we core (60)

wijd *adj* wide fiction (267)

wijden *verb* to devote general (777)

wijf *noun, het* woman, broad fiction (552)

wijk *noun, de* district, neighbourhood newspapers (208)

wijken *verb* to disappear general (1187)

wijn *noun, de(m)* wine fiction (116)

wijs *adj* wise fiction (278)

wijsheid *noun, de(f)* wisdom general (1833)

wijsvinger *noun, de(m)* index finger fiction (314)

wijten *verb* to blame newspapers (325) | web (227)

wijze *noun, de* way core (654)

wijzen *verb* to point core (418)

wijzigen *verb* to change newspapers (618) | web (240)

wijziging *noun, de(f)* change newspapers (933) | web (374)

wikkelen *verb* to wrap fiction (761)

wil *noun, de(m)* will general (571)

wild *adj* wild general (434)

willekeurig *adj* arbitrary general (1546)

willen *verb* to want core (54)

wind *noun, de(m)* wind fiction (41)

winkel *noun, de(m)* shop core (670)

winkelen *verb* to shop general (1658)

winnaar *noun, de(m)* winner newspapers (157)

winnen *verb* to win core (259)

winst *noun, de(f)* profit newspapers (62)

winter *noun, de(m)* winter core (937)

wippen *verb* to hop fiction (825)

wiskunde *noun, de(f)* mathematics spoken (144) | web (403)

wisselen *verb* to exchange general (412)

wit *adj* white core (543)

woede *noun, de* rage fiction (174)

woeden *verb* to rage general (1857)

woedend *adj* furious fiction (313)

woensdag *noun, de(m)* Wednesday general (19)

woensdagavond *noun, de(m)* Wednesday evening newspapers (746)

woest *adj* fierce fiction (798)

woestijn *noun, de* desert general (1729)

wolf *noun, de(m)* wolf general (1947)

wolk *noun, de* cloud fiction (138)

wond *noun, de* wound fiction (437)

wonder *noun, het* miracle fiction (206)

wonderlijk *adj* wonderful fiction (486)

wonen *verb* to live core (304)

woning *noun, de(f)* house newspapers (41)

woonkamer *noun, de* living room fiction (368)

woonplaats *noun, de* residence general (1313)

woord *noun, het* word core (275)

woordenboek *noun, het* dictionary general (1979)

woordvoerder *noun, de(m)* spokesman newspapers (101)

woordvoerster *noun, de(f)* spokeswoman newspapers (634)

worden *verb* to be core (23)

worst *noun, de* sausage general (1948)

worstelen *verb* to struggle fiction (902) | newspapers (952)

wortel *noun, de(m)* a) carrot b) root general (1108)

wraak *noun, de* revenge general (1567)

wreed *adj* cruel fiction (750) | spoken (111)

wrijven *verb* to rub fiction (140)

wringen *verb* to worm fiction (597)

wuiven *verb* to wave fiction (460)

Zz

zaad *noun, het* seed fiction (888) | web (411)

zaaien *verb* to sow general (1723)

zaak *noun, de* a) case b) business core (204)

zaal *noun, de* hall general (75)

zacht *adj* soft core (831)

zagen *verb* to saw general (1942)

zak *noun, de(m)* bag core (782)

zakdoek *noun, de(m)* handkerchief fiction (420)

zakelijk *adj* business general (1191)

zakenman *noun, de(m)* businessman fiction (1042) | newspapers (800)

zakken *verb* a) to drop b) to fail general (121)

zalig *adj* glorious, heavenly web (162)

zand *noun, het* sand fiction (236)

zanger *noun, de(m)* singer newspapers (440) | web (186)

zangeres *noun, de(f)* (female) singer newspapers (701) | web (317)

zat *adv* plenty spoken (95)

zaterdag *noun, de(m)* Saturday core (358)

zaterdagavond *noun, de(m)* Saturday evening newspapers (387)

zee *noun, de* sea core (784)

zeep *noun, de* soap fiction (822)

zeer *adv* very core (243)

zege *noun, de* victory newspapers (94)

zegen *noun, de(m)* blessing general (1934)

zeggen *verb* to say core (58)

zeil *noun, het* sail general (1698)

zeilen *verb* to sail general (1952)

zeker *adj* certain core (134)

zekerheid *noun, de(f)* certainty general (218)

zelden *adv* rarely general (168)

zeldzaam *adj* rare general (800)

zelf *pron* self core (105)

zelfmoord *noun, de* suicide general (924)

zelfs *adv* even core (131)

zelfstandig *adj* independent general (342)

zelfvertrouwen *noun, het* self-confidence
general (1634)

zenden *verb* to send general (690)

zender *noun, de(m)* a) transmitter b) channel
newspapers (581) | web (127)

zenuw *noun, de* nerve fiction (599)

zenuwachtig *adj* nervous fiction (413)

zes *num* six core (272)

zesentwintig *num* twenty-six spoken (88)

zeshonderd *num* six hundred spoken (121)

zestien *num* sixteen general (287)

zestig *num* sixty general (152)

zetel *noun, de(m)* seat general (321)

zetelen *verb* to reside newspapers (891)

zetten *verb* to put core (163)

zeuren *verb* to whine, to nag fiction (505)

zeven *num* seven core (423)

zeventien *num* seventeen general (625)

zeventig *num* seventy newspapers (274) | spoken (59)

zever *noun, de(m)* nonsense web (211)

zich *pron* herself, himself, itself,
themselves core (55)

zicht *noun, het* view general (346)

zichtbaar *adj* visible general (317)

zichzelf *pron* herself, himself, itself, yourself,
themselves core (381)

ziek *adj* ill core (787)

ziekenhuis *noun, het* hospital core (598)

ziekte *noun, de(f)* disease general (137)

ziel *noun, de* soul fiction (154)

zielig *adj* pathetic general (1093)

zien *verb* to see core (57)

zij, ze *pron* a) she b) they core (28)

zijde, zij *noun, de* side general (519)

zijkant *noun, de(m)* side general (1867)

zijn *verb* to be core (6)

zijn, z'n *pron* his core (49)

zilver *noun, het* silver general (1413)

zilveren *adj* silver fiction (492)

zin *noun, de(m)* a) sentence b) sense core (355)

zingen *verb* to sing core (765)

zinken *verb* to sink fiction (718)

zinloos *adj* meaningless general (1384)

zinvol *adj* meaningful general (1730)

zitten *verb* to sit core (82)

zitting *noun, de(f)* a) seat b) session general (902)

zo *adv* so core (47)

zoal *adv* what (kind of things) general (1993)

zoals *conj* as core (107)

zodanig *pron* such general (792)

zodat *conj* so that core (331)

zodoende *adv* consequently general (1834)

zodra *conj* once, as soon as fiction (76)

zoeken *verb* to search core (252)

zoektocht *noun, de(m)* search newspapers (582)

zoenen *verb* to kiss fiction (481)

zoet *adj* sweet fiction (357)

zogeheten *adj* so-called newspapers (587)

zogenaamd *adj* so-called general (108)

zogezegd *adj* so to speak general (1363)

zoiets *pron* something core (640)

zojuist *adv* just (now) fiction (473)

zolang *adv* as long as general (1343)

zolder *noun, de(m)* loft fiction (557)

zomaar *adv* just core (792)

zomer *noun, de(m)* summer core (577)

zon *noun, de* sun core (814)

zo'n *pron* such a core (177)

zondag *noun, de(m)* Sunday core (356)

zondagavond *noun, de(m)* Sunday evening
newspapers (594)

zondagmiddag *noun, de(m)* Sunday afternoon
fiction (1035) | newspapers (1113)

zonde *noun, de* sin general (1249)

zonder *prep* without core (113)

zone *noun, de* zone general (188)

zonlicht *noun, het* sunlight fiction (549)

zonnig *adj* sunny general (1421)

zoon *noun, de(m)* son core (437)

zorg *noun, de* a) care b) worry core (655)

zorgen *verb* to provide core (267)

zorgvuldig *adj* careful fiction (227)

zot *adj* foolish web (271)

zout *noun, het* salt general (1385)

zoveel *num* so much core (271)

zover *adv* so far core (877)

zowat *adv* about general (113)

zowel *adv* both core (339)

zozeer *adv* so much general (955)

zucht *noun, de(m)* sigh fiction (166)

zuchten *verb* to sigh fiction (83)

zuidelijk *adj* southern newspapers (947) | web (264)

zuiden *noun, het* south general (228)

zuigen *verb* to suck fiction (366)

zuinig *adj* frugal general (1640)

zuiver *adj* pure general (818)

zulk *pron* such core (761)

zullen *verb* will core (33)

zus *noun, de(f)* sister core (905)

zuster *noun, de(f)* sister fiction (121)

zuur *adj* acid general (1303)

zwaaien *verb* to wave fiction (94)

zwaar *adj* heavy core (251)

zwak *adj* weak general (81)

zwanger *adj* pregnant general (590)

zwangerschap *noun, de(f)* pregnancy web (234)

zwart *adj* black core (466)

zweet *noun, het* sweat fiction (193)

zwellen *verb* to swell fiction (477)

zwembad *noun, het* swimming pool general (778)

zwemmen *verb* to swim general (619)

zweren *verb* to swear fiction (672)

zwerven *verb* to wander fiction (876)

zweten *verb* to sweat fiction (618)

zweven *verb* to float fiction (321)

zwijgen *verb* to keep silent about fiction (4)

Part-of-speech index

Nouns (core only)

89.77	**jaar** year	28.06	**foto** photo	20.23	**periode** period
73.56	**mens** human	27.64	**punt** a) full stop b) item c) point	20.20	**helft** half
70.73	**tijd** time			20.16	**recht** right
66.05	**dag** day	27.30	**feit** fact	20.09	**gebruik** use
60.70	**plaats** place	27.05	**titel** title	20.09	**gevoel** feeling
59.77	**man** man	27.02	**reden** reason	19.96	**beeld** statue
59.44	**week** week	26.38	**vriend** friend	19.94	**grond** ground
58.80	**keer** time, occasion	26.15	**hoofd** head	19.80	**zoon** son
51.25	**uur** hour	25.96	**bedrijf** business	19.79	**deur** door
47.68	**maand** month	25.95	**kant** side	19.71	**meisje** girl
46.06	**kind** child	25.22	**politie** police	19.55	**nacht** night
45.72	**werk** work	25.22	**verhaal** story	18.90	**verschil** difference
45.43	**land** country	25.19	**artikel** a) article b) product, object	18.64	**programma** programme, program
45.42	**vrouw** woman				
44.98	**hand** hand	25.17	**boek** book	18.42	**krant** newspaper
44.97	**leven** life	25.14	**onderzoek** research	18.32	**nummer** number
44.58	**eind, einde** end	24.67	**gevolg** result	18.25	**belang** importance
43.65	**aantal** number	24.66	**school** school	18.13	**situatie** situation
43.09	**naam** name	24.49	**plan** plan	18.12	**kilometer** kilometre
42.63	**deel** part	23.88	**idee** idea	18.11	**toekomst** future
42.21	**probleem** problem	23.74	**zin** a) sentence b) sense	17.99	**aandacht** attention
40.80	**vraag** question	23.72	**zondag** Sunday	17.66	**dochter** daughter
40.68	**zaak** a) case b) business	23.41	**zaterdag** Saturday	17.63	**stem** a) voice b) vote
39.21	**huis** house	23.30	**staat** state	17.49	**gebied** area
39.15	**geval** case	23.11	**auto** car	17.49	**richting** direction
36.69	**paar** couple	23.10	**rest** rest	17.38	**dood** death
35.91	**moment** time, moment	22.88	**vader** father	17.23	**antwoord** answer
35.76	**manier** way	22.87	**familie** family	17.06	**voorbeeld** example
35.28	**wereld** world	22.70	**moeder** mother	17.06	**weekend** weekend
34.91	**geld** money	22.57	**lid** member	17.03	**doel** goal
34.00	**groep** group	22.26	**vorm** form	16.98	**licht** light
33.91	**stad** town, city	22.08	**meter** metre	16.95	**muziek** music
33.77	**stuk** piece	21.98	**rol** role	16.70	**buurt** neighbourhood
33.67	**kans** chance	21.90	**prijs** price	16.66	**slachtoffer** victim
32.85	**begin** start	21.81	**jongen** boy	16.65	**reactie** reaction
31.50	**oog** eye	21.71	**dienst** service	16.57	**contact** contact
31.41	**beetje** bit	21.41	**resultaat** result	16.55	**televisie** television
30.90	**woord** word	21.34	**minuut** minute	16.50	**kaart** map
29.54	**partij** party	20.99	**succes** success	16.44	**avond** evening
29.49	**soort** kind of	20.81	**straat** street	16.41	**voet** foot
29.20	**ding** thing	20.75	**ouder** parent	16.40	**rekening** bill
29.10	**weg** road	20.64	**water** water	16.36	**eeuw** century
		20.49	**persoon** person	16.20	**kop** a) head b) cup

16.01 **film** film	13.40 **gezin** family	10.51 **bal** ball
15.95 **mogelijkheid** possibility	13.34 **mening** opinion	10.40 **mond** mouth
15.93 **markt** market	13.29 **grens** border	10.37 **tiental** ten
15.93 **publiek** public	13.15 **beslissing** decision	10.33 **studie** study
15.92 **informatie, info** information	13.06 **wet** law	10.32 **gat** hole
	13.00 **gebouw** building	10.31 **kleur** colour
15.80 **keuze** choice	12.88 **opdracht** task	10.26 **liefde** love
15.60 **lijst** list	12.74 **verleden** past	10.25 **positie** position
15.53 **hoogte** height	12.67 **spel** game	10.24 **gast** guest
15.52 **gezicht** face	12.63 **wijze** way	10.21 **aanleiding** reason, occasion
15.36 **gesprek** conversation	12.63 **zorg** a) care b) worry	
15.34 **rust** rest	12.57 **brief** letter	10.06 **terrein** ground
15.33 **stap** step	12.55 **been** leg	10.03 **rij** row
15.26 **ervaring** experience	12.55 **omgeving** environment, surroundings	10.01 **universiteit** university
15.15 **geschiedenis** history		9.95 **les** lesson
14.99 **plek** place, spot	12.54 **broer** brother	9.84 **onderwerp** topic
14.86 **centrum** centre	12.48 **indruk** impression	9.74 **afspraak** appointment
14.83 **oorlog** war	12.35 **taal** language	9.69 **muur** wall
14.81 **politiek** politics	12.32 **winkel** shop	9.68 **boodschap** 1) message 2) purchase, shopping
14.75 **ruimte** space	12.23 **regel** rule	
14.64 **nieuws** news	12.22 **lucht** air	9.65 **zak** bag
14.60 **band** bond	12.20 **hulp** help	9.62 **dak** roof
14.56 **directeur** director	12.01 **volk** people	9.55 **zee** sea
14.55 **zomer** summer	12.01 **voordeel** advantage	9.53 **vakantie** holiday
14.51 **kracht** strength	11.91 **arm** arm	9.48 **bureau** desk
14.48 **bedoeling** intention	11.87 **vriendin** a) (female) friend b) girlfriend	9.40 **boom** tree
14.39 **leeftijd** age		9.35 **beweging** movement
14.30 **rug** back	11.86 **bed** bed	9.30 **schuld** a) debt b) blame
14.20 **bank** a) bank b) bench, sofa	11.82 **top** top	9.24 **bus** bus
	11.74 **kennis** a) knowledge b) acquantaince	9.24 **sfeer** atmosphere
14.07 **hart** heart		9.23 **taak** task
14.04 **waarde** value	11.71 **stand** a) position b) score	9.22 **pijn** pain
14.01 **ziekenhuis** hospital	11.69 **mama** mummy	9.22 **verband** a) link b) bandage
13.90 **oplossing** solution	11.65 **relatie** relation	9.20 **geluk** happiness, luck
13.86 **slag** blow	11.62 **macht** power	9.13 **zon** sun
13.85 **bericht** message	11.61 **kerk** church	9.06 **slot** lock
13.77 **collega** colleague	11.46 **beroep** profession	9.03 **leerling** pupil
13.75 **moeite** difficulty	11.40 **lichaam** body	8.97 **midden** middle
13.66 **baan** job	11.28 **dorp** village	8.75 **loop** course
13.66 **last** load	11.26 **gedachte** thought	8.54 **lied** song
13.64 **tekst** text	11.26 **invloed** influence	8.39 **reis** trip, journey
13.60 **bezoek** visit	11.14 **Nederlands** Dutch	8.38 **beurt** turn
13.58 **hoop** a) hope b) pile	11.06 **afstand** distance	8.30 **vinger** finger
13.56 **kamer** room	10.94 **voorstel** proposal	8.10 **student** student
13.53 **orde** order	10.73 **feest** party	8.04 **oor** ear
13.51 **lijn** line	10.67 **kwestie** question, issue	8.04 **pak** 1) suit 2) bunch
13.50 **gang** corridor	10.56 **god** god	8.03 **begrip** understanding
13.43 **tafel** table	10.54 **dier** animal	7.99 **tuin** garden
13.41 **middel** means	10.53 **hoek** corner	7.92 **angst** fear

7.90   **gelegenheid** opportunity

7.90   **neus** nose

7.74   **fiets** bicycle

7.70   **hond** dog

7.66   **dame** lady

7.54   **verandering** change

7.51   **radio** radio

7.47   **opzicht** regard

7.47   **plezier** pleasure

7.40   **toestand** state

7.33   **station** station

7.31   **bloed** blood

7.28   **heer** gentleman

7.25   **teken** sign

7.24   **baas** boss

7.19   **maat** 1) size 2) rhythm
       3) mate

7.14   **haar** hair

7.12   **dokter** doctor, GP

7.07   **stof** dust

7.00   **geluid** sound

6.96   **blad** a) journal, magazine
       b) leaf

6.96   **bos** a) forest b) bunch

6.92   **zus** sister

6.91   **trein** train

6.84   **type** type

6.73   **natuur** nature

6.55   **bloem** flower

6.38   **inhoud** content

6.33   **ochtend** morning

6.29   **verjaardag** birthday

6.24   **plaat** a) record b) plate

6.23   **kost, kosten** cost(s)

6.22   **behoefte** need

6.14   **rand** edge

6.07   **achtergrond** background

6.07   **opmerking** remark

6.03   **figuur** figure

6.02   **ruzie** quarrel, row

5.94   **winter** winter

Verbs (core only)

99.70   **zijn** to be

99.47   **hebben** to have

98.93   **kunnen** to be able

98.60   **worden** to be

96.79   **gaan** to go

96.67   **komen** to come

96.20   **zullen** will

95.47   **moeten** to have to,
        must

92.66   **maken** a) to make
        b) to repair

89.62   **doen** to do

89.04   **willen** to want

88.27   **staan** to stand

87.06   **zien** to see

86.92   **zeggen** to say

85.65   **krijgen** to get

83.26   **vinden** to find

80.14   **laten** to let

78.66   **geven** to give

78.38   **blijven** to remain

76.11   **weten** to know

74.93   **zitten** to sit

72.42   **nemen** to take

72.05   **houden** to hold

71.06   **mogen** to be allowed

68.49   **liggen** to lie

66.19   **volgen** to follow

63.17   **denken** to think

60.02   **beginnen** to start

58.31   **werken** to work

56.43   **stellen** to put

54.93   **brengen** to bring

53.96   **lopen** to walk

53.58   **vragen** to ask

53.56   **vallen** to fall

52.08   **horen** to hear

51.52   **spelen** to play

47.83   **kijken** to look

47.28   **halen** to get

47.23   **lijken** to seem

47.08   **zetten** to put

46.67   **blijken** to prove

44.33   **bestaan** to exist

43.75   **trekken** to draw

42.51   **gebeuren** to happen

40.82   **noemen** to name

40.78   **proberen** to try

40.59   **spreken** to speak

39.89   **kennen** to know

38.26   **gebruiken** to use

38.21   **vertellen** to tell

37.34   **schrijven** to write

33.69   **zoeken** to search

33.43   **leggen** to put

33.09   **voelen** to feel

33.08   **winnen** to win

31.77   **verliezen** to lose

31.64   **zorgen** to provide

30.56   **kiezen** to choose

30.46   **hopen** to hope

30.15   **lezen** to read

29.82   **betalen** to pay

28.72   **leiden** to lead

28.39   **wachten** to wait

28.24   **sluiten** to close

28.21   **verwachten** to expect

27.89   **wonen** to live

27.69   **helpen** to help

27.59   **raken** to touch, to hit

27.40   **leren** to learn

27.23   **leven** to live

27.01   **slaan** to hit

25.63   **rijden** to drive

24.94   **kopen** to buy

24.91   **betekenen** to mean

24.64   **hangen** to hang

24.12   **pakken** to take

23.93   **voeren** to have, to carry
        out

23.63   **geloven** to believe

23.39   **hoeven** to need (to)

23.29   **veranderen** to change

23.13   **bieden** to offer

22.78   **steken** a) to stab b) to put

22.70   **begrijpen** to understand

22.64   **stoppen** to stop

22.43   **leveren** to supply

22.37   **tonen** to show

22.26   **praten** to talk

21.86   **tellen** to count

21.85   **reageren** to react

21.54   **draaien** to turn

21.53   **roepen** to call

21.45   **sturen** to send

21.44   **dragen** to carry

21.42   **verkopen** to sell

21.20   **verdwijnen** to disappear

20.96   **besluiten** to decide

20.86   **kosten** to cost

20.72   **organiseren** to organize

20.65   **duren** to last

20.59   **wijzen** to point

20.53   **vormen** to form

20.27 **klinken** to sound

20.21 **merken** to notice

20.15 **opzetten** to set up

19.83 **bouwen** to build

19.76 **ontstaan** to start

19.39 **vergeten** to forget

19.26 **bereiken** to reach

19.09 **passen** to suit

18.92 **richten (zich)** to focus

18.63 **lachen** to laugh

18.62 **groeien** to grow

18.55 **verdienen** to earn

18.53 **verschijnen** to appear

18.34 **eten** to eat

18.08 **verklaren** to explain

17.80 **beslissen** to decide

17.74 **bepalen** to determine

17.66 **plaatsen** to place

17.51 **dienen** to serve (as)

17.48 **vertrekken** to leave

17.47 **openen** to open

17.39 **voorkomen** a) to occur
b) to prevent

17.31 **missen** to miss, to lack

17.11 **heten** to be called

17.05 **slagen** to succeed

17.01 **gelden** to apply

17.00 **stappen** to step

16.59 **bekijken** to look at

16.39 **breken** to break

16.27 **betreffen** to concern

16.17 **melden** to report

16.02 **lukken** to succeed

15.91 **geraken** to get

15.75 **rekenen** to count

15.61 **opnemen** to record

15.42 **stijgen** to rise

15.33 **kloppen** to knock, to beat

15.29 **verlaten** to leave

15.07 **bewijzen** to prove

14.64 **durven** to dare

14.58 **overlijden** to die

14.55 **schieten** to shoot

14.49 **genieten** to enjoy

14.45 **voorstellen** to propose

14.39 **ontvangen** to receive

14.06 **bellen** to ring, to call

13.91 **betrekken** to involve

13.77 **vrezen** to fear

13.76 **overtuigen** to convince

13.54 **treffen** to hit, to strike

13.49 **voorzien** to provide

13.46 **keren** to turn

13.29 **menen** to believe, to think

13.12 **ontdekken** to discover

13.08 **gooien** to throw

13.03 **drinken** to drink

12.90 **luisteren** to listen

12.67 **dreigen** to threaten

12.57 **sterven** to die

12.44 **onderzoeken** to
investigate

12.43 **beschouwen** to consider

12.06 **tekenen** to draw

11.67 **eindigen** to end

11.63 **slapen** to sleep

11.39 **ontwikkelen** to develop

11.37 **regelen** to regulate,
to arrange

11.33 **beseffen** to realize

11.25 **delen** to share

11.24 **vliegen** to fly

11.09 **herinneren** to remember

11.08 **beloven** to promise

10.98 **bezoeken** to visit

10.80 **optreden** to appear

10.55 **springen** to jump

10.46 **vergelijken** to compare

10.42 **verplichten** to oblige

10.38 **vullen** to fill

10.33 **redden** to save

10.32 **afsluiten** to close

10.22 **grijpen** to grab

9.91 **zingen** to sing

9.86 **aanbieden** to offer

9.77 **danken** to thank, to owe

9.77 **trouwen** to marry

9.73 **wensen** to wish

9.71 **verlopen** to go

9.69 **stemmen** to vote

9.50 **verhuizen** to move (house)

9.49 **schuiven** to push, to pull

9.44 **bedenken** to think (up)

9.41 **controleren** to check

9.40 **drukken** to print

9.36 **vieren** to celebrate

9.32 **verbinden** a) to link
b) to bandage

9.04 **verdelen** to divide

8.95 **behandelen** to treat

8.63 **studeren** to study

8.10 **opstellen** to draw up

7.94 **verzamelen** to collect

7.91 **realiseren** to realize

7.83 **antwoorden** to answer

7.82 **lijden** to suffer

7.75 **beschrijven** to describe

7.75 **herkennen** to recognize

7.74 **besteden** to spend

7.64 **meemaken** to experience

7.64 **uitkomen** to come out

7.40 **aankomen** to arrive

7.27 **uitnodigen** to invite

7.18 **bewegen** to move

7.18 **oplossen** to solve

7.07 **ontmoeten** to meet

6.84 **doorgaan** to continue

6.75 **nadenken** to think

6.72 **aannemen** to assume

6.52 **herhalen** to repeat

6.43 **twijfelen** to doubt

6.21 **bewaren** to keep

6.20 **uitleggen** to explain

6.03 **opvallen** to strike, to catch
the eye

5.83 **overkomen** to happen to

5.67 **bespreken** to discuss

5.42 **uitgaan** to go out

Adjectives (core only)

92.84 **goed** good

89.65 **ander** other

85.32 **groot** a) big b) great

79.11 **heel** whole

71.52 **nieuw** new

69.61 **lang** long, tall

58.80 **echt** real

57.93 **eigen** own

54.86 **zeker** certain

53.64 **klein** little

51.14 **oud** old

50.80 **hoog** high

49.15 **vorig** previous

48.35 **gewoon** usual, normal

48.01 **snel** fast

47.51 **jong** young

46.22 **mogelijk** possible

Adverbs (core only)

99.30 **niet** not
99.22 **ook** also
99.17 **er** there
97.91 **nog** still
94.98 **al** already
93.08 **dan** then
92.83 **wel** ~ rather
90.88 **zo** so
90.05 **nu** now
81.94 **daar** there
78.34 **waar** where
77.81 **toch** yet
73.64 **maar** but, only, just
72.97 **alleen** alone
70.76 **weer** again
69.25 **af** off
68.46 **dus** so
67.01 **eens** once, (not) even
64.48 **mee** with
64.12 **hoe** how
62.06 **hier** here
61.60 **altijd** always
61.60 **te** too
59.02 **toe** towards
57.30 **vooral** especially
56.66 **zelfs** even
53.97 **net** just
53.62 **nooit** never
52.56 **terug** back
50.60 **even** just
49.90 **steeds** always
46.64 **toen** then
46.42 **eerst** first
46.08 **samen** together
44.07 **vaak** often
42.52 **misschien** maybe
42.40 **bijna** almost
41.68 **erg** very
40.34 **allemaal** all
40.20 **pas** only
40.01 **helemaal** completely
37.99 **weg** gone
37.98 **eigenlijk** actually
37.83 **eerder** sooner
37.13 **gisteren** yesterday
35.99 **vandaag** today
35.97 **waarom** why

35.27 **opnieuw** again
35.17 **daarom** therefore
34.70 **zeer** very
34.13 **soms** sometimes
33.77 **genoeg** enough
33.30 **waarin** wherein
32.37 **bijvoorbeeld, bv.** for example
31.19 **meteen** immediately
31.05 **bovendien** also
30.68 **graag** gladly, with pleasure
30.18 **daarna** afterwards
29.29 **ooit** one day
28.54 **slechts** only
26.75 **inderdaad** indeed
26.67 **thuis** at home
24.93 **zowel** both
24.25 **daarmee** with it
23.89 **ongeveer** about
22.76 **trouwens** anyway
22.36 **waarbij** in which
22.10 **juist** really; on the contrary
21.82 **waarvan** whose
21.72 **waarop** on which
21.70 **ervan** of it
21.49 **daarvoor** therefore, for that
21.17 **daarbij** with it, besides
21.01 **meestal** mostly
20.47 **waarschijnlijk** probably
20.42 **waardoor** as a result of which
17.91 **waarmee** with which
17.88 **daardoor** therefore
17.24 **morgen** tomorrow
16.91 **liever** rather
16.08 **daarvan** thereof, from that
16.05 **inmiddels** meanwhile
15.85 **overigens** anyway
15.62 **nauwelijks** hardly
15.29 **blijkbaar** apparently
15.13 **namelijk** namely
15.09 **ergens** somewhere
15.06 **vervolgens** then
14.80 **ondertussen** meanwhile
14.50 **wellicht** possibly, perhaps
14.43 **erop** on it
14.18 **nogal** rather

13.54 **uiteraard** of course, naturally
13.48 **overal** everywhere
13.29 **eindelijk** finally
13.15 **telkens** each time
12.65 **eenmaal** a) just b) once
12.52 **daarin** therein
12.43 **straks** later
12.27 **ervoor** for it
12.18 **daarop** on it
12.10 **tegenwoordig** nowadays
10.86 **vlak** right
9.91 **erin** in it
9.83 **vanavond** tonight
9.75 **erbij** there
9.51 **alweer** again
9.45 **zomaar** just
9.41 **helaas** unfortunately
9.33 **tegelijk** at the same time
9.08 **nergens** nowhere
9.00 **tenminste** at least
7.93 **eraan** with it
7.82 **ineens** suddenly
7.58 **mis** wrong
7.57 **ermee** with it
7.53 **waarvoor** what for
7.51 **zover** so far
7.48 **daarover** about it
7.14 **vandaar** hence
7.05 **achteraf** afterwards
7.02 **vooruit** forward
6.65 **eruit** out
6.07 **min** minus
5.67 **tegelijkertijd** at the same time

Prepositions

99.79 **in** in
99.78 **van** of
99.73 **op** on
99.61 **voor** a) for b) in front of
99.55 **met** with
99.53 **te** to
99.22 **aan** to
98.81 **om** (a)round
97.86 **bij** near (to)
97.32 **naar** to
97.19 **uit** from
95.76 **over** a) over b) about
95.39 **door** through

91.86	**tot** to					

Conjunctions

Interjections

91.86	**tot** to		
84.77	**na** after		
79.77	**tegen** against, towards		
76.23	**onder** under		
67.50	**tussen** between		
62.26	**zonder** without		
58.24	**volgens** according to		
50.13	**tijdens** during		
48.46	**binnen** within		
44.21	**rond** around		
43.14	**achter** behind		
41.94	**sinds** since		
41.63	**per** by, per		
37.99	**vanaf** from		
37.92	**via** through		
32.76	**naast** next		
31.65	**buiten** outside		
28.23	**boven** above		
26.19	**langs** past		
19.56	**vanuit** from		
16.95	**ondanks** in spite of		
16.54	**tegenover** opposite, against		
15.79	**wegens** because of		
12.48	**dankzij** thanks to		
11.89	**vanwege** because of		
8.30	**beneden** under, down		
7.00	**gedurende** during		
5.42	**qua** qua		
5.05	**gezien** considering		
4.92	**à** to		
3.81	**rondom** all round		
3.62	**omstreeks** about		
3.44	**inzake** concerning		
3.19	**namens** on behalf of		
2.94	**doorheen** through		
2.76	**vanop** from		
2.21	**omtrent** about		
2.01	**sedert** since		
1.93	**anno** anno, in the year		
1.25	**jegens** towards		

Conjunctions

99.80	**en** and
99.01	**als** when
98.85	**dat** that
97.88	**maar** but
96.01	**of** or
73.82	**dan** than
73.41	**omdat** because
65.70	**zoals** as
62.18	**want** because
49.69	**toen** when
39.52	**terwijl** while
29.34	**wanneer** when
25.42	**zodat** so that
24.08	**nadat** after
19.45	**hoewel** although
15.87	**alsof** as if
14.28	**behalve** except
9.44	**doordat** because
9.19	**voordat** before
8.44	**indien** if
8.07	**aangezien** since
6.11	**zodra** once, as soon as
5.68	**noch** nor
5.46	**ofwel** or
4.90	**tenzij** unless
3.66	**totdat** until
3.59	**alhoewel** although
3.26	**evenals** as well as
3.20	**vooraleer** before
2.38	**naarmate** as
2.02	**gelijk** just as
1.88	**alvorens** before
1.80	**doch** but
1.68	**opdat** so that
1.67	**mits** provided that
1.44	**vermits** since
1.26	**oftewel** i.e.
0.92	**eer** before
0.74	**ofschoon** although

Interjections

33.48	**ja** yes
28.07	**nee** no
15.74	**oh** oh
9.57	**hé** ~ hey
7.29	**uh** er
6.80	**ach** oh
6.43	**oké, OK** OK
6.32	**sorry** sorry
6.13	**tja** well
4.82	**hè** ~ isn't it, don't I
3.90	**maja** but then
3.67	**hallo** hello
3.32	**ah** oh
2.90	**hoi** hi
2.62	**jawel** yes, indeed
2.02	**haha** haha
1.97	**hoor** you know
1.37	**ha** ah
1.07	**nietwaar** is(n't) it
1.05	**och** oh
0.98	**he** hey
0.95	**enfin** in short, anyway
0.89	**verdomme** damn
0.83	**goh** ~ gosh
0.80	**hoezo** why
0.77	**allee** ~ come on
0.60	**pff** whew
0.57	**bah** yuck
0.53	**hu** ugh
0.49	**joh** ~ mate, you
0.47	**oei** oops
0.44	**awel** oh well
0.33	**amai** ~ oh my (God)
0.29	**hm** hmm
0.28	**aha** aha
0.23	**voilà** there you are
0.19	**ho** stop
0.19	**jee** oh dear, oh no

www.routledge.com/languages

Dutch: An Essential Grammar

9th Edition

By **William Z. Shetter** and **Esther Ham**

Series: Routledge Essential Grammars

'For over twenty years now I have happily used the various editions of *Dutch: An Essential Grammar* because of its excellent presentation of the grammar and its highly useful readings and exercises... I heartily welcome the improved new edition' -

Harry Vredeveld, Ohio State University, USA

Developed with the beginner in mind, this *Grammar* uses abundant examples and extensive cross-referencing to present the language in an engaging and accessible manner. Features include:

* core vocabulary for each unit
* a Dutch-English glossary
* three short stories
* further reading and resources.

This is an ideal companion to a classroom-based course, helping to further explain and reinforce the grammar content of any chosen textbook. It is also an invaluable tool for independent learners.

2007 | 279 Pages | PB: 978-0-415-42307-6
Learn more at: www.routledge.com/9780415423076